LOIGNY-LA-BATAILLE

de 1870 à 1912

PAR M. L'ABBÉ PROVOST

Chanoine de Chartres

PREMIÈRE ÉDITION

V. DUCOULOMBIER
IMPRIMEUR
78, Rue de l'Hôpital-Militaire, 78
LILLE

MAURICE LESTER
LIBRAIRE
12-14, Place des Halles, 12-14
CHARTRES

1912

LOIGNY-LA-BATAILLE

de 1870 à 1912

ZOUAVES PONTIFICAUX & VOLONTAIRES DE L'OUEST

TABLEAU DE LIONEL-ROYER

(MUSÉE DE L'ARMÉE)

ZOUAVES PONTIFICAUX & VOLONTAIRES DE L'OUEST

TABLEAU DE LIONEL-ROYER

(MUSÉE DE L'ARMÉE)

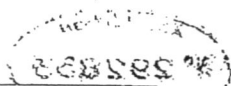

LOIGNY-LA-BATAILLE

de 1870 à 1912

PAR M. L'ABBÉ PROVOST

Chanoine de Chartres

PREMIÈRE ÉDITION

V. DUCOULOMBIER
IMPRIMEUR
78, Rue de l'Hôpital-Militaire, 78
LILLE

Maurice LESTER
LIBRAIRE
12-14, Place des Halles, 12-14
CHARTRES

1912

A LA MÉMOIRE

DE

MONSEIGNEUR LAGRANGE, ÉVÊQUE DE CHARTRES,

qui se disait avec fierté ÉVÊQUE DE LOIGNY.

—

A LEURS GRANDEURS

MONSEIGNEUR BOUQUET, ÉVÊQUE DE CHARTRES,

MONSEIGNEUR FOUCAULT, ÉVÊQUE DE SAINT-DIÉ,

qui a consacré l'église de Loigny,

HOMMAGE

DE FILIALE ET TRÈS RESPECTUEUSE VÉNÉRATION

ÉVÊCHÉ

de

CHARTRES

—◄I►—

Chartres, le 15 Août 1912.

MONSIEUR LE CHANOINE,

D'après le rapport qui m'a été fait de votre ouvrage *Loigny-la-Bataille, 1870-1912*, et la connaissance que j'ai pu en prendre moi-même, je suis heureux de vous adresser mes compliments pour avoir mené à bonne fin cette histoire locale. Ce n'est pas assez dire, car les événements que vous avez racontés dépassent les bornes de nos contrées, ils se rattachent à notre histoire nationale et constituent une des plus belles pages de l'*Année terrible*. Sous ce rapport votre livre est un vrai monument destiné à perpétuer la mémoire des héros qui ont succombé dans les plaines de Loigny, justifiant le mot de François Ier, après la défaite de Pavie : *Tout est perdu, fors l'honneur !*

Les générations nouvelles qui renaissent à l'amour de la patrie y trouveront de beaux modèles de courage et de foi ; elles apprendront, en parcourant vos récits, quel sublime degré de dévouement et de sacrifice peut atteindre cet amour de la patrie quand il s'allie à de profondes convictions chrétiennes.

Veuillez agréer, Monsieur le Chanoine, l'expression de mes sentiments bien dévoués en N. S.

† HENRI-LOUIS,
Évêque de Chartres,

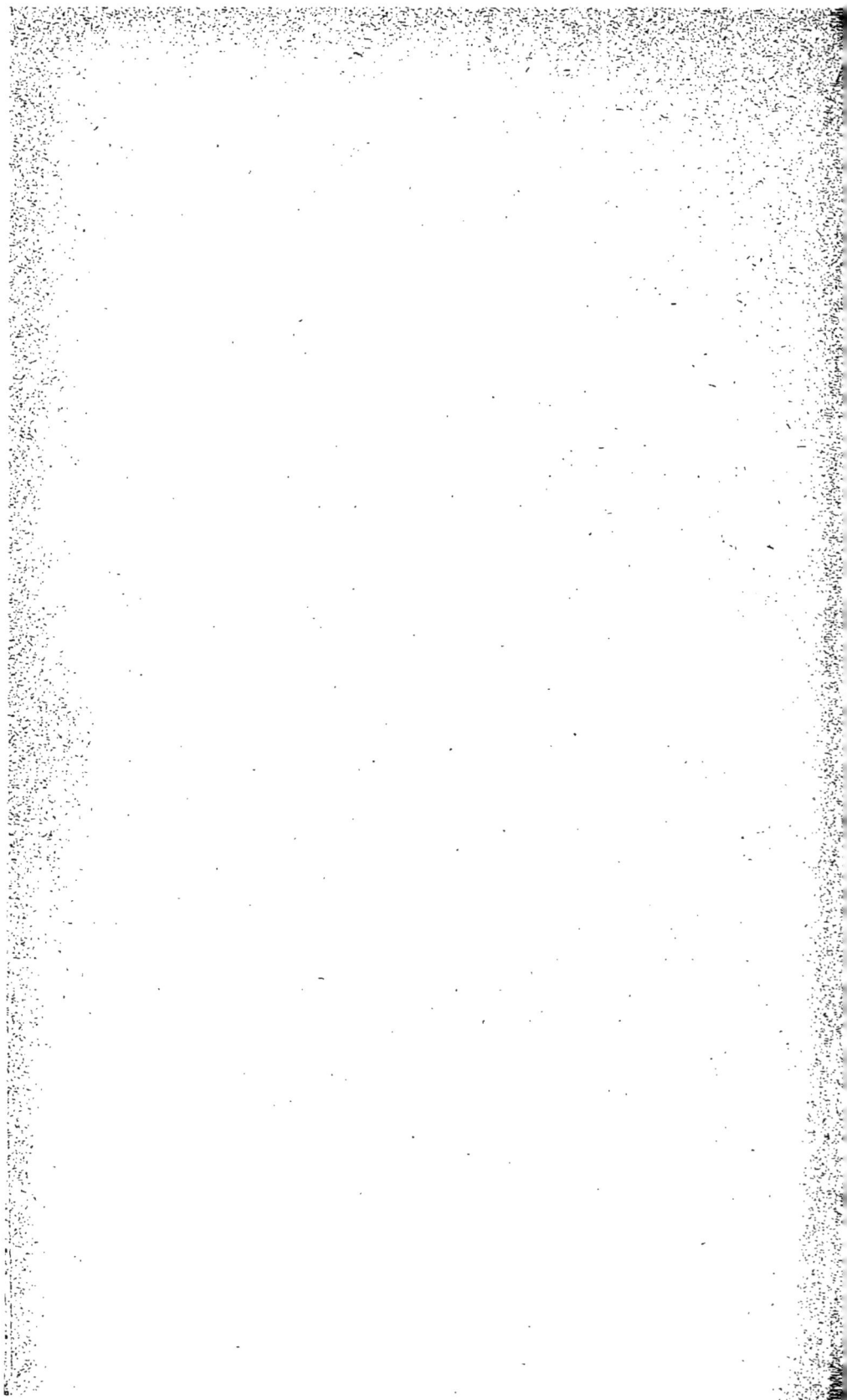

PRÉFACE

Beaucoup d'articles, de brochures, de livres français et allemands ont paru sur Loigny depuis 1871. Les uns, composés au point de vue militaire, ont, avec une compétence parfois remarquable, décrit, discuté, apprécié les différentes phases de la bataille ; les autres ont raconté la mort d'un héros, la conduite d'un régiment, l'épisode préféré, les soins prodigués aux blessés du 2 décembre 1870. Mais personne n'a encore essayé un récit d'ensemble sur tous les faits, douloureux ou consolants, qu'évoque ce grand nom de Loigny.

Et cependant, l'idée de ne pas borner le travail de l'historien aux seules heures pendant lesquelles le canon a retenti dans cette journée était la préoccupation de plusieurs, dès le lendemain de la guerre.

Le 30 juillet 1871, le général baron de Charette écrivait à M. le Curé de Loigny : « Je vous prie de vouloir bien me communiquer le récit des faits qui se sont passés à Loigny et qui ont précédé ou suivi la bataille du 2 décembre.

» Votre ardente charité vous a mêlé d'une manière si active aux événements, que les renseignements que vous voudrez bien me communiquer me seront précieux pour le travail que je prépare en ce moment sur les faits et gestes de la Légion dans la dernière campagne ».

Le 22 octobre de la même année, le chef de l'ambulance, le major Dujardin-Beaumetz, préparant son rapport au Ministre, disait à M. l'abbé Theuré : « Je m'occupe de rendre à chacun ce qui lui est dû. Vous devriez, mon cher Curé, mettre en écrit la relation de ce que vous avez fait et vu avant, pendant et après la bataille. Avez-vous rédigé quelque note ? Si oui, faites-moi l'amitié de me l'expédier tout de suite ».

Et le docteur, précisant l'objet de ses recherches, demande l'heure des événements, le nom des personnes, les actes bons et mauvais qui le mettront à même de distribuer l'éloge ou le blâme avec impartialité.

Ainsi, la pensée d'étudier les alentours de la lutte, d'en décrire les préparatifs et les suites, n'a pas manqué aux premiers narrateurs. Mais ils ne traitaient qu'un sujet particulier et n'avaient nullement l'intention d'en élargir le cadre. D'ailleurs, l'eussent-ils voulu, leur documentation restreinte n'aurait pu donner à l'œuvre toute son ampleur. On était trop près de la sanglante catastrophe. Il fallait permettre aux témoins d'attendre l'occasion de parler ou d'écrire, laisser aux faits le temps d'évoluer.

Plus de quarante ans se sont écoulés depuis le jour où Loigny, selon l'expression de Victor Hugo, s'allumait dans la plaine comme un sombre flambeau. Le moment nous a semblé venu de raconter les terreurs, l'agonie, la résurrection, les épreuves et les joies diverses de ce village à jamais glorieux.

La bataille du 2 décembre mérite tout spécialement l'attention de l'observateur et l'étude de l'historien. C'est un de ces points favorables où la vérité est mise en pleine lumière, où la guerre de 1870 apparaît, ce qu'elle fut : un châtiment public qui, accepté chrétiennement, serait devenu pour nous une rédemption.

Nulle part on ne rencontre, comme à Loigny, cette

*série de revers succédant, le lendemain, aux victoires de
la veille, le soir, aux avantages de la matinée, ou la pensée
si nettement exprimée d'une réparation nécessaire. C'est
l'avortement de toutes les combinaisons politiques, la chute
de toutes les espérances humaines, en même temps que
l'immolation volontaire des plus saintes victimes.*

*Aussi la réflexion célèbre d'un des organisateurs de la
défense nationale s'applique particulièrement à Loigny :*

« *Un ensemble de coïncidences malheureuses s'est joint
à la faiblesse organique de la France pour déjouer tous
ses efforts. Et cet ensemble a été tel que véritablement,
quand on l'envisage, on est tenté de se demander s'il n'y
a pas eu là quelque raison supérieure aux causes physiques,
une sorte d'expiation de fautes nationales, ou le dur aiguillon
pour un relèvement nécessaire. En présence de si prodi-
gieuses infortunes, on ne s'étonne plus que les âmes religieuses aient pu dire :* « *Digitus Dei est hic* » (1).

*Le prince Frédéric-Charles, notre heureux adversaire,
fait en termes plus voilés la même constatation.*

« *Si Metz avait capitulé un jour plus tard, si la deuxième
armée (allemande) était arrivée un jour plus tard devant
la forêt d'Orléans, il aurait fallu de toute nécessité renoncer
à prolonger l'investissement de Paris. La chose est claire
et personne parmi nous ne songe à le contester. La tournure
que les événements ont prise tient à ma chance plutôt qu'à
mon mérite. Nous avons fait de notre mieux, mais il nous
était impossible de prévoir le jour et l'heure exacts où
s'imposerait à nous la nécessité de battre l'armée de la
Loire... Les combats autour d'Orléans prouvent, une fois
de plus, que la simple bonne volonté ne suffit pas à une
armée* » (2).

Le vieux Guillaume de Prusse parle plus clairement

(1) *La Guerre en Province,* par Ch. FREYCINET, p. 351.
(2) Extrait des Mémoires du prince Frédéric-Charles, *Croix
Illustrée,* 12 février 1911.

quand, écrivant à la reine Augusta, il dit ces paroles qui rappellent Attila et Genséric : « Je m'incline devant Dieu qui seul nous a élus, moi, mon armée et mes alliés, pour exécuter ce qui vient d'être fait, et nous a choisis comme les instruments de sa volonté. Ce n'est qu'ainsi que je puis comprendre cette œuvre ».

On le voit, tous les acteurs du grand drame reconnaissent que le doigt de Dieu est là. Cependant la Providence, qui dirigeait le cours des choses et permettait ces calamités, avait pour but non de nous abattre, mais de nous faire expier. Elle voulait nous remettre ensuite, attentifs et mieux pensants, à la tête des nations.

Les sources où nous avons puisé nos renseignements sont nombreuses et variées.

Nous ne nous sommes pas contenté, en effet, de lire les principales publications qui ont paru sur Loigny telles que, La deuxième armée de la Loire, par le général Chanzy, La Bataille de Loigny, par Boucher, Le général de Sonis, par Mgr Baunard, Le 17e Corps à Loigny, par le commandant de Sonis. Les livres plus rares et moins connus, les brochures oubliées, les articles de revues, les journaux du département, tout ce qu'il nous fut possible d'atteindre a été recueilli avec empressement. Amis et ennemis ont ainsi pu déposer dans notre enquête.

Mais nous n'avons pas consulté que les imprimés. Les archives de la Mairie de Loigny, d'importantes relations manuscrites par le colonel de Fouchier et M. l'abbé Marquis, curé de Saint-Denis-les-Ponts, et surtout une volumineuse correspondance, datant de 1870, mise à notre disposition par Mgr Theuré, nous ont fourni de précieuses indications. Toutes ces pièces écrites au lendemain de l'année terrible, ou rédigées plus tard pour constater un fait, demander un renseignement, raconter un épisode, émanent de personnes dignes d'être écoutées, parce qu'elles ont vu et souffert.

Enfin, nous avons pu interroger un certain nombre de témoins des événements que nous voulions étudier. Le major Dujardin-Beaumetz, le docteur Richer, les Sœurs de Bon-Secours, M. de Boissieu, le capitaine comte de Grille, Mgr Theuré et d'autres ont bien voulu redire pour nous les souvenirs d'un passé qui les émotionnaient encore. Ces réflexions, ces anecdotes, ces récits, notés souvent le crayon à la main, ont pour garant l'honorabilité de nos interlocuteurs.

Cependant nous sommes loin de nous faire illusion ; beaucoup de choses intéressantes ont dû échapper à nos recherches. Aussi nous accueillerons avec gratitude toute communication qui nous aidera à compléter ou à rectifier notre travail.

À une époque où tant d'écrivains veulent arracher des cœurs la foi, le patriotisme, le dévouement qui sont la vie et la gloire d'un peuple, nous éprouvons une véritable joie d'avoir essayé, pour notre part, de faire mieux connaître et mieux aimer Loigny.

Loigny, c'est une vision captivante qu'il est bon de contempler, une voix persuasive dont on retient les enseignements salutaires ! Sa lutte désespérée et malheureuse, ses héros auréolés de sainteté et de vaillance, sa terre arrosée du sang des martyrs, son ossuaire où ils reposent, ses peintures, ses monuments, son musée même rappelant leur piété, leurs souffrances et leurs exploits, tout remue les âmes, les convie à la prière et aux nobles résolutions, les dispose à devenir plus énergiques et meilleures.

CHAPITRE PREMIER

PREMIÈRES INCURSIONS DES ALLEMANDS

Loigny en juillet 1870. — L'ennemi approche. — Pillage
du 10 octobre à Loigny. — Les Allemands ont-ils « pillé »
en France ? — Prise d'Orléans. — Réquisitions. — Victoire
de Coulmiers.— Entre les deux armées.— Eclaireurs français
et allemands. — Les cachettes. — Stratégie prussienne. —
La panique du 21 novembre à Loigny. — Les barricades. —
Un ondoiement. — Le bon officier. — Les Francs-Tireurs
de la Sarthe. — A revoir, Franciss, mardi.— Le cri des
guetteurs. — Les Bavarois réoccupent Loigny. — Rudolf
von der Thann au presbytère. — Le conseil du 30 novembre
à Saint-Jean-de-la-Ruelle. — Ducrot victorieux marche sur
Fontainebleau. — Allons à sa rencontre. — Victoire de
Villepion. — Effet de la balle du Chassepot.

En 1870, au moment où commence ce récit, Loigny
n'était qu'un humble village de Beauce, aux maisons
d'assez chétive apparence et presque toutes couvertes
de chaume ; on y comptait, avec les hameaux qui en dépen-
daient, 435 habitants.

Le pasteur de cette petite paroisse, M. l'abbé Theuré,
était aimé de ses fidèles, qu'il évangélisait depuis le 1er janvier 1862 ; il avait trente-cinq ans, quand, au milieu du
mois de juillet, éclata entre la France et la Prusse la guerre
qui devait, même au milieu d'une défaite, couronner Loigny
d'une auréole de gloire.

C'est après l'investissement de Paris, complété le
19 septembre, que les Prussiens, pour se procurer des
vivres, songèrent à envahir les riches campagnes de la
Beauce. Dès avant la fin de ce mois, on les vit faire de
rapides réquisitions dans les communes frontières de notre
département.

Mais lorsque le général bavarois von der Thann, ayant
sous ses ordres le prince Albert de Prusse et le général
von Wittich, résolut de s'emparer d'Orléans, il fit passer
par Loigny une partie de ses troupes. Le 10 octobre, à
dix heures et demie du matin, une avant-garde de cavaliers
prussiens traversa le village ; elle fut bientôt suivie d'une
colonne de 8 à 10.000 hommes qui mirent de longues heures
à défiler, en se dirigeant sur Terminiers.

Loigny eut déjà fort à souffrir de cette première visite.
« A trois heures, un officier de cuirassiers blancs fit faire
halte à ses hommes et leur donna deux heures de pillage ;
alors les soldats forcèrent et brisèrent les portes d'entrée,
saccagèrent les meubles et chargèrent leurs voitures de
tout ce qu'ils pouvaient voler » (1).

Le pillage du bien des particuliers, soit pour nourrir,
soit pour enrichir le soldat, était considéré autrefois comme
une conséquence de la victoire ; il était souvent accompagné de toutes sortes d'horreurs. Le temps a fait disparaître peu à peu, en principe du moins, ces coutumes inhu-
maines et le pillage, au sens rigoureux du mot, n'est plus
autorisé de nos jours entre nations civilisées. Comme les
vainqueurs ont droit de vivre chez les vaincus, les généraux ennemis ont recours au système des réquisitions ou
des contributions, pour se procurer la subsistance de leurs
troupes. Lorsqu'il y a urgence toutefois, ils prennent eux-
mêmes ce dont ils ont besoin, mais sans gaspillage, sans
excès, sans violences inutiles.

(1) Invasion prussienne dans Eure-et-Loir, 1870-71. *Rapports des
Maires*, p. 190.

Les Allemands affirment avoir toujours observé ces règles pendant la guerre de 1870. Leurs soldats, selon eux, étaient des modèles de toutes les vertus. En vain les Français, notamment le général Munier en 1895, ont raconté, preuves en mains, de nombreux faits de pillage ; en vain les Anglais, à l'occasion de la guerre du Transvaal, ont opposé aux Allemands mille réminiscences de l'année terrible ; ceux-ci ont gardé leur prétention à l'impeccabilité sans tache. *La Croix* du 23 juin 1904 cite encore un procès de presse, qui montre à quel point le monde militaire d'Outre-Rhin est resté soucieux d'éloigner de lui tous reproches, même les mieux fondés.

Les vieillards qui ont vu la guerre savent à quoi s'en tenir sur cette question. Nos lecteurs jugeront d'après ces pages, écrites avec les témoignages contemporains et la plus scrupuleuse impartialité.

Au lendemain du pillage dont nous avons parlé, Orléans tombait au pouvoir des envahisseurs et Loigny se trouvait, par sa proximité, en pays conquis.

La prise de Châteaudun le 18 octobre, et celle de Chartres trois jours après, affermirent encore la domination de l'ennemi. Aussi les vainqueurs eurent-ils soin d'envoyer de temps en temps leurs éclaireurs réquisitionner à Loigny.

Des uhlans campés à Patay s'y rendirent le 14 octobre pour exiger des approvisionnements. Des Bavarois restés à Artenay vinrent de leur côté chercher des subsistances, le 17 et le 28 du même mois. Ces pillards, grands amateurs de liqueurs fortes, devenaient souvent, sous l'influence de l'alcool, dangereux et cruels ; toutefois, à Loigny, grâce au calme de la population, ils ne commirent alors aucun acte de violence.

Les Allemands auraient continué ces razzias tant que ce village eût pu leur donner quelques vivres, si l'armée de la Loire, formée en Sologne par le général d'Aurelle de Paladines, n'était venue, dans la première quinzaine de novembre, inquiéter l'ennemi jusque dans ces riches contrées. Le 9 de ce mois, en effet, nos jeunes troupes remportaient la victoire de Coulmiers, et, le lendemain, reprenaient Orléans.

Von der Thann, consterné de cette défaite, recula en désordre jusqu'à Etampes, laissant son arrière-garde à Janville et à Toury, tandis que le prince Albert avec ses cavaliers s'arrêtait à Viabon.

Les Français ne profitèrent point malheureusement de cette panique pour s'avancer résolument sur l'ennemi. Ils se contentèrent d'établir leurs avant-postes à Patay, sous le commandement du colonel Barbut, officier des plus énergiques, et d'envoyer comme grand'gardes des compagnies de francs-tireurs à Sougy, Terminiers et Péronville. (1)

Le vaste plateau, légèrement ondulé, qui s'étendait entre les deux armées, est semé de rares villages et de quelques bouquets de bois ; l'œil, à l'aide d'une longue vue, peut y plonger à des distances considérables.

C'est sur ce terrain que, jusqu'à la fin de novembre, les éclaireurs et les espions des deux partis s'aventurèrent chaque jour pour observer les mouvements ou reconnaître les positions de leurs adversaires.

Nos cavaliers, secondés par les francs-tireurs, furent ordinairement heureux dans cette guerre d'embuscades.

Ils surveillèrent sans relâche les uhlans prussiens, auxquels ils firent bon nombre de prisonniers, et poussèrent hardiment jusqu'à Sancheville, Voves, Santilly et Viabon.

Ils eurent un vrai succès dans ce dernier village, d'où ils délogèrent, le 14, un régiment de uhlans prussiens qui s'y trouvait avec le prince Albert. Ce personnage avait dû monter à cheval et partir si précipitamment, qu'il avait

---

(1) *Les Francs-Tireurs de la Sarthe,* par le Comte de FOUDRAS, p. 64 et suiv. — *La deuxième Armée de la Loire,* par le Général CHANZY, p. 42 et suiv.

laissé, sur la table de sa chambre, l'ordre de mouvement envoyé par le grand-duc de Mecklembourg. On connut ainsi que le projet des généraux ennemis était d'attirer notre attention sur Chartres, pour donner le temps au prince Frédéric-Charles, libre depuis la reddition de Metz, de venir renforcer les troupes allemandes battues par notre armée de la Loire.

Loigny, placé dans la zone intermédiaire entre les deux camps, sur le chemin suivi par les belligérants, fut souvent témoin de ces petits combats d'avant-postes. M. l'abbé Theuré qui, du haut de son clocher, avec l'aide d'une forte lunette, découvrait au loin toute la plaine, écrit en effet à cette occasion :

« Durant trois semaines environ, avant la bataille du 2 décembre, nous étions journellement visités par les éclaireurs français et allemands. Le spectacle que nous offraient constamment ces sortes de rencontres, où les uhlans prussiens fuyaient à toute bride devant nos intrépides chasseurs à cheval, aurait eu quelque chose de véritablement plaisant, si nous n'avions pressenti, dès lors, les engagements plus sérieux que le rapprochement des deux armées nous faisait craindre pour notre localité ».

Dès la première apparition de l'ennemi sur le sol de notre Beauce, les habitants avaient eu soin, comme on le fait d'ailleurs partout en temps de guerre, de confier à des abris secrets, caves profondes ou anciens souterrains, une partie de leur petite fortune, argent, bijoux, linge, provisions diverses, pour lesquels ils redoutaient la rapacité de l'ennemi.

Donnons un exemple remarquable, et rappelons que beaucoup de paroissiens de Marboué, en 1870, pour se soustraire aux incessantes déprédations et réquisitions des Allemands, finirent par se réfugier, avec les bestiaux qui leur restaient, dans les caves du Croc-Marbot. On descendit également des bourgs voisins, dans ces profondeurs mystérieuses qui, depuis le commencement de la guerre, étaient devenues le dépôt de toutes les richesses de la contrée. Jamais le Prussien n'osa s'aventurer dans ce labyrinthe à la recherche des fugitifs.

On agit de même à Loigny et dans les environs. Chacun voulait avoir une suprême réserve en cas d'incendie ou de pillage complet. La longueur de la guerre et les continuelles incursions des uhlans rendaient les populations prudentes et les invitaient à redoubler de précautions contre un danger chaque jour plus menaçant.

Les Prussiens, en effet, avaient profité de l'arrêt prolongé de notre armée de la Loire pour préparer une éclatante revanche de la défaite subie à Coulmiers. Le général von der Thann avait reçu de nombreux renforts pour relever le courage de ses Bavarois ; le grand-duc de Mecklembourg, après une habile manœuvre dans le Perche, ramenait subitement ses troupes dans la Beauce ; enfin, le prince Frédéric-Charles, le vainqueur de Metz, marchant à grandes journées avec ses bataillons, venait commander en personne les forces allemandes réunies pour reprendre Orléans (1).

Aussi, sur la fin du mois, à mesure que s'opérait la concentration de ses régiments, l'ennemi devenait plus audacieux et alarmait plus vivement les habitants de nos campagnes. C'est alors que l'on vit des colonnes allemandes, comprenant diverses armes, s'avancer en reconnaissance jusqu'auprès de nos positions et provoquer les nôtres au combat.

« Le dimanche 27 novembre, en effet, raconte M. l'abbé Theuré, toutes nos appréhensions parurent un instant devoir se réaliser; un brouillard intense couvrait la plaine ; nul ne soupçonnait l'approche de l'ennemi. Le village de Loigny fut tout à coup envahi, sur les dix heures et demie du matin, pendant la célébration de la messe paroissiale,

(1) CHANZY, p. 43.

par de nombreux régiments d'infanterie et de cavalerie,
par un détachement du génie et plusieurs batteries
d'artillerie.

» C'était l'armée du prince Frédéric-Charles, qui commençait à faire son apparition.

» Je laisse à penser la consternation dont nous fûmes
saisis. Le chant de l'office fut bientôt interrompu et la
messe se termina à voix basse.

» Au sortir de l'église, les habitants purent rentrer
chez eux ; mais déjà leurs habitations, comme le presbytère, étaient envahies, et tout ce qui avait pu servir à
élever des barricades avait été enlevé des maisons.
Tables, chaises, meubles, ustensiles de toute sorte, futailles,
charrettes, tombereaux, paille, bois, meules de blé et
d'avoine, tout, en un mot, s'était transformé, en moins
d'une heure, en un véritable mur de circonvallation,
de l'Est à l'Ouest du village.

» Les murs des jardins, percés de meurtrières et crénelés,
formaient avec des palissades, des tranchées et des ter-
rasses, une sorte de second retranchement. De gros fils
de fer, tendus au moyen de timons de charrues enfoncés
en terre, présentaient, en avant, une ligne presque imper-
ceptible, destinée à protéger les tirailleurs contre une
charge de cavalerie.

» Sur tous les points par où pouvait déboucher l'armée
française, des jalons de tir avaient été plantés à plus
d'un kilomètre de distance. Les rues du village elles
mêmes étaient complètement barricadées et les habitants
des hameaux durent se résigner à passer la journée à
Loigny, sans qu'il leur fût permis de retourner chez eux.

» Comme le brouillard s'était dissipé, les officiers, du
haut du clocher, observaient, avec des longues-vues, la
marche des hommes qu'ils avaient envoyés en avant,
dans la direction de Terminiers et de Guillonville, à la
rencontre de l'armée française.

» Les artilleurs étaient à leurs pièces, l'infanterie avait partout pris position et se tenait prête à faire feu. Les ambulances avaient déployé leurs drapeaux, et le local -destiné à recevoir les blessés était déjà désigné. On n'attendait plus que le signal du combat.

» Tels étaient les terribles préparatifs que nous trouvions presque complètement terminés au moment où nous sortions de l'église. Disons tout de suite cependant que nous en fûmes quittes, ce jour-là, pour la peur.

» L'armée française ne se présentant pas, les postes furent abandonnés après deux heures d'attente, et les soldats prussiens purent enfin reporter toute leur férocité sur la gent la plus inoffensive de nos basses-cours. Aussi en firent-ils une véritable hécatombe. Il était curieux, pour ne pas dire autre chose, de les voir mordre à belles dents à même ces pauvres volatiles, encore à moitié vêtus et cuits seulement pour la forme ».

Comme nous aurons souvent à nous plaindre des Allemands et que nous voulons être juste, citons ici deux traits d'humanité tout à leur honneur.

En cette journée du 27 novembre, une femme de Loigny tout récemment accouchée, Mᵐᵉ Pointereau, fut tellement émotionnée à la vue des Prussiens envahissant sa demeure, qu'il y avait à craindre pour elle quelque suite fâcheuse. Un officier, témoin de cette scène, n'a pas plus tôt compris la situation, qu'il fait retirer ses hommes de la maison, met un planton devant la porte pour en interdire l'entrée et envoie chercher le chirurgien du régiment.

Celui-ci ne tarde pas à paraître avec une voiture d'ambulance. Il calme alors la malade par de bonnes paroles et fait demander à M. le Curé de vouloir bien venir aussitôt ondoyer l'enfant, dans la crainte que si le combat s'engage, il n'y ait péril pour sa vie.

« D'ailleurs, dit-il à la jeune mère, vous ne resterez pas dans ce village, s'il y a danger. Indiquez-moi une famille amie dans les localités environnantes. — J'irai volontiers à Tillay-le-Peneux, dit la jeune femme. — C'est entendu, répondit le major ; au premier coup de canon je vous y ferai conduire par ma voiture qui est à votre porte, afin que vous et votre enfant puissiez recevoir, loin de la lutte, les soins qui vous sont nécessaires.

M. le Curé avait à peine terminé cet ondoiement, qu'il voit accourir à lui une femme tout effarée, Mme Léon Barbadeaux, le priant d'intercéder en sa faveur auprès du général. L'éloignement du maire, M. Tourne, fermier du château de Goury, à trois kilomètres du bourg, ne permit pas souvent pendant l'occupation prussienne, de recourir à son intervention. Il était plus facile et plus prompt d'appeler à son aide M. le Curé.

La suppliante, en sanglotant, raconte au prêtre que pour construire la barricade autour du village, les Allemands ont enlevé un grand tas de bourrées au pignon de leur maison, trouvé la cachette où sont leurs meubles, leur linge, leurs vêtements et ceux de leurs quatre petites filles, et qu'on allait tout leur prendre, puisque chaque objet caché et découvert était considéré par l'ennemi comme un butin légitime.

M. le Curé, tout en écoutant ces plaintes, accompagne la pauvre femme et se rend à sa maison pour chercher remède à cette infortune. Mais déjà la joie était rentrée dans cette demeure.

En effet, pendant l'absence de la mère, un officier avait appris la découverte de la cachette et était venu se rendre compte de l'événement. Il avait trouvé un pauvre homme désolé et des petites filles en pleurs :

« Ne craignez rien, dit-il bientôt au père tout tremblant ; j'ai des enfants qui ont la taille des vôtres. En souvenir de mes bien-aimés, je veux être bon pour vous et essayer même de vous protéger lorsque je serai parti ».

Il commande aussitôt à ses hommes, fait jeter des

planches sur la cachette et recouvrir le tout de fumier sec,
afin que personne n'eût plus la tentation de venir fouiller
en cet endroit.

L'officier poussa même la délicatesse jusqu'à refuser
une bouteille de cognac que lui offrait le brave père de
famille ; mais, pour ne pas contrister son obligé, il consentit cependant à en accepter un petit verre.

Si la journée fut tranquille pour les Prussiens restés
à Loigny, elle ne le fut pas pour les douze ou quinze cents
hommes qu'ils avaient envoyés en avant vers Guillonville, et que suivaient avec leurs longues-vues, nous
l'avons dit, les officiers allemands placés en observation
dans le clocher.

Près de Gaubert, ce nombreux détachement avait
rencontré une poignée de francs-tireurs de la Sarthe,
trente-huit hommes en tout, dont il pensa d'abord avoir
facilement raison.

Mais nos Français se défendent avec intelligence et
intrépidité. Profitant de tous les obstacles pour se mettre
à l'abri, ils tiraillent sans cesse, infligent des pertes à
l'ennemi, échappent à la cavalerie comme à l'artillerie, et,
sans perdre un seul des leurs, se retirent constamment
sur Gaubert, Guillonville et Patay, d'où pouvait leur
venir le salut.

C'est de cette ville, en effet, que le commandant de nos
avant-postes, le colonel Barbut, averti par les grand'gardes,
accourut à la tête de ses escadrons et d'un bataillon de
mobiles. Un si puissant secours eut vite fait de rassurer
nos courageux francs-tireurs et de mettre en fuite les
cavaliers prussiens (1). Ces derniers revinrent bien désap-
pointés à Loigny, où le gros de la colonne qui les attendait
les vit rentrer avec la nuit.

Le chef de l'expédition prit alors deux hommes du pays
pour lui servir de guides jusqu'à Janville, séjour ordinaire

(1) *Les Francs-Tireurs de la Sarthe*, p. 80 et suiv.

de ses troupes (1), et, à cinq heures, il donna le signal de la retraite.

Il est facile de comprendre dans quelles inquiétudes cette invasion subite avait jeté la paisible population de Loigny. L'éloignement de l'ennemi ne calma pas ses craintes, car plusieurs officiers et soldats prussiens avaient, en partant, eu soin d'annoncer leur prochain retour et de dire aux habitants : « A revoir, Franciss, mardi ».

Le lundi se passa sans aucune nouvelle. En vain les yeux se tournaient du côté de Terminiers pour y chercher un motif d'espérance; mais nulle troupe française n'apparaissait dans la plaine. Aussi, les paysans, terrorisés à la pensée que les Allemands allaient revenir, n'osaient pas même retirer des barricades les objets les plus nécessaires au ménage.

Le mardi cependant, comme la matinée s'était écoulée sans que l'ennemi se montrât, nos gens commencèrent à s'enhardir et à transporter dans leurs maisons ce qui en avait été enlevé. Mais ce travail n'était pas encore terminé, quand du haut du clocher, des habitants qui, aidés d'une forte lunette, y faisaient le guet, annoncèrent l'approche de longues colonnes débouchant d'Orgères et jetèrent l'épouvante dans le pays.

C'était les Bavarois arrivant du Perche, où les avait conduits la rapide et triomphante excursion du grand-duc de Mecklembourg. Passés vers midi à Cormainville (2), ils venaient prendre position devant l'armée de la Loire, avec l'espoir enfin, grâce aux nombreux renforts qui les soutenaient, de se venger de leur défaite de Coulmiers.

Les Bavarois ont laissé çà et là une assez triste réputation dans nos contrées. Nous pourrions citer bien des plaintes à leur sujet. Résumons-les dans ces quelques lignes de M. l'abbé Hautin, alors curé de Marboué, qui

1 _Rapports des Maires, p. 191.
2 Rapports des Maires, p. 182.

souffrit des envahisseurs dans sa paroisse avant leur arrivée à Loigny.

« Le Bavarois, écrivait-il le 5 mai 1871, eut à cœur, par ses exactions de toute sorte, de nous punir d'avoir si généreusement reçu les soldats du général de Sonis. Il fut implacable. Pendant trois jours qu'il vécut ici, il fit sonner le pillage trois fois, se gorgea de vins et de liqueurs, dévalisa nos fermes, décima les bestiaux, accapara toutes les farines, et quand, outré de tant d'excès, nous nous présentâmes au chef de ces bandits pour lui dire, chapeau bas et les yeux mouillés de larmes, que nos paroissiens, rançonnés jusqu'à la corde, n'avaient plus une seule miette de pain, il nous répondit: « Qu'ils crèvent ! »

» Ce fut le même homme qui, pour récompenser la respectable dame chez laquelle il logeait, laissa son lit souillé d'ordures.

» J'avais à la cure Lichsteinstein et son état-major. Tout cela, c'est une justice à leur rendre, but et mangea comme des pourceaux. Cinq heures à table le matin, sept le soir, avec des morceaux de viande à nourrir un régiment.

» Trinquons donc ensemble, me dit un jour Lichteinstein ; et comme j'approchais mon verre du sien, « A la santé de nos armes ! » hurla-t-il ; « A la santé des nôtres, général ! » répondis-je. Le vieux traîneur de sabre, dont le métier, disait-il encore, était « d'écrire sur le dos de la France avec l'épée », écumait de rage.

« Nous eûmes le triste privilège de voir séjourner ici bien d'autres régiments prussiens ; mais nul Allemand ne rivalise avec le Bavarois ni pour ce que Tacite appelle si justement *Asperitas soni et fractum murmur*, ni pour la grossièreté des manières, ni pour la rapacité, ni pour l'ampleur et l'énormité des graisses. C'est brutal, c'est gros et court, c'est ivrogne, c'est voleur et c'est infect ».

Nous sommes heureux toutefois de constater qu'il y

avait parmi les Bavarois de remarquables exceptions ;
mais telle était pourtant, établie par des faits, la réputation
de la troupe qui s'avançait sur Loigny, dans cet après-
midi du 29 novembre.

Les soldats ne tardent pas à envahir le village. Le pistolet au poing, ils entrent partout et se déclarent les
maîtres. Les uns tuent les bestiaux dans les fermes et
pillent les vivres dans les maisons pour la nourriture de
l'armée ; les autres forcent les meubles, prennent le linge
et les effets à leur convenance, et s'emparent du lit des
habitants pour leur usage personnel. Enfin, comme le
froid est vif et que la nuit approche, ces hôtes de malheur
entassent tous les objets combustibles qui leur tombent
sous la main, allument de grands feux à l'intérieur et
à l'extérieur des habitations, au risque de tout incendier,
sans que la population consternée songe même à résister.

L'église est envahie à son tour et de nombreux Allemands se préparent à prendre leur repos sur le pavé
jonché de paille. Pourtant, sur la promesse formelle
qu'on ne franchira pas la grille du sanctuaire et qu'aucune
irrévérence ne sera commise dans ce lieu consacré,
M. le Curé se résigne à laisser le Saint Sacrement dans
le tabernacle.

Son domicile à lui regorge également de soldats. Toutes
les pièces sont déjà occupées ; car, tandis que le général
en chef, resté à Orgères, dirige de là le cantonnement de
ses troupes dans les villages et hameaux épars sur la plaine,
son frère, le général Rudolf von der Thann s'est installé,
avec son état-major, au presbytère de Loigny.

Le lendemain, mercredi, les mouvements de troupes
continuèrent dans toute la contrée. Rudolf von der Thann
se fit précéder de fortes avant-gardes qui occupèrent
successivement Villepion, Faverolles et Terminiers, tandis
que nos francs-tireurs se repliaient, par ordre, sur Rou-
vray-Sainte-Croix.

Les populations étaient consternées ; on ne voyait que gens en larmes ; on n'entendait que soupirs de désespoir, que cris de colère et de malédiction. Il devenait évident pour tous que les Allemands étaient prêts et cherchaient l'occasion de combattre. Aussi, bien des personnes effrayées s'en allaient demander asile à des contrées plus sûres.

La bataille commença le jeudi 1er décembre, mais ce furent les Français qui attaquèrent. Le premier coup de feu fut tiré vers neuf heures du matin sur une reconnaissance de cavalerie prussienne sortie de Terminiers.

L'armée de la Loire se mettait en marche ce jour-là pour aller, disait-on, rejoindre auprès de Fontainebleau l'armée de Paris que le général Ducrot conduisait victorieuse au-delà des lignes ennemies (1).

Les historiens ont raconté par quelles affirmations erronnées et quelle pression impérative l'envoyé de Gambetta, M. de Freycinet, avait, le 30 novembre au soir, à Saint-Jean-de-la-Ruelle, forcé nos généraux à lancer leurs troupes en avant.

La discussion avait été très vive.

Effrayés du plan de campagne qu'on leur propose, d'Aurelle, Borel et Chanzy présentent les objections les mieux justifiées ; ils montrent que leurs régiments, formés pour la plupart de recrues levées à la hâte et nullement aguerries, ne peuvent être comparés aux bataillons d'élite du prince Frédéric-Charles ; ils exposent que, dans ces conditions, la défensive sur des positions choisies et fortifiées à l'avance est la seule chance de succès ; ils ajoutent enfin que, leurs corps d'armée étant très dispersés, il leur faut au moins le temps de les réunir pour qu'ils se servent mutuellement de soutiens.

Mais le délégué du Ministre ne veut rien entendre. Il affirme, contre la vérité, hélas ! que Ducrot victorieux

(1) CHANZY, p. 61. — *Bataille de Loigny*, par Auguste BOUCHER, p. 6 et suiv. — *La Bataille de Loigny*, par H. MOREL, p. 4.

est en route pour Fontainebleau, que les forces ennemies placées en face de l'armée de la Loire sont peu nombreuses, 20 ou 25.000 hommes au plus (1), et que la plaine ouverte n'offrira pas d'obstacles bien sérieux à nos jeunes combattants. Enfin, pour faire cesser les hésitations, il termine en disant que Gambetta veut être obéi tout de suite.

Le général d'Aurelle n'était pas convaincu, et il avait raison ; mais, bien que pressentant l'avenir, il s'inclina, en soldat, devant des ordres supérieurs. Dans la nuit même, il annonçait à ses troupes que la marche en avant commencerait dès le lendemain, à l'aile gauche, par le 16e corps du général Chanzy.

La première journée fut heureuse ; on eût dit que la fortune voulait réaliser le plan téméraire de Gambetta et dissiper les inquiétudes de nos généraux.

Chanzy, d'ailleurs, comprenant l'importance de ce début et la responsabilité qui pesait sur lui, avait mené son attaque avec prudence et vigueur ; ses lieutenants l'avaient admirablement secondé ; et puis on avait eu la chance de n'avoir à combattre que 18 ou 20.000 Bavarois.

Rien n'égale l'entrain avec lequel nos jeunes soldats de la 1re division, conduits par le légendaire amiral Jauréguiberry, avaient, pendant plus de trois lieues, chassé l'ennemi de village en village, emportant les obstacles au pas de charge, comme cela eut lieu pour le château de Villepion, ou à la baïonnette, comme le firent les mobiles de Loir-et-Cher pour le hameau de Faverolles. La nuit seule arrêta l'élan de nos soldats.

Cette brillante poursuite avait inspiré aux Bavarois une telle crainte, qu'ils ne prirent pas, dans leur fuite, le temps de ramasser leurs blessés, et que nombre de ces malheureux, incapables de se traîner, périrent de froid pendant la nuit à côté des cadavres restés épars sur le sol.

Les blessés qui purent, même de loin, suivre la retraite,

1. Bouchier, p. 14, 15 et 101.

ou qui eurent le bonheur d'être relevés, furent installés à Loigny, à côté du presbytère,dans la ferme de M. Henri Bourgeois. M. le Curé s'empressa de les visiter et de leur offrir son ministère.

L'un d'eux y expirait quelques minutes après son arrivée. Sur ce pauvre corps convulsionné, les ambulanciers allemands firent observer à M. l'abbé Theuré l'effet effrayant de la balle du fusil Chassepot. Le projectile avait frappé en pleine poitrine. Seule une mince ouverture bleuâtre y marquait son entrée ; mais un trou énorme, indice des ravages causés à l'intérieur, se voyait sur le dos, à la sortie.

Le mort était un catholique que M. le Curé devait enterrer le lendemain, dans le cimetière, avec les cérémonies de l'Eglise.

CHAPITRE II

___

LES PRÉPARATIFS DE LA BATAILLE

___

Rudolf von der Thann et M. le Curé de Loigny. — « Il n'y a aucun danger pour ce village ». — Si les Prussiens avaient su ! — Mauvaise humeur des Bavarois. — Mouvement des troupes allemandes. — Loigny abandonné. — L'officier reconnaissant. — Le feu. « Vous, Monsieur, faire éteindre ».— Proclamation du général d'Aurelle. — Illusions de Chanzy. — « Je crois à un grand succès ». — Funeste imprévoyance. — Mauvaise nuit pour nos troupes. — Excitations présomptueuses. — Glais-Bizoin et Gambetta. — Sonis, son origine, sa carrière, sa famille. — Sonis à Marboué, son portrait. — Charette et les zouaves pontificaux. — Les Volontaires de l'Ouest, leur recrutement. — Portrait de Charette. — Sonis et Charette frères par le cœur. — Le 17ᵉ corps d'armée, sa formation défectueuse. — Le combat de Brou. — Vers Marchenoir. — La nuit du 1ᵉʳ décembre, marche en avant. — « Nous parlions des choses de Dieu, nous nous préparions au combat ». — La bannière du Sacré-Cœur de Jésus. — Le comte de Verthamon : « voilà votre porte-fanion ». — Les ordres de la nuit. — Messe du Sacré-Cœur et communion dans l'église de Saint-Péravy-la-Colombe. — Arrivée de Sonis à Patay. — « Soyez sans crainte, nous coucherons ce soir à Toury ».

Les officiers bavarois, à l'exception du général, étaient rentrés au presbytère à la tombée de la nuit. Leur défaite fut d'abord le sujet de mille plaintes. Puis, en voyant

3

les heures s'écouler sans recevoir aucune nouvelle de leur chef, ils commencèrent à craindre qu'il ne lui fût arrivé malheur.

Rudolf von der Thann, qui était allé au conseil des généraux, ne revint qu'à neuf heures. Son front plissé et son ton cassant traduisaient sa mauvaise humeur. Il ne tardait pas à s'enfermer, avec ses principaux officiers, dans le salon, où bientôt il faisait appeler M. le Curé.

Celui-ci le trouva assis, étudiant une carte d'état-major déployée sur une table devant lui.

Sans préambule, le général dit à son hôte : « Monsieur, le chemin de Fougeu à Tanon, indiqué sur cette carte, est-il en état de porter de l'artillerie ? — Je ne suis jamais passé par ce chemin, répondit l'abbé Theuré ; je puis toutefois vous certifier qu'il n'est pas empierré. Mais, avec le froid que nous subissons, la terre est profondément gelée et vos canons passeront partout.

« Maintenant que je vous ai renseigné, permettez-moi, général, de vous poser une question. Je vois que nous sommes à la veille d'une bataille. — Qu'en savez-vous, Monsieur ? — Je le sais, général, parce que j'ai entendu le canon se rapprocher de nous et que de mon jardin, donnant sur la plaine, j'ai aperçu les Français à Nonneville et à Villepion. Or, comme pasteur chargé de cette humble paroisse, je voudrais savoir s'il y a péril pour les habitants et si je dois leur conseiller de partir ? — Non, Monsieur le Curé, il n'y a aucun danger pour ce village ; le combat aura lieu plus au nord ».

L'abbé Theuré dut se contenter de ces paroles ; mais il crut dès lors que la concentration des troupes allemandes s'achèverait pendant la nuit, et que les secours envoyés par le prince Frédéric-Charles permettraient aux Bavarois de se défendre avec plus de chance de succès.

Le Curé de Loigny eut l'occasion plus tard de savoir que ses conjectures étaient fondées.

Un officier de l'état-major allemand étant venu, après l'armistice, visiter l'ambulance, lui disait : « C'est bien pénible de voir en quel état le combat a mis votre village. Mais c'est contre nos intentions que la lutte a eu lieu ici. Nous comptions que la vraie bataille se livrerait plus au nord.

» D'après nos calculs, votre élan aurait dû traverser, le 2 décembre au matin, les troupes de première ligne que vous avez rencontrées à Goury et venir se briser sur les fortes réserves que nous gardions au-delà, soit vers Tillay, soit sur la route de Chartres, où nous pensions plutôt que vous dirigiez votre marche.

» D'ailleurs, tout a été surprise dans cette journée, aussi bien de votre côté que du nôtre.

» Sur la foi d'une dépêche de Gambetta, vos généraux croyaient n'avoir à combattre qu'une troupe peu nombreuse de Bavarois. Or, bien que nos renseignements sur vos intentions fussent généralement assez détaillés, car nos espions sont habiles, nous ignorions complètement cette dépêche.

» Si nous l'avions connue, il n'y aurait pas eu de bataille le 2 décembre, mais seulement un simulacre de combat. Nous aurions ainsi laissé toute l'armée de la Loire s'avancer au-delà d'Etampes et nous l'aurions alors entourée sans grandes difficultés pour nous. C'eût été un nouveau Sedan, qui aurait probablement mis fin à cette lutte trop prolongée et dont nous souffrons presque autant que vous ».

Mais revenons à la soirée du 1er décembre, au moment où l'abbé Theuré quittait le général bavarois, et racontons les événements qui précédèrent la bataille.

Les habitants de Loigny payaient cher à cette heure le triomphe que les nôtres avaient remporté dans la journée. Nul ne dormit cette nuit-là au village, tant fut grande l'anxiété de tous et troublant le spectacle qu'on avait sous les yeux.

A leur retour au presbytère, avons-nous dit, le général et ses officiers s'étaient montrés plus difficiles que jamais ; dans chaque maison les soldats partageaient la mauvaise humeur de leurs chefs. Furieux d'avoir été battus et d'être obligés de céder du terrain, ils voulaient, semble-t-il, tout détruire avant leur départ.

Les uns brisaient les barrières et les meubles pour les jeter dans leurs grands feux, les autres abattaient à coups de sabre la tête des poules et des animaux de basse-cour, ou gaspillaient de parti pris les provisions de toutes sortes pour ne rien laisser aux Français ; d'autres coupaient même les cordes des puits et les précipitaient au fond, afin que l'armée de Chanzy ne pût trouver d'eau ni pour ses hommes, ni pour ses chevaux, vu que les mares étaient profondément gelées.

Au dehors, la lune brillait de tout son éclat et le froid était vif. De grandes lignes de feux s'étendant d'Orgères à Santilly, indiquaient les nombreux campements (1) des envahisseurs ; des rumeurs sinistres et continues montaient de la plaine ; grâce à la sonorité du sol durci par une bise glaciale, on entendait le roulement sourd des canons et des caissons, le piétinement des chevaux, la marche pesante des bataillons venant grossir les rangs de l'ennemi. C'était le duc de Mecklembourg qui redoublait d'activité pour venger l'échec des Bavarois.

Le grand-duc qui commandait l'aile droite de l'armée du prince Frédéric-Charles, disposait ses troupes sur une ligne de hauteurs partant d'Orgères pour aboutir à Santilly. Aux extrémités, il plaçait ses divisions de cavalerie ; à la Maladrerie et à Tanon, ses divisions bavaroises ; vers Bazoches-les-Hautes et Santilly, la 17e et la 22e divisions prussiennes.

Trois coups de canon (2), tirés vers deux heures du matin,

(1) Boucher, p. 41. — Chanzy, p. 76. — *Casquettes blanches et Croix rouges*, par le Baron de Maricourt, p. 125.
(2) *Les Mobiles de la Dordogne*, par Géraud, p. 195.

annonçaient que le duc avait terminé son mouvement et que von der Thann devait achever le sien.

Aussi, peu après, les Bavarois quittaient Loigny et prenaient en arrière, à Tanon, leur position de combat. Ils s'en allaient la menace aux lèvres, annonçant de prochaines représailles.

Pourtant, même aux heures d'exaspération, on rencontre parfois des traits d'humanité qu'on est heureux de recueillir.

Un officier logé près du presbytère, chez M. Laille, voulut se montrer reconnaissant de l'hospitalité qu'il avait reçue. Avant de partir, il avertit ce cultivateur qu'il ferait bien de ne pas rester à Loigny avec ses enfants. Puis, comme l'instant d'après on lui eut dit que la voiture et le cheval de la maison étaient emmenés par ses hommes, il les fit rendre aussitôt, afin de faciliter la fuite de la famille.

Mais cette conduite généreuse n'était qu'une exception. En se retirant les Bavarois avaient soin ou d'emporter des vivres sur des voitures réquisitionnées de vive force, ou de détruire le plus possible. C'est ainsi qu'ils mirent le feu à la paille d'un de leurs campements et allumèrent à la dernière maison du village, vers Beauvilliers, un incendie qui menaçait de prendre des proportions considérables.

M. le Curé, aussitôt averti, accourut pour protéger ses paroissiens. Il trouva un officier assez ennuyé de l'aventure et craignant surtout que ces hautes flammes — ce qui eut lieu, en effet (1) — n'attirassent sur leur départ l'attention des troupes françaises. Le Bavarois s'empressa donc de dire à l'abbé Theuré : « Vous, Monsieur, faire éteindre. — Impossible, répondit le prêtre, Il y a peu d'hommes restés au village ; la mare est gelée et il faut tirer de l'eau aux puits ; je ne pourrais jamais réunir

1 BOUCHER, p. 41.

assez de monde pour arrêter le fléau ». A ces mots, l'officier se radoucit comme par enchantement et ordonna à ses hommes d'éteindre l'incendie. Ils le firent assez rapidement, et, après avoir jeté au fond les cordes des puits, ils se hâtèrent de rejoindre leur bataillon.

A l'aube naissante, il ne restait d'Allemands au village, en dehors des blessés de la veille laissés à l'ambulance, que les grand'gardes, chargées elles-mêmes de se retirer à la première démonstration des Français.

Mais si les Allemands avaient su profiter des heures de la nuit pour préparer leur revanche, les nôtres, malheusement n'avaient pas pris les dispositions nécessaires pour consolider les avan'ages acquis et courir à de nouveaux triomphes.

C'est que Chanzy, abusé et trop sûr de lui-même, ne se rendait plus compte de la véritable situation (1).

Une proclamation du général en chef, datée du 1er décembre, 5 heures 35 minutes du soir, était venue lui apporter une confiance exagérée et dangereuse.

D'Aurelle, en effet, trompé par une dépêche insidieuse du Ministre de la Guerre, écrivait à ses troupes :

« Officiers, sous-officiers et soldats de l'armée de la Loire,

» Paris, par un sublime effort de courage et de patriotisme, a rompu les lignes prussiennes.

» Le général Ducrot, à la tête de son armée, marche vers nous.

» Marchons vers lui avec l'élan dont l'armée de Paris nous donne l'exemple.

» Je fais appel aux sentiments de tous, des généraux comme des soldats.

» Nous pouvons sauver la France.

» Vous avez devant vous cette armée prussienne que vous venez de vaincre sous Orléans, vous la vaincrez encore.

(1) *Le XVIIe Corps à Loigny*, par le Commandant DE SONIS, p. 53 et 54.

» Marchons donc avec résolution et confiance ! En avant, sans calculer le danger ! Dieu protège la France ! » (1)

Cette proclamation, venant après les affirmations entendues la veille de la bouche de M. de Freycinet, et son brillant fait d'armes du jour, paraît avoir convaincu Chanzy que la victoire, trop longtemps infidèle, allait définitivement s'attacher à nos drapeaux (2).

Écoutons-le lui-même nous dévoiler son état d'esprit : « Les dépêches télégraphiques du général en chef, écrit-il, annonçaient des succès remportés par les autres corps de l'armée, et le Gouvernement donnait de Paris des nouvelles si avantageuses et précises, qu'on pouvait en ce moment avoir une confiance fondée dans le résultat qu'on cherchait à atteindre » (3).

Bien plus, en faisant connaître au général d'Aurelle l'heureuse issue du combat de Villepion, Chanzy termine ainsi sa lettre datée de Patay, le 1er décembre : « L'ennemi s'est retiré dans la direction de Loigny et de Chateau-Cambray, je le suivrai demain ; je crois à un grand succès » (4).

Voilà pourquoi, voulant donner ses instructions à son armée pour la journée du lendemain, il débute par ces mots si pleins d'espoir : « L'ennemi partout repoussé paraît opérer sa retraite dans la direction de Janville et de Toury ; il s'agit de le poursuivre vigoureusement » (5).

En conséquence, il règle que la 2e division, général Barry, conduira l'attaque sur Loigny, pour atteindre Toury dans la soirée ; que la 1re division, général Jauréguiberry, servira de réserve et suivra à deux kilomètres de distance ; que la 3e division, général Morandy, aura

1 Chanzy. p. 489.
2 Boucher. p. 33 et 34.
3 Chanzy. p. 71.
4 La Première Armée de la Loire, par d'Aurelle, p. 286.
5 Chanzy, p. 72.

pour objectif Lumeau et Poinville ; que sa cavalerie se dirigera sur Orgères et gagnera le Puiset.

Enfin, pour donner à ses troupes l'énergie d'accomplir leur rude étape, il leur annonce que Ducrot victorieux marche vers l'armée de la Loire, et termine en disant : « Chacun puisera dans ce nouveau succès une nouvelle confiance pour l'issue prochaine de la grande cause que nous défendons » (1).

Ainsi, illusionné à la fois par un succès réel et des victoires fictives, il pensait maintenant que le ministre avait eu raison de brusquer le départ, et que le 16e corps, aidé de faibles secours, suffirait pour achever la tâche si heureusement commencée. Certain que d'Aurelle le soutiendrait par une forte troupe à son extrême droite, il fit demander au général de Sonis l'envoi d'une simple brigade et négligea de réclamer la venue rapide du 17e corps, dont l'appui cependant eût peut-être complété son triomphe.

Ayant tout disposé de la sorte pour le lendemain, où nul obstacle, selon lui, ne devait arrêter sa course, il s'endormit tranquillement à Patay, dans une funeste imprévoyance.

Pendant ce temps, nos troupes du 16e corps, qui, après leur pénible journée du 1er décembre, auraient eu si grand besoin de repos et de nourriture, passaient la nuit sous des tentes incapables de les défendre du froid, presque sans vivres et sans feu, par une bise glaciale.

Le lendemain, de bonne heure, les soldats étaient arrachés à leur mauvais sommeil par de joyeuses clameurs. Une circulaire de l'état-major leur apportait la vibrante proclamation du général en chef (2).

A Nonneville, vers 5 heures du matin, au 33e mobiles et au 37e de marche, on se passait de main en main des billets écrits au crayon sur lesquels on lisait : « Grande

(1) CHANZY, p. 75.
(2) Les Mobiles de la Dordogne. par GÉRAUD, p. 204.

victoire par le général Ducrot qui a forcé les lignes ennemies » (1). Les officiers sourient à ces décevants mirages ;
les soldats se livrent à une joie exagérée, dansent le fusil
au bras, agitent fièrement leurs képis et crient : « Vive la
France ! »

C'est sous l'empire de cette excitation présomptueuse,
après un déjeuner sommaire, ou même sans avoir mangé (2)
que les hommes prennent les armes. Il ne s'agit, en effet,
que de poursuivre vigoureusement un ennemi opérant
sa retraite dans la direction de Janville.

Ainsi, gêner les principaux chefs, notamment d'Aurelle
de Paladines, dans leur commandement, briser leur initiative, éparpiller leurs forces, répandre de fausses nouvelles,
tels étaient les moyens employés quand on précipitait des
troupes jeunes et inexpérimentées vers une armée aguerrie
et victorieuse. Après cela, comment ne pas souscrire au
jugement de Glais-Bizoin, un des ministres de la Délégation de Tours, qui, dans un livre intitulé : *Dictature de
cinq mois*, accuse Gambetta d'être l'auteur des désastres
de Loigny et d'Orléans ?

Aux premières heures de cette même nuit, à six ou
sept lieues de là, deux hommes, dont l'héroïsme devait
à jamais illustrer Loigny, le général de Sonis et le colonel
de Charette, cheminaient ensemble pour occuper les em-
placements abandonnés par Chanzy, et se préparaient
saintement au combat.

Sonis était un chrétien aux convictions chaudes et
profondes, en même temps qu'une des plus grandes figures
de généraux de l'armée de la Loire.

Né aux Antilles, d'une famille militaire, il avait, jeune
encore, à quarante-six ans, conquis tous ses grades
sur les champs de bataille ; en Italie, où il exécutait

1 Boucher. p. 32.
2 Le Commandant de Sonis. *Le XVIIe Corps à Loigny*, p. 377.
— Gérald. *Les Mobiles de la Dordogne*, p. 205.

une charge brillante à la tête de son escadron ; au Maroc,
où il comprimait un soulèvement des indigènes ; en Algérie,
où il poursuivait et châtiait les rebelles jusqu'au fond
du désert.

Au début de la guerre franco-allemande, M. de Sonis,
colonel de cavalerie, commandait la subdivision militaire
d'Aumale. Plusieurs fois il avait demandé de voler à
l'armée du Rhin avec les troupes qui quittaient l'Algérie.
Mais le sachant aimé des Arabes, que des émissaires prussiens cherchaient à soulever contre nous, on avait cru
utile de le laisser à son poste.

Cependant, outre son frère Théobald, trois de ses fils,
quoique le plus jeune n'eût que seize ans, étaient sur les
champs de bataille. « Il faut bien, écrivait Sonis, que nous
autres soldats nous donnions l'exemple du dévouement
et que nous livrions notre vie, plus que notre vie, celle de
nos enfants, et cela en toute simplicité, et que, comme les
Machabées, nous puissions dire : *Moriamur in simplici-
tate nostra* » (1).

Hélas, sur nos frontières de l'Est, les défaites succédaient
aux défaites, l'Empire croulait, la patrie était en danger !
Le colonel de Sonis tient de plus en plus à courir à la
défense de son pays. Enfin ses vœux sont exaucés ; Gambetta l'appelle et le fait général. Sur le point de quitter
l'Afrique, il écrit le 1er novembre : « En partant pour
l'armée, je me condamne à mort. Dieu me fera grâce, s'il
le veut ; mais je l'aurai tous les jours dans ma poitrine,
et vous savez que Dieu ne capitule jamais ».

A Tours, on lui confie une brigade de cavalerie. C'est en
se mettant à la recherche de ses régiments introuvables
qu'il arrive, vers le milieu de novembre, à Châteaudun,
où il doit commander, non plus une brigade, mais une
division. Quelques jours plus tard, le 23, il était nommé
général en chef du 17e corps d'armée.

(1) *Le Général de Sonis*, par Mgr BAUNARD, passim et 290, 294.

« Un soir, racontait plus tard M. l'abbé Hautin, curé de Marboué, en 1870, un cavalier dont l'ombre de la nuit et le manteau ne me permirent pas de distinguer d'abord ni le grade ni la figure, se présenta à la porte de mon presbytère. « Je viens, me dit-il, vous demander, avec l'hospitalité, la permission d'établir chez vous mon quartier général et le centre de mes opérations ». C'était le commandant du 17e corps.

« Après dix-huit ans passés, poursuit le prêtre, je vois encore cet homme, ce chrétien, ce soldat qui, pendant huit jours, habita sous mon toit ; tout mon cœur en est rempli. Quelle franche et martiale physionomie ! Je l'admirais à cheval, commandant ses troupes, dictant ses ordres, présent partout ; prévoyant tout, faisant sentir à tous son action et communiquant à tous l'ardeur dont il brûlait. Il semblait que le repos lui fût inconnu. Une nuit, l'ayant trouvé dans la modeste pièce qu'il appelait son bivouac, étendu tout habillé sur un méchant lit, dont il n'avait pas même ouvert les draps. — « Quoi, général, lui dis-je, ainsi couché, par un froid si vif, dans une chambre humide, n'avoir qu'un manteau pour abri ! — En campagne, répondit-il, saint Louis ne se déshabillait pas ». — Puis, soulevant la tête : « Je commençais à m'assoupir malgré moi... Est-ce que le canon gronde ? »

M. l'abbé Hautin parlait ensuite de la foi profonde du général, des souvenirs religieux qu'il aimait tant à rappeler, de cette prière du soir à laquelle il conviait si dignement ses officiers, de ces confessions fréquentes, de ces communions quotidiennes, faites dès l'aurore, à la lueur de quelques lampes fumeuses, sous les regards de ses soldats qui avaient pris leur repos de la nuit dans l'église ; puis, comme actions de grâces, de ces chaudes exhortations, pleines de piété et de patriotisme, adressées à ses compagnons d'armes, qui en étaient vivement touchés (1).

1 *Éloge funèbre des Victimes du 2 décembre 1870*, par M. l'Abbé Hautin, 1888. p. 5. — *Le Général de Sonis*, par Mgr Baunard, p. 303.

Le général en chef du 17e corps se félicita, dès les premiers instants, de rencontrer parmi les troupes placées sous ses ordres, une légion d'élite, les Volontaires de l'Ouest, commandés par le colonel de Charette. « Ce fut, dit M. de Sonis, une bonne nouvelle pour moi, et je m'estimai heureux de trouver ces zouaves pontificaux que mon cœur de chrétien avait suivis, depuis leur création, dans les combats héroïques de Castelfidardo, Monte-Libretti et Mentana » (1).

Ajoutons qu'au mois de janvier 1867, il avait encouragé le dessein de son fils Henri, qui, n'ayant pas encore quinze ans, lui demandait l'autorisation de s'engager dans les rangs des zouaves pontificaux et de partir pour Rome à la défense du Saint-Père. Les recruteurs de la Légion ne crurent pas alors pouvoir accepter un si précoce dévoûment et le jeune conscrit fut ajourné. Mais M. de Sonis n'en avait pas moins témoigné combien les zouaves pontificaux lui étaient chers (2).

Aussi, en apprenant que le chef de ces bataillons célèbres était un de ses officiers, il écrivit immédiatement à M. de Charette ces mots qui traduisent un pressentiment. « Je vénère tout ce que vous vénérez, j'aime tout ce que vous aimez. Dans ces tristes temps, c'est une consolation de mourir au milieu de braves gens comme vous et de pouvoir se dire que Dieu n'abandonne pas la France, puisqu'il a encore des enfants fidèles. Je vous prie de partager ensemble prières et sacrifices ».

Celui à qui ces lignes s'adressaient, Athanase de Charette, était, par sa mère la comtesse de Vierzon, petit-fils du duc de Berry, et, par son père, issu d'une famille vendéenne, illustre entre toutes par sa valeur et sa fidélité à l'ancienne dynastie. Agé de trente-huit ans, il faisait revivre en lui toutes les vertus et la renommée de son oncle, le fameux

(1) Mgr BAUNARD. *Vie de Sonis*, p. 298.
(2) Mgr BAUNARD, p. 338 et 340.

Charette de la Contrie qui, avec les Cathelineau, les Stofflet, les Larochejacquelein, les Lescure, les d'Elbée, joua un si grand rôle dans la guerre des géants et tomba fusillé à Nantes en 1796.

Depuis dix ans, le neveu avait glorieusement formé et commandé à Rome le régiment des zouaves pontificaux. Quatre de ses frères avaient servi avec lui dans l'armée du Saint-Père.

En 1870, après la prise de Rome par les Piémontais et le licenciement des troupes pontificales, il était venu demander à défendre la France envahie. A Tours, on lui fit mille difficultés, avant d'accepter son régiment avec son autonomie. Quand, après huit jours d'attente et bien des pourparlers, on se décida à le recevoir, ce fut à la condition que ses hommes porteraient désormais le nom de Volontaires de l'Ouest. Il était en même temps nommé lieutenant-colonel de cette troupe.

Le nombre des zouaves revenus de Rome était à ce moment bien réduit. Les étrangers, à de rares exceptions près, avaient regagné leur patrie respective. Parmi les Français, les uns s'étaient retirés dans leurs foyers pour y attendre l'appel légal sous les drapeaux, les autres avaient pris du service dans différents régiments. Il ne restait que les cadres de la légion et les plus vieux soldats ; mais c'était l'essentiel.

A peine la permission de former un corps franc et d'enrôler ceux qui n'étaient pas encore sous les armes lui fut-elle accordée, que Charette lança une circulaire invitant tous les hommes de cœur à se réunir à lui, et les avertissant qu'il exigerait une discipline sévère. Sa réputation de bravoure et de dévouement chrétien était telle, qu'il lui vint des recrues de toutes les conditions, de tous les âges et de toutes les provinces. A côté d'engagés appartenant à la meilleure noblesse de France, il y avait des ouvriers, des domestiques, des laboureurs bretons et vendéens, comme aussi des avocats, des médecins, des séminaristes et d'anciens officiers. Dans leurs rangs on voyait avec surprise se succéder des têtes d'enfants et de vieillards mêlées à celles de robustes jeunes hommes. Le plus âgé était le marquis de Coislin, jadis officier sous la Restauration et chef royaliste en 1832 ; il était superbe avec sa longue barbe blanche, malgré ses soixante-cinq ans. Le plus jeune, Marcel Tybur, n'avait que quatorze ans et quinze jours quand il s'engagea à Tours, le 5 octobre 1870.

Mais tous, nobles ou plébéiens, animés du même amour pour l'Eglise et pour la patrie, n'étaient plus que les enfants chrétiens de la France, égaux sous l'uniforme. Tous entraient comme simples soldats, avançaient selon leur mérite, étaient régis dans le service par une discipline stricte, et vivaient en dehors de là, dans une camaraderie charmante que n'ont jamais connue d'autres corps militaires.

Sans l'opposition acharnée de M. de Kératry, général improvisé des *Forces de Bretagne*, des milliers de paysans bretons, si durs et si braves soldats, seraient accourus vers un chef dont l'influence était irrésistible et dans cette milice préférée. En dépit des obstacles, le mois d'octobre avait suffi à mettre sur pied deux petits bataillons composés de six compagnies et de quatre à cinq cents hommes chacun, et un troisième commençait à s'organiser.

Entre temps, le capitaine le Gonidec était allé, avec 170 hommes, faire applaudir la vaillance des zouaves pontificaux devant Orléans assiégé, le 11 octobre, par les Bavarois, et en était revenu avec le brevet de commandant.

Le 9 novembre enfin, les deux premiers bataillons et un peloton de vingt-cinq éclaireurs à cheval étaient partis du Mans, sous la conduite de Charette, pour rejoindre à Châteaudun les troupes du général Fiéreck. Les habitants

de Nogent-le-Rotrou admirèrent avec quelle allure martiale ils défilèrent dans leurs rues, et un de leurs aumôniers, le Père de Gerlache, entendit des hommes se dire
entre eux : « Je vous réponds, mes amis, que ceux-là ne
reculeront pas devant l'ennemi ».

Cette parole préludait à l'éloge que devait faire d'eux,
après la bataille de Loigny, un officier de cavalerie, aide
de camp d'un des généraux commandant l'armée de la
Loire, blessé trois fois le 2 décembre. « Malgré notre défaite,
disait-il au Père de Gerlache, je regarderai toujours cette
journée comme une des plus belles de ma carrière militaire, parce que j'ai eu l'honneur de combattre à côté des
zouaves pontificaux. Ce sont les premiers soldats du
monde » (1).

Le général Gougeard, qui les avait vus à la bataille du
Mans enlever aux Prussiens le plateau d'Auvours, répétait
ensuite avec plus d'autorité le même éloge. A un sectaire
comme Ranc, qui lui insinuait que, pendant son commandement, il avait eu sous ses ordres mieux que les hommes
de Charette, Gougeard répondait : « Non, il n'y a pas eu
mieux que les zouaves pontificaux... Il ne pouvait pas
y avoir mieux » (2).

Ajoutons qu'au témoignage de son secrétaire, Moritz
Busch, Bismarck entrait en fureur chaque fois qu'on lui
parlait de Charette et des zouaves pontificaux. Ils étaient
pour lui un cauchemar. Sans doute, ces douze ou quinze
cents hommes à eux seuls ne pouvaient tenir en échec les
armées d'Outre-Rhin ; mais, si toute la France les avait
imités, Bismarck n'aurait pas fait la grande Allemagne (3).

1 *La Campagne des Zouaves pontificaux en France.* par Jacquemont. *passim.* — *Le XVII° Corps à Loigny.* par le Commandant
d. Sonis. p. 242. — *Voir de Notre-Dame de Chartres.* 1871. p. 16 et 24.
— *Les Zouaves pontificaux au Diocèse de Chartres.* par le Père
de Gerlache, aumonier du 2me Bataillon.

2 *Journal de Chartres.* 23 janvier 1912.

3 Journal *L'Avant-Garde,* 1911, p. 225.

Le chef de cette valeureuse légion était alors veuf d'Antoinette de Fitz-James, sœur du duc de Fitz-James et de la duchesse Salviati Borghèse.

Un de ses anciens zouaves, M. Oscar de Poli, le peint ainsi : « Grand, robuste, d'une figure martiale dont l'énergie est tempérée par la douceur du regard, homme d'esprit et homme de cœur, d'une bravoure chevaleresque, d'une suprême distinction, d'une gaîté communicative, d'une libéralité de grand seigneur, le baron de Charette était le véritable type de noblesse militaire ».

On ne s'étonnera pas que Sonis et Charette se sentissent attirés l'un vers l'autre par une sympathie réciproque. Ils avaient la même foi ardente, les mêmes élans de dévouement patriotique et religieux ; ils étaient frères par le cœur. La lutte devait les unir plus étroitement encore dans l'héroïsme et la souffrance.

Aussi, de même que Jaurès, dans le 21e corps, traitait en ce moment avec faveur les zouaves pontificaux du 3e bataillon et les gardait auprès de lui comme des soldats d'élite, sur lesquels on pouvait compter aux heures difficiles ; de même Sonis fit aux 1er et 2e bataillons des zouaves l'honneur de les mettre dans sa réserve, les voulant avoir toujours sous la main (1).

Le 17e corps d'armée, constitué le 11 novembre, se trouvait encore incomplet et mal organisé lorsque le général de Sonis en prit le commandement le 24 novembre. Il comptait plus de 40.000 hommes et plus de 80 pièces d'artillerie, mais était dispersé sur plus de 50 kilomètres de longueur ; ses officiers, pris de tous côtés, à peine entrés en fonctions, n'avaient pas eu le temps de faire sentir leur action sur leurs troupes ; l'état-major ne possédait pas l'expérience nécessaire ; les hommes, animés généralement d'une grande bonne volonté, étaient, pour la plupart, sans instruction militaire, manquaient de souliers, d'effets

(1) JACQUEMONT, p. 125 et 130.

LE GÉNÉRAL DE SONIS

de toute nature, surtout pour une campagne d'hiver ; beaucoup d'entre eux connaissaient à peine le maniement de leur fusil, qu'ils avaient reçu trop tard.

La responsabilité de Sonis était énorme, puisque c'est dans ces conditions et avec de telles troupes, qu'il était chargé de s'opposer au mouvement tournant exécuté par le duc de Mecklembourg, sur le flanc gauche de l'armée de la Loire.

Dans le but de ralentir au moins ce mouvement perfide, de Sonis, le 25 novembre, repoussait au combat de Brou l'aile gauche de l'ennemi. Le 26, il songeait à défendre Châteaudun, ou à se retirer vers l'est à la rencontre de Chanzy. Ce dernier projet était approuvé du général d'Aurelle, parce qu'il servait à concentrer les troupes et à les appuyer les unes sur les autres.

Mais le même jour, un ordre du gouvernement obligeait le 17e corps à descendre vers la forêt de Marchenoir pour couvrir Vendôme et Tours. C'était désunir l'armée.

Aussi, quelques jours après, pour réparer cette faute, le général d'Aurelle obtenait du ministre l'autorisation de faire avancer le 17e corps jusqu'à Coulmiers. Cette marche, exécutée le 30 novembre, rapprochait Sonis des positions où il se serait rendu en quittant Châteaudun, si on l'avait laissé libre.

Enfin, le 1er décembre, vers trois heures du soir, un télégramme d'Aurelle prescrivait au 17e corps d'occuper avant la nuit, à Saint-Péravy, les positions que Chanzy avait abandonnées le matin pour repousser les Bavarois. Cette fraction d'armée se trouverait ainsi devant Orléans pour le couvrir, selon qu'il en avait été décidé avec le ministre.

Malheureusement, cet ordre parvenait à une heure trop avancée pour qu'il fût exécuté à la lettre. Mais le commandant du 17e corps voulut y satisfaire dans la mesure du possible. Il décida que le quartier général, les réserves et

la 2e division partiraient sans tarder, tandis que les 1re et
3e divisions se mettraient en route le lendemain de bonne
heure.

Voilà pourquoi, dans la nuit du 1er au 2 décembre,
à 9 heures du soir, par un froid de 12 à 15 degrés et
une bise glaciale fouettant le visage, Sonis, à la tête de
sa réserve, remontait vers le nord.

S'étant retourné un moment afin de voir, à la clarté
de la lune, ceux qui le suivaient, il aperçut Charette qui
venait de mettre pied à terre pour se réchauffer. Sonis en
fit autant, et, tout en marchant, causait avec le colonel.
MM. de Bouillé, de Cazenove, de Troussures et le Père
Doussot, religieux dominicain et aumônier du 1er bataillon
des zouaves pontificaux, les rejoignirent peu après et se
mêlèrent à la conversation.

« Nous parlions de choses de Dieu, écrivait plus tard
M. de Sonis, et nous écoutions avec le plus vif intérêt les
paroles ardentes, convaincues, pleines de patriotisme,
que le saint prêtre nous disait. Nous étions pleins de confiance ; nous sentions que nous allions remplir un grand
devoir ; nous nous préparions au combat ».

Il s'agissait, on le voit, d'imiter Clovis et Jeanne d'Arc,
d'unir, comme eux, aux énergies naturelles de nos troupes,
l'influence religieuse et surnaturelle, pour nous ramener
la victoire. Car rien n'agrandit l'intelligence et les forces
humaines comme la foi en la Providence et les secours
divins.

Le Père Doussot raconte ainsi cet épisode touchant :
« Je marchais à pied entre le général de Sonis et le colonel
de Charette. Nous parlions ensemble du grand et seul
moyen de salut qui restât à la France et à ses armées :
celui de redevenir franchement chrétienne. Alors, nous
montrant son fanion que portait un de ses spahis,
M. de Sonis nous dit : « Voilà pourquoi, ayant à
mettre un signe sur mon fanion, j'ai mis celui que vous

voyez ». C'était une croix blanche sur un fond bleu. « Mais, général, dit Charette, j'y voudrais quelque emblême religieux plus marqué ».

A cette époque, en effet, il sembla que se réveillait partout une même pensée sourde, profonde, perçant sur mille points à la fois, se faisant jour de tous côtés : La France ne sortira de l'abîme que si elle se consacre au Cœur adorable de Jésus.

Et Charette, développant sa pensée, parla d'une magnifique bannière brodée par les Visitandines de Paray-le-Monial et portant l'image du Sacré-Cœur de Jésus. Après l'avoir richement dessinée et confectionnée, les religieuses l'avaient déposée, durant un mois, sur le tombeau de la bienheureuse Marguerite-Marie, dont on lui avait fait toucher les reliques.

Leur intention était d'abord de l'adresser au général Trochu, pour qu'il la fît arborer sur les remparts de Paris. Elles l'envoyèrent, à cet effet, à M. Dupont, le saint homme de Tours, qui leur fit savoir qu'à cette date Paris était fermé par l'entier investissement de l'armée allemande. « Eh bien, vous la donnerez aux volontaires des contrées de l'Ouest », répondirent-elles.

Qu'entendaient-elles par ce nom, alors sans application ? Elles-mêmes ne s'en rendaient pas compte, sans doute. Quoi qu'il en soit, ce fut justement sous ce nom de Légion des Volontaires de l'Ouest, que, peu de temps après, M. de Charette obtint de mettre au service de la France son épée et ses zouaves pontificaux. M. Dupont comprit alors que l'étendard du Sacré-Cœur leur revenait de droit et il le leur donna.

Sonis pleurait d'enthousiasme en écoutant cette histoire de l'étendard. « Eh bien, répondit-il, puisque c'est à vos zouaves qu'il était destiné, c'est un de vos zouaves qui le portera. Vous me choisirez vous-même mon porte-fanion ».

L'entretien en était là, lorsque, vers onze heures et demie, ils firent halte à Saint-Péravy-la-Colombe.

Tandis que de Sonis installait son quartier général près du village, au château quitté le matin par Chanzy, Charette cherchait à trouver le porte-fanion demandé.

Or, la veille de ce jour, le 30 novembre, le comte de Verthamon, cédant à une pensée inspirée par sa piété et longuement mûrie dans la prière, avait vivement, et à plusieurs reprises, pressé M. de Charette de consacrer le régiment des zouaves au Sacré-Cœur de Jésus. Henri de Verthamon était sergent ; zouave pontifical à Rome, en 1861 et en 1870, il venait de quitter sa jeune femme et ses deux petits enfants pour voler au secours de la France en danger. Un pressentiment très caractéristique l'avertissait qu'il succomberait dans cette campagne. Sa douleur de laisser les siens, quoique voilée pour le public, lui arrachait parfois des larmes lorsqu'il se trouvait seul. Pourtant il faisait généreusement à Dieu le sacrifice de sa vie, afin que son pays reprît ses traditions chrétiennes et triomphât de l'étranger. Aussi, dans sa requête à son colonel, rappelait-il, pour le déterminer à ce grand acte de piété, le vœu du roi-martyr, l'exemple des Vendéens, qui, sous la conduite du grand Charette, en 1793, portaient sur leurs poitrines l'image du Sacré-Cœur, enfin la nécessité de s'assurer la protection de Dieu dans la lutte qui se préparait.

Cependant, M. de Charette, par une délicate attention, s'adressa d'abord au comte Fernand de Bouillé qui, d'âge mûr déjà, était venu, avec son fils Jacques et son gendre, de Cazenove de Pradines, s'enrôler parmi les volontaires de l'Ouest. Il lui offrit de porter le drapeau du Sacré-Cœur. Mais, le comte de Bouillé s'étant jugé indigne, lui, soldat d'hier, d'un pareil honneur, Charette désigna aussitôt M. de Verthamon, et tous les zouaves présents applaudirent.

Quelques minutes plus tard, M. de Sonis, qui se chauffait dans une grande salle, vit entrer M. de Charette, amenant avec lui un jeune homme blond, à la figure charmante, qui lui apparut à la lueur d'un feu vif et pétillant : c'était Henri de Verthamon.

« Général, dit le colonel en frappant sur l'épaule de son compagnon, voilà votre porte-fanion, et voilà le drapeau ».

A ces mots, Charette développait une magnifique bannière de moire blanche brodée d'or, portant au centre le Sacré-Cœur de Jésus en velours cramoisi. Au-dessus et au-dessous de l'image, on lisait cette invocation : « Cœur de Jésus, sauvez la France ».

C'était la réalisation du vœu exprimé par Notre-Seigneur, en 1689, à la Bienheureuse Marguerite-Marie, de voir son Cœur adorable sur les drapeaux de la France.

Sonis contempla respectueusement cette bannière. Puis, se tournant vers Charette : « Colonel, merci ! Vous me l'avez offerte ; maintenant, c'est moi qui vous la donne pour votre régiment. Qu'elle soit votre drapeau ». Et après avoir décidé qu'on attendrait le moment où le canon gronderait pour la déployer, il fit donner une lance à Verthamon pour y suspendre l'étendard à l'heure du danger (1).

Une fois ce plan arrêté, tous allèrent se reposer ; seul le général continua de dicter ses ordres. Un billet de Chanzy lui annonçait, en effet, après minuit, le plein succès de la journée ; mais, dans la crainte d'une concentration des forces de l'ennemi pour le lendemain, lui demandait l'envoi immédiat d'une de ses brigades. D'Aurelle donnait le même ordre. Sonis enjoignit aussitôt au général Dubois de Jancigny de se rendre, sans aucun retard, à Patay, avec la 2e division du 17e corps, composée d'une seule brigade.

Mais Sonis voulut faire beaucoup plus qu'il ne lui était demandé, car il répondit au commandant du 16e corps que lui-même suivrait de près ce renfort en amenant sa

(1) Mgr BAUNARD, p. 319 et suiv. — *Voix de Notre-Dame de Chartres*, 1879, p. 73. — *Souvenirs du Régiment des Zouaves pontificaux*, par le Baron DE CHARETTE, p. 124.

garde particulière et ses réserves d'artillerie, de génie et de cavalerie qu'il énumérait en détail.

Peu après, un télégramme du général d'Aurelle trompé hélas ! lui apportait, dans une proclamation déjà donnée, la nouvelle que Ducrot avait rompu les lignes prussiennes sous les murs de Paris et marchait à la rencontre de l'armée de la Loire.

Sonis transmit ces dépêches réconfortantes à ses subordonnés, notamment au général Deflandre. En même temps, il faisait appel à l'énergie et au patriotisme des généraux commandant les 1re et 3e divisions restées en arrière, et leur prescrivait de partir *le plus tôt possible*, afin que le 17e corps pût être concentré promptement à Patay (1).

Ces dispositions prises, à deux heures du matin, le général avait eu soin de réveiller ses amis pour entendre avec eux, dans l'église du village, la messe que célébra le Père Doussot. « C'était le premier vendredi du mois, 2 décembre, et, par une heureuse coïncidence, remarque Sonis, le religieux se conformant à la liturgie de son Ordre, faisait, ce jour-là, l'office du Sacré-Cœur. J'eus le bonheur de communier avec plusieurs zouaves ».

Cette veillée d'armes servait de préparation à un sacrifice pour lequel Dieu s'était réservé les plus pures victimes. Le soir même, en effet, tous ceux qui venaient de la faire, et ils étaient quinze, gisaient blessés ou morts sur le champ de bataille.

Cependant, le général avait hâte de se rendre auprès de Chanzy. A quatre heures du matin, il partait avec sa réserve d'artillerie, les zouaves pontificaux, les mobiles des Côtes-du-Nord, les francs-tireurs de Tours et de Blidah. Vers six heures, il établissait son bivouac aux portes de Patay et se présentait à huit heures, chez le général Chanzy, encore couché. Sonis lui fit connaître et la fatigue extrême de ses troupes et les ordres donnés pour la concentration rapide de son corps d'armée.

(1) *Le XVIIe Corps à Loigny*, p. 51.

Comme Chanzy espérait achever seul sa victoire de Villepion, avec tout au plus l'aide d'une brigade, il fut convenu entre les deux chefs que les troupes du 17e corps qui arriveraient à Patay, prendraient, s'il était possible, le repos dont elles avaient le plus grand besoin.

Toutefois, un peu plus tard, comme le canon grondait au nord sur plusieurs points à la fois, M. de Sonis offrit au commandant du 16e corps de l'accompagner sur le champ de bataille avec la brigade qu'il avait sous ses ordres à Patay.

Chanzy, satisfait du combat de la veille et rassuré sur celui qui commençait, dit au commandant du 17e corps d'occuper le quartier général qu'il allait quitter et de ne pas bouger jusqu'à nouvel ordre. « Soyez sans crainte, dit-il en terminant, nous coucherons ce soir à Toury » (1).

A dix heures un quart ou dix heures et demie seulement, Chanzy montait à cheval et gagnait le moulin de Terminiers, d'où la vue découvrait la plaine et les combattants. Sonis, resté à Patay, attendait son appel.

Nous avons quitté Loigny au matin du 2 décembre, au moment où les Bavarois l'abandonnaient pour aller en arrière occuper des positions élevées qui dominent les environs. Il est temps d'y revenir, afin de raconter, avec les joies et les terreurs des habitants, les événements déjà accomplis.

(1) Boucher, p. 34. — Le Commandant de Sonis, p. 60.

CHAPITRE III

LA BATAILLE

Le soleil du 2 décembre et la division Barry. — Passage
des troupes françaises dans Loigny. — Renseignements
fournis par M. le Curé. — « Il faut que je sois soutenu ». —
Offensive et retraite. — Terreur des habitants de Loigny.
— Premier bombardement du village. — L'église et le
presbytère sont convertis en ambulance ; le drapeau de
la Convention de Genève. — L'admirable division Jauréguiberry rétablit le combat. — Mort du duc de Luynes. —
Les Bavarois reçoivent des renforts ; la brigade prussienne
de Kottwitz force de nouveau les nôtres à reculer. —
Le capitaine de Maricourt et les blessés au presbytère. —
Les 2e et 3e bataillons du 37e de marche défendent vaillamment Loigny. — Second bombardement et incendie
du village. — Le commandant de Fouchier : « Priez Notre-
Dame de Chartres, pendant que nous combattons pour
vous ». — Arrivée de la brigade Manteuffel. — Le lieutenant Coquerelle. — Chanzy, voyant la journée compro-
mise, appelle Sonis à son secours. — Premiers succès du
17e corps. — Retraite du 51e. — « Zouaves, il y a des
lâches, là-bas ; montrez-leur ce que valent des hommes
de cœur et des chrétiens ». — La bannière du Sacré-Cœur
et Verthamon. — Les zouaves pontificaux, les francs-
tireurs de Tours et de Blidah et les mobiles des Côtes-
du-Nord marchent sur Loigny. — Le 51e recule de nouveau.
— Sonis blessé ; le bois Bourgeon emporté ; les Prussiens
en fuite. — Les zouaves, non soutenus, se retirent. —
Le 37e, cerné dans le cimetière, continue de résister. —
Le sergent-major Chapelot s'échappe pour aller chercher
du secours. — «Monsieur, ce n'est pas mon affaire d'arrêter

le feu de mes soldats ; c'est la vôtre ». — M. le Curé de
Loigny fait sortir des habitants d'une maison incendiée
et les conduit hors du bourg. — « Ne tirez plus, mes amis,
vous tuez vos camarades ». — Les Allemands mettent
le feu aux maisons. — « Drapeau menteur ! » — Accents
joyeux d'une musique militaire.

Une lueur d'espérance apparut aux habitants de Loigny
avec l'aube du 2 décembre 1870. Il leur sembla sortir d'un
lourd cauchemar, en voyant l'ennemi s'éloigner et leur
village reprendre un peu de liberté.

Bientôt, un brillant soleil vint dissiper les brouillards
du matin, et jeter comme un air de fête sur la campagne
blanche de frimas.

Enfin, les premiers soldats français ne tardèrent pas
à se montrer à l'horizon. C'étaient des hussards aux rapides
coursiers, chargés de reconnaître les vedettes allemandes
et d'assurer la marche de l'armée. La deuxième division,
celle du général Barry, menait l'attaque ce jour-là. Partie
de Terminiers, elle suivait ses éclaireurs à quelque distance
et s'avançait en ordre de bataille.

Loigny fut occupé sans combat, car l'arrière-garde
bavaroise s'était déjà repliée.

La population accueillit nos fantassins avec des larmes
de joie. Elle admirait leur entrain et leur enthousiasme,
écoutait leurs chansons de marche et leurs belles promesses. « Nous allons poursuivre les Allemands comme
hier, disaient-ils ; nous coucherons ce soir à Toury ; bientôt,
nous serons à Paris ». Puis, quand ils furent passés, se
dirigeant allègrement vers le château de Goury, vieillards,
femmes, enfants, se mirent à les suivre des yeux et à partager leur espoir. Plusieurs même se crurent tellement
en sûreté qu'il sortirent de leur cachette des objets dont
les Prussiens s'emparèrent dans la soirée.

Pourtant, il était quelqu'un à Loigny, M. le Curé, qui,
dès ce moment, ne se laissait aller à aucune illusion. Divers
renseignements lui inspiraient une légitime défiance. Son

entretien de la nuit avec le général Rudolf von der Thann, quelques mots en français sur l'armée du duc de Mecklembourg, sur l'arrivée du prince Charles et des troupes de Metz, entendus par hasard de la bouche des officiers logés au presbytère, enfin l'observation de la plaine faite à l'aide d'une forte lunette, du haut de son clocher, dès la pointe du jour, lui avaient appris que l'avant-garde bavaroise, battue la veille, était considérablement renforcée et que la résistance, habilement préparée, serait opiniâtre. Aussi les Français ne devaient pas se lancer à l'attaque sans réunir auparavant des forces suffisantes.

Il en avertit le capitaine de hussards Button, qui, le premier, passa dans Loigny. Ces informations, jugées très importantes, furent recueillies par un aide de camp, le capitaine de Mandat-Grancey, et portées vers huit heures et demie au général Barry.

Le baron de Mandat-Grancey, devenu colonel, a consigné ces détails dans une lettre à M. l'abbé Theuré, datée du 1er décembre 1895, et que nous avons sous les yeux. Rappelant que le curé de Denain, en 1712, avait renseigné le maréchal de Villars et contribué ainsi à nous procurer une éclatante victoire, l'ancien aide de camp montre quels services importants le prêtre a souvent rendus à nos armées. Il ajoute même à l'adresse de son correspondant : « Vous avez le numéro un, parmi ceux qui ont cherché ce jour-là à défendre la France à Loigny. Il est bon du moins que vous le sachiez, si personne ne vous l'a dit encore, ce que je crois, et si, par suite, vous avez jusqu'ici ignoré votre rôle dans cette journée, je me féliciterai de pouvoir porter un témoignage ici ».

Or, la division Barry, qui, le 2 décembre, marchait ainsi en première ligne, comptait, d'après les appels de la dernière nuit, 11.000 hommes, presque tous des mobiles sans instruction, douze pièces de quatre et deux mitrailleuses, dont une détraquée.

En 1870, nos canons de quatre, rayés, en bronze, se chargeant par la bouche, étaient bien inférieurs aux petits canons prussiens, en acier, se chargeant par la culasse ; les premiers n'avaient qu'un faible portée, les seconds atteignaient des distances considérables. Seuls nos canons de douze, peu nombreux malheureusement, pouvaient, sans trop de désavantage, répondre à l'ennemi.

De plus, les artilleurs allemands connaissaient leur métier ; leur tir, après un ou deux coups d'essai, devenait d'une justesse remarquable ; tandis que les nôtres ne savaient guère ordinairement utiliser leurs pièces. Voilà pourquoi nos canons étaient si facilement mis hors de combat, pourquoi nos bataillons, d'ailleurs peu aguerris, étaient si souvent tenus à distance ou mis en fuite, tandis que la marche en avant de l'ennemi était favorisée.

Aussi, on comprendra la réflexion du général Barry quand le capitaine de Mandat-Grancey lui dit : « Nous avons devant nous 40.000 hommes, d'après M. le Curé de Loigny ; donc, à mon avis 120 pièces de canon. — C'est un bien gros morceau ! répondit le chef. Il faut que je sois soutenu. Je vais faire prévenir le général Chanzy pour lui demander de me faire appuyer ».

L'estimation du nombre des Allemands qui combattirent à Loigny était, il est vrai, exagérée, mais il y avait plus de canons qu'on ne le pensait. Il en résulte que le renseignement méritait une sérieuse considération. Les Prussiens, en effet, mirent jusqu'à 160 pièces (1) en ligne pendant la bataille, et, comme la terre était gelée, presque tous les obus éclataient. De là leur immense avantage. L'amiral Jaurégui-berry le constate dans son rapport : « Le manque d'une artillerie assez nombreuse pour lutter contre une artillerie ennemie supérieure, comme portée, comme calibre et sur-tout comme nombre, telle a été la principale cause de l'insuccès de la journée » (2).

1 Commandant DE SONIS, XVIIe Corps, p. 206.
2 Commandant DE SONIS, p. 409.

Le général Barry, impressionné par cette communication, suspendit le mouvement de ses brigades et envoya un de ses officiers, M. Delorme, prier le commandant en chef de le soutenir. Chanzy, d'après ses instructions données la nuit, devait se trouver à peu de distance en arrière.

Pendant ce temps d'arrêt, plusieurs officiers, parmi lesquels le colonel Masson, montaient au clocher de l'église. Ils constataient de leurs yeux la présence de masses profondes d'Allemands échelonnées d'Orgères à Tillay et à Santilly, et reconnaissaient combien on les avait trompés sur les forces de l'ennemi.

Si Chanzy eût été près de ses troupes, à son poste de commandant, il aurait peut-être, au reçu des indications du général Barry, compris le péril auquel il s'exposait, averti d'Aurelle de sa dangereuse situation, appelé à son secours les 9.000 hommes et les 56 pièces de canon que Sonis avait déjà à Patay, attendu surtout leur arrivée avant d'engager sérieusement la lutte. Au lieu de courir à une défaite, c'eût été, on peut l'espérer, organiser la victoire. D'autant plus que, par une rare exception, l'artillerie du 17e corps était bien dirigée, comme le prouva d'ailleurs l'éminent service qu'elle sut rendre dans l'après-midi. « Cette troupe, disait plus tard Sonis, était au-dessus de tout éloge, aussi bien pour l'esprit militaire de ses soldats que pour celui de ses officiers ».

Malheureusement, Chanzy, loin de suivre la conduite prudente de la veille, comptait trop sur un adversaire découragé et sur un succès, disputé peut-être, mais certain. Il laissait à ses lieutenants le soin de présider aux débuts, pourtant si décisifs de la journée, et s'attardait deux heures encore à Patay, à dix kilomètres en arrière. Impossible de le prévenir en temps utile.

Aussi, le général Barry, n'étant pas libre de s'arrêter davantage et croyant d'ailleurs à un prompt secours, se vit forcé de lancer en avant ses deux brigades. Quelque temps après, vers neuf heures, le premier coup de canon de la bataille de Loigny était tiré par ses artilleurs sur le parc de Goury, à 1800 mètres, et l'obus tombait au milieu d'une reconnaissance allemande qu'elle dispersait (1).

A ce moment, des nuées de corbeaux planaient au-dessus des deux armées. Leurs croassements sinistres semblaient appeler les festins que la lutte allait leur préparer.

La pente qui, de Loigny monte doucement vers le château de Goury, est une plaine nue où rien ne pouvait couvrir nos hommes. Le château, au contraire, était alors entouré d'un grand parc dont les murs épais offraient un précieux abri pour la défense.

Profitant de ces avantages, le général bavarois, qui a vu les Français se diriger, non sur la Maladrerie, où il les attendait, mais sur Goury, y envoie sa 1re brigade. Les vastes bâtiments sont occupés, les murs sont crénelés au sud et à l'ouest ; un feu terrible accueille les nôtres et les décime, sans qu'ils puissent riposter avec succès.

Pourtant la division Barry, un instant déconcertée, reprend hardiment l'offensive et s'avance pour donner l'assaut. Mais l'ennemi reçoit une brigade de renfort ; les balles pleuvent de toutes les meurtrières, de toutes les fenêtres du château ; les batteries allemandes de la ferme de Beauvilliers frappent à gauche les assaillants. Aussi nos jeunes troupes, ne voyant pas venir les secours nécessaires, ébranlées par les pertes effrayantes qu'elles subissent, abandonnent le terrain et se retirent, vers dix heures, derrière Loigny, dans un désordre indescriptible (2).

Faute de n'avoir pas été soutenues à temps, ces pauvres recrues furent inutilisables le reste de la journée.

La population de Loigny, à peu d'exceptions près, n'avait pas attendu cette extrémité pour se mettre, s'il était possible, à l'abri du danger. En prévision des

(1) Lettre du colonel de Mandat-Grancey.
(2) *La Bataille de Loigny*, par Auguste Boucher, p. 43 et 44.

malheurs dont cette contrée était menacée, bien des gens,
nous l'avons dit, s'étaient déjà réfugiés dans des pays
moins exposés que le nôtre. Mais au bruit de la mitraille,
qui se rapproche, beaucoup de ceux qui étaient restés au
village, s'enfuient vers Terminiers. Les autres, femmes,
erffants, vieillards, se cachent dans quelque souterrain, où
se blottissent dans un coin retiré derrière les plus épaisses
murailles. Six octogénaires sont ainsi recueillis dans la
cave du presbytère, au moment où M. le Curé recevait les
premiers blessés.

Il était temps, car bientôt les bombes et les obus pleuvent
sur le malheureux village de Loigny. Les balles sifflent de
toutes parts, les ardoises pétillent et craquent ; les toitures
se brisent et s'effondrent sous une grêle de projectiles. C'est
que les plus vaillants des nôtres se sont arrêtés, dans leur
retraite, derrière les murs des jardins et dans les maisons
voisines. Leur feu, à bonne distance, force parfois l'ennemi
à reculer ou du moins le tient en respect. Aussi, les Bavarois
voudraient détruire ces fâcheux retranchements, afin de
ne plus rencontrer d'obstacles.

C'est un aumônier des mobiles de la Mayenne, M. l'abbé
Bastard ,qui nous décrit cette scène. En compagnie de
l'aide-major Lamain, il amenait alors au bourg les blessés
de son bataillon en déroute (1).

Sur son passage toutes les portes sont fermées, car tous
les habitants ont fui ou se sont cachés.

Cependant, une pauvre vieille, affolée de terreur, est là
encore qui chasse devant elle ses vaches. A force de ruses,
elle a pu jusqu'à cette heure, les soustraire à la rapacité
des Allemands ; mais, dans son trouble, l'infortunée les
pousse du côté de l'ennemi. On la fait retourner.

Plus loin le père et le fils attardés, un jeune homme de
quinze ans et un vieillard, s'enfuient de leur mieux. Un

(1) *Les Mobiles de la Mayenne*, par un engagé volontaire (l'abbé
BASTARD), Alençon, 1871, p. 114, 118 et 119.

obus éclate et les blesse. L'adolescent, frappé à la cuisse,
en guérit ; le vieillard, atteint à l'épaule, en mourut.

Enfin notre aumônier, guidé par le clocher, est arrivé
près de l'église. Il aperçoit le curé de la paroisse, entre au
presbytère converti en ambulance, et bientôt les chambres,
le corridor, la cour, les hangars sont encombrés de blessés
qu'attire un drapeau fait d'une serviette blanche et d'un
morceau de drap rouge en forme de croix.

Les premiers blessés, en effet, avaient averti M. le curé
que, pour les protéger des obus, il était nécessaire d'indiquer aux combattants les édifices servant d'ambulances.
L'abbé Theuré avait aussitôt confectionné, avec ce qu'il
trouva sous sa main, quelques drapeaux dits de la Convention de Genève. Il en avait arboré un sur la porte de son
presbytère ; puis, bien que la mitraille redoublât d'intensité,
il était monté au clocher planter son insigne protecteur
le plus haut qu'il lui fut possible d'atteindre. Mais le prêtre
était à peine descendu que le drapeau l'était aussi : un
coup de vent l'avait précipité dans le cimetière. L'abbé
recommence en toute hâte sa périlleuse ascension, attache
plus solidement cette fois son emblème, et revient alors
tranquilliser les blessés de plus en plus nombreux dans le
presbytère, l'église et la ferme voisine.

C'est là qu'arrivent en foule les victimes de la lutte, qui
continue plus acharnée, plus sanglante que jamais avec
des péripéties diverses.

En effet, les Bavarois qui, à dix heures, poursuivaient
la division Barry en déroute et s'étaient approchés de Loigny, n'avaient pas tardé à rebrousser chemin. Une autre
division française, celle de l'amiral Jauréguiberry, la 1re
du 16e corps, toute frémissante encore de sa victoire de la
veille, était accourue au secours des fuyards et avait
changé la face du combat.

Pendant ce vigoureux assaut, à l'heure où la bataille
offrait encore tant de chances à nos armes, le duc Charles

de Luynes, capitaine adjudant-major aux mobiles de la Sarthe, fut tué près de Nonneville.

Dans un de ces moments héroïques où le régiment, reprenant l'offensive, brave les boulets innombrables des Allemands, le jeune capitaine excite avec gaieté sa compagnie à ne pas baisser le front devant la mitraille. « Allons, dit-il à ses soldats, en leur montrant de son épée les obus qui volent en l'air, ça ne fait pas de mal ! En avant ! » A peine achevait-il ces mots, qu'un premier éclat d'obus lui enlevait son képi. Ce fut comme un avertissement du Ciel. Un second vint peu après lui briser la tête. Dans la mort, notre héros n'avait pas eu le temps de sentir qu'elle fait mal.

Le duc de Luynes, ancien zouave pontifical à Rome, avait quitté une jeune épouse et deux petits enfants pour courir au secours de la patrie menacée. « Je suis jeune, bien portant, dit-il, je ne resterai point spectateur inactif de tant de désastres, quand la France a besoin de tous ses fils pour la défendre. Je partirai, c'est mon devoir ». En apprenant cette résolution, Gambetta, alors ministre de l'Intérieur, lui avait télégraphié : « Recevez félicitations sur votre patriotisme au nom de la France en danger ». (1).

Depuis il s'était distingué à Coulmiers, et ses hommes avaient en lui la plus grande confiance.

Le matin du 2 décembre, il avait dit à son beau-frère, le marquis de Sabran, qui était avec lui dans les rangs des mobiles manceaux : « L'affaire semble devoir être chaude ; je ne sais ce qui arrivera ; mais quant à moi je suis prêt. »

Dieu l'accepta pour victime dans la sanglante immolation de Loigny, et cette mort glorieuse ajoute un lustre incomparable à la noblesse de son nom.

Cependant la division Jauréguiberry continuait à repousser les Bavarois. Elle avait enlevé la ferme de Morâle,

<hr>

(1) *Devant l'ennemi*, par le R. P. Rouvier, p. 310. — *Souvenirs de l'École Sainte-Geneviève*, par le R. P. Chauveau, S. J., p. 323 et suiv.

MORT DU DUC DE LUYNES

menacé Villeprévost et atteint le mur du parc de Goury. Un instant même, bien que le nombre des défenseurs eût doublé, le château avait failli être emporté ; il ne pouvait d'ailleurs résister longtemps à l'impétuosité de notre attaque.

Ah ! si vers onze heures, notre division de cavalerie avait fait une tentative sur Orgères et poursuivi les fuyards, ou si une troupe décidée avait appuyé les nôtres, soit devant Lumeau, soit devant Goury, c'en était fait des Bavarois. Trois de leurs brigades et de nombreux canons tombaient entre nos mains (1). Le succès eût encore ce jour-là récompensé la bravoure de l'admirable 1re division du 16e corps.

Mais les cavaliers du général Michel, hier si hardis, ne savent aujourd'hui que fuir ou rester inactifs (2) ; la 2e division, général Barry, précédemment repoussée, ne parvient pas à se ressaisir ; la 3e division, général Morandy, chargée de s'emparer de Lumeau, est décimée par l'artillerie allemande auprès de Neuvilliers, et ne pourra soutenir longtemps le choc des Prussiens ; enfin, un certain nombre de nos canons se retirent au trot, ou se laissent prendre par l'ennemi, ou gardent un coupable silence (3). La division Jauréguiberry est seule à lutter vaillamment, seule à sauver du moins l'honneur de la France. Aucun renfort ne vient lui permettre d'achever sa victoire.

Au contraire, ce sont les Bavarois qui, à droite et à gauche, reçoivent d'importants secours. La division prussienne du général Treskow a répondu à leurs appels désespérés. A onze heures un quart une de ses brigades, aux ordres du baron de Kotwitz, est montée de Lumeau, où le général Morandy n'est plus à craindre, pour les aider à se dégager et à refouler notre 1re division (4).

1 Bouchier. p. 50.
2 *La Bataille de Loigny*, par H. Morel, p. 25 et 34.
3 Bouchier, p. 45, 53, 55, 59 et 60. — Commandant DE Soxis, p. 122, 198, 275.
4 Commandant DE Soxis. p. 195.

Au même moment, l'artillerie allemande reçoit de nouveaux canons par la route de Chartres, les place devant Orgères et inonde la plaine de ses boulets. La cavalerie du prince Albert, ainsi appuyée, reprend alors l'offensive, jette l'effroi dans nos bataillons en menaçant de les charger ou de les tourner, et fait même quelques centaines de prisonniers (1).

Sur ces entrefaites, Chanzy, parti seulement de Patay à dix heures et demie, venait d'aborder le champ de bataille. Monté soit au clocher, soit au moulin de Terminiers, d'où l'on découvre toute la plaine, le général en chef reconnut vite la situation critique de son corps d'armée, et, trop tard, hélas ! fit appel aux troupes de M. de Sonis. L'estafette qui portait la dépêche ne parvint à Patay qu'à onze heures et demie (2). Mais cette démarche qui, faite le matin, eût sans doute préparé le succès de nos troupes, n'allait plus malheureusement qu'atténuer le désastre.

En effet, la brigade prussienne de Kottwitz, composée de bataillons tirés des villes hanséatiques, s'est jetée de flanc et à l'improviste sur les assiégeants du château de Goury. Le nombre des Allemands rend désormais la partie inégale. Notre brigade Bourdillon, si menaçante jusque-là, s'est étonnée et troublée. Déjà ses rangs éclaircis reculent, pour venir s'abriter, vers midi, dans Fougeu, Loigny et Ecuillon (3).

Un officier des mobiles de Loir-et-Cher, le capitaine de Maricourt, qui, grièvement blessé à la jambe, cherchait en se traînant une ambulance, nous décrit ainsi cette seconde retraite (4) :

(1) Boucher, p. 56, 57 et 61. — *La Bataille de Loigny*, par H. Morel, p. 23.
(2) Commandant de Sonis, p. 68.
(3) *Idem*, p. 195 et 196.
(4) *Casquettes blanches et Croix-Rouge*, par le Baron de Maricourt, p. 147 et suiv.

« La ruelle par laquelle j'entrai dans le bourg de Loigny, aujourd'hui complètement transformé à mon grand regret, était hideuse à voir ; le sang coulait, littéralement, sur les ruisseaux gelés. Les blessés s'étaient en grand nombre traînés comme moi jusque-là ; quelques-uns marchaient encore ; d'autres s'étaient entassés dans les rares endroits à l'abri des projectiles, et des plaintes navrantes retentissaient.

» Un pauvre mobile, atteint à la tête et délirant, appelait : « Maman ! Maman ! » Et cet appel désespéré et vain à la tendresse qui, après avoir consolé tous les petits chagrins de l'enfance, pouvait seule adoucir l'horreur de l'agonie, avait quelque chose de si déchirant que rien n'a pu me le faire oublier ».

Notre capitaine, se dirigeant alors vers l'église, vit, à la porte du presbytère, où flottait un drapeau d'ambulance, le colonel de son régiment, M. de Montlaur. On le descendait de son cheval, un joli petit alezan clair, couvert du sang de son maître et tremblant sur ses jambes. M. de Maricourt entra à la suite du pauvre colonel, ainsi qu'un autre officier de son régiment, Gaston de Brisoult, blessé comme lui.

Ils traversèrent d'abord une première chambre pleine de blessés couchés sur de la paille, puis entrèrent dans une petite pièce, Là il y avait un lit sur lequel on étendit le colonel. D'autres blessés ne tardèrent pas à se presser dans cet étroit réduit. Notre capitaine s'assit près du lit sur une chaise, et essaya longtemps, mais en vain, d'arrêter avec son mouchoir le sang qui coulait abondamment de sa jambe, dont une balle avait coupé l'artère.

Dans leur inaction forcée et douloureuse, les blessés écoutaient, parfois en pleurant de leur impuissance, le lugubre concert du canon et de la fusillade.

Vers deux heures, la bataille rugissait autour d'eux. Les obus passaient en mugissant au-dessus du presbytère, les balles crépitaient partout. La cheminée de leur chambre

s'écroula, remplissant la pièce de platras et de poussière,
« Ouvrez les fenêtres ! » cria tout à coup dans le jardin
une voix brève et impérieuse.

Presque en même temps les vitres volaient en éclats ;
tout le fracas de la lutte leur arriva plus distinct, avec une
bouffée d'air froid chargé de senteurs de poudre et de
vapeurs d'incendie.

Dans le jardin, quelques soldats avec un officier faisaient
le coup de feu, presqu'à bout portant, contre l'ennemi
établi dans les maisons et les jardins contigus ; les détonations des chassepots claquaient aux oreilles des blessés.

Puis le combat diminua d'intensité ; on n'entendait
plus le bruit formidable de la grande bataille ; c'était
intermittent et saccadé, comme le râle d'agonie de notre
pauvre armée. — Un coucou accroché au mur mesurait
tranquillement les longues minutes de ces longues heures.

Mais sortons de l'ambulance où nous avons accompagné
les blessés, et regagnons le champ de bataille.

Nous avons dit que les Bavarois, enhardis par la brigade
hanséatique venue à leur secours, avaient une seconde
fois repoussé nos troupes. A midi, les Prussiens de
von Kottwitz étaient déjà près de Loigny.

En vain, de courageux mobiles du 3e bataillon de Loir-et-
Cher, quelques soldats du 39e de marche, du 3e bataillon
de chasseurs, et des isolés, en s'éloignant de Goury, s'étaient
retranchés dans le village. Postés derrière les murs crénelés
des jardins, aux fenêtres des maisons, dans les greniers
dont ils ont percé le toit de chaume ou de tuiles, nos
vaillants troupiers tiraient sans relâche sur les assaillants.
Mais leur petit nombre ne peut arrêter l'ennemi qui
s'approche par le nord-est et menace de tout emporter.

Comme de la possession ou de la perte de Loigny dépend
le sort de la journée, l'amiral Jauréguiberry résolut de
le conserver. Par M. de Lambilly, son chef d'état-major,
il envoie au commandant du 37e de marche, M. Chevalier,

qui remplaçait ce jour-là M. Mallat, blessé la veille, l'ordre de s'emparer du village et de le défendre jusqu'à la dernière extrémité.

Les régiments de marche étaient composés de compagnies venues de dépôts différents. Dix-huit de ces compagnies ainsi rassemblées de toutes parts, avaient fourni les éléments du 37e, et le commandant de Fouchier les avait organisées. Mais, entrés immédiatement en campagne, les soldats n'avaient pas eu le temps de faire disparaître les anciens numéros de leur képi et de les remplacer par celui de leur nouveau régiment.

Malgré l'extrême rapidité de sa formation, et le manque d'instruction des recrues peu habituées au chassepot, le 37e était une des meilleures troupes de l'armée de la Loire. A la bataille de Coulmiers, il avait reçu des éloges bien mérités ; au combat de Villepion, il faisait partie de cette 1re division qui, tout entière, fut mise à l'ordre du jour. Nous verrons encore deux de ses bataillons se couvrir de gloire à Loigny.

Et cependant ces soldats qui, le 2 décembre, soutinrent si vaillamment la lutte, de neuf heures du matin à sept heures du soir, étaient à jeun. Nous lisons en effet dans le mémoire de M. de Fouchier ces lignes navrantes : « Le jour de Loigny, comme le jour de Coulmiers, le 37e s'est battu sans avoir rien eu à manger depuis la veille. Le matin on avait dû avoir une distribution de lard, mais l'Intendance ne trouvant pas les bons réguliers, on n'avait rien touché ».

Vers midi donc, quand ce régiment reçut l'ordre de défendre Loigny, les 2e et 3e bataillons, qui comptaient ensemble dix-huit cents hommmes et se trouvaient en première ligne, proche des maisons, pénétrèrent successivement dans le bourg et s'y établirent. Le 1er bataillon, plus éloigné, ne put exécuter la manœuvre. Tenu à distance par le feu des Allemands, il essaya pendant deux heures d'aborder le village ; mais, écrasé par le nombre, il dut, à la fin se retirer sur Villepion.

« Au moment de notre arrivée à Loigny, écrivait le 9 novembre 1871 M. de Fouchier commandant du 2ᵉ bataillon, l'église était déjà encombrée de blessés à tel point que ceux que nous ne tardâmes pas à avoir furent obligés de rester par terre en dehors de la porte, exposés aux projectiles que l'ennemi envoyait à profusion sur le pauvre village ».

Bientôt le 3ᵉ bataillon, conduit par le commandant Varlet, entre à son tour. Aussitôt les postes sont assignés et la résistance s'organise à travers bien des difficultés. Car les habitations étaient fermées en dehors ou en dedans ; la population avait fui ou s'était solidement barricadée.

D'ailleurs l'encombrement des rues nuisait à la rapidité de la marche. Afin d'aller plus vite, le capitaine Tollin et le sergent-major Chapelot passent avec une section, en dehors du village, pour arrêter les Prussiens qui arrivent du nord et de l'est.

En toute hâte, et à l'abri d'un talus surmonté d'une haie vive, le sergent, avec une douzaine d'hommes disposés en tirailleurs, crible de balles l'ennemi déjà établi près de Fougeu et du moulin Popot. Son feu est soutenu par celui de quelques soldats perchés sur le toit d'une grange. Mais bientôt le capitaine Tollin est grièvement blessé, et nombre des siens mis hors de combat. De plus, les boulets français, pour répondre à l'artillerie allemande, rasent les toits, menacent la vie des nôtres et les obligent à se replier. L'ennemi en profite pour occuper les dernières maisons de la rue de la Croix-Boisée, où il fait prisonnier le capitaine Tollin.

Cette lutte d'avant-postes donna à nos deux bataillons du 37ᵉ le temps de s'organiser. Dès lors, la résistance se fit plus habile et plus opiniâtre. Aussi le baron de Kottwitz, qui n'avait en cet endroit qu'un bataillon à sa disposition, réclama-t-il du secours, lorsque M. de Treskow le chargea de s'emparer du village. Comme il ne pouvait en obtenir

avant l'arrivée de la seconde brigade de la division restée
à Lumeau, ce général prussien ordonna de se servir de
bombes à pétrole, pour mettre le feu aux maisons de Loigny
et en déloger les Français (1).

L'incendie très préjudiciable aux nôtres, fut peut-être
plus nuisible qu'utile à l'ennemi. Il sépara les combattants,
alors même que les Allemands eurent réuni des forces
considérables. De l'aveu des critiques d'Outre-Rhin,
il retarda la prise du village (2).

Aussi, dès midi, toute l'attention des belligérants est
concentrée sur Loigny, devenu l'enjeu de la lutte. Le chef
d'état-major du duc de Mecklembourg le comprit vite ;
il avertit ce prince de quitter Lumeau, pour venir surveiller
ses troupes et assister au dénouement de la bataille.
Le grand-duc se rendit à ce conseil et prit place près
d'Ecuillon avec son escorte (3).

Cependant quatre-vingts pièces de canon continuent
sans relâche de semer dans Loigny l'incendie et la mort.
Les toitures de chaume s'enflamment, et, au souffle d'un
vent nord-est très vif, le feu se propage avec rapidité.

Nos troupiers ne s'en battent pas moins avec acharnement. Les balles de leurs chassepots ripostent aux boulets
des artilleurs qui sont à leur portée. Une batterie allemande,
placée entre Loigny et Fougeu, est notamment très
éprouvée ; à elle seule elle perd quatorze hommes et
dix-sept chevaux (4). Dans le village, chaque maison est
défendue comme une citadelle ; à l'intérieur elle s'emplit
de cadavres ; aux pieds de ses murs les mourants s'amon-
cellent sur les blessés (5).

Le commandant de Fouchier n'oublie rien pour soutenir
les courages. Homme de foi profonde autant que guerrier

1 Commandant de Sonis. p. 197 et 198.
2 Idem. p. 109 et suiv.
3 Idem. p. 199.
4 Idem. p. 206.
5 Boucher, p. 77.

intrépide, il dit aux habitants réfugiés dans les caves de
l'auberge Chauveau : « Mes enfants, priez Notre-Dame de
Chartres, pendant que nous combattons pour vous ».

En même temps, il fait préparer la défense suprême
autour de l'église, dans les deux parties du cimetière.
C'était une position centrale, dominant toutes les rues
par où les Allemands pouvaient pénétrer. Le mur d'enceinte
mesurait extérieurement environ deux mètres de hauteur ;
à l'intérieur le rebord était peu élevé. Derrière cet abri,
les hommes couchés coude à coude et à plat ventre appuient
leurs fusils sur la crête. Chaque arbre cache un officier,
chaque tombe un soldat. Des pelotons sont disposés à
l'entrée des rues. Comme les balles se font rares, on va
recueillir dans l'église la provision des blessés. Quant aux
hommes sans cartouches, ils forment la réserve ; et se
tiennent, baïonnette au canon, prêts à charger l'ennemi
qui tenterait un assaut (1).

Les nôtres soutinrent longtemps le combat sans trop
de désavantage, et forcèrent même parfois les soldats de
von Kottwitz, originaires des villes hanséatiques, à se
replier. Mais vers deux heures, la situation des assiégés
devint plus critique. Alors, en effet, la brigade Manteuffel,
composée de Mecklembourgeois arrivant de Lumeau,
entra en ligne ; nos Français, encore assez rapprochés de
Loigny, durent céder la plaine avoisinante, pour se retirer
peu à peu vers le sud, où le 17ᵉ corps n'allait pas tarder
à les rejoindre (2).

En vain, le 1ᵉʳ bataillon du 37ᵉ, obligé, comme les autres,
de céder au nombre, essaya d'avertir ceux qui combattaient
à l'intérieur du village de se replier avec lui. Ses clairons
firent entendre leur pressant appel. Une des sonneries du
régiment, le refrain si populaire du père Bugeaud :
« As-tu vu la casquette ? » parvint dans le cimetière aux

(1) Boucher, p. 78.
(2) Commandant de Sonis, p. 199.

oreilles des officiers. « C'est le signal de la victoire », s'écrie l'un ; « c'est un ralliement », assurent les autres. Dans le doute, les commandants, restés sans ordres, envoient des patrouilles en reconnaissance. Elles reviennent bientôt en disant que l'ennemi s'avance à droite et à gauche vers le sud et que le village est presque cerné (1).

Cette nouvelle alarmante n'ébranle nullement le courage des soldats. Ils sont résolus, selon la consigne donnée, à tenir jusqu'à la dernière extrémité.

Pourtant, c'est l'heure où les assiégés, réduits à leurs propres forces, voient croître le nombre de leurs adversaires. Tandis que les Hanséates continuent de les attaquer au nord, les Bavarois les assaillent à l'ouest et les Mecklembourgeois à l'est. Des pionniers prussiens percent les murs et créent des communications abritées au travers des maisons, pour permettre d'arriver plus sûrement au cœur de la place. Aussi nos vaillants défenseurs, postés d'abord dans les positions les plus avancées de Loigny, sont-ils contraints peu à peu de se rendre ou de se replier, en faisant toutefois payer cher à l'envahisseur la moindre masure abandonnée. Dans l'auberge Saint-Jacques ils luttèrent corps à corps ; désarmés, ils prenaient des tabourets et continuaient de frapper.

C'est dans ces circonstances que les ennemis essayèrent de faire déposer les armes, à cette troupe héroïque qui allait désormais sans espoir.

Un capitaine, le lieutenant Coquerelle et vingt-cinq hommes venaient, après deux heures de résistance, d'être faits prisonniers dans une petite ferme. Comme les Prussiens n'osaient aller parlementer eux-mêmes, ils choisissent le lieutenant pour intermédiaire et le contraignent, sous peine de mort, de se rendre au cimetière afin de proposer aux assiégés de cesser le feu. L'un d'entre eux le menace avec une baïonnette et le conduit ainsi au bout de la cour

1 BOUCHER, p. 80.

jusqu'à la porte. A peine Coquerelle est-il aperçu des nôtres, qu'une balle française brise le sabre-baïonnette qui le poussait, sans blesser en rien l'officier. Nos hommes l'avaient en effet reconnu et protégé.

Aussitôt le feu cesse, et notre lieutenant, pénétrant dans la première partie du cimetière, y trouve cinquante soldats couchés à terre près des murs, plusieurs officiers et les deux commandants debout derrière les troncs d'arbres. Il explique alors sa singulière mission, en donnant le nombre des assaillants.

Pour toute réponse, M. de Fouchier commande à Coquerelle de rester près de lui et fait exécuter deux ou trois feux de peloton sur l'ennemi. Devant cette réponse à laquelle ils ne s'attendaient pas, les Prussiens s'empressèrent d'évacuer la ferme, en ayant soin toutefois d'incendier les bâtiments et d'emmener leurs prisonniers (1).

Cette fière résistance du 37e à l'intérieur. de Loigny n'empêche cependant pas l'ennemi de déborder le village des deux côtés (2). A droite, les Bavarois commencent leur marche vers Villepion. La cavalerie du prince Albert les appuie, avec l'intention de tourner notre armée et de sabrer nos bataillons démoralisés. A gauche, les Mecklembourgeois du colonel de Manteuffel s'emparent de Villours et rejettent les nôtres sur Faverolles (3). Si les défenseurs de Loigny, ainsi privés de tout soutien extérieur, étaient forcés de se rendre à bref délai, rien n'empêcherait plus les Allemands de poursuivre nos soldats en déroute et de s'emparer d'un immense butin.

Mais heureusement, le général de Sonis, que le commandant du 16e corps avait, trop tard, nous l'avons dit, appelé à son secours, était enfin arrivé sur le champ de bataille.

A onze heures et demie, au reçu de la dépêche de Chanzy

(1) Lettre du lieutenant COQUERELLE, 27 novembre 1871.
(2) Commandant DE SONIS, p. 199.
(3) *Idem*, p. 201.

et conformément à ses indications, il avait eu soin d'accé-
lérer le plus possible le départ des troupes dont il disposait
à Patay, savoir : une partie de son artillerie, sa réserve
et une brigade de sa 2ᵉ division. Il ordonnait en outre au
général Deflandre, qui lui amenait vers midi sa 3ᵉ division,
de faire reposer ses hommes un instant et de suivre à
quelque distance. Enfin il envoyait sa division de cavalerie sur la gauche, vers Guillonville, pour appuyer celle
du 16ᵉ corps (1).

Après avoir pris ces dispositions et surveillé la mise
en marche des siens, il voulut juger de la situation et
connaître l'emploi qu'il devait faire de ses troupes. Il partit
au galop pour Villepion, où, dès deux heures, il se concertait
avec Chanzy pour s'entredonner un appui mutuel.

Le moment était critique. Les régiments du 16ᵉ corps,
engagés depuis le matin, reculaient de toutes parts ;
beaucoup de soldats fuyaient découragés ; les meilleurs
seuls essayaient de résister soit au village de Faverolles,
soit autour ou dans l'intérieur du parc de Villepion (2).

A la prière de Chanzy, Sonis ordonne aux siens, à mesure
qu'ils arrivent, de soutenir ou de remplacer les soldats
usés du 16ᵉ corps, et bientôt le combat se rétablit.

A notre gauche, l'intervention de ses batteries de réserve
de sa 3ᵉ division, général Deflandre, refoule le mouvement tournant que la cavalerie allemande dessinait hardiment par Chauvreux et Nonneville ; elle redonne en même
temps aux soldats du 39ᵉ et aux mobiles Manceaux, que
dirige l'amiral Jauréguiberry, la force de résister aux
Bavarois.

Sur notre droite, en face de Villours, les Prussiens sont
arrêtés par deux bataillons du 51ᵉ de marche, que sou-
tiennent plusieurs batteries.

L'élan de l'ennemi était brisé ; c'était un succès relatif.

Commandant DE SONIS. p. 156.
Le Commandant DE SONIS, XVIIᵉ Corps, p. 109 et 110.

Mais Sonis désirait davantage. Il voulait, et il en avait les moyens, reprendre Loigny, délivrer les soldats du 37e et espérer ainsi la victoire.

Afin de réaliser son dessein, il envoie à trois heures et quelques minutes, le capitaine de Luxer, officier d'état-major, porter au général Deflandre, l'ordre de marcher aussitôt sur Villepion, pour soutenir l'assaut de Loigny. Ce général, avec la 3e division d'infanterie, se trouvait près de Gommiers, à deux ou trois kilomètres de là.

L'ordre de Sonis est formel et précis : il faut venir *immédiatement, coûte que coûte* (1).

Chose étrange et que d'aucuns ont qualifiée durement (2), Deflandre hésite et diffère ; au lieu de répondre à l'appel si pressant de son chef, il s'éloigne vers Guillonville et entraîne à sa suite de l'artillerie ; il continue, avec ses douze mille hommes, de remplir le rôle réservé à nos deux divisions de cavalerie, en couvrant le flanc gauche de l'armée (3). C'est peut-être à cette inexplicable conduite que Sonis faisait allusion quand il écrivait, à sa femme, le 12 décembre suivant : « Je ne vous parlerai pas de la bataille de Loigny sur laquelle j'aurais tant à dire ; il faut savoir pardonner à ceux qui nous ont fait du mal (4). »

Il est vrai, et nous sommes peiné de le dire, que pendant la bataille du 2 décembre, notre cavalerie se montra inférieure, au point, dit un chef autorisé, de rester une honte pour l'arme (5).

Mais puisque nos deux divisions de cavalerie n'étaient pas, à elles seules, capables de tenir tête à la cavalerie allemande, il fallait, et c'était suffisant, laisser un ou deux bataillons d'infanterie près de Gommiers pour aider nos cavaliers à repousser le prince Albert. Une

(1) Commandant DE SONIS, p. 147 et 149.
(2) *Journal de Chartres*, 18 février 1872.
(3) Commandant DE SONIS, p. 96 et 189.
(4) *Voix de Notre-Dame de Chartres*, 1893, p. 232.
(5) Commandant DE SONIS, p. 192.

fois cette disposition prise, Deflandre pouvait et devait amener au moins 10.000 hommes à Villepion. C'était assez pour entraîner les troupes qui bataillaient en avant et culbuter l'ennemi.

Pendant ce temps, le général de Sonis songeait à commencer l'assaut de Loigny sitôt que sa 3e division d'infanterie serait arrivée. Il ferait placer en ligne les deux batteries de 8 et la demi-batterie de mitrailleuses, tenues en réserve à l'est de Gommiers et gardées par le 2e bataillon des zouaves pontificaux (1) que commandait Le Gonidec.

Le major Kunz, un écrivain militaire d'Outre-Rhin, le reconnaît : Cette attaque était bien calculée, et frappait les Allemands à l'endroit sensible (2).

Mais, entre trois heures et demie et quatre heures (3), un grand trouble se manifesta parmi les tirailleurs placés en face de Loigny ; le 51e de marche battait en retraite.

Ce recul désordonné que rien ne justifiait, nous exposait aux pires extrémités, car une colonne prussienne pouvait suivre ces fuyards, couper en deux notre armée et enlever notre artillerie.

A peine M. de Sonis en est-il informé qu'il se porte au-devant de ces hommes blêmes de peur ; il essaye de leur faire comprendre l'énormité de leur faute et le désastre qu'ils préparent. Hélas ! rien ne peut ni dissiper la panique ni arrêter la déroute.

« Indigné de cette fuite inqualifiable, écrit le général de Sonis dans son rapport, je menaçai en vain de brûler la cervelle aux soldats qui se trouvaient en face de moi. Criant alors de toute la force de mes poumons : Lâches, leur dis-je, vous perdez l'armée, vous vous déshonorez. Vous êtes des misérables, indignes du nom français. Je

1 Commandant de Sonis, p. 211.
2 Idem. p. 316.
3 Idem, p. 228.

flétrirai, par la voie de l'ordre, le numéro de votre régiment (1).

« Les spahis de mon escorte frappaient à coups de plat de sabre ces fuyards pour les ramener au devoir. Ce fut en vain qu'ils subirent ce dernier outrage.

« C'est alors que je leur dis : « Eh ! bien, puisque vous ne savez pas mourir pour la France, je vais faire déployer devant vous le drapeau de l'honneur. Regardez-le et tâchez de le suivre lorsqu'il va passer devant vos rangs. »

Il fallait, en effet, sous peine de courir les plus grands dangers, enrayer la panique, ramener le 51e au combat, et cela immédiatement, sans attendre l'arrivée de la 3e division et les secours du 16e corps promis par Chanzy (2).

Le général, suivi de ses spahis aux manteaux rouges, se précipite aussitôt de toute la vitesse de son cheval sur le colonel de Charette, lui explique en deux mots la situation et s'écrie en parlant à ses zouaves : « Mes amis, il y a là-bas des hommes qui sont indignes du nom français. Ils ont pris la fuite, ils vont perdre l'armée, il importe de les ramener au feu. Déployez votre drapeau, et montrons ce que valent des hommes de cœur et des chrétiens !

» Un cri d'honneur s'échappa de ces nobles poitrines. »

Il était en ce moment un peu plus de quatre heures (3).

Charette et le 1er bataillon des zouaves pontificaux, avec quatre compagnies de mobiles des Côtes-du-Nord, les francs-tireurs de Tours et de Blidah, étaient postés au sud-est du parc de Villepion. Ils servaient d'appui au 16e corps et gardaient les canons qui avaient repoussé la cavalerie du prince Albert.

Alors que les obus ennemis pleuvaient sur ces soutiens d'artillerie et atteignaient parfois les zouaves pontificaux,

(1) Commandant DE SONIS, p. 212.
(2) *Idem*, p. 243.
(3) Commandant DE SONIS. *Le XVIIe Corps à Loigny*, p. 228.

Charette, monté sur son cheval noir, avait regardé ses hommes, et, avec cet élan inoubliable qui lui donnait tant de prestige au feu, leur avait lancé ces mots : « Allons, mes amis, la tête haute ! » De son côté, l'aumônier, le Père Doussot, pour préparer ces soldats à paraître devant Dieu et grandir leur courage par l'espérance du ciel, leur avait donné une absolution générale *in articulo mortis*. Selon la remarque du zouave Courdoux « l'air était comme embaumé de vaillance ». Un sergent, après ce solennel pardon reçu, disait énergiquement : « Et maintenant, nous pouvons marcher (1) ! »

Aussi, à l'appel du commandant du 17e corps, les zouaves crient avec enthousiasme : « Vive la France ! Vive Pie IX ! En avant ! » Aussitôt le sergent de Verthamon sort des rangs, se place devant le centre du bataillon et reçoit des mains du Père Doussot la blanche bannière du Sacré-Cœur de Jésus, qui se déploie au haut d'une lance. Le commandant de Troussures, transporté de joie, se jette au cou de M. de Sonis en disant au nom de tous :

Mon général, que vous êtes bon de nous conduire à pareille fête ! »

Ne dirait-on pas une scène de Corneille (2) ?

« Où nous conduisez-vous ? — A la mort — A la gloire ! »

Pendant ce temps Charette, de son regard bleu, magnétique, plonge jusqu'au fond des cœurs et électrise ses hommes. Puis, paternel, il se penche vers l'un ou l'autre pour jeter de ces mots typiques dont il a le secret. Un combattant novice, à la mine éveillée et curieuse, reçoit de lui cette parole : « Tu vas voir, mon petit, la jolie danse ! » A un jeune officier il dit en apôtre : « Ton père est chrétien. Es-tu prêt à mourir (3) ? »

Et le bataillon, qui a laissé une soixantaine des siens

1 Commandant DE SONIS. p. 438 et 439, p. 130 et suiv.
2 *L'Ossuaire de Loigny*, par Léon LAVEDAN, p. 11.
3 *Le Général de Sonis*, par Henri DERÉLY, p. 37.

à la garde des batteries et des bagages, part au pas accéléré, l'arme sur l'épaule droite, dans un profond silence et en ordre parfait, comme à la parade, selon l'expression d'un témoin (1). Le caporal Cazenove de Pradines, qui était de semaine et devait rester, a pu changer son tour avec un camarade récemment porté malade. Il est heureux d'aller au péril et à l'honneur (2).

Les trois premières compagnies sont déployées en tirailleurs ; les trois autres marchent en soutien, par escouade. Au milieu, s'avancent à cheval MM. de Sonis, de Charette, de Troussures, le capitaine adjudant-major de Ferron et les officiers d'ordonnance. L'étendard du Sacré-Cœur précède la petite troupe. Les francs-tireurs de Tours et de Blidah l'accompagnent ; les mobiles des Côtes-du-Nord viennent à quelque distance en arrière (3). Il y avait en tout huit cents hommes.

Mystérieuse coïncidence, Judas Machabée n'avait également que huit cents hommes, *octinginti viri*, quand il refusa de fuir devant les 22.000 oppresseurs de sa patrie. Afin de leur communiquer son ardeur et de les entraîner sur ses pas, il leur adressa ces paroles mémorables, que tous les héros ont redit à leur manière : « Si notre heure est arrivée, mourons courageusement pour nos frères, et ne souillons point notre gloire par aucune tache » (4).

Sans doute, Sonis savait bien que sa petite troupe était trop faible pour suffire, à elle seule, à dégager Loigny envahi et entouré par des milliers d'Allemands. Mais il avait besoin de ces soldats d'élite pour électriser le 51e de marche, frayer la voie à la division Deflandre mandée en toute hâte depuis une heure, donner enfin comme un signal d'appel aux secours promis par Chanzy.

(1) Commandant DE SONIS. *Le XVII° Corps à Loigny*, p. 241.
(2) *Documents sur la campagne des Zouaves Pontificaux en France,* p. 3,
(3) Commandant DE SONIS, p. 237 et 238,
(4) I. *Livre des Machabées,* ch. IX, v. 6 et 10.

Toutes ces troupes ne pouvaient ni tarder à paraître, ni manquer de rendre certain le succès final, (1).

A mi-chemin, le bataillon traverse sans grande perte la zone fouillée par les obus et atteint bientôt, à proximité de Villours, la ligne des tirailleurs du 51e, ramenés et maintenus si difficilement à leur poste. Ils sont là, semblables à des morts, collés au sol, dans un pli de terrain, à l'abri des regards et des projectiles de l'ennemi. Plusieurs, parmi ces peureux, essayent de communiquer leur découragement aux soldats du Pape ; ils leur crient de ne pas aller se faire tuer, mais de se coucher près d'eux et d'échapper ainsi au danger.

Pourtant, lorsqu'au passage le général de Sonis les exhorte, de la voix et de l'épée, à suivre l'exemple qui leur est donné, la ligne, comme soulevée, se dresse et se porte en avant.

Ce geste impressionnant suffit pour mettre en fuite les fusiliers mecklembourgeois restés à la ferme de Villours. « On les voit filer le long de la crête en courant à toutes jambes », écrit le capitaine Bruyère, officier d'ordonnance du général de Sonis (2).

L'entrain des zouaves redouble, en constatant la frayeur de l'ennemi et l'attitude nouvelle du 51e. Le caporal Cazenove de Pradines en a gardé le souvenir. « Nous nous réjouissions, racontait-il plus tard, en voyant tout ce régiment marcher à nos côtés » (3).

Car si ces bataillons, réveillés de leur torpeur, les accompagnent, si l'ennemi terrorisé s'enfuit, c'est pour les assaillants le commencement du succès, la certitude de rejoindre les soldats du 37e dont on entend déjà la fusillade à l'intérieur de Loigny, la possibilité enfin d'attendre les troupes de secours appelées et promises.

Ces patriotiques espérances, qui eussent pu et dû cependant se réaliser, n'allaient malheureusement pas tarder à s'évanouir.

Dans leur marche rapide, en effet, les zouaves eurent vite fait de franchir le pli de terrain où s'était passée cette scène consolante et d'atteindre la crête du mamelon d'où l'on descend vers le bois Bourgeon situé en avant de Loigny. Cette légère élévation qui les montrait découverts à l'ennemi à une distance de quatre cents mètres, en faisait une cible facile. Aussi les nombreux Prussiens qui gardaient le bois et ses abords ouvrirent-ils à ce moment un feu de plus en plus juste et nourri qui, en très peu de temps, décima la petite troupe.

Sous cette grêle de balles, les soldats de Charette furent héroïques. Le baron de Langsdorff, qui faisait partie de l'escorte du général Barry, et qui, du lieu où il se trouvait, fut témoin de la charge des Volontaires de l'Ouest, écrivait le 3 décembre : « Au moment où la débâcle a été certaine, il y a eu une admirable entrée des zouaves pontificaux, qui ont été chercher l'ennemi à la baïonnette. Un Père dominicain les suivait avec sa robe blanche, un crucifix à la main. Ils ont pénétré dans cette fournaise sans que leur ordre se rompît sous la mitraille ; les survivants serraient les rangs, et leur marche n'était ni accélérée, ni retardée par les vides énormes qu'y faisait la mort (1). »

Les soldats du 51e, hélas ! ne suivirent pas cet exemple. A l'exception de quelques braves d'entre eux qui continuèrent de marcher vaillamment sur Loigny, on les vit reculer en masse et fuir épouvantés.

La gauche du régiment, qui cependant se trouvait assez loin de là, subit immédiatement l'influence de cette panique. Les hommes effrayés et troublés obéirent, dit-on, à un commandement fait en français par un officier prussien et donnèrent, tête baissée, près d'un bois, sur une colonne

(1) *Jeunes Chrétiens*, par le P. Didierjean, S. J., p. 59.

ennemie qui les fusilla à bout portant. Le général de brigade Charvet fut fait prisonnier ; beaucoup furent tués ou blessés ; les autres s'enfuirent dans le plus grand désordre (1).

L'aumônier des Volontaires de l'Ouest, le Père Doussot, témoin de cette lamentable défection, s'avança indigné vers le lieutenant-colonel de ce régiment, et lui dit, en montrant les zouaves : « Mon colonel, commandez à vos hommes d'appuyer tout au moins cette petite troupe d'élite qui marche si vaillamment à l'ennemi, mais qui risque d'être accablée par le nombre. — Que voulez-vous, Monsieur ? lui répondit cet officier supérieur. Je n'y puis rien, les hommes sont démoralisés ». Et l'aumônier, frémissant de honte pour notre pauvre pays abandonné et trahi de la sorte, pressa de son mieux le pas pour rejoindre les siens (2).

La fuite du 51e créait pour le général de Sonis une situation des plus angoissantes. Puisque sa 3e division n'apparaissait pas encore et que tous l'abandonnaient, où était son devoir dans une position aussi désespérée ? Que lui commandaient son honneur et l'intérêt de l'armée ?

Rester sur place à quelques centaines de mètres de ce bois si solidement occupé par un ennemi supérieur en nombre, était impossible. Il était évident que sa poignée d'hommes serait détruite en un clin d'œil, sans profit pour les troupes en arrière.

Reculer, c'était entraîner les Allemands à sa poursuite, donner le signal de la débâcle générale, se couvrir de honte.

Marcher en avant, essayer d'atteindre Loigny et ses défenseurs, les soldats du 37e, c'était aller à un échec certain; mais c'était du moins gagner quelques minutes, protéger la retraite, sauver l'honneur. Au prix de quelles pertes ? Tous l'entrevoyaient ; mais ne savaient-ils pas, ces preux,

1 Commandant DE SONIS, p. 218 et 224.
2, Idem, p. 249,

que, sur un champ de bataille, l'honneur est la récompense du sang versé ?

C'est à ces dernières et nobles inspirations qu'obéit M. de Sonis.

« Je ne voulus pas me déshonorer, écrit-il dans son rapport, et je me sentis fort pour le sacrifice que j'allais accomplir du consentement des trois cents braves qui m'entouraient. Ils s'appelaient les soldats du Pape et il me parut bon de mourir sous le drapeau qui les abritait. Tous ensemble, nous poussâmes un dernier cri : Vive la France ! Vive Pie IX ! C'était notre acte de foi.

» Nous continuâmes de marcher et chacun de nos pas, en retardant la victoire de l'ennemi, ne fut pas inutile à la retraite de l'armée. » (1)

Cette loyale réponse du général réfute déjà la parole de Gambetta qui trouvait téméraire qu'un commandant de corps d'armée se fût exposé dans un tel assaut. Le Ministre de la Guerre paraissait ignorer les exemples donnés par des chefs incontestés, tels que César et Bonaparte, quand il s'agissait de ramener au combat des troupes découragées. Mais M. de Sonis ajoute : « *J'étais là parce qu'il fallait aller là, marcher quand même, et mourir, s'il le fallait, pour éviter un plus grand désastre.* Je suis tombé avec ceux qui avaient eu confiance en moi ; je suis tombé, mais je n'ai pas perdu un seul canon, et *j'ai sauvé l'honneur* » (2).

« On a rapproché dans les panégyriques l'holocauste généreux des trois cents zouaves de Charette, de l'acte magnanime des 300 Spartiates de Léonidas ; et le rapprochement s'impose à l'imagination. C'est bien aux Thermopyles de l'honneur que sont tombés ces admirables patriotes; mais on peut dire que leur dévouement a plus de grandeur que celui des enfants de Lacédémone, car il était absolu-

(1) Commandant DE SONIS, p. 251, 252 et 253.
(2) *Idem*, p. 330 et suiv.

ment volontaire ; tous pouvaient vivre chez eux dans
la paix et dans l'estime : ils ont choisi la mort librement,
« pour leur plaisir », pour l'honneur ; et c'est ce qui fait
la beauté incomparable de leur sacrifice. » (1).

Suivons-les donc au milieu de la mêlée, et voyons avec
quelle mâle ardeur ils se dévouent pour le salut de l'armée
et de la patrie.

Le feu de l'ennemi, avons-nous dit, fut tout d'abord
assez violent pour mettre en fuite les soldats du 51e. Seuls
les Volontaires de l'Ouest et leurs compagnons avaient
continué de marcher vers Loigny.

Mais à mesure que les zouaves approchaient du bois,
le tir des Allemands devenait plus meurtrier. Une dernière
décharge, plus terrible que les autres, les accueille à une
petite distance. Déjà sont blessés les commandants
de Montcuit et de Troussures, les capitaines de Ferron et
du Reau, les lieutenants de Boischevallier, Vetch et
de la Bégassière, les sergents de Vogüé, de la Grange,
de Vilmarest et de la Valette, une quarantaine de zouaves
et six francs-tireurs de Tours (2).

De Verthamon est tombé au premier rang, et sa blanche
bannière s'est inclinée vers la terre. Alors le comte Fernand
de Bouillé s'en empare. Mais il semble que la toucher
c'est se vouer au martyre, car il doit bientôt la remettre
couverte de son sang, comme un glorieux héritage, à son
fils, Jacques de Bouillé.

Une balle a blessé également le commandant en chef
du 17e corps. Le général de Sonis, la jambe fracassée,
ne peut plus se tenir à cheval. Des officiers sont obligés
de le descendre et de le coucher à terre.

Un peu plus loin, le colonel de Charette a son cheval
tué sous lui et roule sur le sol. Relevé promptement,
il encourage ses volontaires et s'écrie : « En avant les
zouaves, à la baïonnette ! »

1 Léon LAVEDAN, L'Ossuaire de Loigny, p. 15.
2 Commandant DE SONIS, p. 259 et 266.

Les zouaves et quelques francs-tireurs se précipitent sur le bois ou le tournent à droite et à gauche. Presque tous les Prussiens n'attendent pas le choc et s'enfuient effrayés. Les retardataires et les audacieux qui veulent essayer de résister, sont lardés à l'arme blanche. « Quand nous entrâmes dans le bois, écrit le caporal Chotard, des Volontaires de l'Ouest, ce fut un carnage ; nous nous battions corps à corps avec les Allemands ». Les Mecklembourgeois, terrifiés, raconte Cazenove de Pradines, criaient : Camarat ! Camarat ! et levaient la crosse. » Un certain nombre furent faits prisonniers (1).

Les zouaves, une fois lancés à la poursuite des Allemands, ne songent pas à se diriger sur l'église de Loigny pour donner la main aux soldats du 37e, dont ils entendaient la fusillade. Entraînés par l'ardeur de la lutte, ils s'attachent aux pas des fuyards pour pénétrer avec eux dans la grande rue du village. Charette, à pied et sans arme, les a rejoints. Jacques de Bouillé agite devant eux la blanche bannière du Sacré-Cœur. Leur élan les porte jusqu'aux premières maisons et deux d'entre elles tombent aussitôt en leur pouvoir (2).

Les soldats du 37e de marche qui, à ce moment, à cent mètres de là, malgré la fumée et les flammes, continuaient de défendre intrépidement la place, le cimetière et les alentours de l'église, ne s'aperçurent pas tous, tant ils étaient préoccupés, de l'impétueux assaut des Volontaires de Charette. Mais les blessés qui, de leur couche sanglante, entendaient les échos du combat, tressaillirent d'espérance, en écoutant les cris de ceux qui essayaient de les délivrer.

« Le jour baissait, raconte le capitaine de Maricourt (3), déjà les lueurs rouges de l'incendie se montraient sur le

(1) Commandant DE SONIS, p. 261, 264 et 265.
(2) *Idem*, p. 269 et 279.
(3) M. DE MARICOURT, p. 154.

ciel assombri, quand soudain une clameur immense s'éleva, suivie d'une fusillade furieuse.

» C'était une charge à la baïonnette ; parmi tous les bruits du champ de bataille, il n'en est pas un qui puisse se comparer à celui-là.

» Un immense espoir nous envahit ; tout haletants, nous écoutions cette charge splendide, héroïque, qui s'avançait toujours, dominant de ses cris enthousiastes le bruit de la fusillade et du canon. Les notes hardies d'un clairon français sonnant la charge vibraient jusque dans nos cœurs.

» C'étaient les zouaves pontificaux : la vieille France catholique chargeait l'ennemi sous l'étendard du Sacré-Cœur, jeune et vaillante comme au plus beau temps des preux ».

Cette charge épique qui redonnait confiance aux nôtres, avait singulièrement alarmé l'ennemi. Les Allemands, en effet, qui avaient aperçu le 51e se lever au passage de Sonis, s'imaginent que les zouaves ne sont qu'une avant-garde. Ils croient à l'arrivée de forces considérables et craignent de perdre en un instant le succès de la journée.

Non seulement les nombreuses compagnies mecklembourgeoises, postées dans le bois ou auprès du bois, fuient en poussant des hourra d'épouvante, mais à Loigny même, des Allemands terrifiés reculent en ordre serré ; le Grand-Duc et son état-major, en observation près d'Écuillon, entendent les balles françaises siffler à leurs oreilles, et se hâtent de remonter vers le nord (1) ; enfin, six batteries prussiennes, placées non loin de là sur le chemin de Sougy, s'empressent de se mettre en sûreté (2). On dit même que des fuyards éperdus portent jusqu'à Tillay et ailleurs la nouvelle de la retraite en masse des troupes allemandes.

1) Commandant DE SONIS, p. 269.
2. *Idem*, p. 389 et 291.

Ce trouble de l'armée d'Outre-Rhin montre combien le général de Sonis avait raison d'écrire dans son rapport après la guerre : « Je suis encore convaincu que si chacun avait fait son devoir ; si la 3ᵉ division m'avait suivi, ou s'était portée en avant, même après ma blessure ; si enfin les troupes du 16ᵉ corps que j'avais relevées avaient appuyé ce mouvement, nous nous serions rendus maîtres de Loigny » (1).

Ainsi les zouaves, en ouvrant le chemin aux nôtres, auraient accompli ce jour-là ce qu'ils firent brillamment, six semaines plus tard, au plateau d'Auvours, près du Mans, et le 2 décembre aurait eu son heure de gloire.

Mais, hélas ! la petite troupe de Charette est seule et déjà presque réduite de moitié. Les Allemands s'en aperçoivent et reprennent courage. Ils se défendent avec acharnement, appellent à leur secours les deux bataillons tenus en réserve derrière Loigny, et cherchent à envelopper les assaillants. Le lieutenant de Bellevue qui, monté sur un mur, brave hardiment les balles, avertit par deux fois son colonel de cette manœuvre, et Charette, forcé de céder au nombre, ordonne enfin la retraite (2).

Quelques zouaves, retranchés dans les maisons conquises, n'entendent pas la sonnerie du clairon et continuent, jusqu'à l'épuisement de leurs munitions, de repousser toutes les attaques. Les uns furent ensuite assommés à coups de crosse par les Allemands, et les autres faits prisonniers, comme le sergent de Vesins (3).

A l'exception de ce petit groupe, les Volontaires de l'Ouest obéissent, quoiqu'à regret, à l'ordre de leur chef. Ils refont à rebours le chemin qu'ils ont si vaillamment suivi. Ils reculent lentement, le visage tourné vers Loigny, s'arrêtant parfois pour tirer encore.

(1) *Le Général de Sonis*, par Mgr BAUNARD, p. 337.
(2) *Le XVIIᵉ Corps à Loigny*, p. 271 et 309.
(3) Commandant DE SONIS. *Le XVIIᵉ Corps à Loigny*, p. 267 et 309.
— Auguste BOUCHER. *La Bataille de Loigny*, p. 74.

Cependant les Prussiens, devenus plus audacieux, criblent de projectiles leurs adversaires. Du village jusqu'au bois, le sol est jonché de cadavres de zouaves. Jacques de Bouillé, le porte-étendard, tombe au milieu d'eux, et la sainte bannière les couvre comme d'un linceul. Déjà les Allemands espèrent s'emparer de ce trophée précieux. Mais, un sergent-major, Jules de Traversay, l'arrache à la main du mourant et l'emporte (1). Bientôt, frappé comme les autres, il le passe au petit Le Parmentier. Ce dernier, blessé à son tour, parvient cependant à franchir le bois et à réclamer au-delà le secours d'un grand camarade, dont le bras robuste l'aide à s'échapper, et à soustraire en même temps la glorieuse oriflamme aux ardentes convoitises de l'ennemi.

Le colonel de Charette, atteint à la cuisse, essaie vainement de se raidir contre la douleur ; il est bientôt contraint de s'affaisser, derrière le bois, sur le bord d'un fossé, loin de la route. D'autres blessés, parmi lesquels son frère, Ferron et Vetch, gisent auprès de lui. Tous sont plus navrés de la défaite que de leurs souffrances.

Quelques Volontaires refusent de laisser leur chef aux mains des Allemands et proposent de l'emporter. « Non, mes amis, dit-il, non ; à quoi bon vous faire tuer ? Je suis bien ici ; vous, allez encore vous battre pour la France ».

Les zouaves, attristés, se résignent alors à s'échapper à la faveur des ténèbres, tandis que les Prussiens, craignant quelque surprise, se décident lentement à traverser le bois pour continuer de les poursuivre (2).

Mais la lutte n'était pas terminée ; on se battait encore dans Loigny. Le général Chanzy le constate dans son récit (3). Au milieu du désordre et de l'obscurité qui régnaient à ce moment, il se produisit un fait des plus

1 *Documents sur la campagne des Zouaves Pontificaux en France,* p. 5.

2 *Le Commandant de Sonis.* p. 311.

3 *La deuxième Armée de la Loire,* par Chanzy, p. 81.

regrettables ; les deux bataillons du 37e, qui tenaient toujours dans une partie du village, ne reçurent pas l'ordre de se retirer et eurent à soutenir un combat des plus acharnés. Ils ne purent se dégager sans laisser à l'ennemi un grand nombre de prisonniers.

Ainsi nos intrépides troupiers exécutaient sans faiblir la consigne de l'amiral : résister jusqu'à la dernière extrémité. Le commandant de Fouchier nous le dit dans ces lignes si nobles et si chrétiennes, d'une lettre du 9 novembre 1871 :

« Le bruit de la grande canonnade, qui allait toujours en s'éloignant de plus en plus, nous fit comprendre que la 1re division, et peut-être le 16e corps tout entier, était en retraite et que seuls nous empêchions, par notre résistance, l'ennemi de poursuivre les Français avec activité ; dès lors, nous comprîmes, mon camarade Varlet ainsi que tous nos officiers, que notre sort était entre les mains de Dieu, et qu'il n'y avait plus à compter que sur la Providence ».

Vers cinq heures du soir, au moment de l'attaque de Loigny par les zouaves pontificaux, le sergent-major Chapelot reçoit de M. de Fouchier l'ordre d'aller demander du secours au reste de la division qui a battu en retraite. Le sergent s'empresse d'obéir. Il serre la main de son commandant, et, accompagné d'une cinquantaine de soldats, franchit le mur du cimetière.

Sur le point de sortir de Loigny, Chapelot et ses hommes aperçoivent derrière un mur le commandant Chevalier qui, avons-nous dit, remplaçait ce jour-là leur colonel. Ils l'entraînent avec eux et parviennent, sous sa conduite, jusqu'au 1er bataillon du 37e. Tous gagnent alors Villepion, où ils trouvent l'amiral Jauréguiberry occupant le château et le parc, mais incapable de se porter en avant pour répondre à l'appel des défenseurs de Loigny, surtout après l'échec de Sonis et de Charette.

Cependant, malgré leur bravoure, les défenseurs de

Loigny perdaient du terrain. Les maisons nord-ouest du village venaient de leur être enlevées par les Bavarois descendus de Fougeu. L'église, le cimetière, quelques habitations voisines et une issue sur Villepion, c'est tout ce qu'ils ont pu préserver de l'atteinte des envahisseurs.

Mais les Prussiens, après avoir refoulé les zouaves pontificaux, résolurent de réunir leurs efforts contre la petite portion du village qui tenait toujours et d'écraser les obstinés qui s'y défendaient encore.

Profitant de l'obscurité et des fumées de l'incendie que le vent porte vers le cimetière, les ennemis montent dans les maisons environnantes et dirigent un feu plongeant sur les assiégés. En même temps des fusiliers mecklembourgeois donnent l'assaut au cimetière du côté sud, en face du presbytère, tandis qu'une seconde colonne l'attaque du côté nord.

Le lieutenant prussien Muller, du 76e, est tué près de la petite porte en fer du cimetière. Mais, parmi les nôtres, le capitaine Noyer tombe mortellement blessé ; le commandant de Fouchier a la cuisse gauche traversée par une balle presqu'à bout portant, et est fait prisonnier. Quelques minutes après, dans l'autre partie du cimetière, le commandant Varlet est tué auprès d'un arbre et nombre de nos soldats ont le même sort (1).

Qui dira toutes les prouesses de cette lutte opiniâtre et magnifique, une heure durant, dans cet étroit espace, sur ces tertres mortuaires ensanglantés ?

Voyez ce petit sergent adossé à une tombe, raconte un mobile blésois. Il a la main droite coupée et s'est fait lier l'artère au-dessus du poignet ; de la main gauche, il brandit un sabre-baïonnette, électrise ceux qui l'entourent, leur insuffle ce dont il a plein l'âme : le courage du désespoir (2).

1 *La Bataille de Loigny*, par BOUCHER, p. 80 et 81.
2 Discours prononcé le 2 décembre 1899, en l'église de Loigny, par l'abbé AUGEREAU, chanoine de Blois, p. 12.

En vain les Allemands crient aux soldats du 37e : « Ne
tirez plus ! ne tirez plus ! nous sommes maîtres du village ».
Du cimetière de Loigny, qui restera légendaire comme
celui de Saint-Privat, une voix inconnue, mais bien française, leur donne cette réponse altière et railleuse : « Quand
on est au cimetière, on n'en sort plus » (1).

Ainsi un cimetière autour d'une église, c'était tout ce
que nos soldats demandaient, « tout ce que la France,
écrit Mgr Baunard, pouvait leur offrir encore, c'est-à-dire
la mort et l'immortalité. Il était nuit ; au milieu du village
en ruine, au bas du modeste clocher tristement illuminé
par cet embrasement, au milieu des croix et des tombes
éclairées par l'incendie, autour de la petite église encombrée
de mourants, le valeureux régiment se battait toujours ;
il épuisait jusqu'aux munitions de ses blessés » (2).

A la fin, le général prussien de Kottwitz, ému à la fois
d'admiration et de pitié pour nos derniers soldats luttant
comme des lions, un contre mille, ne peut s'empêcher de
crier à M. de Fouchier : « La résistance est inutile, faites
cesser le feu !... »

Bien que souffrant et prisonnier, le commandant français
lui répond avec fierté : « Monsieur, ce n'est pas mon affaire
d'arrêter le feu de mes soldats ; c'est la vôtre ! » — « C'est
vrai, dit l'Allemand, vous avez raison » ; et il n'insista pas.

Mais l'heure était arrivée où la lutte, même pour les
plus braves, devenait impossible. Il fallait déposer les
armes et se rendre, ou par une évasion périlleuse essayer
d'échapper à l'ennemi. C'est ce dernier parti que prirent
quelques petits groupes de combattants et plusieurs
officiers. Parmi eux se trouvaient les lieutenants Fouruard
et Coquerelle (3). Après avoir franchi plusieurs murs, ils
gagnèrent la plaine vers six heures et demie. Là ils

(1) *Le Sacrifice de Loigny*, par l'abbé FONSAGRIVES, p. 23.
(2) *Le Général de Sonis*, par Mgr BAUNARD, p. 351.
(3) Lettre du lieutenant COQUERELLE, 27 novembre 1871. —
GORECKI, p. 20.

essuyèrent le feu de quelques cavaliers mis à leur poursuite.
Mais, en dépit des balles sifflant à leurs oreilles, une cinquantaine encore de fugitifs rejoignit, à onze heures du soir,
ce qui restait du régiment.

A Loigny, hélas ! vers six heures et demie, presque tous
les survivants des deux bataillons étaient prisonniers.
Seuls, quelques intrépides, ayant échappé aux balles et
aux recherches, continuaient de faire le coup de feu. En
vain les rues du bourg sont envahies par une cavalerie
compacte, en vain les Bavarois incendient les maisons
épargnées par les obus pour en chasser leurs défenseurs,
nos vaillants soldats veulent brûler jusqu'à leur dernière
cartouche, avant de mourir ou de tomber entre les mains
de l'ennemi.

Les rues sont remplies de cadavres allemands. Les
cavaliers ont peine à circuler, les pieds des chevaux,
couverts de sang, s'embarrassent dans les morts et les
blessés. Impossible de peindre l'horreur d'une pareille
scène de carnage, nous dit un témoin oculaire, M. le Curé
de Loigny.

Il avait, en effet, circulé dans le village pour voler à la
délivrance d'une trentaine de ses paroissiens, au nombre
desquels était M. Henri Bourgeois ; tous allaient périr
dans la cave d'une habitation incendiée. La maîtresse de
cette maison, Emilie Jousset, femme Cassegrain, dont on
ne peut assez louer le courage, avait, au péril de sa vie,
traversé la mitraille et était venue l'avertir du danger
que couraient ces pauvres gens. Le prêtre était parti
aussitôt, et c'est en passant littéralement sous le ventre
des chevaux qu'il parvint à la maison dévorée par les
flammes. Les ennemis qui remplissaient la rue virent,
avec étonnement, sortir, à son appel, de cette cave, comme
d'une fournaise, trente et quelques personnes.

Un officier prussien lui demanda alors qui il était, et s'il
garantissait qu'il n'y eût pas de soldats français parmi

ceux qui étaient sortis de la cave ; puis il lui donna un guide pour conduire sa petite troupe au commandant.

Ce trajet au milieu des cadavres, parmi les cris déchirants des blessés, faisait frissonner la timide caravane, d'autant plus que les balles continuaient de siffler. Enfin, après avoir dépassé les dernières maisons du village, sur la route de Fougeu, on arriva au moulin, aujourd'hui disparu, de Philéas Popot. C'est là qu'étaient rassemblés, sous la garde des Allemands, un grand nombre de nos soldats prisonniers.

Un général, qui se trouvait en cet endroit, questionna longuement le prêtre sur les personnes amenées et s'efforçait de les inculper. Il accusa d'abord les habitants de Loigny d'avoir préparé la résistance et porté des renseignements aux Français ; il affecta ensuite de croire que les vieillards présents, parmi les femmes et les enfants, avaient pris part à la lutte. Et, comme l'abbé Theuré justifiait toujours ses paroissiens, le Prussien, désignant un jeune homme, M. Genet, répartit vivement : « Mais celui-là, Monsieur, vous ne pouvez le nier, c'est un franc-tireur. — Pardon, général, c'est l'instituteur du village ; il n'est pas soldat et il n'a nullement combattu. Ainsi aucune de ces personnes n'est belligérante. Je vous prie donc de les laisser libres de se retirer dans quelque hameau, puisque leurs maisons sont en flammes ».

L'Allemand, se tournant alors vers Fougeu, fit un signe de la main à ces campagnards blêmes d'épouvante et leur dit : « Allez ».

Ils partirent vers ces habitations qui les abritèrent une heure ou deux, tandis que M. le Curé rentrait à Loigny.

C'est pendant ce parcours qu'il put voir des monceaux de cadavres ennemis entassés le long des maisons, des murs et des haies de clôture. C'est alors qu'il entendit les Allemands répéter sur tous les points : « Ne tirez plus, Franciss ! ne tirez plus, Franciss ! le village est à nous ! »

Mais nos intrépides troupiers traduisaient en leur langue, sans y songer peut-être, la réponse à jamais célèbre : « La garde meurt et ne se rend pas », ou continuaient en silence de cribler l'ennemi de leurs projectiles.

Les Prussiens, exaspérés de ne pouvoir faire taire la fusillade dirigée contre eux, recoururent enfin à un moyen qui eut son plein succès. Ils amenèrent du moulin Popot de nombreux prisonniers et les groupèrent sur la place, près du cimetière et de l'église. Force fut alors à quelques officiers français de s'écrier du milieu des rangs : « Ne tirez plus, mes amis, vous tuez vos camarades ». A cette invitation la fusillade cessa. Il était sept heures du soir ; Loigny était au pouvoir des vainqueurs.

Par ce mot de Loigny, il faut entendre ce qui tenait encore debout, car les bombes incendiaires et les obus avaient dès ce moment détruit ou endommagé une grande partie des habitations. Pourtant l'ennemi jugea que pour compenser ses pertes, ce n'était pas encore assez de ruines Dans l'aveuglement de sa colère, il poussa la barbarie jusqu'à ordonner l'incendie général du village.

Ses hommes, du reste, s'acquittaient de cette besogne sinistre avec un sang-froid digne des vieux Germains leurs ancêtres.

Dans une demeure située à l'entrée du bourg en venant de Fougeu, ils ne trouvèrent que Madame Laure, une pauvre femme tout en pleurs. — « Vous, Matame, lui dirent-ils, propriétaire ou à ferme ici ? — A ferme, leur répondit-elle. — Alors, Matame, vous sortir de suite vos meubles ; nous mettre le feu à la maison. » Et l'un d'eux lui prit son tablier, en fit une corde pour l'aider à maintenir sur sa brouette les quelques objets de ménage qu'elle désirait emporter, tandis qu'un autre entassait du bois et de la paille dans la pièce pour allumer l'incendie.

Il n'y eut que les habitations remplies de blessés, ou destinées à en recevoir, qui furent épargnées. Les Allemands les avaient marquées au minium d'une croix rouge de Genève, qui se voit encore, sur plusieurs portes et volets de Loigny. Mais ils ne se donnaient pas toujours la peine de s'assurer si la maison qu'ils voulaient livrer aux flammes ne renfermait aucun blessé.

Ainsi, au moment où il allait rentrer au presbytère, M. le curé vit un Allemand à cheval porter le feu à une ferme couverte de chaume dont le pignon, donnant sur la place, était pavoisé du drapeau d'ambulance. Sans réfléchir au danger auquel il s'expose, le prêtre court au cavalier, saisit la bride de son cheval et le fait reculer de quelques pas, en lui montrant le drapeau, qui devait protéger cette habitation abritant plus de trois cents blessés.

— Drapeau menteur ! riposte aussitôt un officier accouru pour faire exécuter son ordre ; vos soldats tirer sur nous de tous côtés dans cette ferme. Mais qui êtes-vous ? Aumônier ou pastoure de l'endroit ? — Pasteur. — Alors, Mozié, vous connaître bien les lieux ; vous faire de suite le tour de l'habitation et ramener ici soldats français armés. — Il n'y en a pas. Cette ferme ne contient que des blessés, dont beaucoup d'Allemands, recueillis hier soir, et que j'ai moi-même installés. — Tout de suite, Mozié, tout de suite. » Et le Prussien braquait un pistolet, argument auquel le prêtre ne crut pas devoir faire plus longue résistance.

L'abbé Theuré parcourt donc tous les bâtiments, criant à toutes les portes : « S'il y a des soldats français armés et non blessés, qu'ils sortent ! Autrement ils vont faire brûler la ferme et leurs camarades blessés. » Il revient ensuite vers la place, sans, bien entendu, ramener de prisonniers.

L'officier descend alors de cheval et prend la main de M. le curé en disant : « Bonne pastoure ! » Puis, entraînant avec lui l'abbé Theuré et quelques soldats, il pénètre à l'intérieur de l'habitation et a vite fait de constater la

Le Général de CHARETTE

présence de blessés allemands, car, de tous côtés, il est appelé par les siens dans sa langue maternelle ; et la ferme ne fut pas brûlée.

Mais le prêtre, dans sa bonne foi, avait couru le plus grand danger. En effet, comme il le sut plus tard, des soldats français, qui s'échappèrent pendant la nuit, étaient cachés dans les greniers, et tiraient au travers de la couverture en paille sur les Prussiens du dehors. La moindre imprudence de leur part l'eût fait fusiller (1).

Après ces divers incidents, M. le Curé s'empressa de saluer silencieusement l'officier et de rentrer au presbytère, où le soin des blessés et des mourants réclamait sa présence.

En passant sur la place, il vit les prisonniers français qu'on y avait amenés, et il entendit crier aux quelques soldats du 37e qui se défendaient encore : « Ne tirez plus ! ne tirez plus ! Vous tuez ou blessez vos camarades ! »

Bientôt les accents joyeux d'une fanfare, où dominaient les notes aiguës des fifres, succédaient aux sifflements des obus et de la mitraille. C'était les vainqueurs qui, sans égards pour les cris des blessés et les râles des mourants, défilaient, parmi les monceaux de cadavres, dans les rues de Loigny en flammes et célébraient ainsi leur victoire (2).

Cette journée coûtait aux Prussiens 201 officiers, 5 médecins, 3.938 hommes tués, blessés ou disparus. Les pertes des Français étaient plus grandes encore, car aux morts et aux blessés, dont les chiffres n'étaient pas moindres que ceux des Allemands, il fallait ajouter une dizaine de canons et 2.400 prisonniers.

1. *Mémoire à l'Académie.*
2. *Bataille de Loigny*, par BOUCHER, p. 85. — *Deflandre et Sonis*, par Amédée DELORME, p. 96.

CHAPITRE IV

—

.

LES PRISONNIERS

—

On se hâte d'éloigner les prisonniers. — Les adieux du com-
mandant de Fouchier. — Visite des Allemands au pres-
bytère. — « Vous jouez-là un vilain rôle ». — Départ pour
Janville. — Le lendemain, en route pour Chartres. —
Sympathique accueil. — Irritation des Prussiens. —
Deuxième et troisième convois de prisonniers. — Drama-
tique épisode. M. l'abbé Marquis, curé de Saint-Denis-les-
Ponts. — Depuis trois jours, on voyait des incendies. —
Les forces de Bretagne. — Une étrange caravane. —
Varize, spectacle de désolation. — Troupeaux fuyant vers les
communes voisines. — Du côté de Loigny, l'artillerie
faisait rage. — « Monsieur, nous avons vaincu. Monsieur,
c'est là la question ». — Intervention de M. le Curé de
Cormainville. — Le prince Albert fuit à Baignolet. —
« Monsieur, vous êtes mon prisonnier ». — Un cheval
debout et gelé. — Orgères devenu allemand. — Les prisonniers de Loigny. — Le télégraphe de campagne. —
Le paquet de tabac. — L'aumônier protestant en chef
de l'armée allemande. — Dans l'église de Prasville. —
Un billet pour Mgr Regnault. — Ymonville. « Entrez,
vous trouver confrère ». — Le curé de Civry. — Nos
gardiens étaient de bons Bavarois. — « Vous pouvez
retourner chez vous ». — La sentinelle juive. — Le précepteur des jeunes princes prussiens. — Le retour.

A peine les accents joyeux de la musique prussienne
avaient-ils chanté dans Loigny le triomphe de l'armée

allemande (1), que les vainqueurs s'occupèrent de rassembler les prisonniers pour les éloigner au plus vite du théâtre de la guerre. Ce seraient autant d'ennemis de moins à craindre, autant de bouches de moins à nourrir dans ce pays dévasté.

Les défenseurs de Loigny, qui s'étaient rendus prisonniers pendant la bataille, soldats du 37e, pour la plupart, avaient été, on se le rappelle, gardés en dehors du village, auprès du moulin de Fougeu. Nous avons dit aussi qu'afin d'obliger les derniers combattants à cesser le feu, les Allemands avaient amené des prisonniers sur la place, et que ceux-ci, pour ne pas être fusillés en masse, avaient dû crier : « Ne tirez plus, mes amis, vous tuez vos camarades. »

C'est de ces prisonniers que le commandant de Fouchier, blessé et emmené à Baroches-les-Hautes pour y être soigné, écrivait plus tard dans ses Souvenirs :

« En partant de Loigny, j'apercevais, du haut de ma voiture, les files encore nombreuses, mais désarmées, de mes deux bataillons, attendant, sous la garde des soldats allemands, l'ordre de se mettre en marche, pendant cette nuit même. J'avais pu échanger quelques paroles d'adieu avec les officiers qui subissaient le même sort que leurs soldats, et auxquels il ne me fut pas permis de serrer la main. A partir de ce moment, j'étais séparé de mon pauvre 37e, et ne devais plus le revoir que quatre mois après. J'allais être condamné à vivre au milieu de nos ennemis, et à entendre, pendant de bien longs jours, les vœux qu'ils ne cessaient de former pour la ruine et l'anéantissement de ma patrie (2) ».

Tandis que le commandant de Fouchier s'éloignait, en compagnie d'autres blessés, les Allemands visitaient les maisons et les ambulances de Loigny.

« A notre porte, écrit le capitaine de Maricourt, un des

1 DE MARICOURT, p. 156 et 158. — Abbé BASTARD, p. 138, 139, 140.
2 Souvenirs du 37e Régiment de marche, par DE FOUCHIER, p. 201.

blessés réfugiés au presbytère, nous entendîmes faire un appel... en allemand ! (1)

» Un personnage long et maigre, enveloppé de la tête aux pieds dans une étroite houppelande sombre, entra dans notre petite chambre : « Je suis un général bavarois, dit-il avec un accent typique ; avez-vous quelque chose à me demander ? — Nous voudrions, dit le colonel de Mont- laur, garder nos armes et être renvoyés dans nos familles. — Certainement, dit le général, des blessés ne sont pas des prisonniers. »

« Encouragé par tant de bienveillance, le colonel de- manda qu'on lui rendît les papiers restés dans les fontes de son pauvre cheval, qui avait dû tomber à la porte de l'ambulance. « Certainement, dit le complaisant général qui accordait tout. Je vais m'en occuper de suite». Et il disparut.

» Cinq minutes après, un petit officier, prussien celui-là, entra casque en tête. « Messieurs, vos épées ! » dit-il ! Ce devait être un habitué de nos boulevards, car il n'avait aucun accent. — « Un général bavarois vient de nous dire que nous les garderions. — Allons ! vite ! vite ! vos épées ! »

» Personne ne bougea ; il semblait tenir beaucoup à ce trophée facilement conquis sur des blessés, fureta quelque temps parmi tous les corps étendus, ne trouva rien et s'en alla.

» Je m'étais couché sur mon sabre auquel je tenais énormément ; je l'avais porté en Terre Sainte et fait bénir au Saint-Sépulcre de Jérusalem à ma sortie de Saint-Cyr, et la veille, au combat de Villepion, une balle l'avait éraflé.

» Tard dans la soirée, un officier français entra en disant : « Les Allemands préviennent qu'on va fouiller les ambu- lances et fusiller sur le champ tous ceux qu'on y trouvera sans blessure, s'ils ne se rendent immédiatement sur la place. «Vous jouez-là un joli rôle ! » cria quelqu'un. —

(1) DE MARICOURT. *Casquettes blanches*, p. 156 et suiv.

Croyez-vous que c'est pour mon plaisir ? répondit le pauvre officier. »

Plus d'un de ceux qui étaient au presbytère, notamment un capitaine et un lieutenant de mobiles, obéirent à cette menace. En sortant, l'un recommande à M. le curé de lui garder son épée, mais déjà un Prussien l'a prise et la lui montre ; l'autre confie au digne prêtre son revolver, et personne depuis ne s'est présenté pour le réclamer. Et ils s'en vont rejoindre la triste colonne des captifs qui doit partir pour l'Allemagne.

Parmi ces prisonniers, disons-le bien haut, la plupart avaient fait vaillamment leur devoir. Ecrasés par le nombre, ils n'avaient cédé qu'à la dernière extrémité. Beaucoup même, quoique pouvant marcher encore, n'étaient pas sans blessure (1). Ceux-là avaient le droit de lever la tête et de regarder leurs ennemis sans rougir. Mais dans leurs rangs, hélas ! se trouvaient des poltrons qui avaient lâchement abandonné la lutte, pour se rendre à l'ennemi ou se cacher auprès des blessés.

Bientôt, au milieu des rafales de neige, la figure cinglée par le vent du nord, à la lueur sinistre des incendies qui dévoraient les villages et les fermes, les longues files de nos soldats, rangés par compagnies, et escortés de uhlans, prirent, à travers champs, la direction de Janville.

« En traversant le champ de bataille, de Loigny au parc de Goury, raconte un prisonnier du 37e de marche, la lune éclairait ce funèbre tableau. Nos yeux n'apercevaient que cadavres et mares de sang... On se sent pris d'un vertige de compassion pour les pauvres malheureux qui jonchent le sol » (2).

A minuit, un officier allemand prévenait le maire de Janville, M. Clichy, de préparer des secours pour 1.700

1 BOUCHER, p. 85. — Abbé BASTARD, p. 140.
2 Lettre de Ferdinand Mandin, du 3e bataillon du 37e de marche, 24 novembre 1894.

prisonniers (nombre exagéré), dont 23 officiers et le général de brigade Charvet (1).

Le maire fut admirablement secondé dans la circonstance, comme pendant toute l'occupation prussienne, par une Sœur de la Présentation, Mère Saint-Henri, Supérieure de l'Hospice. C'était une femme de tête et de cœur, qui remuait ciel et terre (2) pour soulager la souffrance. Aussi nos malheureux prisonniers, logés à la mairie et à l'église, reçurent en abondance les vivres et les pansements dont ils avaient le plus grand besoin.

Nos infortunés compatriotes n'eurent pas le temps de se reposer. Dès le lendemain, samedi 3 décembre, ils prenaient la route de Chartres. Le général Charvet et un zouave pontifical blessé étaient en voiture.

A leur arrivée à Chartres, nous raconte un témoin oculaire, (3) ils offraient le spectacle le plus navrant qu'il soit possible de voir. De dix heures et demie à onze heures et demie du soir, à la clarté de la pleine lune, ils défilèrent sur la place des Epars, les vêtements en lambeaux, les pieds nus ou à peine chaussés, mourant de faim, de soif, de froid, succombant sous le poids de tant de fatigues réunies, n'avançant que poussés à coups de plat de sabre ou de crosses de fusil. Plusieurs étaient restés en route maltraités et mourants. Tous les soldats pourtant, même les derniers venus, se traînèrent jusqu'à l'ancienne salle de Loens, dite alors la manutention, où ils purent, vers minuit, s'étendre sur la paille.

Aussitôt la ville de Chartres, par ses meilleurs représentants, s'empressa de soulager nos pauvres soldats. Il y avait là les Dames et les Messieurs du Comité de secours aux blessés, les Sœurs de Saint-Michel et celles de Saint-Paul.

(1) *Comité Central de Chartres pour secours aux victimes de la guerre, 1870-1871*, par COLLIER-BORDIER, p. 75.
(2) Rapports de MM. les Curés du canton de Janville.
(3) COLLIER-BORDIER, p. 29.

Dans ces circonstances, l'ennemi impitoyable ne nourrissait pas ses prisonniers. Il laissait ce soin aux municipalités. Mais telles étaient sa méfiance et sa brutalité qu'il repoussait souvent avec violence ceux qui voulaient compatir à tant de misères.

Les Dames et les Sœurs se firent facilement un passage au milieu des gardes prussiennes, sans se préoccuper de leurs figures malveillantes ; mais à Loens, les Messieurs eurent plus de difficulté. Le président du Comité, M. Collier-Bordier, qui avait cependant fait reconnaître son droit d'après la Convention de Genève par la commandature, dut discuter vivement avec le capitaine du poste, pour obtenir que lui et plusieurs membres du Comité eussent la liberté de passer.

L'un d'eux, M. l'abbé Paty, fut particulièrement en butte aux tracasseries allemandes.

Nous avons raconté, dans notre *Garde Mobile d'Eure-et-Loir*, comment ce prêtre, alors aumônier militaire, fut indignement fait prisonnier le soir du combat d'Epernon, et après quels mauvais traitements il avait enfin été délivré. Or, dans cette nuit du 3 décembre, à Chartres, l'officier mécontent, nous l'avons dit, voulut sans doute décharger sa colère sur quelqu'un.

Le zèle empressé de M. Paty auprès des prisonniers lui déplut. L'abbé fut arrêté et conduit à la commandature. Mais il eut le bonheur, cette fois, de ne subir qu'un court interrogatoire, et il revint bientôt poursuivre son œuvre de charité. (1)

Cependant les prisonniers arrivés de Loigny continuaient d'être l'objet de toutes les attentions de nos concitoyens. Nourriture, linge, vêtements, chaussures, tabac, échange contre argent des mandats de poste, rien n'était épargné pour venir en aide à tant de misères.

Tandis que les soldats étaient enfermés à Loens, les

1 Rapports du Clergé. 1870-1871.

officiers, au nombre d'environ quarante, avaient été hébergés dans la salle du rez-de-chaussée de la mairie (1). Là, plus humaine, la sentinelle prussienne laissait passer tous ceux qui voulaient leur porter quelque chose. C'étaient presque tous des jeunes gens ; ils appartenaient à la mobile, surtout à celle de Loir-et-Cher, et à des régiments de ligne.

Officiers et soldats partirent pour la Prusse le dimanche matin, par un froid de plusieurs degrés. Ce fut un triste défilé. Malgré l'abondante distribution de vêtements de toutes sortes qui leur avait été faite la nuit, beaucoup de mobiles et de fantassins étaient encore légèrement vêtus, et grelottaient de tous leurs membres. Quelques-uns toutefois marchaient gaillardement. Le long des rues, sur le parcours du boulevard Chasles, on leur donnait du pain, du tabac, au grand dépit des officiers prussiens qui les faisaient charger par les uhlans, ou les frappaient eux-mêmes pour les forcer à marcher.

Le commandant de place, M. Brix, regardait tout cela de la place des Epars, et enrageait de ce que les habitants faisaient à leurs infortunés compatriotes la charité d'un peu de nourriture.

Un officier prussien, qui écrivait alors en Allemagne et racontait cette scène, a soin de l'excuser par la crainte d'un soulèvement.

« Les prisonniers avaient quitté les rangs et lié une conversation très intime avec les habitants. Les citoyens cherchaient à donner aux captifs à manger et à boire. C'était très louable et très patriotique sans doute, mais cela provoqua un tumulte contre lequel notre commandant dut intervenir. Certes, les troupes auraient manqué s'il avait fallu en venir aux mains ; par bonheur, on entendit tout à coup le tambour, un bataillon de réserve entra par hasard et calma la population. On ordonna aux uhlans

(1) *Les Prussiens à Chartres, 1870-1871*, par E. CAILLOT, p. 62 et suiv.

de marcher à cheval le long des trottoirs pour rétablir l'ordre, et la mairie prévient aujourd'hui les habitants de se garder de semblables cris et attroupements » (1).

Mais cet officier, si complaisant pour les siens, se tait sur la scène suivante. Peut-être n'a-t-il pas pu trouver de prétexte pour l'excuser.

Malgré les clauses de la Convention de Genève et les réclamations du Comité de la Croix-Rouge, malades et blessés, à quelques exceptions près, avaient été forcés de partir. C'était un spectacle qui fendait le cœur de voir ces pauvres jeunes gens, qui, blessés légèrement ou gênés par leurs chaussures, ne pouvaient suivre la colonne et pleuraient de douleur, poussés brutalement en avant par les soldats de l'escorte.

Les canons, tout attelés et conduits par des artilleurs français, marchaient au milieu du convoi, qui fut dirigé sur Etampes par la vieille route de Paris.

Le dimanche soir, un second convoi de prisonniers, mille à douze cents comme celui de la veille, arriva à Chartres, et repartit le lendemain sur Rambouillet par la nouvelle route de Paris.

Le lundi soir, troisième convoi de prisonniers, mais peu nombreux ; il n'y en avait pas plus de quarante.

Ainsi 2.400 Français environ avaient été cernés et contraints de mettre bas les armes dans cette terrible bataille de Loigny, où la supériorité de l'artillerie ennemie avait décidé de la victoire.

Nous regrettons, faute de renseignements, de ne pouvoir accompagner plus loin ces prisonniers. Nous savons cependant qu'un certain nombre réussirent à s'évader en cours de route. Citons notamment le sergent de Vesins (2), des zouaves pontificaux, le lieutenant Brun, des francs-tireurs de Blidah, l'intendant du duc de Luynes, des mobiles de

.1 Extrait du journal *Koelnische Zeitung*, 10 déc. 1870.
.2) *Le XVIIe corps à Loigny*, p. 281.

la Sarthe, et un nommé Teste, du 37e de marche. Ce dernier, après trois jours de voyage, s'échappa à Chevreuse. Il revint sain et sauf jusqu'à Châteaudun, où il rencontra l'armée française (1). Les autres prisonniers poursuivirent leur chemin vers la Poméranie, et un groupe, où se trouvaient le caporal Bailly, les soldats Droniou et Jouanne, tous Volontaires de l'Ouest, fut interné à Stralsund, sur la Baltique (2).

Mais qui nous dira combien de ces malheureux, épuisés et maltraités comme ils l'étaient, moururent dans leurs dépôts de passage ou sur les chemins qui les conduisaient vers l'exil ? Combien de ceux qui suivirent leurs geôliers jusqu'au bout, succombèrent aux rigueurs de la saison, au dur régime imposé par leurs maîtres, aux brutalités de toutes sortes, et ne revirent jamais la France ?

Pour compléter ce chapitre, citons un dramatique épisode raconté par un prêtre de notre diocèse, prisonnier lui aussi des Prussiens le 2 décembre, et compagnon, pendant une étape, des prisonniers de Loigny.

« Le 2 décembre 1870, écrit M. l'abbé Marquis, mort en 1911 curé-doyen d'Illiers, j'étais, le matin, après ma messe, dans la salle à manger du presbytère de Saint-Denis-les-Ponts, ma paroisse, lorsque l'instituteur, homme sérieux et chrétien, vint me rendre visite. Il était tout impressionné: « Monsieur le curé, me dit-il, il y a trois jours qu'on entend le canon du côté d'Orgères. La plaine doit être jonchée de blessés. Si je n'avais pas femme et enfants, je vous l'affirme, je partirais pour aller porter des secours et tâcher de me rendre utile. » — Vous auriez raison, répondis-je. Et, après quelques moments d'entretien, je le laissai se retirer.

» A peine seul, je continuai de la sorte : «Mais ce que ce père de famille ne peut pas, moi, qui n'ai point les mêmes entraves, je devrais bien le tenter. Les respectables curés

(1) Lettre de J. Teste à M. le Curé de Loigny, 2 décembre 1893.
(2) *Le XVIIe corps à Loigny*, p. 280 et 460.

de la contrée qui forme le champ de bataille, sont presque tous fort âgés. Un prêtre jeune, comme je le suis, pourrait assister les mourants, relever les blessés, porter en un mot des secours qui doivent faire défaut dans cette plaine. »

» De plus, depuis trois jours on voyait, de Châteaudun, des incendies dans la direction de Cormainville. Qui sait ? C'étaient peut-être les bâtiments de mon beau-frère et de ma sœur qui flambaient ? Peut-être pourrai-je leur être utile, ne fût-ce qu'en ramenant mes deux jeunes nièces ?

» Pour sortir de cette cruelle incertitude, je résolus d'aller à Cormainville. C'étaient six lieues et demie à franchir.

» L'air était froid, mais tempéré pourtant au milieu du jour par un pâle soleil d'hiver. Je passai à Châteaudun vers une heure, n'emportant qu'une livre de pain et un énorme paquet de tabac, don d'un commandant de cavalerie qui avait logé chez moi. Je lui avais fait observer que ce présent m'était inutile : « Vous en ferez des cadeaux, m'avait-il répondu. Il ne savait pas si bien dire ».

» Comme je venais de traverser la voie ferrée, dont tout le mouvement avait cessé, j'entends derrière moi une grande clameur dans la ville. Je me retourne et demande à un passant la cause de ces cris. « Ce sont, me dit-il, *les forces de Bretagne* qui arrivent ». J'en fus tout réjoui et réconforté, comme le naufragé qui voit une barque dans le lointain. Peut-être allait-on reprendre l'offensive et repousser l'ennemi. Hélas ! les *forces de Bretagne* devaient être la cause de mon malheur, rien de plus. »

C'était l'heure, en effet, où la brigade Paris, du 17ᵉ corps, spécialement chargée par le ministre de la guerre de protéger Vendôme et Tours, venait réoccuper Châteaudun que les Prussiens avaient évacués en marchant sur Loigny (1). Le général Paris n'avait plus d'inquiétude pour

1 *Le XVIIᵉ corps à Loigny.* p. 8 et 48. — *Journal de l'Invasion,* Châteaudun. par Paul MONTARLOT, p. 161. — GRENEST, *L'Armée de la Loire.* t. Iᵉʳ, p. 522.

Tours, car le 21e corps tout entier, parti du Mans pour rejoindre l'armée de la Loire, se trouvait alors près de Vendôme. C'est ce corps d'armée, dont nous avons dit la valeureuse conduite dans notre *Garde Mobile d'Eure-et-Loir*, que la population de Châteaudun appelait les *forces de Bretagne*. La brigade de Paris semblait en être l'avant-garde (1).

M. l'abbé Marquis poursuivit son chemin d'un pas accéléré. Les fossés étaient semés de bouteilles de liqueurs abandonnées ou cassées, de photographies et de portraits. L'histoire du pillage était ainsi racontée par tous ces débris qui jalonnaient la route.

En approchant de Varize, il vit venir vers lui une étrange caravane. Un jeune homme et un joueur de violon nommé Millet qui emmenaient tranquillement un prisonnier ainsi que deux chevaux ! Ils lui contèrent leur aventure. En ces jours où tout mouvement social était arrêté, où l'on ne savait que faire, ils étaient partis à la découverte. Dans le bourg de Civry, ils avaient vu les habitants arrêter un cavalier ennemi, le précipiter à bas de son cheval et le brutaliser, sans que celui-ci songeât à fuir ou à se défendre. L'homme, qui était de taille moyenne, paraissait ahuri et stupide. La boisson sans doute, ou les horreurs du champ de bataille, ou la perte de son maître, tué peut-être non loin de là, lui avaient troublé le cerveau. A cette vue, nos Dunois émus de pitié avaient prié les paysans de ne pas maltraiter un Allemand qui se rendait à eux, et s'étaient offerts pour emmener cet étranger à Châteaudun. Ceux-ci prenaient leur rôle au sérieux. Le jeune homme, Philbert Lorin, frère de deux prêtres de ce diocèse de Chartres, *portait son grand sabre ;* le violoneux avait le bras passé dans la bride d'un des chevaux ; le prisonnier suivait bénévolement et regardait d'un air hébété.

» Je les laissai s'en aller vers Châteaudun, poursuit le narrateur et continuai mon voyage.

(1) CHANZY, p. 75.

» A l'approche du parc de Varize, des chevaux morts étaient étendus dans les champs ; on s'était battu là, trois jours auparavant, le 29 novembre. Des francs-tireurs girondins embusqués dans le parc de Varize, clos de murs, avaient essayé d'arrêter les troupes du grand-duc de Mecklembourg, que nous avions vues défiler tout un jour, avec leurs canons et leurs voitures, dans notre village de Saint-Denis-les-Ponts, et qui se dirigeaient alors vers Loigny. Mais que pouvait, contre une armée entière, une poignée de braves, sinon être écrasée ? Les portes du parc étaient renversées, les murs écroulés ou entamés çà et là. Tout rappelait le combat.

« Lorsque je fus entré dans Varize, ce fut un bien autre spectacle. »

Là, en effet, le 15 octobre, les Prussiens s'étaient vengés, en barbares, de la résistance que les gardes nationaux de cette commune leur avaient courageusement opposée le 10 et le 14 de ce même mois. Une troupe de 600 à 800 hommes, cavaliers, fantassins, artilleurs, avait cerné et bombardé le pays, massacré les gens qu'elle avait pu découvrir, pillé ce qui était à sa convenance, et enfin mis le feu, avec du pétrole, à toutes les habitations. Voyons, d'après la description que nous en donne M. l'abbé Marquis, ce que Varize était, lors de son passage, le 2 décembre :

« Un village silencieux, désert, totalement incendié. Partout des murs sans toiture et noircis, des façades aux ouvertures béantes. Seule, la maison du notaire avait à peu près échappé à l'embrasement général. Les contrevents doublés de tôle, avaient été léchés par les flammes. Peut-être avait-on éteint le feu à temps. L'église, placée dans le fond et à l'écart, était sauve.

» Au moment du bombardement, le 15 octobre, quand tous étaient déjà cachés dans les marais de la Conie, M. l'abbé Sortais, curé de la paroisse, s'était, des derniers, enfui à travers le parc du château et glissé plus loin sous des bottes de longs roseaux appelés *rouches*. Vainqueurs, les Prussiens avaient recherché les habitants pour les massacrer. M. le Curé avait échappé à leurs regards, du moins il le pensait. Mais un officier dit plus tard : « Il croit n'avoir pas été découvert, il n'en est rien. J'ai fort bien aperçu l'extrémité de ses pieds (il était grand). Je me hâtai de donner l'ordre à mes hommes de rétrograder, sous prétexte qu'il n'y avait plus rien. »

» Le signalement de M. Sortais avait été donné dans l'armée. Pris, il devait être fusillé sur l'heure. On le rendait responsable de la résistance des gardes-nationaux de Varize, qui, par deux fois, avaient attaqué leurs détache-ments et tué un de leurs officiers supérieurs, appartenant à une illustre famille.

» Personne dans ce bourg de Varize, autrefois si coquet ! Dans le fond des masures d'une arrière-cour, j'aperçois seulement un vieillard, couvert de vêtements sordides. Je quittai, le cœur serré, ce spectacle de désolation.

» Bientôt je vis venir des troupeaux de vaches que l'on faisait fuir vers les communes voisines, non occupées par l'ennemi. Je rencontrai là Mme Hénault, belle-sœur d'un de nos amis, écrivain distingué, l'abbé Hénault. Elle était accompagnée de sa servante, me donna des nouvelles de ma famille — ce qui me rassura — mais m'exhorta instam-ment à retourner en arrière. Au moment où elle avait quitté Cormanville, l'ennemi n'y était plus, mais il allait y revenir.

» J'eusse mieux fait de suivre son conseil : je le regrettai plus tard. Seulement, étant si près du terme de mon voyage, il m'en coûtait de rétrograder.

» Au sortir de Varize, le sol monte et la route, par rapport à Châteaudun, forme un angle droit. Bientôt, ce qui n'était pour moi qu'un bruit lointain et confus, devint très distinct. J'approchais du champ de bataille, j'en per-cevais tous les bruits, tout le fracas : des feux de pelotons, des décharges stridentes de mitrailleuses, mais surtout une canonnade incessante, furieuse. A mesure que le jour si court de l'hiver s'assombrissait, des lueurs sinistres, des éclairs livides rayaient l'horizon dont mon regard ne pouvait se détacher.

» Oh ! comme j'essayais de pénétrer le mystère de cette lutte acharnée et pour moi incertaine ! Que de vœux je faisais pour le succès des nôtres ! Je priais de tout mon cœur pour les vaillants défenseurs de la patrie, pour les pauvres blessés, pour ceux que le boulet, dont le sillon venait de luire à mes yeux, allait frapper et renverser pour toujours !

» Du côté de Loigny, l'artillerie faisait rage. Sur le plateau qui fuit vers le Loiret, il y avait une réponse, mais elle était faible. Seulement, comme un lion blessé qui, de temps en temps, se retourne fièrement contre les chasseurs, et se fait craindre jusque dans sa retraite, dans les profondeurs de la plaine orléanaise, une pièce énorme tonnait de loin en loin et dominait, à elle seule, toutes ces voix de bronze. »

Cet écho de bataille lointaine, dont parle ici M. l'abbé Marquis, venait de Poupry, où la 3e division du 15e corps soutint jusqu'à la nuit un combat qui, faute d'entente, ne fut malheureusement d'aucune utilité pour nos troupes engagées à Loigny. Cette pièce énorme, qui dominait tous les bruits de la lutte, était sans doute un de ces gros canons de marine venus pour défendre Orléans, et qui devaient, le surlendemain, tomber au pouvoir de l'ennemi.

» Qui est vainqueur, me demandais-je avec anxiété, poursuit le prêtre, osant à peine croire à un succès, après tant de revers. Et je continuais ma route, redoublant de prières pour l'âme de ceux qui, à chaque instant, allaient paraître devant Dieu.

» Il arriva un moment où, sur cette plaine glacée, les sons m'arrivaient si distincts que je croyais côtoyer le

champ de bataille. Dans le lointain, vers Loigny et Guillonville, des incendies étendaient leurs lueurs sinistres sur
la campagne.

» Aux portes de Cormainvlile, le dernier cavalier en
sentinelle venait de quitter son poste d'observation. Je
pus entrer et gagner la cour de la ferme où demeuraient
mon beau-frère et ma sœur, avec leurs deux jeunes filles.
Je les trouvais sains et saufs, mais bouleversés par les
événements : logements des ennemis, réquisitions, duretés,
retentissement jusque chez eux d'une bataille de trois
jours. Ils furent touchés de ma démarche, mais ne me
cachèrent pas qu'elle était peut-être un peu téméraire,
dans les tristes conjonctures.

» Une demi-heure après, la nuit était venue, le combat
fini, et l'ennemi cherchait un abri dans les villages voisins.
Cormainville ne tarda pas à regorger de troupes. Un
peloton de cavalerie envahissait la cour de mon beau-
frère, faisait main basse sur l'avoine, se servait du blé
non battu pour litière. Granges, écuries, étables, tout était
plein. Le colonel et son aide de camp s'installèrent dans
la principale chambre et se mirent à table. Mais le pain
de campagne qu'on leur servit leur paraissait grossier et
lourd. C'est pourquoi mon beau-frère vint me trouver ;
je me dissimulais prudemment dans le cabinet de famille,
à l'autre extrémité du logis. Comme il avait remarqué
que j'avais apporté un pain plus blanc, il me demanda
si je voulais bien en disposer pour calmer l'Allemagne.
J'acquiesçai immédiatement.

« Alors s'imposa pour moi, malheureusement, la nécessité d'une présentation au colonel. Je saluai ces Messieurs
qui furent polis pour moi. Le jeune aide de camp me
demanda si je connaissais l'issue de la bataille. Je lui
répondis que, comme nous étions sans moyen de communication, j'ignorais absolument les événements et le
dernier particulièrement. — « Eh bien, Monsieur, *nous
avons vaincu*, et les vôtres sont en déroute définitive ».

» Il faut avoir entendu prononcer ces mots cruels, avec la fierté et la morgue du vainqueur et de l'homme du Nord. Jamais je n'oublierai ce ton et cet air. Devant cette dernière déclaration de notre impuissance, le sang me monta au visage, un sentiment de patriotisme humilié me fit oublier la prudence. Je répondis, moi qui, sur mon chemin, avais entendu acclamer les *Forces de Bretagne* : « Monsieur, c'est là la question ».

» L'officier lance un regard à son chef, celui-ci paraît le comprendre et partager son impression. Dès l'instant, j'étais suspect. Je venais de Châteaudun m'introduire dans leurs lignes. Rien de bon ne pouvait venir d'une ville qui s'était acquis un renom détestable. Peu après le colonel se couchait et éprouvait une mauvaise digestion. Mon pain était suspecté : je l'avais peut-être apporté dans un dessein criminel ! »

Complétons ici la narration de M. le Curé de Saint-Denis par quelques renseignements empruntés aux notes de M. l'abbé Lefranc, alors curé de Cormainville.

A peine l'abbé Marquis se fut-il retiré dans sa petite chambre que le colonel fort irrité donna l'ordre d'en garder la porte, et avisa aux autres mesures à prendre.

En voyant le mécontentement des Prussiens dont ils soupçonnaient les terribles conséquences, les parents du pauvre abbé furent au désespoir. Sa sœur s'empressa d'aller au presbytère conjurer M. le Curé de venir intercéder pour son frère auprès du colonel. Le bon vieillard n'hésite pas. En toute hâte, il se présente devant l'officier et le prie d'avoir l'obligeance de l'écouter.

« Ce prêtre que vous faites prisonnier, dit-il, n'est nullement un espion ; je le connais parfaitement. S'il a quitté sa paroisse et est accouru ici de sept lieues, c'est pour aider ses parents, les emmener au besoin chez lui, et porter secours aux blessés qui auraient pu se trouver dans cette paroisse. Tout chrétien et à plus forte raison tout prêtre, doit agir ainsi. Loin donc d'être blâmable, la conduite de cet ecclésiastique est digne d'éloges. L'accuser d'espionnage et le priver de sa liberté serait une erreur bien regrettable ».

Mais ce langage si vrai, si modéré pourtant, n'apaisait pas le Prussien. Il était, prétendait-il, sérieusement occupé, et savait à quoi s'en tenir sur le compte de son prisonnier. Le vieux prêtre n'avait qu'à retourner au plus tôt à son presbytère, autrement il serait soupçonné de complicité.

Ces menaces n'empêchèrent point l'abbé Lefranc de poursuivre son plaidoyer. Il supplie l'Allemand d'examiner en toute justice la cause de son ami ; il affirme que son innocence sera bientôt reconnue... Mais l'irritation de l'officier grandissait, et le prêtre dut se retirer à temps.

Toutefois, avant de regagner sa demeure, l'abbé Lefranc, désireux d'encourager son confrère, voulut pénétrer dans la chambre où il était enfermé. Mais les gardes le repoussèrent avec brutalité, et force lui fut de retourner chez lui sans avoir rien obtenu.

Le colonel prussien, en effet, avait pris au sérieux l'idée que l'abbé Marquis était un espion, chargé peut-être de renseigner les troupes françaises, les *Forces de Bretagne*, cantonnées à Châteaudun. Aussi, dans la crainte d'une attaque de nuit, il fait doubler les sentinelles et avertit le prince Albert, logé chez Mme Dreux, mère du député, qu'un espion est probablement dans la place. A cette nouvelle, le prince se souvenant sans doute que, quinze jours auparavant, des francs-tireurs avaient failli le faire prisonnier à Viabon, s'enfuit accompagné de deux mille hommes, et alla dormir en paix au presbytère de Baignolet, où il avait séjourné la veille. Sa mauvaise humeur lui fit perdre toute convenance, car, à son arrivée, il dit brutalement à M. l'abbé Leprince, desservant de cette paroisse : « Eh bien, Monsieur le Curé, nous les avons rossés, vos petits Français ».

Quand l'abbé Lefranc, de Cormainville, rentra chez lui, les officiers supérieurs qu'il hébergeait lui dirent : «Nous vous quittons, Monsieur le Curé ; nous nous retirons plus loin avec notre prince ». Cette conduite eut le don d'exaspérer un major prussien resté à la cure : « Ces... gens-là, s'écria-t-il, savent se mettre en sûreté et ils nous laissent là, nous ! »

Cependant, sans soupçonner même ce que le colonel avait décidé à son égard, l'abbé Marquis, fatigué par une longue marche, avait passé une triste nuit sur une chaise.

« Il faisait à peine jour, écrit-il, lorsqu'un officier entra dans le cabinet où j'étais : — « Vous demeurez près de Châteaudun? dit-il. Que vous proposez-vous de faire aujourd'hui ? — Monsieur, répondis-je, je me propose de retourner dans ma paroisse. — Eh bien, Monsieur, je le regrette, mais vous êtes mon prisonnier. — En vertu de quelle loi, Monsieur ? — Monsieur, j'ai des ordres et je les exécute ». Immédiatement consigne est donnée à un planton de me garder à vue et de surveiller la fenêtre du jardin.

» Fatigué comme je l'étais, cette déclaration, accentuée par le bruit d'une crosse de fusil qui retentit sur le pavé, me fit d'abord l'effet d'un coup de massue. Instinctivement ensuite je songeai à fuir. Sous tous les rapports c'était impossible, je le compris. Il fallait me résigner et envisager, dans sa froide réalité, la situation. »

A l'annonce de cette nouvelle, la sœur de M. le Curé de Saint-Denis fut dans la désolation. Fondant en larmes, raconte l'abbé Lefranc, elle se jette aux pieds du colonel, le prie, le conjure d'avoir pitié de son frère et de tous les siens. Mais le Teuton reste insensible. Bien plus, sous prétexte de représailles à l'égard d'une famille où se trouve un espion, il laisse ses hommes exercer des déprédations qui équivalaient à un pillage. « Les miens éprouvèrent ce matin-là de très grandes pertes, continue l'abbé Marquis ; c'est avec douleur que j'en rappelle le souvenir.

». Lorsque l'officier ennemi me donna l'ordre de partir, je compris que commençait, pour moi, la voie douloureuse. Je pensai à Celui qui l'a suivie le premier, pour l'adoucir à tous, et je lui offris mon épreuve. Je fus adjoint à deux pauvres petits fantassins, hâves, fatigués, mal vêtus ; on sentait que le froid et peut-être la faim les avaient vaincus, avant l'armée allemande. C'était une humiliation de plus, en face de ces vainqueurs forts, bien nourris et chaudement vêtus. Une petite troupe était chargée de nous conduire à Orgères.

» Le froid était piquant, mais lorsque nous allions incliner vers le nord, il serait autrement dur et glacial.

» A peu de distance de Cormainville, la route nous offrit un spectacle étrange. Un grand cheval de cavalerie était *debout* sans vie dans le fossé. Le froid l'avait glacé et immobilisé dans la mort. Les soldats s'arrêtèrent pour le regarder avec stupéfaction ».

Ces lignes nous rappellent les scènes de la retraite de Russie, où des sentinelles étaient figées sur place, où selon les vers célèbres de Victor Hugo :

> On voyait des clairons à leur poste gelés,
> Restés debout en selle et muets, blancs de givre,
> Collant leur bouche en pierre aux trompettes de cuivre.

« Près de là, de l'autre côté de la route, poursuit l'abbé Marquis, un cavalier de haute taille était étendu sur le dos. Un boulet perdu était venu l'atteindre dans sa course ; il ne devait plus revoir sa patrie. La neige blanchissait sa barbe et son visage. Je me découvris respectueusement en face de la triste majesté de la mort ; je m'aperçus que les Allemands avaient été favorablement impressionnés par cette marque de sympathie.

» Chemin faisant, d'autres escouades d'ennemis nous croisaient pour relier un poste avec l'autre. Ils me regardaient en passant, et ne manquaient pas de crier : « Pfaffe », c'est-à-dire, prêtre, mais dans un sens méprisant. Des Bavarois ripostèrent, en proclamant bien haut qu'ils s'honoraient d'être catholiques.

» Sur le point d'arriver à Orgères, je vis avec effroi, sur le fossé de la route, le chapeau d'un ecclésiastique. J'en conclus qu'une victime, choisie dans nos rangs, avait été fusillée. Dès lors, je me dis que pareil sort m'était sans doute réservé.

» Le bourg d'Orgères, dans lequel nous entrions, semblait devenu allemand. Plus de Français nulle part. Aux portes, aux fenêtres, dans les cours, sur la place, une fourmillière de Teutons. Çà et là, des dépouilles et des débris d'animaux fraîchement tués, pour nourrir toute cette troupe.

» On fit halte sur la place. On venait demander de partout des renseignements sur mon compte. Mes gardiens répondaient en leur langue que j'étais un espion parti de *Châteaudin*, et qui donnait pour prétexte être venu voir sa sœur. Pendant ce temps, l'officier qui devait conduire le détachement, se versait, publiquement, une bouteille de vin dans le gosier. Puis, pour réjouir ses hommes, il leur dit, — et l'intelligence est clairvoyante à ces heures terribles — en imitant le geste d'un tireur qui couche en joue, « qu'on allait me faire mon affaire ». Il n'y avait pas à s'y tromper.

» Au sortir d'Orgères le bataillon prit la route de Janville. Placés sur deux lignes parallèles, les fantassins encadraient un lot de prisonniers militaires qu'ils avaient reçu avant de se mettre en route. Bientôt nous vîmes s'avancer, à travers la plaine glacée et s'approcher de nous, une colonne plus considérable. C'étaient des braves, qui venaient du champ de bataille de Loigny. Quand ils furent réunis, nous formions un effectif d'environ mille hommes.

» Pour eux, c'était le chemin de la Prusse qui commençait ; pour moi, c'était l'incertain, le redoutable. Je pouvais à la première halte, être jugé sommairement et passé par les armes.

» Les questions se pressaient, se croisaient dans les rangs de ces mobiles. « Qu'est devenu un tel ? — Je l'ai perdu de vue à la charge de cavalerie ». Parfois la réponse était favorable ; mais parfois aussi l'air du visage, une phrase qui affectait de se perdre dans le vague, un mot de convention indiquait le trépas au champ d'honneur. Quelques-uns portaient des cicatrices, souvenirs de la bataille. Pauvres jeunes gens ! Ils avaient vu fondre sur eux un régiment de cavalerie, sans savoir s'ils avaient en face d'eux des Français ou des Allemands ! Du reste, n'ayant pas eu le temps d'être exercés au maniement de la baïonnette, ils étaient incapables de se défendre.

» La plupart acceptaient résolument leur sort. Un seul, que la Providence avait justement placé à côté de moi, qui fermais la marche, était absolument démoralisé. L'horreur du champ de bataille, la fatigue et le manque de sommeil lui avaient un peu affaibli le cerveau.

» Non seulement nous cheminions entre deux lignes de soldats armés, mais des lignes de cavaliers encadraient encore ces derniers. Nous occupions toute la route. Pendant ce temps, l'armée de Metz qui arrivait, suivait, sur les bords de la plaine durcie, sa route en sens contraire, J'ai pu voir tout ce défilé silencieux, cet ordre, cette discipline, ces hommes de haute stature, qui, bien chaussés, confortablement vêtus, habitués à un rude climat, supportaient facilement les rigueurs de l'hiver.

» Pour nous qui marchions vers le nord-est, nous étions fouettés par un aquilon implacable. Il me semblait que je n'étais pas vêtu. Pas de nourriture, pas de repos ; en marche la journée toute entière.

» Les Prussiens ne perdent pas de temps. Vainqueurs hier soir, ils préparent sans tarder un télégraphe de campagne dans la direction d'Orléans. Des employés semi-

militaires enfoncent des jalons de fer dans le sol glacé.
Pour y réussir, ils se servent d'énormes mailloches.

» Or, mon compagnon de route, qui était en proie à la
peur, me dit : « Vous voyez ces mailloches, eh bien, c'est
pour nous assommer. On va nous faire passer là, et on se
débarrassera de nous. — Mais non, mon ami, repris-je,
vous vous trompez, c'est un télégraphe que l'on prépare.
Votre vie à vous est sacrée, vous êtes prisonnier de guerre,
vous êtes protégé par les lois de la guerre. Je ne puis en
dire autant de moi, qui suis prisonnier civil. Je ne suis
protégé par rien du tout ».

» Un peu plus loin, il reconnut, dans les champs, la position où s'était engagé le combat, la veille. » Vous voyez
ce champ ; eh bien, les Français vont revenir là, prendre
l'offensive : les Prussiens nous mènent droit à eux, pour
nous placer en première ligne. C'est nous qui allons essuyer
le feu de l'artillerie. Notre affaire est claire ». Je déployai
tous mes moyens de persuasion pour lui ôter ces idées
funèbres et relever son courage. Je doute que j'y sois
parvenu.

» Singulière position d'un homme pensant à sa fin dernière, se préparant à la mort, et qui doit, au même moment,
relever le moral d'un désespéré !

» En marchant, j'entendais ces jeunes soldats se plaindre
de n'avoir pas même une cigarette à fumer. Ce fut un éclair.
N'avais-je pas sur moi le fameux paquet de tabac, don du
commandant ! Immédiatement je me mis à l'ouvrir, et,
par petites quantités, à le distribuer à tous ces braves
militaires, qui me tendaient une main suppliante. J'eus
bien vite épuisé mes munitions de guerre.

» On m'avait pris d'abord pour un aumônier accompagnant la colonne. Mais je dus à la vérité de faire connaître que j'étais prisonnier pour mon propre compte.

» Il y avait, en tête, quelques sous-officiers de zouaves
pontificaux (bien rares dans l'escouade, plus pressés parmi

les morts sur le champ de bataille). Ils voulurent, par honneur, me mettre au premier rang. Mais la sentinelle qui me servait, paraît-il, d'ange gardien, vint me réclamer pour me mettre à la queue de la colonne.

» On fit une simple halte entre Orgères et Allaines. Puis, au bout de cinq minutes, la marche recommença. A Allaines on eût dit un véritable parc d'artillerie, tant le matériel était nombreux.

» Dans le voisinage, près de la route de Prasville que nous prîmes alors, j'eus un singulier contraste sous les yeux. Tandis que le pauvre prêtre catholique cheminait tristement sous la bise, un carosse était arrêté, et, à travers la glace, on apercevait enveloppé d'une riche fourrure, l'aumônier protestant en chef de l'armée allemande.

» Lorsque les premières ombres de la nuit commencèrent à tomber sur cette plaine désolée, nous approchions de Prasville. Alors le soldat bavarois qui me gardait à vue, à la fin de la colonne, se mit à tirer de sa poche et à m'offrir un petit morceau de vache de réquisition ! C'était sa provision. J'en fus infiniment touché !... Je le remerciai cordialement, mais j'en garde le souvenir aujourd'hui et je prie Dieu, qui récompense un verre d'eau donné en son nom, de vouloir bien bénir ce bon soldat.

» Des femmes venaient tirer de l'eau au puits et regardaient avec une touchante compassion ces jeunes prisonniers, leurs compatriotes. « Pauvres enfants, disaient-elles, si on pouvait leur donner le moyen de s'enfuir ! »

» Nous fûmes logés dans l'église de Prasville, jonchée de paille. Mais, comme j'entrai le dernier, il n'y avait plus de place pour moi. Je dus enjamber par dessus tous ces militaires déjà couchés ou assis, pour arriver dans le voisinage de la chapelle de la Sainte Vierge. Je me reconnais grandement redevable envers cette Bonne Mère que j'avais tant de fois invoquée le long du chemin, et qui m'a préservé de tout mal.

» Un sous-officier de mobiles de la Dordogne, étudiant en médecine, voyant que je n'avais rien pour me couvrir, m'offrit sa toile de campement encore humide de la neige du champ de bataille. Je le remerciai et refusai. Mais je lui demandai un autre service ; un fragment de papier et un crayon. Il détacha un feuillet de son carnet et me l'offrit gracieusement. J'écrivis en hâte, à la lueur des cierges allumés, quelques lignes à l'adresse de Mgr Regnault, évêque de Chartres, pour lui faire connaître ma position, l'injustice de mon arrestation, et le prier d'intervenir pour ma délivrance.

» Lorsque la colonne de prisonniers eut pris possession de l'église, M. l'abbé Nicolas, curé de Prasville, prêtre zélé et connu pour un homme énergique, apprit qu'il y avait un prêtre parmi les captifs. Il supplia le colonel qui logeait chez lui, de vouloir bien lui permettre d'offrir l'hospitalité à son confrère. « Non, non, répond celui-ci, il est trop coupable. Nous n'arrêtons pas ainsi un homme, surtout un ecclésiastique, sans de graves motifs ».

» Ce bon M. Nicolas venait de temps en temps à l'entrée de l'église où il lui était défendu de pénétrer. Il tenait malgré tout à témoigner de l'intérêt à ses compatriotes. « On abat des vaches, leur disait-il, on va les faire cuire pendant la nuit, et demain matin on vous offrira un bouillon chaud avant votre départ ».

» Quand j'eus écrit mon billet, je priai les soldats de le faire passer jusqu'au seuil, où M. le Curé apparaissait. Ce digne prêtre le lut, et malgré la difficulté de la situation, malgré la nuit et l'hiver, trouva moyen de le faire porter immédiatement à Voves, d'où il parvint à Chartres, sans retard, dès le dimanche matin ».

Un officier prussien, narquois, qui logeait à l'Evêché ce jour-là, raconte dans une lettre adressée à un journal allemand, comment Mgr Regnault vint lui donner une note qu'il présenta aussitôt au commandant de place (1).

(1) *Kœlnische Zeitung*, 10 déc. 1870.

« Plus tard, à Châteaudun, écrit l'abbé Marquis, Monseigneur me disait en me revoyant : « Eh bien, Monsieur le Curé, je vous ai délivré de la servitude d'Egypte ! » — Monseigneur, répondis-je, je vous en ai la même reconnaissance, mais j'ai été mis en liberté avant le résultat de vos bienveillantes démarches ». Le commandant de Chartres, en effet, aurait dû en référer à Versailles. Or, le temps que la réponse arrive, j'aurais pu être emmené bien loin.

» Cependant le bon curé de Prasville avait tenu parole : on avait travaillé, la nuit, à préparer du bouillon pour les prisonniers. Le dimanche matin, il les invite à sortir dans le cimetière pour la distribution. Chacun présentait sa gamelle de fer blanc. Un soldat me prête celle de quelque infortuné resté sur le champ de bataille. On avouera que ce souvenir pouvait troubler un homme dont la vie était fort en péril.

» On vous demande à la porte du cimetière. me disent les soldats ». Je redoutais beaucoup ces apartés. Tant que j'étais avec le gros des prisonniers, je me sentais protégé. Mais séparé d'eux, je craignais que mon isolement ne fût ma fin.

« On m'emmène dans une cour de Prasville. Là, deux grands cavaliers enveloppés d'un grand manteau, que je reconnus pour être des gendarmes allemands, se préparaient au départ. L'un d'eux eut la charité de m'apporter, dans je ne sais quel récipient, un peu de café noir, brûlant et sans sucre. J'avoue que, dans ma position, tout cela m'était bien indifférent. Mais j'y vis un sentiment d'humanité que j'apprécie. On attelait une carriole qu'un tout jeune garçon allait conduire. C'était une voiture réquisitionnée pour m'emmener à Etampes, ma. destination. On part, la gendarmerie nous suit et nous surveille.

» La neige tombait à flocons, le froid était dur, je grelottais sur la banquette de cette carriole. Le cheval n'étant

attelé qu'avec des cordes, car on cachait les harnais, sortit
bientôt des limons. L'enfant descendit pour remédier à ce
désordre ; mais tout était encore détaché l'instant d'après.
Alors, je lui dis : « Mon ami, allez-vous-en, je préfère marcher à pied, j'aurai moins froid ». Les gendarmes, du haut
de leurs grandes montures, restèrent impassibles, nous
laissèrent faire, et je les accompagnai au pas, toujours
sous la neige.

» Bientôt nous arrivâmes à Ymonville. Là, devant une
porte cochère où des sentinelles étaient de planton, un
chef dit à mes gardiens : « Nicht gendarmery.» Ils me remirent à cet officier qui me dit en français : « Entrez, vous
trouver confrère. » Je fut fort étonné, mais non rassuré.

» Le poste était composé de Bavarois, qui me parurent,
plus tard, assez sympathiques, à l'exception d'un juif.
Cette maison était celle de M. Valèn, officier de santé.
La cuisine, jonchée de paille, servait de prison. On m'introduit, et je reconnais Monsieur Valentin, Curé de Civry.
Nous nous embrassons avec le double sentiment de la
fraternité du sacerdoce et du malheur.

» Je lui raconte mon histoire et lui la sienne. Le 29 novembre, jour du combat entre les Allemands et les
francs-tireurs girondins, on lui avait demandé s'il y avait
des fusils cachés dans son église. Il avait répondu non.
Or, par malheur, les gardes nationaux, à son insu, en
avaient porté dans le clocher. Les Prussiens les y ayant
découverts, l'avaient maltraité et fait immédiatement
prisonnier, sans lui laisser une minute pour changer
de vêtements. Aussi était-il en négligé et chaussé de
galoches.

» Ses autres compagnons de captivité étaient un cafetier
de Courtalain, nommé Martin, et trois jeunes francs-tireurs
qui se donnaient pour typographes. Car si nos ennemis
communs les avaient connus, ils eussent été fusillés sur
l'heure.

» J'arrivai le dimanche, le repas terminé. J'avais voyagé toute la journée du samedi à jeun et sans repos. Je dus attendre la distribution du soir ; mais j'étais trop préoccupé pour avoir faim. Vers la chute du jour, on apporta une chaudière qui contenait un morceau de vache de réquisition. Chacun fut invité à se servir et reçut un peu de pain. La boisson était l'eau de la pompe, qui se trouvait justement dans la cuisine et dont l'écoulement filtrait sous notre litière.

» Nous étions gardés par de bons Bavarois qui se conduisaient fort humainement à notre égard. Ils étaient catholiques. Car la nuit, je les vis près du foyer, — ils se réservaient naturellement la bonne place, — le sabre d'une main, le chapelet de l'autre. Le feu était alimenté par des chevrons arrachés à un petit toit de la basse-cour. Malgré cela la température était bien froide, surtout avec une nourriture insuffisante. Préoccupé comme je l'étais, séparé de la mort que d'un pas, je ne pus fermer l'œil.

» Nos gardiens, tout en causant, s'aperçurent de mon état d'esprit, de mes inquiétudes, et l'un d'eux qui parlait un peu le français, me dit : « Vous, ne pas craindre. Deux ou trois jours... et après... retourner. Mais camarade, — M. le curé de Civry, endormi à mes côtés, — et il fit le geste de mettre en joue. Ce qui voulait dire : sera fusillé. J'en fus glacé de terreur et saisi de compassion.

» Pourtant le bon confrère qui reposait là, ne semblait guère redouter le sort dont ce Bavarois le croyait menacé. D'une grande piété envers l'auguste Mère de Dieu, il espérait fermement en sa puissante protection. Le lendemain, il me disait avec assurance : « Je ferai ma neuvaine (de captivité) et la Sainte Vierge me ramènera pour la fête de son Immaculée-Conception. »

» Son attente ne fut pas trompée. Conduit à Orléans, il eut beaucoup à souffrir, coucha sur les dalles nues de la gare de cette ville, subit plusieurs interrogatoires dont il sortit libéré, revint à Civry avec Martin, le cafetier de Courtalain, et dit la messe dans son église le jour de l'Immaculée-Conception.

» Pendant les longues heures de notre détention, la fille de M. Valèn, novice dans une communauté à Rouen, rentrée momentanément dans sa famille, vint nous voir. La visite des prisonniers est une des grandes œuvres de miséricorde. Je ne l'ai jamais compris comme ce jour-là. Ses douces paroles, sa compassion nous faisaient du bien. Elle ne pouvait rien pour nous, que nous témoigner sa bonne volonté. J'en profitai pour la prier de me procurer une feuille de papier et un crayon.

» Je n'avais jamais été interrogé, je n'avais pu me disculper ; je résolus d'écrire ma défense : je reniais de toute mon énergie le rôle d'espion et prouvais que je n'avais pu l'être. Puis je demandai à cette pieuse fille, qui a dû rentrer dans son cloître, de vouloir bien remettre cet écrit à MM. les officiers qui demeuraient au premier. Ce qu'elle fit.

» Or, le lundi 5 décembre, vers dix heures du matin, un officier entre et me dit : « Vous pouvez retourner chez vous, vous êtes rendu à la liberté ». Ce fut pour moi une grande joie et les autres prisonniers me félicitèrent. Pourtant j'éprouvai bientôt un sentiment de regret. J'étais libre, et je laissais mon pauvre confrère dans cette prison, sous le coup d'éventualités terribles ! Je n'étais libéré qu'à moitié.

» Voici comment et pourquoi la justice de ma cause était enfin reconnue.

» Mon beau-frère, auquel je dois pour cela une éternelle reconnaissance, avait, après le départ des ennemis, voulu constater les ravages opérés dans sa ferme et visité tous ses bâtiments. Arrivé à la chambre du colonel qui m'avait fait arrêter, il trouva des papiers qui fixèrent aussitôt son attention. Vite sa résolution est prise. Il attelle l'unique cheval qu'il avait encore à la maison — les autres étaient mis en sûreté — et s'élance à la recherche du colonel, qu'il rencontre à Orgères.

» De nouveau mon beau-frère se plaint de mon arrestation injustifiée, et l'officier prétend que j'étais un espion et qu'il devait se conformer au code militaire. Mais, réplique le fermier, pour vous prouver que ma famille n'est pas un nid d'espions, voici deux lettres, à l'adresse de Berlin, oubliées par vous dans votre chambre. Je pouvais les porter à Tours, où l'on m'eût certainement récompensé. C'est même ce que j'aurais dû faire en vrai citoyen français. Or, je vous les rapporte. Me croirez-vous, maintenant, si je vous affirme ma loyauté et l'innocence de mon beau-frère l'abbé ?

» Le Prussien fut frappé de ce raisonnement et surtout heureux de rentrer en possession de ses lettres. Peut-être établissaient-elles ses droits à l'avancement. En faisant arrêter un soi-disant espion, n'avait-il pas préservé le prince Albert, permis sa fuite à Baignolet, et sauvé l'armée ? Aussi le colonel promit qu'il allait immédiatement donner l'ordre de me remettre en liberté. Ce qui fut fait.

» Un seul individu parut mécontent, indigné de ma sortie de prison. C'est la sentinelle juive qui montait la garde sous le porche. Cet homme, par son air et ses murmures, ressemblait à un chien auquel on ravit un os. Les Bavarois catholiques, nos gardiens, avec le peu de mots qu'ils savaient, nous avaient fait comprendre combien ils détestaient les juifs.

» A l'officier qui m'apprit la bonne nouvelle, je demandai un laissez-passer pour rentrer chez moi. Autrement je courais risque d'être arrêté de nouveau. Selon lui, je n'en avais nul besoin. Cependant, comme j'insistais, il me fit monter à l'état-major, où je trouvai deux ou trois officiers bavarois.

» L'un, distingué, parlant bien le français, était au lit.

Une balle l'avait sans doute blessé légèrement au dernier combat. Il me demanda d'où j'étais, si les Prussiens étaient allés chez moi. — Oui, répondis-je ; ils ont vidé ma cave au lendemain du bombardement de Châteaudun. — Si le vin était bon, reprit-il, il n'y a que demi-mal ».

» Je le laissai à sa gaîté, pris mon sauf-conduit et partis saluer M. le Curé qui ne savait même pas que je fusse prisonnier dans sa paroisse. M. Marie était un bon et respectable prêtre. Il fut heureux de mon bonheur et me força d'accepter un peu de pain, quoique les ennemis lui en eussent peu laissé ; mais il prétendait que lui et sa domestique ne se sentaient guère en appétit en ces tristes jours. Le précepteur des jeunes princes prussiens qui suivaient l'armée, était passé chez lui peu auparavant et avait réquisitionné sa petite quantité de vin de messe. Je l'embrassai en le remerciant. J'avais hâte de respirer l'air de la liberté.

» En peu de temps je franchis les vingt-quatre kilomètres qui me séparaient de Cormainville. Partout des traces de pillage ; de l'avoine répandue dans les rues à profusion, des villageois effarés. Çà et là des détachements d'ennemis, quelques-uns un peu blessés, qui s'en allaient vers les postes de repos.

» Je ne dépeindrai point les angoisses de ma sœur et de toute la famille, en mon absence, ni leur joie, lorsque nous pûmes nous revoir. Mais je tiens à remercier Dieu d'avoir permis cette grande épreuve si instructive pour moi. Car, me préservant de tout mal, il ne m'a exposé à tant de souffrances morales et physiques que pour mieux me faire sentir sa protection et la maternelle assistance de la Sainte Vierge ».

CHAPITRE V

NUIT DU 2 DÉCEMBRE

Désastre évité, retraite facilitée. — La bannière du Sacré-
Cœur sauvée. — Vue de Loigny en flammes. — Le zouave
pontifical égaré. — Patay regorge de soldats éperdus. —
Les zouaves pontificaux, au bivouac, regrettent Charette
et Sonis. — Le zouave Henri de Grille et le Père Doussot. —
Les mobiles manceaux se retirent de Villepion sur Gommiers. — Chanzy à Terminiers ; il fait placer des avant-
postes. — Récit d'un officier allemand réfugié à Goury. —
Nos blessés à Morâle. — Les habitants chassés de Fougeu. —
Que se passait-il à Loigny ? — Les Bavarois contraints
de bivouaquer. — On entasse les blessés dans le presbytère et dans l'église. — L'abbé Bastard et le général allemand. — L'aide-major Challan et la confession d'un mourant. — « Sauve qui peut ». — Les deux bancelles. — Sonis
sur le champ de bataille. — Un prussien lui enlève brutalement son épée et son pistolet. — Charette blessé est mis
en joue par un Allemand. — De Troussures assommé
à coups de crosse. — Le bon Samaritain. — Les infirmiers
allemands relevant les blessés. — « Il est naturel que
nous commencions par les nôtres ». — Etrange conduite
envers un médecin français. — Le zouave Beaucamp
fusillé. — Charette conduit à Villours ; Sonis abandonné. —
« On dut attendre le lendemain ; des blessés, il n'y en avait
plus, tous étaient gelés, morts ». — Mystérieux avertissements. — Sonis consolé par Notre-Dame de Lourdes. —
Les saintes morts. — Souffrances de Sonis calmées. —
Deux zouaves écoutent le général leur parler de Dieu. —
Fernand de Ferron expire sur l'épaule gauche du général.—

Monseigneur THEURE
Curé honoraire de Loigny

Les détrousseurs de cadavres. — Les ambulanciers relèvent encore quelques blessés ; Sonis est de nouveau abandonné. — Départ des troupes allemandes pour la bataille.— Nos blessés gelés et morts.

Nous avons quitté Loigny, le 2 décembre, à la fin de la bataille, pour accompagner les prisonniers et décrire les premières étapes de leur douloureux voyage vers l'exil. Il est temps de revenir à notre point de départ et de reprendre la suite de notre récit.

La résistance acharnée du 37e de marche dans le cimetière de Loigny, celle de Jauréguiberry et du 17e corps à Villepion, et surtout la charge héroïque des zouaves pontificaux, en prolongeant le combat jusqu'à la nuit close, avaient sauvé l'honneur du pays et préservé l'armée française d'un désastre complet. A cette heure tardive, en effet, l'ennemi fut empêché de profiter de sa victoire. Il ne put se livrer à une offensive générale qui, si elle avait eu lieu en plein jour, eût fait tomber entre ses mains un nombre considérable de canons et de prisonniers (1).

La seule poursuite exécutée contre les zouaves le fut par les deux bataillons de réserve de la 17e division prussienne. Jusqu'au bois Bourgeon, les Allemands s'avancent avec circonspection dans la crainte de se trouver en présence de nouvelles forces dont la troupe de Charette n'est que l'avant-garde. Plus loin, l'un des bataillons marche sur Villours, l'autre sur Villepion. Les tambours battent la charge, les fifres et la musique jouent un air de triomphe, les hommes sont dans l'enivrement de la victoire.

Les Prussiens cependant s'aventurèrent peu dans la direction de Faverolles, car la résistance n'avait pas cessé de notre part ; nos tirailleurs et nos mitrailleuses, qui continuaient de répondre, imposaient le respect (2).

Du côté de Villepion, l'ennemi ayant voulu un moment

1 Commandant de Sonis. p. 363 et 368.
2 Commandant de Sonis, p. 312 et 436.

9

s'approcher trop près du château, reçut, des mobiles manceaux restés dans le parc, une décharge telle qu'il fut obligé de revenir en arrière (1).

Aussi les feux de peloton dirigés par les Allemands, au hasard, sur la plaine, ne firent probablement alors que bien peu de victimes ; les détonations de leur artillerie n'eurent sans doute d'autre résultat que de couvrir les cris des malheureux blessés sur le champ de bataille.

Cet arrêt dans la poursuite permit aux débris de nos compagnies de se retirer avec leurs canons, aux soldats débandés de s'en aller seuls ou par petits groupes, aux zouaves pontificaux du lieutenant Pavy d'aider une batterie à franchir un mauvais pas, aux francs-tireurs de Blidah et à d'autres d'emmener quelques prisonniers prussiens (2), aux blessés qui pouvaient encore marcher de chercher un gîte, enfin au grand James, Volontaire de l'Ouest, d'emporter le petit Le Parmentier, grièvement blessé et cachant sous sa veste la bannière du Sacré-Cœur qu'il venait de sauver. Le géant, en passant à Villours, plaça son fardeau et quelques estropiés dans une voiturette que ses camarades et le Père Doussot lui aidèrent à traîner jusqu'à Patay.

« Je rencontrai alors, rapporte l'Aumônier, le zouave Le Parmentier qui, quoique blessé au poignet, avait sauvé le drapeau et venait de le remettre au major Landeau. Je pris aussitôt des mains de celui-ci cette glorieuse relique, ne voulant laisser à aucun autre le soin de la mettre en sûreté... L'enveloppant avec soin dans un mouchoir, je la plaçai sous ma robe, sur ma poitrine, et j'adorai en silence les divines dispositions de la Providence... pendant les deux longues heures que je mis à ramener du champ de bataille de Loigny la petite troupe de blessés qui s'était ralliée autour de moi » (3).

(1) *Souvenirs d'un Mobile de la Sarthe,* par Erard, p. 80.
(2) Commandant de Sonis, p. 304, 308, 310.
(3) *Le Père Doussot, dominicain,* par le P. Marie-Joseph, p. 234.

Un sergent-fourrier du 48e, tenu en réserve à Terminiers pendant la bataille, nous décrit ainsi le spectacle dont il fut le témoin à ces premières heures de la nuit :

« Devant nous les flammes gagnaient, s'élevaient, enveloppant Loigny dont le clocher se profilait en noir au sein des langues de feu et dans la nuée rougeâtre qui, progressivement, s'épaississait et encombrait le ciel. Fort loin à la ronde, le champ de bataille en était éclairé comme par une aurore boréale. Les survivants sans blessure et les blessés encore ingambes s'éloignaient de cette lumière d'enfer, la plupart sans officiers, sans autre guide que l'instinct qui les poussait à retourner au gîte du matin.

» Près de nous vint s'échouer un groupe confus de fantassins et de mobiles, avec quelques zouaves pontificaux échappés miraculeusement au massacre » (1).

Mais plus d'un, dans son trouble, prit, au milieu des ténèbres, une fausse direction et ne rejoignit son corps que plusieurs jours après. Témoin ce sergent des Volontaires de l'Ouest, que, le surlendemain de la bataille, l'abbé Morancé, aumônier des mobiles du Mans, rencontra seul, assis au pied d'une croix, la tête dans ses deux mains. Le prêtre lui frappant sur l'épaule, la conversation s'engagea :

— « Enfant, vous paraissez accablé.

— » Oui, mon père, j'ai vu tomber les miens, je suis du bataillon de Charette, et ils sont là-bas, fauchés par la mort comme le moissonneur aligne les épis sous sa faucille...

— » Mon enfant, je vais à Josnes ; faisons route ensemble.

— » Oui, mon père, quand je rencontre un aumônier, mon sac me semble moins pesant ».

Le long du chemin, le zouave citait, avec beaucoup d'à-propos et sans ostentation, de fort beaux textes de l'Imitation, de saint Augustin, de saint Bernard, des

1. *Journal d'un Sous-Officier*, par Amédée DELORME, 1870, p. 192.

passages de Frédéric Ozanam, de Balmès, etc. A la prière
de l'Aumônier, qui lui demandait son nom, il écrivit sur
une feuille de son carnet : Jean-Marie Le Dinaher, de
Kéraenor-Plougerin, Côtes-du-Nord « Kéraenor, expli-
qua-t-il, signifie : Peuple de la croix, et nous ne l'avons
pas oublié ».

Puis, jetant un regard très expressif sur la plaine
immense, remplie de fuyards, de voitures renversées, de
chevaux morts, et, au milieu de tout cela, des conducteurs
réquisitionnés, jurant, blasphémant, le jeune breton
ajouta : « Voyez, Père, *cecidit, cecidit Babylon magna* !
elle est tombée, la grande Babylone, elle est tombée !
Eh bien ! faisons notre devoir, et si demain le plomb
prussien nous tue, au ciel nous achèverons le texte de
saint Jean : *Alleluia* ! *alleluia* ! *alleluia* ! »

Près de Josnes, continue l'Aumônier, le zouave retrouva
les débris de son généreux bataillon et nous nous serrâmes
la main (1).

Toutefois, si parmi les évadés de la bataille du 2 décembre
il y en eut, comme Le Dinaher, qui s'égarèrent dans les
ténèbres et errèrent à l'aventure, la plupart se dirigèrent
vers le point de ralliement et s'y rendirent en bande ou
isolés, dans le cours de la nuit.

La division du général Deflandre, du 17e corps, qui,
sourd aux appels de Sonis, était restée en bataille entre
Gommiers et Guillonville, avait, vers six heures, quitté
cette position et regagné Patay.

La petite ville regorgeait de soldats éperdus, qui, malgré
la consigne, pour ne pas rester sous la tente par une nuit
extrêmement rigoureuse, se disputaient la moindre place
dans les maisons et dans les granges.

Pourtant les meilleurs soldats, les zouaves pontificaux

(1) *Un Régiment de l'Armée de la Loire*, par l'abbé Charles
Moransé, p. 168 et 171. — *Voix de Notre-Dame de Chartres*, 1871,
p. 88.

notamment, sont au bivouac, couchés sous la tente et sans feu. Mais les Volontaires de l'Ouest ne pensent pas à ces petites misères ; ils songent à ceux des leurs qui sont restés près de Loigny. Le 1er bataillon n'a pas fait l'appel du soir ; il en manquerait trop, lui semble-t-il. Dans l'espérance qu'il arrivera encore quelques retardataires, il attend au lendemain pour établir (1) le nécrologe approximatif de cette héroïque journée. Ecoutons la plainte qui retentit sous leurs tentes lorsqu'ils surent que Charette et Sonis étaient blessés et prisonniers peut-être. On croirait entendre David pleurant sur Saül et Jonatham (2).

« On peut, se disaient-ils, remplacer les hommes tués ; mais où trouver un autre colonel de Charette ? En sa personne notre troupe est mortellement blessée. C'était l'âme du régiment, le souffle qui animait tous les cœurs. Ah ! comme cette voix vibrante, tantôt furibonde, tantôt rieuse, mais toujours respectée et obéie, nous manque à cette heure ! Son ascendant était irrésistible, nous l'aurions suivi dans les flammes.

» Pour comble de malheur, le général de Sonis est aussi blessé ! Lui, le chef sous lequel nous étions fiers de marcher ; lui, l'homme de foi et de devoir, aussi vaillant soldat que ferme chrétien !

» Humainement parlant, tout est perdu.

» Il nous reste la religion : jetons-nous dans les bras de la Providence. La foi console et fortifie ; elle fait de la douleur un sujet d'invincible espérance » (3).

C'est ainsi que les généreux Volontaires de l'Ouest, après avoir gémi, levaient les yeux vers le Ciel et reprenaient courage.

A ce moment, un des leurs, Henri de Grille, harassé de fatigue, l'épaule droite brisée par une balle, tombait

1 *Voir de Notre-Dame de Chartres*, 1871, p. 21 et 22.

2 Il *Livre des Rois*, ch. I, v. 18.

3 *Théodore Wibaux, zouave pontifical*, par le R. P. DE COËTLOS-QUET, S. J.

d'épuisement dans la neige non loin de là et n'avait plus la force de se relever.

Il s'était traîné péniblement depuis Loigny jusqu'à Patay, où il avait en vain cherché un abri contre la bise glaciale qui le tuait. Rejeté de tous, il avait, dans un suprême effort, essayé de gagner le campement des zouaves pontificaux en dehors du village ; mais la tête lourde, les membres transis de froid, incapable de se diriger plus longtemps sur un sol uniformément blanchi par la neige, il avait roulé dans un fossé, où, las de se débattre, il commençait à s'engourdir pour toujours.

Heureusement que le Père Doussot, infatigable, allait et venait en avant des tentes pour accueillir les attardés.

Au cours de sa promenade apostolique, le prêtre se rappelait les événements accomplis depuis vingt-quatre heures. Il revoyait le général de Sonis et le colonel de Charette s'entretenant avec lui des moyens d'assurer le salut de la France, ou communiant de sa main en tête des zouaves pontificaux ; à leur côté, il refaisait cette marche sur Loigny où tant de nobles existences, à peine épanouies, avaient été fauchées dans la fraîcheur de leurs vingt ans ; il songeait que le sacrifice de si saintes et si généreuses victimes apaiserait peut-être la colère de Dieu.

Le *Parce Domine* montait à ses lèvres pour implorer le Seigneur, s'unir aux repentirs des mourants, aux plaintes de toute une nation. Il le conjurait de mettre fin aux horreurs de la guerre, d'exaucer la prière que lui adressaient d'une voix suppliante et le sang répandu, et les humiliations subies et les larmes des mères.

Tout à coup la méditation de l'aumônier est interrompue. Un cri est venu jusqu'à lui, et son regard, qui sonde l'obscurité, croit entrevoir là-bas un corps agité de soubresauts douloureux. Il s'avance et demande; : « Qui est là ?
— C'est moi, de Grille. — C'est toi, mon pauvre Henri !
— Oui, je n'en puis plus; je suis blessé. — Allons, ne

reste pas là ! » Et le religieux l'aide à se relever, le soutient par le bras, le conduit à l'hospice déjà archicomble de Patay, lui trouve un peu de force, la petite place nécessaire pour s'étendre, dans une chambre, sur le pavé couvert de paille et ne le quitte qu'après l'avoir réchauffé par un cordial.

Grâce à cette intervention providentielle, Henri de Grille préservé de la mort put, le lendemain, être évacué sur Orléans. La marche triomphante des Prussiens le contraignit bientôt de fuir plus loin. Il arriva enfin à Poitiers où il fut soigné au Collège des Jésuites. C'est dans cette ville, lorsque les deux premiers bataillons de zouaves y vinrent le 7 décembre afin de s'y reformer, que le Père Doussot retrouva Henri et lui servit de secrétaire pour tranquilliser sa famille.

Mais, pour un combattant miraculeusement sauvé, que d'infortunés soldats trépassèrent en cette nuit du 2 décembre, non de leurs blessures, mais d'inanition et de froid, dans les plaines autour de Loigny !

Tandis que les troupes du 17e corps regagnaient Patay, où elles avaient bivouaqué le matin, la division de l'amiral Jauréguiberry, du 16e corps, quittait Villepion, dont la position était jugée désormais comme trop avancée, et se retirait à la nuit close sur Terminiers, pour camper, vers 7 heures 30, autour de ce village. Dans sa retraite précipitée, elle avait abandonné à l'ennemi de nombreux blessés sans soins et quantité de munitions,

Bien plus, quelques détachements de mobiles manceaux et des cavaliers du 1er hussards, oubliés dans le parc, ne furent avertis que très tard. Il pouvait être environ minuit quand un chasseur à cheval vint leur donner l'ordre de partir, s'ils ne voulaient pas être faits prisonniers.

« Il y avait là, écrit le sergent Erard (1), une centaine d'hommes, peut-être, et plusieurs officiers qui nous recom-

1 *Souvenirs d'un Mobile de la Sarthe*, par ERARD, 2e édition, p. 87.

mandèrent le plus grand silence. On flanqua notre petite colonne d'une rangée de tirailleurs, à gauche, du côté de l'ennemi ; j'en fis partie, et, plutôt que de nous éloigner, on nous fit marcher dans la direction de Loigny, en vue d'une reconnaissance avant de rejoindre le gros de l'armée.

» La nuit était empourprée sur notre gauche du flamboiement sinistre des habitations qui brûlaient encore. Plus près de nous, une ligne immense de petits feux : c'était le bivouac de l'armée allemande. Au milieu du silence de la nuit, nous percevions parfaitement les cris des soldats qui venaient jusqu'à nos oreilles.

» Il arrivait parfois que les hommes, en marchant, trébuchaient dans les trous d'obus dont le sol était creusé ; le pied heurtait, quelquefois aussi, des cadavres d'hommes et de chevaux. Dans les arrêts, nous entendions des appels de détresse : c'étaient les cris des blessés disséminés dans la plaine. Le froid était intense ; quel martyr ont dû souffrir ces malheureux ! C'est horrible !

» Nous rencontrâmes deux vedettes ennemies, mais elles ne cherchèrent pas à nous approcher. Après deux heures de marche et de contremarches, et un détour immense, nous arrivâmes enfin au petit hameau de Gommiers, écrasés de fatigue et de sommeil ; cependant, à vol d'oiseau, la distance est à peine de deux kilomètres de Villepion. »

Mais, avant de pénétrer dans le village, ils durent parlementer à une certaine distance des habitations. Dans la crainte d'une surprise, il en était de même pour tous les attardés à qui on faisait crier de loin leur nom et leur compagnie. Enfin ils purent entrer. Des soldats du génie, éclairés par des fallots, creusaient des tranchées, élevaient des barricades ou crénelaient les maisons pour être prêts à se défendre.

A l'enthousiasme du matin, provoqué par la victoire de la veille, l'annonce de la sortie de Ducrot et l'espérance d'un nouveau triomphe, avait succédé chez presque tous un profond découragement. C'était une foule démoralisée ; les corps sans énergie ne supportaient plus les fatigues, les privations, les intempéries du moment. Si, pour remonter les soldats, on essayait de leur faire croire que l'ennemi n'avait eu qu'un faible avantage, eux secouaient tristement la tête et se disaient vaincus (1).

Cependant Chanzy, rentré à son quartier général de Terminiers, à 7 heures du soir, avait rendu compte au général d'Aurelle des pénibles résultats de la journée, dit ses craintes de se voir attaqué durant la nuit ou le lendemain matin, et réclamé un secours efficace du 15e corps. Puis, en attendant de réunir son conseil de guerre, pour connaître l'état des troupes et prendre des résolutions pratiques, il ordonnait de placer des avant-postes. Les fantassins du général de Jancigny qui, tenus en réserve, loin de la lutte, avaient conservé leur calme et leur endurance, furent chargés de ce service.

Vers dix heures du soir, un bataillon du 48e, commandé de grand'garde, alla s'établir au bivouac, sans tentes et sans feu, sur la crête nord du plateau, au moulin de Terminiers. « Nous marchions, raconte un des sergents-fourriers, guidés par les flammes vacillantes, alternées de gerbes d'étincelles, qui s'élevaient encore des ruines de Loigny. Nuit terrible, sous un ciel de brume. Il gelait à pierre fendre. On se couche sur la terre, au pied de la haie de faisceaux aux baïonnettes flamboyantes, le sac pour oreiller, les toiles de tente simplement étendues sur nos têtes pour nous garantir au moins du serein ». (2).

Transportons-nous à l'extrémité opposée du champ de bataille, à Goury, et écoutons un officier allemand nous décrire les scènes dont il fut témoin pendant ces premières heures de la nuit.

1 BORCHER, p. 84 et 96.
(2) Amédée DELORME, p. 192.

Après avoir erré à la tombée du jour à travers les torches géantes de la guerre, les villages en flammes éclairant le chaos, il parvint au château et conduisit son cheval à l'écurie de la ferme, où il s'assit lui-même sur un sceau renversé.

« Là, dit-il, je trouvai l'ameublement nécessaire pour passer la nuit, un grabat et de la paille. Dans un coin, sur des lits de charretiers distribués comme des couchettes de navires, gisaient une demi-douzaine d'officiers français blessés ; les jambes et les bras broyés, ils n'avaient pu, sur place, être pansés qu'à la hâte.

» Au milieu de leurs gémissements, ils réclamaient de l'eau, du vin, un médecin ; je leur trouvai le tout.

» En ce moment, s'engouffraient par douzaines dans cette écurie chaude et spacieuse, des femmes se sauvant de Loigny en flammes, avec leurs enfants sur leurs bras. Elles pleurent et répriment cependant leurs sanglots de peur d'être injuriées ; elles se serrent en groupes compacts. De tous les coins, s'échappent des soupirs étouffés, tandis que les blessés gémissent, que les chevaux prussiens et français se mordent devant leur crèche, et qu'au dehors, les jurons des chefs cherchent en vain à remettre l'ordre dans les batteries et les compagnies.

» Lorsque la soirée fut plus avancée, je sortis de mon écurie, et, me dirigeant au clair de lune, sous la froide bise, au milieu de ce demi-cercle de villages incendiés, je retournai à Loigny pour revoir le champ de bataille. Du vaste foyer s'élançaient de hautes flammes et des langues de feu ; une épaisse fumée noire tournoyait dans le ciel.

» Silencieux, des hommes passaient sur la route auprès de moi, portant sur leurs épaules un homme qui souffre peut-être pour la dernière fois ici-bas. Çà et là, des ambulanciers infatigables, marqués d'une croix rouge, en ramassaient d'autres et les chargeaient sur leurs brancards. Jamais le cri du désespéré, en proie à la douleur : « Tuez-moi, achevez-moi, je ne puis plus vivre » n'avait plus profondément déchiré mon cœur que dans cette nuit » (1).

Non loin de Goury, la grande ferme de Morâle, construite en carré, flambe depuis le milieu du jour. Cependant les bâtiments d'habitation encore intacts se sont remplis de blessés apportés par les Bavarois.

» Dans une vaste chambre, sur un peu de paille jetée sur le sol carrelé, écrit le sous-officier Géraud, mobile de la Dordogne, des ambulanciers m'ont déposé. Ils sont partis pour aller relever d'autres blessés. Et c'est une nuit atroce, inoubliable, qui commence.

» Il y a déjà une cinquantaine de blessés dans cette chambre qu'éclairent, vaguement et par intermittence, les lueurs de l'incendie qui dévore la ferme, et leurs gémissements l'emplissent d'une sinistre clameur. Par une porte qui s'ouvre sur d'autres pièces, des cris, des plaintes incessantes nous parviennent encore...

» A mes pieds, on vient de déposer un mobile de notre régiment, les jambes broyées par un éclat d'obus, et toute la nuit j'entendrai sortir de sa bouche cette mélopée lugubre : « M'embaou per sang ! m'embaou per sang ! » (Je meurs par perte de sang)...

» L'un d'eux pousse des hurlements inhumains au moindre mouvement que lui impriment les brancardiers. Puis, quand il est déposé sur le sol depuis quelques instants, ses cris d'atroce douleur cessent un peu, mais alors on entend une voix entrecoupée et brisée par la souffrance, proférer cette plainte : « Dieu ! que j'ai froid, que j'ai froid ! » et ses dents claquent à tel point que j'en entends le bruit de l'extrémité opposée de la vaste pièce...

» De temps à autre, la porte donnant accès sur la cour de la ferme s'ouvre, et dans l'entrebaillement se montre un soldat bavarois avec armes et bagages cherchant un gîte pour la nuit, mais aucun n'ose affronter cet enfer

1. *Kœlnische Zeitung*, 9 décembre 1870.

qu'est la chambre, et la porte se referme précipitamment....

» C'est miracle que l'aile de la ferme dans laquelle on nous a transportés n'ait pas flambé comme les trois autres. Un moment au milieu de la nuit le danger a été tel que je me suis demandé si nous n'allions pas être brûlés comme l'ont été, hélas ! de nombreux blessés portés à la ferme au début de l'action ; mais non, l'incendie a été heureusement arrêté par la baie de la porte charretière et a respecté l'aile où l'on nous a transportés » (1).

Au hameau de Fougeu, voisin de Morâle, vient de se passer une scène d'une brutalité révoltante.

On se souvient que, pendant la bataille, un groupe nombreux d'habitants de Loigny, femmes, enfants, vieillards arrachés aux flammes et conduits hors du village par M. le Curé, avait reçu d'un officier supérieur allemand la permission de s'installer à Fougeu. Nos infortunés campagnards comptaient bien pouvoir s'y reposer jusqu'au moment de retourner chez eux.

Mais la lutte à peine terminée, des Bavarois, grisés de leur victoire, vinrent y prendre leur cantonnement. Furieux de trouver de nombreux blessés installés déjà presque partout, et de ne pas avoir d'abri, ils forcèrent du moins les paysans à céder leur place et à chercher un autre asile. Ces malheureux partirent donc, comme un troupeau qu'on chasse, par un vieux chemin, dans la direction de Nonneville.

La langue humaine ne saurait exprimer à quelles angoisses ils furent en proie pendant cette fuite. Les sinistres lueurs des incendies dans la plaine, les appels déchirants des blessés, les cris désespérés des mourants, les cadavres que leurs pieds heurtaient dans les ténèbres, des détonations entendues çà et là, la crainte de rencontrer quelques sentinelles qui feraient feu sur eux, tout augmen-

(1) *Les Mobiles de la Dordogne*, par Émile GÉRAUD, p. 215; 216 et 217.

tait l'horreur de leur situation et les faisait trembler. La bise du nord ajoutait sa morsure glaciale à toutes ces tortures. Aussi plusieurs de ces fugitifs, pris à l'improviste et peu chaudement vêtus, furent contraints d'emprunter une couverture aux morts pour ne pas tomber transis de froid.

Leur inquiétude fut extrême en approchant de Nonne-ville. Comment les ennemis logés dans ce hameau les recevraient-ils ? A leur grand étonnement les maisons étaient désertes ; les habitants eux-mêmes avaient fui. Brisés de fatigues et d'émotions, nos pauvres gens s'y arrêtèrent pour y passer la nuit ; mais ne s'y trouvant pas en sûreté, ils poussèrent le lendemain jusqu'à Gaubert où ils se rassasièrent des vivres que les paysans avaient abandonnés pour se retirer au loin.

Mais que se passait-il alors à Loigny ?

Lorsque le duc de Mecklembourg, qui suivait les dernières phases du combat d'une hauteur voisine, eut constaté que la journée lui était définitivement favorable, il s'empressa de donner ses ordres pour les cantonnements et les avant-postes. Aussi à peine les prisonniers français eurent-ils pris le chemin de Janville, que le gros de la division Tres-kow regagna Lumeau, son point stratégique, et que la 4e brigade bavaroise se prépara à passer la nuit dans Loigny et ses environs. Quelques fusées tracèrent alors dans l'air leurs sillons lumineux. C'étaient les signaux de position que les Prussiens avaient coutume d'employer à la suite de leurs affaires.

Les Français avaient pour consigne de coucher dehors, sous la tente et sans feu, même en plein hiver. C'était funeste à la santé et à l'énergie morale des hommes. Il en résultait nombre de maladies qui affaiblissaient nos armées. Des médecins n'hésitent pas à signaler dans cette mesure déplorable une des principales causes de

nos désastres (1). Les Allemands, au contraire, soucieux
de la santé de leurs soldats, avaient toujours soin de les
loger chez l'habitant, même après une bataille.

Mais à Loigny cela leur fut impossible. Les maisons
épargnées par les flammes étaient encombrées de blessés
à tel point qu'une famille du pays, ayant vu sa demeure
brûler et ne sachant où s'abriter au milieu de cette solda-
tesque, dut partir en ce moment chercher asile du côté
de Gaubert. Aussi les Bavarois, malgré leur désir, ne purent
tous trouver place dans le village. La plupart furent
contraints de bivouaquer sous la tente, autour de grands
feux, sur la ligne Fougeu-Loigny-Villours (2).

Pendant que ces dispositions sont prises, les soldats de
service se rendent à leurs différents postes. Les sentinelles
font une garde vigilante. Les ambulanciers relèvent les
blessés en commençant par leurs compatriotes. Enfin, les
fossoyeurs, pour ne pas décourager les soldats, se hâtent
de dissimuler les pertes. Ils ramassent la majeure partie
des cadavres allemands, enterrent les uns précipitamment,
jettent les autres dans les maisons en flammes (3) ou les
brûlent en les arrosant de pétrole.

Nos armes recueillies sur le sol et brisées aussitôt servent
à alimenter ces foyers multiples. Ainsi la plaine est parsemée
de petits incendies qui forment un cortège à celui de
Loigny. Quelques fusils encore chargés partent, et leurs
détonations glacent le cœur. On se demande si ce ne sont
point des exécutions que l'on fait dans les ténèbres.

Les Bavarois, libres de service, s'emparent de tout
ce qui est à leur convenance, chaussures, sacs, couvertures. D'autres viennent au puits du presbytère, le seul,
dans le village, qui, le matin, n'ait pas été mis hors d'usage,

---

(1) GORECKI, *La Bataille de Loigny.* Poupry au point de vue du
service de santé, p. 9.

(2) Commandant DE SONIS, p. 341, 342, 356.

(3) *Journal de Chartres,* 19 octobre 1871. — GRENEST, t. I, p. 447.
— *Mobiles de la Mayenne,* p. 141.

et on y tire de l'eau toute la nuit pour désaltérer les hommes et abreuver les chevaux. D'autres enfin, voulant éviter de coucher sous la tente, au bivouac, apportent de la paille et s'installent à l'abri, autant que l'encombrement des blessés le permet. Ils se glissent dans la cour du presbytère, dans l'église, dans la ferme voisine, dans les rares maisons que la destruction a épargnées. Ils mangent et boivent au milieu de cette désolation avec une indifférence qui fait mal (1).

A ce moment, tandis que M. le curé se dévoue aux nombreux blessés et aux malheureux habitants réfugiés au presbytère, l'abbé Bastard, aumônier des Mobiles de la Mayenne et l'aide-major Lamain obtiennent à grand'-peine la permission d'aller à travers les ruines du village chercher les blessés qui ne peuvent marcher. Arrêtés à chaque instant, ils finissent cependant par avancer, recueillent quelques victimes et en consolent un plus grand nombre. C'est pitié de les trouver les uns sur les autres, dans les coins des maisons demi-abattues et croulantes, dans les caves ou sous les hangars. Ils voudraient abriter un peu mieux ces malheureux, fatigués par l'exaltation du combat, affaiblis par le sang sorti de leurs blessures, glacés déjà par le froid de la nuit. Mais nul ne saurait, au nom de l'humanité, déloger les Allemands des bonnes places occupées par eux, pour y installer des infortunés que, la lutte terminée, ils devraient regarder comme des frères.

Un trait nous montrera combien certains ennemis avaient peu de compassion pour les blessés français.

Un jeune officier des mobiles de Loir-et-Cher, Raoul de Saint-Venant, grièvement blessé, avait été transporté dans une grange de Loigny, au cours de la bataille. Son voisin était mort au bout de quelques instants, et, incapable de remuer, il était resté cloué à ce pauvre cadavre. Le soir,

(1) Consulter *Mobiles de la Mayenne*, p. 140, 141. — *Souvenirs de M. le Curé de Loigny.*

le feu gagnait la grange et Raoul se voyait près de brûler vif, quand un officier allemand entra. « Nous brûlons, faites-nous enlever » lui cria le Français. « Ce serait par trop *criel !* » répondit tranquillement le Prussien en s'en allant. Plus clément que le barbare Teuton, le feu s'éteignit tout seul avant d'atteindre M. de Saint-Venant, qui ne fut secouru que le lendemain (1).

Pendant leur recherche des blessés, l'abbé Bastard et le médecin remarquèrent souvent de petites troupes de Prussiens, qui apportaient doucement, avec tous les égards d'un profond respect, un de leurs officiers qu'ils venaient de ramasser sur le terrain.

Nos deux Français rencontrèrent, enfin, un officier supérieur auquel ils osèrent demander un peu de pitié pour tant de misères. « Comment, fait-il, vous n'avez pas de quoi soigner vos compatriotes ? — Non, général, répond l'abbé, nous n'avons rien. Nous ne sommes pas une ambulance organisée. Le peu que nous avions a été dépensé pendant la bataille. — Voilà bien les Français ! Vous faites la guerre, une guerre cruelle, et vous n'avez rien ! Que voulez-vous ? C'est votre affaire. — Mais, général, ce n'est pas nous qui faisons la guerre ; nous en supportons les fatigues et en adoucissons les maux. En tout cas, si nous n'avons pas une organisation aussi parfaite que la vôtre, nous en sommes plus malheureux. Ces hommes qui se plaignent et implorent, parce que Coulmiers n'a pas eu de sœur aujourd'hui, ont-ils moins droit à la pitié ?... » Le gros général n'en voulant pas entendre davantage, tourna le dos. Il revint pourtant presque aussitôt pour dire : « Portez tous ces gens-là à Lumeau, notre ambulance s'y trouve, on aura soin d'eux ; mais les nôtres avant tout. »

Repoussés avec cette dureté et réduits à leurs seules ressources, le prêtre et l'aide-major n'en persistent pas moins

(1) De Maricourt, p. 168.

à essayer de mettre nombre de blessés à l'abri de cette nuit glaciale, embellie par la chute de la neige. Ils appellent à eux leurs fidèles ordonnances et emportent dans l'église et la ferme, moins pleines que le presbytère, ces pauvres malheureux entassés comme de véritables paquets de marchandises.

Pendant que M. Lamain et l'abbé Bastard se dépensent avec zèle à la recherche des blessés, un autre aide-major, M. Babaud, du 38e de marche, se consacre de son mieux au soulagement des malheureux soldats dans les locaux qui servent d'ambulance.

Enfin, vers neuf heures, arrive, à Loigny, un troisième médecin militaire, M. Challan de Belval, aide-major du 7e bataillon de chasseurs à pied. Pendant et après le combat, il a recueilli et soigné plusieurs centaines de blessés au hameau de Fougeu. Mais, voyant à cette heure de nuit, qu'un autre de ses collègues, M. Barraud, des Mobiles de la Dordogne, circule librement avec ses ambulanciers de Morâle à Fougeu et relève les blessés aux alentours, il se décide à venir lui-même au bourg de Loigny, théâtre principal de la lutte, où les blessés doivent être plus nombreux que partout ailleurs.

Chemin faisant, il perçoit tout à coup comme le bruit d'un râle apporté par le vent, et se dirige vers l'endroit d'où venait la plainte. C'était un blessé dont le sang répandu épuisait la vie, et qui, d'une voix éteinte, criait : « Un prêtre, un prêtre ! »

Le docteur était un croyant. Il comprit le désir du mourant et l'impossibilité de le satisfaire. — « Mon ami, dit-il, en se penchant sur lui, les aumôniers sont peu nombreux sur le champ de bataille ; il ne s'en trouve pas ici. Mais n'ayez nulle crainte, le bon Dieu agrée le repentir du soldat qui meurt pour sa patrie. »

Cette exhortation chrétienne et attendrie ne calmait

point le moribond qui répétait toujours : « Je veux me confesser, je veux me confesser. »

Touché de cette insistance poignante, M. Challan finit par dire « Je ne puis cependant vous confesser. »—« Si, écoutez-moi, répartit le mourant. Et, sans tarder, d'une voix de plus en plus faible, entrecoupée de sanglots, il raconte au major que tel homme est en prison dans telle ville pour un crime dont lui seul est coupable. Le médecin promit alors de faire le plus tôt possible les démarches nécessaires pour délivrer l'infortuné prisonnier.

L'agonisant n'attendait que cette parole pour quitter la terre. Heureux d'avoir avoué sa faute et préparé l'acquittement d'un innocent, il s'endormit doucement pour l'éternité avec l'assurance du pardon divin.

Un mois plus tard, un homme sortait de prison, où il était détenu par suite d'une erreur judiciaire. La confession d'un mourant l'avait sauvé.

Encore tout impressionné par cette scène, le docteur se hâte vers Loigny. Le spectacle de ce village dévoré par les flammes, encombré de cadavres et de ruines ne l'arrête pas un instant. Il ne songe qu'au sort des blessés. Bientôt il rencontre à l'église les deux majors présents à Loigny, MM. Babaud et Lamain, et l'abbé Bastard ; mais tous sont complètement dépourvus de ressources médicales et absolument impuissants à mettre au moins un peu d'ordre dans cet entassement d'horreurs.

Aussi, désireux de réserver l'église pour les seuls grands malades, M. Challan recourt à un stratagème.

« Je réussis, écrit-il, par une fenêtre latérale, à pénétrer jusque dans le chœur de l'église. Alors : « Sauve qui peut ! » m'écriai-je de toutes mes forces ; l'église est remplie d'obus, l'incendie la gagne, elle va sauter ! »

» Et, dans une horrible clameur de souffrances, les plus valides se traînent péniblement, s'en vont ailleurs chercher un introuvable abri. Seulement ainsi les plus gravement

atteints obtiennent, enfin, la misérable place indispensable
à l'allègement de leur torture. » (1).

Mais, dans cette église vaguement éclairée par la lampe
du sanctuaire, où gisent pêle-mêle les blessés, les mourants
et les morts, car, à chaque instant, il y en a qui expirent,
comment aller consoler celui-ci, panser celui-là, confesser
l'un, donner à boire à l'autre ? L'aumônier trouve aussitôt
le moyen. Apercevant deux bancelles, il en prend une sous
le bras et met l'autre sur le dossier des bancs ; puis, montant
dessus, il fait succéder l'une à l'autre, va de place en
place, et passe la meilleure partie de la nuit (2) tout occupé
de ces soins religieux et charitables.

Les médecins militaires voyant leur impuissance à obtenir
davantage de l'ennemi et se sentant d'ailleurs à bout de
forces, se concertent un instant sur ce qu'ils devront faire
le lendemain. Puis chacun d'eux cherche, à l'église ou au
presbytère, un endroit pour s'étendre quelques heures à
côté d'un blessé (3).

L'abbé Theuré les imite et se réfugie auprès de ses vieux
paroissiens, sur un peu de paille, dans la cave du presbytère.
C'est là que, pour abandonner sa chambre aux blessés,
principalement au général de Sonis, il se résigna à coucher deux grands mois et contracta le germe des rhumatismes qui devaient lui rendre si pénible la suite de son
ministère.

En cette nuit du 2 décembre, dans notre douloureux
pèlerinage à travers les plaines ensanglantées de la Beauce,
nous avons déjà fait de nombreuses et pénibles stations.
Nous avons vu Patay, Villepion, Gommiers et Terminiers,
du côté français, Goury, Morâle, Fougeu et Loigny, tombés
au pouvoir des Allemands. Il nous reste, pour achever

(1) CHALLAN DE BELVAL. *Carnet de Campagne d'un Aide-Major*,
1870-1871, p. 168 et 187.
(2) *Mobiles de la Mayenne*, p. 141 et suiv.
(3) CHALLAN DE BELVAL, p. 109. — Baron DE MARICOURT, p. 161.

notre chemin de croix, à visiter les blessés sur le champ de bataille.

C'est que là, en effet, sur cette terre gelée et balayée par la bise, le froid est horrible, la souffrance à son comble, le plainte incessante et désespérée.

Essayons d'en donner une idée en prenant pour guide le récit de M. de Sonis.

Au moment où le commandant du 17e corps, blessé à la cuisse gauche par un coup de feu, ne se sentit plus la force de tenir son cheval, il dit à son officier d'ordonnance, le capitaine Bruyère : « Mon ami, prenez-moi dans vos bras ; c'est fini pour aujourd'hui ». Le capitaine, aidé par M. de Harscouët, lieutenant aux zouaves pontificaux, s'empressa de descendre le général et le coucha à terre. Ayant ensuite dessellé le cheval qui était criblé de balles, ces deux officiers soutinrent leur chef, l'un à droite, l'autre à gauche, placèrent la selle sous sa tête, et une couverture sur son corps.

Témoin d'une situation aussi critique, le commandant Le Guern partait au grand galop chercher un médecin et l'amener à M. de Sonis.

Les officiers, restés près de lui, auraient désiré ne pas l'abandonner ; mais le généreux blessé préféra se priver de leur présence . Aussi, tandis que le lieutenant de Harscouët courait vers Loigny rejoindre les zouaves et prévenir le colonel de Charette, le capitaine Bruyère, sur l'ordre de Sonis, allait avertir le plus ancien officier général de prendre le commandement du 17e corps et de diriger la retraite.

Elle ne tardait pas, hélas ! à devenir nécessaire. Les intrépides Volontaires de l'Ouest n'étant pas soutenus, des masses de Prussiens décimèrent cette vaillante petite troupe et forcèrent les survivants à se retirer.

Le général la vit avec peine disparaître dans l'ombre. Il eut du moins alors la consolation d'entendre rouler derrière lui son artillerie, et de songer que sous son commandement, le 17e corps ne perdrait pas un seul canon.

Ecoutons-le maintenant nous raconter les tristesses, les incidents, les mystères de cette inoubliable nuit.

« J'étais là, seul, immobile, étendu sur la terre, écrit-il. Autour de moi gisaient de nobles victimes qui n'avaient point marchandé leur vie, mais qui l'avaient libéralement donnée pour la grande cause de la patrie et de l'honneur. A quatre ou cinq pas en avant, et un peu sur ma droite, je remarquai un de ces braves étendu sur la terre et appuyé sur le coude. Etait-ce un officier ou un simple zouave ? Je ne le savais pas » (1).

Les deux bataillons prussiens qui avaient forcé les débris de la petite troupe de Charette à battre en retraite, s'avancèrent bientôt en ordre parfait. « J'avoue, continue M. de Sonis, que je ne pus me défendre, même en ce moment, d'admirer la discipline et la tenue de ces troupes.

» En arrivant à la hauteur des morts et des blessés, les soldats allemands s'arrêtaient et enlevaient les armes qui pouvaient avoir quelque valeur. C'est ainsi qu'un soldat se précipita sur moi et, me tournant avec brutalité, déboucla mon ceinturon et enleva mon épée et mon pistolet ».

A une centaine de mètres de là, M. de Charette était l'objet des mêmes tentatives.

Le colonel, blessé à la cuisse pendant la retraite, s'était péniblement traîné un instant encore, mais avait enfin été obligé de s'asseoir sur le talus d'un fossé à l'ouest du petit bois. Près de lui se trouvaient le capitaine de Ferron, Cazenove de Pradines et plusieurs autres blessés.

En vain son officier d'ordonnance, M. de Harscouët, et le zouave de la Villarmois lui proposent de l'emporter. Il refuse en leur disant : « J'ai fait ce que j'ai pu, et ne puis aller plus loin. Quant à vous, allez servir la France ». (2)

(1) Mgr BAUNARD, p. 337.
(2) Commandant DE SONIS, p. 436.

Quelques minutes plus tard, les Prussiens s'avançaient
en poussant des hourra, et un de leurs officiers, s'approchant de Charette, lui demanda son épée. Notre héros,
qui l'avait perdue à l'endroit où son cheval, mortellement
atteint, était tombé en l'entraînant dans sa chute, répondit
qu'il n'en avait plus. Cette parole mécontenta un Allemand
qui mit en joue le colonel. L'arme fut aussitôt détournée
par le zouave de la Mallerie, et l'officier prussien s'éloigna
sans insister (1).

Mais tout près de là, un soldat ennemi menaçait 'de sa
baïonnette le zouave Rimbault grièvement blessé, et lui
enlevait son arme et deux fusils prussiens qu'il avait
conservés (2).

Plus loin, du Boischevallier voyait venir à lui les Prussiens poussant de formidables hourra. Les uns l'ajustent
pour éviter de sa part une lutte dernière et désespérée, les
autres écartent les armes qui jonchaient le sol autour de lui.

A ce moment une musique, accompagnée de fifres, de
tambours, jouait un air de triomphe, et la troupe prussienne continuait sa poursuite (3).

« D'autres compagnies, nous dit le général de Sonis,
passèrent successivement et m'infligèrent le spectacle de
l'enivrement de leur victoire (4).

» Enfin, je vis un de ces soldats que sa place dans le
rang avait conduit en face du zouave dont j'ai parlé et
qui était couché à quelques pas de moi, remuer du pied cet
infortuné et lui écraser la tête d'un coup de crosse ».

Sur les indications précises de M. de Sonis, on retrouva
plus tard le zouave qu'il avait vu assommer. C'était
le commandant de Troussures, celui qui, en partant pour
l'assaut de Loigny, avait remercié son commandant en
chef de le conduire à pareille fête.

(1) Commandant de Sonis, p. 311.
(2) *Idem*, p. 428.
(3) Commandant de Sonis, p. 428 et 432.
(4) Mgr Baunard, p. 338.

« Je crus, poursuit le général, que le même sort m'attendait, et je remis mon âme à Dieu. Je le crus surtout, lorsque, dans cette troupe marchant en ligne, je vis arriver
directement vers moi un autre soldat qui devait me passer
sur le corps. Mais celui-là, au contraire, était le bon Samaritain. Arrivé à moi cet homme s'arrêta, me prit la main,
et, la serrant avec une indéfinissable expression de bonté,
il me dit : « Camarade ! » C'était sans doute le seul mot
de français qu'il sût, mais il y mit tout son cœur. Se
penchant sur moi, ce généreux soldat inclina sa gourde et
versa dans ma bouche quelques gouttes d'eau-de-vie.
J'étais à jeun depuis vingt-quatre heures » (1).

« Le soldat, ajoute Mgr Baunard, prit ensuite la tête du
général avec précaution, la replaça soigneusement sur la
selle du cheval et recouvrit le blessé avec la couverture
qui se trouvait près de lui. M. de Sonis essaya de lui
exprimer sa reconnaissance ; mais s'apercevant que son
bienfaiteur ignorait absolument notre langue, il se contenta de lui montrer le ciel. Plus tard, il pria Dieu de payer
lui-même sa dette, et un de ses premiers soins, en arrivant
à l'ambulance, fut de demander à M. le Curé de Loigny
d'offrir, quand il le pourrait, le saint sacrifice à l'intention
de ce généreux ennemi.

« Après le passage des troupes prussiennes, continue
M. de Sonis, des médecins et des infirmiers allemands
vinrent visiter le champ de bataille (2). Je vis d'abord
briller dans le lointain d'énormes lanternes rouges sphéri-
ques qui leur servaient à rechercher les blessés. Ils relevèrent
plusieurs des leurs, mais aucune offre de secours ne me fut
faite, et moi je ne voulus rien demander à l'ennemi. J'ai
su plus tard que quelques-uns des nôtres avaient été
recueillis par les Prussiens et conduits dans une grange
du village de Loigny. »

(1) Mgr BAUNARD, p. 339.
(2) Mgr BAUNARD, p. 339.

A ce récit d'ensemble donné par le général, ajoutons quelques détails. Ils nous aideront à connaître la situation des victimes et nous montreront ce que les ambulanciers allemands ont fait ou n'ont pas fait pour nos blessés.

A peine les bataillons prussiens étaient-ils passés que le zouave Rimbault, tombé non loin de Charette, songe à se préserver du froid. Il rampe sur ses genoux, va retirer de plusieurs havre-sacs laissés sur le terrain, des couvertures et des toiles de tente, qui serviront à l'abriter ainsi que ses compagnons (1). Peu après, un officier allemand sortant du bois vint dire à haute voix en bon français, de manière à être entendu des blessés couchés aux environs : « Tous les blessés vont être relevés, mais il y en a un grand nombre ; il est naturel, et vous le comprendrez, que nous commencions par les nôtres. Ce sera long. En attendant et pour vous garantir du froid, vous allez être couverts de paille de seigle. » Ce qui fut fait quelque temps après, pour ceux du moins qui se trouvaient à l'angle ouest du petit bois (2).

Les Allemands, grâce à leur marche victorieuse, avaient eu soin d'enlever presque tous leurs blessés pendant la bataille. Il en restait peu sur le terrain lorsque vint la nuit. Cependant l'officier avait dit : « *Il est naturel, et vous le comprendrez que nous commencions par les nôtres.* »

Or, cette préférence constamment accordée par l'ennemi à ses blessés était contraire aux règlements internationaux. La Convention de Genève exigeait qu'après le combat, les blessés des deux partis fussent sur le pied d'égalité. Constatons combien facilement les Prussiens violaient cette parole jurée en ne s'occupant tout d'abord que des leurs, et en négligeant ensuite beaucoup des nôtres, comme nous l'avons vu et le verrons.

Remarquons de plus qu'un de nos majors français fut brutalement contraint par eux d'abandonner ses blessés,

(1) Commandant DE SONIS, p. 428.
(2) Commandant DE SONIS, p. 428.

pour aller soigner les leurs. Et cependant ils ne manquaient pas de médecins dans leur armée !

« Dans la soirée du 2 décembre, écrit le docteur Gorecki, un poste allemand vient prendre, à l'ambulance de Villerand, le docteur Dujardin-Beaumetz et le conduit à Villours. Là se trouvent un certain nombre de blessés allemands intransportables et absolument dépourvus de soins. Le médecin français opère, panse ces malheureux, tandis qu'un sous-officier allemand tient constamment braqué sur lui son revolver d'ordonnance. A quel sentiment obéissait cet homme ? Avait-il peur que le chirurgien n'abusât de sa situation d'opérateur, ou plus probablement était-il sous une influence alcoolique ? M. Beaumetz ne put le savoir. Sa besogne terminée, il fut reconduit à Villerand (1). »

Pendant ces premières heures où les Prussiens relèvent ainsi leurs blessés sans s'occuper des nôtres, un zouave alsacien, nommé Beaucamp, les appelle en allemand et réclame leur secours. Ils s'empressent d'accourir croyant trouver un camarade. Mais à la vue de cet uniforme tant redouté du zouave qui vient de parler leur langue, ils l'accusent d'être un faux frère qui combat contre sa patrie et se disposent à le fusiller. En vain le blessé s'indigne et proteste. Alors, voyant qu'il allait être tué par ces barbares, Beaucamp s'écrie : « Je ne suis pas un Allemand, mais si j'en étais un, je ne voudrais pas faire la guerre comme vous, en sauvages. » On le tire à bout portant, le sang jaillit et les Prussiens croyant bien n'avoir plus devant eux qu'un cadavre, car le zouave a eu l'heureuse idée de faire le mort, s'enfuient honteux de leur hideuse conduite (2).

Il est facile de s'imaginer quelle impression de terreur cette sanglante tragédie produisit sur les blessés qui en

(1) GORECKI. *La Bataille de Loigny-Poupry au point de vue du Service de Santé*, p. 32.

(2) *Mobiles de la Mayenne*, p. 146.

furent les témoins. Déjà le général de Sonis, en voyant le commandant de Troussures assommé d'un coup de crosse, avait cru que sa dernière heure était venue. L'assassinat du zouave Beaucamp suggéra la même crainte à ceux qui le remarquèrent. Les infortunés évitèrent, dès lors, d'attirer l'attention des ambulanciers. Lucien Saulnier nous raconte qu'il n'osait faire aucun mouvement, et invitait même un de ses amis, gisant et gémissant à côté de lui, à imiter son exemple (1).

Lorsque tous les blessés allemands furent enfin relevés et soignés, l'ennemi consentit à s'occuper un peu des nôtres. Il était à ce moment environ huit heures. L'horloge de l'église de Loigny, qui continua de sonner régulièrement, permit aux blessés, pendant la nuit, de fixer la série des événements.

Vers huit heures donc, des ambulanciers vinrent au groupe de blessés réunis près de M. de Charette. Les uns furent dirigés sur Loigny (2), les autres, et le colonel fut de ce nombre, furent emmenés à Villours. Le trajet fit sans doute beaucoup souffrir ces derniers, car ils le trouvèrent très long.

On les mit d'abord à l'abri contre le mur d'une ferme, mais le feu y ayant pris, on dut les conduire à l'autre ferme du même hameau. Là, ils furent entassés pêle-mêle avec les Prussiens, plus de trois cents dans trois petites chambres (3).

Malheureusement ces ambulanciers ne continuèrent pas longtemps de relever les blessés français. Prétextant la fatigue, ils abandonnèrent les infortunés à leur triste sort, et ne furent point remplacés immédiatement. On ne reprit le travail que le lendemain matin d'assez bonne heure.

Le général de Sonis l'indique dans le récit donné plus

(1) Lucien SAULNIER, brochure, p. 110.
(2) Commandant DE SONIS, p. 428.
(3) Général baron DE CHARETTE. *Souvenir du Régiment des Zouaves pontificaux*, p. 121.

haut. Le colonel de Charette le constate également quand
il dit que les zouaves blessés le 11 janvier 1871, au plateau
d'Auvours, furent plus heureux que ceux de Loigny, car
ils furent *tous* relevés et transportés au Mans pendant la
nuit (1). Mais nous avons un témoignage plus explicite
encore ; c'est celui d'un ennemi, du capitaine bavarois
Karl Tanera, qui a écrit les lignes suivantes :

« Le combat avait duré jusqu'à la nuit noire. Les médecins infatigables, les officiers et les hommes du service de
santé cherchèrent les blessés ; mais beaucoup ne furent
pas trouvés parce qu'ils avaient perdu toute force de se
faire remarquer, ou étaient tombés en syncope et passaient
pour morts. Mais celui qui, jusqu'au soir (dans la soirée),
n'avait pas été transporté à l'abri, succombait au froid
effrayant qui, le matin, à sept heures et demie, quand la
brigade, au rendez-vous, se mit en marche, comportait à
peu près 16 degrés Réaumur (20 degrés centigrades).

» Il est certainement pardonnable que nos gens, le soir
et dans la nuit, cherchassent avant tout nos blessés. Non
qu'ils auraient fermé l'œil sur les ennemis qui se trouvaient
sur le chemin et les auraient laissés sans protection dans
la neige et la glace. Ceux-ci furent emmenés aussi, comme
leurs camarades bavarois, mais on chercha avant tout les
endroits où les uniformes bleu-clair désignaient que là,
en première ligne, étaient tombés des Bavarois, tandis
que les Français qui gisaient serrés à d'autres places
devaient être emmenés plus tard.

» Enfin les infirmiers furent à bout de forces et ne
purent plus faire leur besogne ; on dut attendre le lendemain matin. Il vint ; *mais de blessés, il n'y en avait plus,
tous étaient gelés, morts* (2). »

Par quelles angoisses et quelles souffrances ont passé
ceux que les Bavarois abandonnaient ainsi à une mort

(1) Général baron DE CHARETTE, p. 162.
(2) GRENEST. *L'Armée de la Loire*, t. I, p. 525.

horrible ! Le général de Sonis nous en donne une idée dans
ces lignes :

« Bientôt le silence se fit autour de moi, silence troublé
par la voix des mourants appelant en vain au secours.
Jamais je n'oublierai ces cris déchirants : « Docteur !
docteur ! l'ambulance ! l'ambulance ! » Hélas ! il n'y avait
dans ce champ de carnage ni docteur, ni ambulance (1). »
: Ce délaissement de la part des hommes ne fit que raviver
la foi du général. Il se tourna vers le Ciel et promit au
Sacré-Cœur de Jésus, s'il échappait à la mort, de passer
chaque année la nuit du 2 décembre au pied du tabernacle.
Nous verrons avec quelle générosité il savait accomplir
son vœu (2).

Sur ces entrefaites, la nuit devenue plus noire augmenta
encore les douleurs des agonies, rendit plus troublant le
spectacle qui s'offrait aux yeux près de se fermer pour
toujours.

En effet, la lune qui, vers sept heures, brillait dans le
ciel étoilé, avait fini pas se voiler de brume ; d'épais nuages,
gonflés de neige, répandaient une obscurité profonde ; les
incendies multipliés par les Prussiens jetaient un éclat
plus sinistre ; Morâle, Ecuillon, Villours à demi consumés
se joignaient aux feux des bivouacs, aux foyers où brûlaient
les cadavres allemands, pour former autour de Loigny
embrasé un grand cercle de flammes.

. M. de Sonis pouvait distinguer les silhouettes des
Bavarois se chauffant à ces brasiers ; le bruit de leurs
conversations et de leurs rires arrivait jusqu'à lui.

Il était environ neuf heures quand le 1er régiment hanséatique quitta le champ de bataille. Après avoir poursuivi les zouaves dans les directions de Villepion et de
Faverolles, ces soldats étaient restés en observation près
de Villours, dans la crainte d'une nouvelle tentative de la

---

(1) Mgr BAUNARD, p. 339.
(2) JOSÉFA, *Le Général de Sonis*, p. 278.

part des Français. Enfin ne voyant rien venir, ils avaient placé des avant-postes en face de Villepion, et s'étaient retirés sur Lumeau où se trouvait leur résidence pour la nuit (1).

C'est vers cette même heure que le général de Sonis entendit sur sa droite, en avant de Terminiers, un cri prolongé semblable à celui que l'on entend sur la mer, lorsqu'on veut hêler un bâtiment. « J'eus tout de suite, écrit-il, la pensée que quelqu'un de charitable venait à notre secours. Je ne m'étais pas trompé ; je rassemblai toutes mes forces et je criai : « Au secours ! », mais la voix s'éloignait. J'essayai alors de me traîner sur la terre dans la direction de la voix que j'avais entendue. Ce fut en vain, j'étais incapable de tout mouvement ».

Le sang coulait toujours de la blessure du général. Sa jambe gauche brisée, l'autre prise par le froid le faisaient horriblement souffrir. Au souvenir de cette angoisse suprême, il continue ainsi :

« J'abandonnai tout espoir de salut et je me résignai à mon sort. Lorsque MM. Bruyère et de Harscouët m'avaient quitté, ils avaient emporté les derniers adieux que j'adressais à ma famille. La pensée des douleurs que ma mort allait leur causer, vint navrer mon âme de tristesse ».

Si le Ciel attend parfois l'heure où tout semble désespéré pour intervenir, c'est qu'il veut rendre plus visible la protection dont il entoure ses privilégiés.

Or, tandis que Sonis, en proie à toutes les angoisses, gisait sur la plaine glacée, sa sœur, au Carmel de Coutances, était réveillée en sursaut par une main qui paraissait vouloir la faire lever (2). S'étant assise et croyant que c'était une novice qui avait besoin de quelque chose, elle demanda : « Qui est là ? » Aucune voix ne répondit. Alors

(1) Commandant DE SONIS, p. 343 et 368.
(2) Mgr BAUNARD. *Le Général de Sonis*, p. 345.

la religieuse eut l'impression qu'un des siens, frères ou neveux portant les armes, était en danger, et elle se mit à prier pour l'être cher qui implorait son assistance.

Henri de Grille, dont nous avons parlé plus haut dans ce chapitre, fut l'objet d'une même faveur.

Au moment où le froid mortel allait l'endòrmir pour l'éternité, sa mère était mystérieusement avertie de l'état de son fils et pressée d'intercéder à son intention auprès de Dieu. Le lendemain matin, elle dit à son époux : « Henri a couru un grand danger hier, il est blessé ; prions beaucoup pour lui. — Vous vous effrayez en vain, repartit le comte. Rien n'indique qu'il s'est battu. C'est un mauvais rêve que vous avez fait ».

Deux jours plus tard cependant les journaux annonçaient que les zouaves pontificaux avaient été engagés le 2 décembre et que le 1er bataillon, celui d'Henri, avait été massacré. Cette coïncidence frappa vivement l'esprit de M. de Grille. Puis, comme les jours passaient sans apporter de nouvelles de son fils, il le crut mort. « Non, lui répétait la comtesse ; il a été en grand danger, mais il vit ; prions pour lui ». Enfin, le 15 décembre, la lettre du Père Doussot, venue de Poitiers, leur raconta les événements et dissipa les inquiétudes.

Qui n'admirerait ces influences extraordinaires, ces communications à distance entre les âmes, dont la télégraphie sans fil ne donne qu'une idée imparfaite ? Dieu, qui les permet pour des raisons multiples, accueille avec joie la prière des parents ou des amis en faveur de ceux qui sont en péril, et, souvent, suscite un moyen de les sauver.

Mais, pour M. de Sonis, le Ciel voulut faire davantage. Car, après nous avoir dit l'extrême détresse qui l'accablait, le général écrit : « Je fus tiré de mon abattement par la contemplation de Notre-Dame de Lourdes ; elle ne me quitta plus ».

Ces lignes, qui nous dévoilent un nouveau prodige, nous

invitent à tourner nos regards vers le côté surnaturel de cette nuit sainte.

Parmi les combattants, beaucoup étaient des héros soutenus, inspirés par la foi. Bon nombre d'entre eux, la veille ou le matin, s'étaient nourris du pain des forts. D'autres avaient demandé et reçu l'absolution sur le champ de bataille. En défendant la patrie française ils songeaient à la patrie religieuse ; et, par delà l'une et l'autre, ils envisageaient la patrie éternelle, terme de tous leurs vœux, récompense de tous leurs efforts. Le courage de ces jeunes hommes, agrandi par l'espérance et par la grâce, avait, sans hésiter, fait à une cause sacrée : la défense du sol national, le sacrifice de leur vie.

Il y eut des victimes dont l'immolation fut accomplie instantanément par une balle en plein cœur ; il y en eut d'autres qui sentirent leur sang s'écouler goutte à goutte et endurèrent sans murmure les affres de la dernière heure. Le sacrifice des premiers est précieux, mais celui des seconds l'est bien davantage, car de longues souffrances patiemment supportées en augmentent singulièrement la valeur.

Considérez, en effet, ces blessés abandonnés sur la plaine durcie au souffle glacial de la bise. Pour eux la mort vient à pas lents, mais sûrs, parce que leurs veines se vident, que le froid les raidit déjà et qu'ils ne peuvent espérer de secours.

Mais la croix du clocher de Loigny se dresse bien haut à travers l'incendie et montre le ciel empourpré par les flammes. De tous les points de l'horizon, elle attire les yeux qui peuvent encore voir.

Elle rappelle au soldat expirant le divin sacrifice dont elle est le symbole, lui redit la religion de son village et la foi de sa mère, lui inspire le repentir qui absout et la charité qui sauve.

Elle donne aux gémissements, aux cris confus, aux

râles mêmes leur expression véritable, en fait une prière chrétienne et française dont on retrouve l'écho dans cette parole du général de Sonis, quand on le releva après dix-huit heures de cette lente immolation : « J'ai bien offert mes souffrances pour le salut de mon pauvre pays ».

Voilà pourquoi Mgr Pie affirme que, durant le cours de cette effroyable nuit, il y eut dans le cœur de plus d'un héros chrétien « tel mouvement, telle acceptation capable de sauver la France ».

Voilà pourquoi, en contemplant le champ de bataille de Loigny, où sont épars tant de blessés et tant de tués, on peut redire ces paroles de l'Apocalypse : « Bienheureux ceux qui meurent ou sont morts dans le Seigneur ! Ils se reposent de leurs fatigues, ils jouissent de leurs œuvres qui les accompagnent dans le sein de la béatitude et de la gloire » (1).

Voilà pourquoi enfin de pieuses légendes nous montrent les anges du ciel descendant auprès des héros expirants pour recueillir leurs âmes et les emporter au paradis. (2).

A Loigny, la réalité surpassa la légende. La Reine des anges vint elle-même visiter le champ de bataille ; mais ce fut pour préserver de la mort et pour consoler. Le général de Sonis nous l'a dit : au moment où son âme était navrée de tristesse, il fut tiré de son abattement par la contemplation de l'image de Notre-Dame de Lourdes qui ne le quitta plus.

« Avant la guerre, écrit-il, j'avais fait un pèlerinage à la grotte miraculeuse, et j'en avais rapporté les plus vives et les plus salutaires impressions. Depuis ce moment, je ne voyais la Sainte Vierge que sous l'aspect de la statue de Lourdes. Je puis dire que cette douce image me fut constamment présente pendant toute la nuit que j'ai passée

(1) *Apocalypse*, XIV, 13.
(2) Consulter Mgr Pie. *Voix de N.-D. de Chartres*, 1872, p. 11. — Mgr Baunard. *Voix de N.-D.*, 1891, p. 456. — Abbé Verret. *Sensations d'Alsace*, p. 86.

LE COMTE HENRI DE VERTHAMON
PORTANT LA BANNIÈRE DU SACRÉ - CŒUR
DÉPLOYÉE A LOIGNY

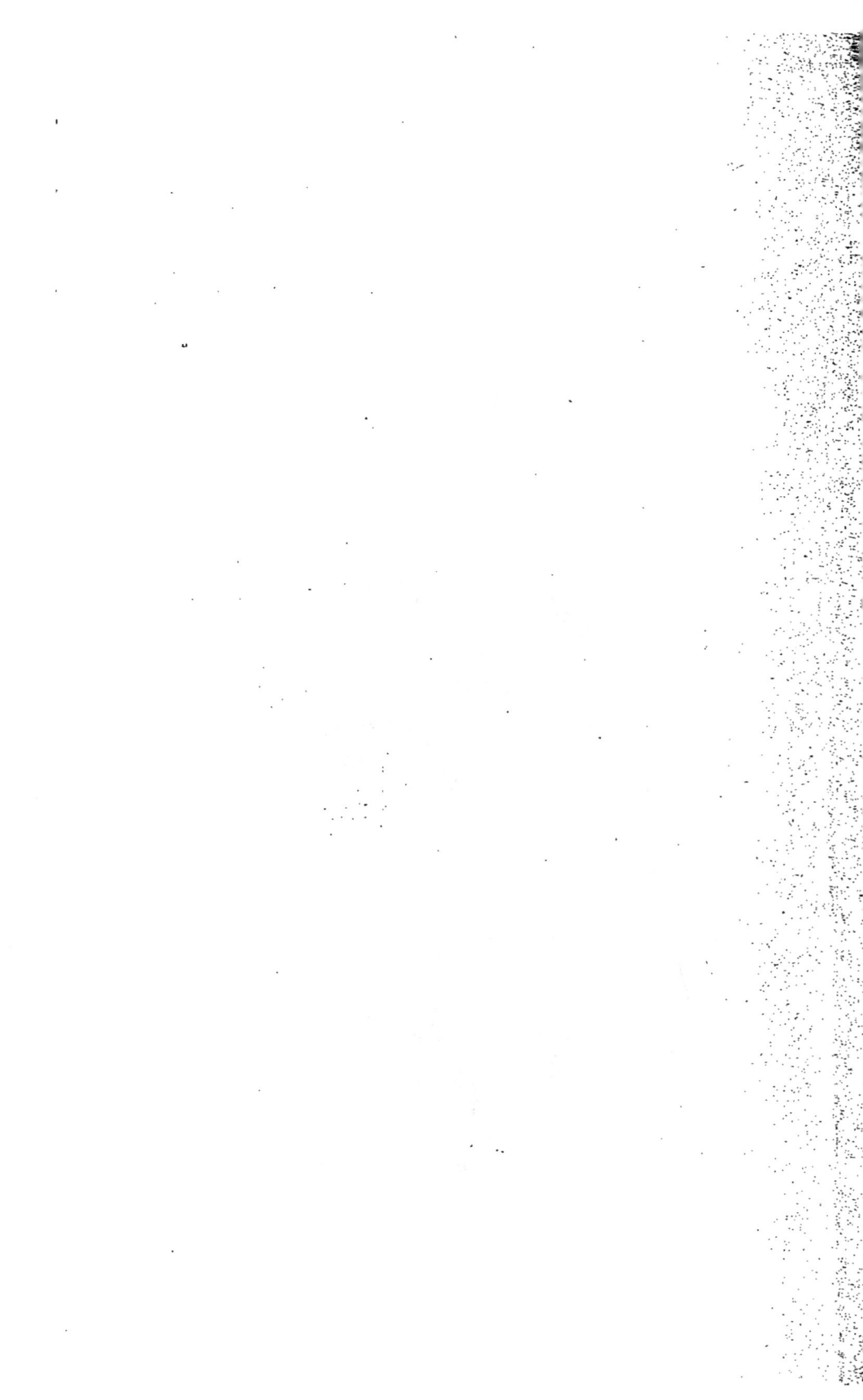

sur ce sol sanglant où j'ai attendu la mort durant de longues heures. Grâce à Notre-Dame, ces heures, pour être longues, n'ont pas été sans consolations : mes souffrances alors ont été si peu senties que je n'en ai point conservé le souvenir ».

Cette assistance merveilleuse, M. de Sonis tient à la préciser davantage dans une lettre du 24 mars 1885 à M. le docteur Dujardin-Beaumetz : « J'ai conservé toute la nuit un calme parfait, dit-il, et je n'ai pas souffert, ce que j'attribue, non à moi, mais à un secours particulier de la Sainte Vierge... L'absence de toute souffrance ayant été pour moi le fait d'un secours surnaturel dont j'ai été gratifié jusqu'au moment où les hommes sont venus à mon secours, et qui m'a alors abandonné pour me laisser sous l'empire de la loi commune » (1).

Le général jouissait de cette protection céleste quand, vers onze heures du soir, la neige commença à tomber à gros flocons pour ne finir que sur les quatre heures du matin. « Peu à peu, raconte-t-il, les cris cessèrent ; les moribonds rendaient l'âme, le froid engourdissait tout ; il se fit un silence de mort. La neige couvrait tout de son immense linceul.

» Au sein de ce calme profond, je vis deux formes humaines se traîner vers moi. C'étaient deux jeunes zouaves pontificaux, Léger et Delaporte, l'un domestique, l'autre ouvrier, qu'une foi commune avait placés au milieu de la meilleure noblesse de France. Ils venaient me demander de leur parler de Dieu. Nous étions sur le seuil de ces espérances éternelles qui forment comme le prix de ce grand combat qu'on appelle la vie ; et sur ce seuil l'Eglise a placé Marie, afin d'inspirer confiance à ceux qui doivent le franchir. La Vierge immaculée fut donc l'objet de mon entretien avec ces deux jeunes gens.

1. DUJARDIN-BEAUMETZ. *Relation historique et chirurgicale de la blessure de M. le Général de Sonis*, p. 5.

» Au bout d'un certain temps ils s'aperçurent que leurs blessures leur permettaient de marcher. Faisant effort et s'aidant l'un l'autre, ils me firent leurs adieux et tentèrent de se rendre au village voisin ; mais, avant d'y arriver, ils furent faits prisonniers ! »

Un autre jeune zouave, Fernand de Ferron, se traînant sur la neige, vint, avant minuit, poser sa tête sur l'épaule gauche du général et rendre le dernier soupir. M. de Sonis ne le remarqua pas d'abord, car il pria longtemps les yeux fermés. Son âme ravie contemplait Notre-Dame de Lourdes, et goûtait une paix intérieure, une consolation ineffable. Bien que son sang coulât toujours, il n'éprouvait aucune douleur. Mais enfin il ouvrit les yeux. La neige continuait de tomber ; près de lui était un jeune homme qu'il n'y avait pas vu la veille. Il acquit bientôt la certitude qu'il était mort.

« Vers cinq heures du matin, continue le récit, deux Prussiens, deux officiers, portant de grands manteaux, s'approchèrent et me regardèrent. Me voyant les yeux ouverts, ils ne me touchèrent pas ; mais ils dépouillèrent le zouave qui était venu mourir à mes côtés, lui enlevant non seulement ses armes, son caban et sa ceinture, mais tout l'argent qu'il avait dans ses poches » (1).

Ainsi ces vols déshonorants n'étaient pas seulement, comme on a voulu le faire croire, le fait de quelques Allemands dégénérés. Il suffit de parcourir les récits de l'époque pour se convaincre qu'officiers et soldats se livraient avec impudence à ces rapines honteuses. Loigny nous en fournit de tristes exemples.

« Pendant toute la nuit, écrit le zouave de Vilmarest, des soldats prussiens avec armes et bagages parcoururent le champ de bataille et se livrèrent à la maraude. Trois fois, j'eus leur visite ; les uns me demandèrent si j'avais du cognac, d'autres si j'avais un revolver ; l'un d'eux

(1) Mgr Baunard, p. 342, 343.

m'arracha mon fusil sur lequel j'étais tombé, me mit
en joue et me menaça de la baïonnette ; puis, prenant
l'arme, il la lança à quelques pas et la planta dans le sol » (1).

Henri de Verthamon vit également venir à lui ces
détrousseurs sans vergogne. Incapable de se défendre,
il dut se laisser enlever par eux l'argent qui lui restait.

Cependant les ambulanciers étaient revenus d'assez
bon matin continuer leur travail interrompu la veille.
Plusieurs zouaves pontificaux, de Pontourny, Saulnier,
de Vilmarest, le lieutenant de Boischevallier et d'autres
furent alors transportés à Loigny, puis dans une bergerie
de Goury. Mais soit que l'équipe de brancardiers fût insuffisante, soit que les recherches se fissent sans méthode,
beaucoup de blessés restèrent sous la neige et ne furent
relevés que bien plus tard.

M. de Sonis fut de ce nombre. A l'aube, il entendit des
voix qui lui parurent des voix françaises — sans doute des
Allemands qui parlaient notre langue. — Il appela au
secours ; mais les voix s'éloignèrent, et le général s'abandonna à la volonté de Dieu.

Le matin, en effet, nos prêtres et nos médecins militaires enfermés dans Loigny, étaient encore empêchés de
porter secours aux blessés trop rapprochés des lignes
françaises. L'Aumônier des mobiles de la Mayenne, l'abbé
Bastard, guidé par les plaintes qui parvenaient jusqu'à
lui, avait essayé de faire quelques pas en dehors du village.
Or, avant d'arriver à ceux qui se lamentaient, il avait été
durement ramené au presbytère, sans pouvoir faire comprendre qu'il ne cherchait pas à fuir, mais à soulager
des malheureux (2).

Dans Loigny, cependant, l'incendie, privé d'aliments
nouveaux, avait beaucoup diminué d'intensité. Ici des
brasiers achevaient de se consumer ; là le feu couvait

1 Commandant DE SONIS, p. 433.
2 Mobiles de la Mayenne. p. 143.

sous les cendres et jaillissait parfois en bruyantes étincelles. Des nuages de fumée noire montaient des décombres ; une âcre odeur de brûlé s'exhalait du village entier, des plaintes et des râles s'échappaient des masures. Le jour, en grandissant, montrait partout des ruines, du sang, des cadavres, des blessés ; c'était la désolation dans toute son horreur.

A ce moment l'ennemi, certain que Chanzy ne songe pas à reprendre l'offensive, se contente de laisser quelques troupes d'observation dans la contrée et se prépare à quitter Loigny. Ses bataillons vont se diriger sur Poupry, pour appuyer le centre de l'armée allemande. Le prince Frédéric-Charles veut marcher sur Orléans.

Au témoignage du capitaine bavarois, Karl Tanera déjà cité, le départ commença à sept heures et demie et fut assez triste. La traversée du champ de bataille, parsemé de cadavres, donnait le frisson.

Non loin de Loigny, raconte-t-il, gisait un jeune officier français. Sa main raidie tenait une photographie, qu'il avait voulu voir une fois encore à la lueur des maisons incendiées du village. Le froid lui avait fermé les yeux ; il s'était endormi, mais pour ne plus s'éveiller. Un autre, avec les pieds fracassés, était étendu sur le dos et avait les mains sur la poitrine pour prier. Lui aussi s'était endormi pour toujours (1).

Ils furent nombreux ceux que la négligence des ambulanciers ennemis condamna ainsi à une mort cruelle. Citons-en une nouvelle preuve avant de terminer.

Quelques jours après la bataille, lorsque les habitants de Loigny purent s'occuper des inhumations, ils trouvèrent dans la plaine un soldat à genoux, appuyé sur une pierre, paraissant observer l'horizon. Le croyant vivant, ils lui adressèrent la parole. Son silence seul les avertit qu'il était mort. Le froid l'avait tué et immobilisé dans cette position.

(1) GRENEST, p. 526.

Or, rappelons-nous ce que le capitaine Tancra avait dit
à propos de nos blessés abandonnés en plein air pendant
la nuit. Au matin, le thermomètre marquait le froid
effrayant d'environ seize degrés Réaumur (vingt degrés
centigrades). Aussi « des blessés, il n'y en avait plus ;
tous étaient gelés, morts ».

CHAPITRE VI

L'AMBULANCE

Comment nourrir les blessés ? — M. le Curé visite Loigny
et Ecuillon. — L'abbé Bastard, revenant de Villours,
rencontre le général de Sonis sur la neige. — Recherche
d'un moyen de transport. — Le général de Sonis au presbytère. — Le colonel de Charette l'y rejoint. — L'existence
des blessés au presbytère. — Commencement d'organisation. — Un personnage énigmatique. — On relève les
blessés. — M. Challan et M. le Curé partent en réquisition.
— Le major délivre des prisonniers. — Les premiers
visiteurs de Janville. — Le major Dujardin-Beaumetz ;
ses ressources exceptionnelles en chirurgie et en pharmacie ; son séjour à Villerand et à Morâle. — « Il me faut
les cierges de l'autel pour opérer mes blessés ». —
M. de Sonis a confiance en sa parole. — Le canon du côté
de Patay. — M. le Curé part pour Nonneville ; il ramène
des paroissiens. — Les Bavarois brûlent leurs morts. —
Tragiques histoires de blessés. — Une distribution de
tabac. — « Vous, pas de pain ! » — Un aumônier d'Outre-
Rhin. — Comment les blessés passent leur temps au presbytère. — Le major Dujardin-Beaumetz organise définitivement l'ambulance. — Il commence ses opérations au
presbytère. — Cazenove de Pradines. — Amputation de
la jambe gauche du général de Sonis. — « Que la volonté
de Dieu soit faite ! » — Thebault et Castex. Quels hommes !
— Distribution d'aliments. — Encore les détrousseurs de
cadavres. — L'ennemi ramasse les armes et les brise. —
Le lieutenant saxon Oldershaûser.

Le samedi 3 décembre, quand le jour fut levé, les
Prussiens, ne redoutant plus les surprises comme en pleine

nuit, se montrèrent moins défiants à l'égard des médecins français et des deux prêtres qui étaient à Loigny. Ils les laissèrent circuler et s'occuper des blessés.

D'ailleurs nos majors, à qui incombait ce devoir, réclamaient aux vainqueurs des aliments pour tant de bouches affamées ou la liberté d'aller chercher dans les villages environnants des vivres qu'on ne pouvait se procurer sur place.

Loigny, rançonné précédemment à plusieurs reprises, et occupé depuis quatre jours par de nombreuses troupes, était complètement épuisé.

Quelques morceaux de pain ou de biscuit ramassés dans les sacs des soldats morts des suites de leurs blessures, la chair des chevaux tués sur le champ de bataille, quelques mesures de farine ou de pommes de terre trouvées dans les cachettes des habitants ne suffisaient pas à procurer longtemps la nourriture de plus de deux mille blessés.

Tandis que le docteur Challan, d'un côté, le docteur Babaud et l'abbé Bastard, de l'autre, se mettaient à la recherche d'un officier supérieur qui pût et voulût les autoriser à traverser les lignes allemandes, pour aller implorer des secours dans quelque ville encore française, M. le Curé de Loigny parcourait anxieusement le village. Son cœur le poussait à mesurer l'étendue du désastre, à essayer de retrouver quelques-uns de ses paroissiens, à visiter les blessés.

Tous les habitants, à part de très rares exceptions, avaient fui ; les maisons échappées à l'incendie, étaient trouées par les obus, et, malgré cela, pleines d'Allemands et de blessés ; des fumées nauséabondes, mêlées d'étincelles, s'échappaient de toutes les ruines ; des flammes se montraient encore çà et là et poursuivaient leur œuvre de destruction sans que personne n'y mît obstacle. Dans les dernières maisons du bourg, vers Lumeau, les Prussiens avaient établi une ambulance provisoire.

C'est là que la veille la brillante charge des zouaves pontificaux était venue se briser. Aussi tout rappelait le souvenir d'une lutte acharnée ; de nombreux cadavres et des débris de toutes sortes jonchaient le terrain.

A quelques pas était le hameau d'Ecuillon à demi consumé par le feu. L'abbé Theuré veut y poursuivre sa douloureuse enquête, se rendre compte des ravages accomplis dans ces paisibles demeures.

A son approche, un officier prussien vient l'inviter à constater par lui-même que les blessés français recueillis avec les blessés allemands sont parfaitement traités. M. le Curé interroge en effet nos soldats, et tous de répondre qu'ils ne manquent de rien.

« Il n'en est malheureusement pas de même pour tous nos blessés qui sont dans le village, dit le prêtre. Ils n'ont ni nourriture, ni soins. Puisque nous sommes impuissants, vous devriez, Monsieur l'Officier, leur fournir ce qui leur est indispensable. — Non, répondit le Prussien, nous ne pouvons suffire à tout ; nous devons d'abord nous occuper de transporter nos blessés ailleurs, afin de leur procurer plus de bien-être. C'est à vous, Français, de soigner vos compatriotes. Si vous n'avez pas de vivres et de médicaments, allez-en chercher ; on vous laissera circuler librement en arrière de nos lignes ; pour les blessés, vous aurez toute permission. — S'il en est ainsi, repartit l'abbé Theuré, nous allons aviser promptement à nous tirer d'affaire. — Alors, ajouta le Prussien, je vous laisserai les blessés français qui sont ici ; ils aimeront mieux être soignés par vous ».

Muni de ces renseignements, M. le Curé se hâte de regagner son presbytère. Le docteur Challan et l'abbé Bastard y arrivaient également, ayant, chacun, recueilli des indications et des promesses.

L'aumônier, en compagnie de M. Babaud, avait vu von der Thann au hameau de Villours. Le général bavarois les avait reçus très froidement et leur avait refusé d'aller dans une ville encore française exciter la pitié pour tant de souffrances. Malgré la Convention de Genève, il leur avait déclaré qu'ils étaient prisonniers. Toutefois, sans adoucir en rien la rudesse de sa parole, il avait dit à son adjudant-major de faire porter au presbytère un sauf-conduit qui leur permettrait d'aller chercher du secours en pays occupé par les Allemands, non pas loin, mais seulement jusqu'à Bazoches-les-Hautes, à six ou sept kilomètres en arrière.

Mais une nouvelle importante attire en ce moment toute leur attention.

En revenant de Villours, vers dix heures, M. l'abbé Bastard avait laissé M. Babaud suivre le chemin et s'était avancé à travers champs dans la direction du clocher de Loigny. Le bruit de ses pas sur la neige gelée éveilla bientôt des blessés engourdis par le froid. Presque tous étaient des zouaves pontificaux. C'est par là que la veille ils avaient chargé, par là qu'ils avaient opéré leur retraite. La nuit venue, les brancardiers bavarois s'étaient vite fatigués de rechercher ceux qui survivaient à l'affreux carnage.

A son approche, des bras s'agitent, des voix appellent. « Monsieur l'Aumônier, vous ne voulez donc pas venir », murmure et répète l'une d'elles. L'Abbé accourt et trouve le général de Sonis, le compagnon de gloire et de douleurs des zouaves, qui, la tête appuyée sur la selle de son cheval, les jambes recouvertes d'une peau de tigre, grelottait sous la neige.

« Vous arrivez à temps, Monsieur l'Abbé, car je vais mourir ! — Oh ! non, mon général, espérons que votre blessure n'est pas mortelle.— J'ai la jambe brisée ; j'ai tant souffert depuis hier soir sans pouvoir faire un mouvement ; et la nuit a été si froide ! Du moins, toutes mes souffrances, je les ai offertes au bon Dieu pour notre pauvre patrie ».

Sans tarder, l'Aumônier appelle le major Babaud, resté sur la route, et tous deux cherchent le moyen d'emporter le commandant du 17e corps. Un cheval erre sur le champ de bataille ; l'Abbé parvient à l'arrêter. Il servira, avec une voiture qu'on demande à la ferme de Villours, à relever tous ces infortunés. Malheureusement, les Prussiens refusent de laisser prendre le harnais.

M. de Sonis, fort altéré par la perte de son sang, demande à boire. Le major et l'aumônier n'ont plus rien dans leur gourde. Mais deux Bavarois qui passent ont une marmite de campement contenant on ne sait quel liquide. Le général y trempe ses lèvres desséchées et s'en montre soulagé (1).

Le médecin et le prêtre s'empressent d'aller au village chercher, à défaut de voiture, une paillasse, n'importe quoi, pour transporter le général. Ils y rencontrent, avec M. Challan, M. le Curé de Loigny, et tous ensemble se concertent pour secourir M. de Sonis.

« Mais, rapporte M. l'abbé Theuré, nos ambulances civiles ayant disparu avec tout leur matériel dès le premier coup de canon, il n'y avait parmi nous aucun brancard, et je me souviens que l'on se disposait à prendre une échelle pour en tenir lieu, lorsque la pensée me vint de recourir à l'ambulance prussienne, établie à l'autre extrémité du bourg. Le chef de l'ambulance, m'ayant entendu prononcer le mot de général, se montra soudain très prévenant : « Puisqu'il s'agit d'un général, dit-il, mon devoir est de le traiter comme tel ». Il me fit donner un brancard digne d'un officier de ce grade, avec un de ses hommes pour le rapporter ensuite, car ils allaient quitter Loigny pour rejoindre leur corps » (2).

Toutes ces démarches avaient pris environ deux heures ; midi approchait. « On me mit sur ce lit de douleurs, dit le général. Ce que j'éprouvai de souffrances lorsqu'on me remua pour m'emporter, ne peut s'exprimer ! »

(1) Abbé BASTARD, p. 146 et suiv.
(2) Mgr BAUNARD, p. 344.

Pendant le trajet, à chaque secousse qui occasionne un surcroît de douleur, on l'entend s'écrier en vrai chrétien : « O mon Maître ! mon bon Maître ! vous avez souffert plus que moi » (1).

« Il me semble encore voir ce bon général à son arrivée chez moi, écrit M. le Curé de Loigny. Il était pâle comme un mort ; sa tête et ses habits étaient couverts de neige et de givre. On le déposa d'abord sur la paille qu'on avait étendue par terre. On s'empressa de lui arracher ses habits comme on put : la chose n'était pas facile tant il avait les membres raides et engourdis. Il fallut couper dans toute sa longueur la botte de la jambe blessée ; puis on le déposa dans le lit de ma chambre, où l'on avait fait un bon feu » (2).

Le général de Sonis était à peine installé au presbytère que le colonel de Charette y arrivait à son tour.

Nous avons dit que ce dernier avait été conduit, le soir du 2 décembre, dans une ferme de Villours. Or, le lendemain matin, le blessé ne recevant aucun secours et mourant de soif, se traîna devant la porte où était un groupe d'officiers prussiens.

L'un d'eux se détacha et lui fit quelques questions sur son uniforme, où se trouvait une cornette de postillon, signe distinctif des chasseurs.

Un colonel vint alors, lui demanda son âge, son grade, et s'étonna fort qu'étant si jeune, il eut le même grade que lui. « Mais, répondit le baron de Charette, si j'échappais à cette campagne, cela me ferait vingt-cinq années de service. » Le Prussien voulut ensuite savoir si par hasard il ne faisait pas partie de la troupe qui s'était emparé du petit bois, et notre héros répondit avec une fierté bien naturelle qu'il en était le chef.

Le vieux colonel, qui avait assisté à bien des combats, s'empressa de rendre hommage à la valeur et à l'héroïsme

1 Mgr BAUNARD, p. 311. — Abbé BASTARD, p. 149.
2 Mgr BAUNARD, p. 347.

d'un ennemi ; il sollicita de son prisonnier la permission de lui tendre la main et ajouta : « Après Gravelotte, Fœschwiller et Sedan, Loigny est la plus grande bataille que j'ai vue. »

M. de Charette profita des bonnes dispositions de son interlocuteur et lui demanda des secours pour tous les blessés qui se trouvaient là. L'Allemand promit et tint parole ; une voiture d'ambulance vint les prendre et les transporta à Loigny.

Pendant le trajet, le colonel des zouaves put contempler le champ de bataille ; il était encombré de nos morts ; au cours de la nuit, les cadavres prussiens avaient été relevés.

La maison du village où les blessés avaient été déposés ne tarda pas à prendre feu. Une seconde fois, le baron de Charette se traîna sur le seuil pour appeler du secours. Il y rencontra un de nos soldats, un infirmier, qui lui fit connaître l'ambulance française établie au presbytère. C'est là qu'il fut définitivement transporté, avec les siens, dans la chambre de M. le Curé, auprès de M. de Sonis (1).

Le général put redire alors ce qu'il écrivait quelques jours auparavant à Charette et à ses zouaves : « C'est une consolation de mourir au milieu de braves gens comme vous... Je vous prie de partager ensemble prières et sacrifices ».

En traversant le village pour venir au presbytère avec son colonel, le caporal Cazenove de Pradines avait remarqué, rangés près du cimetière, tous ces vaillants du 37e qui avaient succombé après une si belle défense. Quelques-uns, raidis par la mort, étaient restés debout, appuyés au mur, comme s'ils voulaient résister encore (2).

Mais quelle était à ce moment l'existence des blessés les plus favorisés, ceux qui se trouvaient au presbytère ?

(1) Baron DE CHARETTE, p. 121 et 122.
(2) *Documents sur la Campagne des Zouaves pontificaux en France*, p. 10.

Le récit du capitaine de Maricourt nous donne quelques détails à ce sujet.

Au soir du 2 décembre, il était couché sur le lit d'une petite chambre, à côté du colonel de Montlaur. Brisé de fatigues et d'émotions, il tomba dans un lourd sommeil et n'entendit pas le râle d'un mourant que vint absoudre M. le Curé.

Deux ou trois fois pourtant il fut réveillé par des crampes ou par un cri du pauvre colonel dont il heurtait, en dormant, le pied fracassé. Englués tous deux dans le sang caillé et visqueux, ils avaient imbibé le matelas à tel point que le sang dégouttait sous le lit.

Leur première souffrance du lendemain fut cette soif ardente, inextinguible, que seuls connaissent les blessés, et que notre Sauveur endurait sur la croix quand il poussa cette plainte : *Sitio.* Les hommes qui n'étaient atteints qu'à un bras, allaient leur chercher des pleins bidons d'eau.

Ils étaient douze dans leur chambrette. Sur le lit, le colonel et lui ; le long du lit, sur de la paille apportée le matin, Gaston de Brisoult ; puis, en long, en large, en travers sur la paille, un sergent-major, mobile de Maine-et-Loire, nommé Charnod ; un vieux capitaine d'infanterie, blessé à l'épaule et passant tout son temps à se promener en enjambant les malades ; un caporal d'infanterie, Marseillais et ancien cuisinier à bord d'un paquebot des Messageries impériales, blessé au bras gauche; un vieux chasseur à pied qui racontait ses glorieuses campagnes de Crimée, d'Italie, du Mexique, traversées sans une égratignure ; enfin cinq autres blessés.

Huit ou neuf mètres carrés contenaient tout cela.

Pour se faire de la place, les plus valides essayèrent de jeter par la fenêtre un petit meuble intime. Etonnés de son poids, ils l'ouvrirent : bonheur inespéré ! Il était plein de pommes de terre !

Le Marseillais caporal cuisinier saisit cette aubaine de son bras valide et alluma un petit fourneau. Puis il alla glaner dans les sacs des morts qui peuplaient le village et la plaine, du riz et du biscuit, et, avec tout cela, il fit à manger pour ceux d'entre eux que la fièvre ne suffisait pas à nourrir.

M. le Curé vint prendre les noms et l'adresse de tous les blessés pour essayer d'envoyer à leurs familles des nouvelles telles qu'ils les désiraient. Le colonel profita de l'occasion pour prier le prêtre de faire rechercher parmi les morts, un de ses officiers, Geoffroy de Beaucorps, qui heureusement n'était que prisonnier.

M. de Montlaur, ayant appris que le général de Sonis était dans une chambre voisine, s'y fit transporter par des infirmiers pour serrer la main de son ancien camarade de Saumur.

Enfin, la visite d'un de ses mobiles et la lecture de quelques livres trouvés sur une petite bibliothèque près du lit, achevèrent de remplir la journée du capitaine de Maricourt. Les histoires fantastiques de M. de Mirville sur les Esprits, comparées à l'horrible réel qui l'entourait, lui semblèrent singulièrement fades. En revanche, il dévora avec un vrai bonheur les quelques pages d'un tout petit livre de légendes de saints. Après tant de mois de campagne, de souffrances, de bataille, cette pure et douce poésie, toute imprégnée de senteurs célestes, lui parut un rayon du Paradis brillant dans leur fétide ambulance.

Cependant, l'aide-major Challan, à qui incombait, comme seul médecin du cadre régulier, la direction de l'ambulance, s'empressait de tenter un commencement d'organisation et de ravitaillement.

MM. Babaud, Lamain et le docteur Lescarbaud, d'Orgères, venu se mettre à sa disposition, sont chargés des blessés de Loigny ; M. Barraud retourne à Fougeu et à Morâle ; M. Challan et M. le Curé de Loigny iront réquisitionner des vivres ; enfin l'abbé Bastard reçoit mission de fouiller le champ de bataille, pour savoir s'il y a encore quelques vivants parmi tant de morts.

Aussitôt l'Aumônier des mobiles de la Mayenne, accompagné de quelques infirmiers, part à la recherche des blessés. Il se procure des brancards en coupant une échelle en deux avec la scie de son couteau.

Pendant cette occupation, un personnage, — que nous n'avons pu identifier, mais qui n'était pas, probablement, malgré le dire d'une sentinelle prussienne, le prince Frédéric-Charles — vint à passer, et il fallut déranger l'échelle pour lui laisser le terrain libre. Le grand seigneur était dans une calèche découverte, attelée de deux chevaux vigoureux, conduits par un cocher vêtu en civil et assis à son côté. Un ample manteau laissait à peine voir son visage. Derrière lui se tenaient un officier supérieur et un nègre. Tous les quatre fumaient. L'équipage traversa le champ de bataille entre le petit bois et le bourg, dans l'espace que couvraient les zouaves pontificaux.

L'abbé Bastard se hâte d'achever son travail. Puis, avec ses deux moitiés d'échelle qui servent de brancards, il fait emporter les zouaves et autres blessés qui gisent encore sur le terrain. On en trouve dans toutes les directions de ces malheureux abandonnés par la négligence ou la mauvaise volonté des ennemis. On les entasse dans quelques maisons de Loigny restées debout ; mais parfois il faut les en déloger pour les arracher au feu qui se réveille çà et là et continue ses ravages, sans que personne ne s'y oppose.

Cette recherche des blessés n'était pas sans danger. Plusieurs fois, en effet, le prêtre et l'aide-major Babaud, qui était venu le rejoindre, entendent des balles siffler à leurs oreilles.

Est-ce à dessein ou par méprise ? Heureusement ils ne sont pas atteints, et, après avoir recueilli bien des infor-

tunés, ils peuvent rentrer, chargés d'une foule d'objets
destinés aux familles et échappés à la rapacité prussienne.
Le 3 décembre, au point du jour, les cadavres des malheureuses victimes étaient déjà presque tous dépouillés en
partie. C'est horrible, mais c'est vrai (1).

Tandis que des médecins pansaient les plaies dans les
ambulances, que des ambulanciers improvisés étanchaient
la soif des plus infirmes, que l'abbé Bastard relevait les
blessés de la plaine, M. Challan songeait au moyen de
nourrir cette multitude affamée.

« Je pars moi-même, écrit le major (2), accompagné du
curé de Loigny, monté comme moi sur un cheval abandonné, afin de réaliser, dans les villages environnants,
les ressources immédiates dont nous avons un absolu
besoin. L'excellent abbé connaît bien le pays, mais il
ignore le cheval et m'oblige à modérer mon allure ».

Munis d'un sauf-conduit accordé par von der Thann,
ils sont escortés par deux ou trois brancardiers militaires,
dont un alsacien qui pouvait au besoin servir d'interprète
auprès des Prussiens. Ces hommes sont également montés
sur des chevaux trouvés errants. La voiture de l'ambulance les suit.

La plaine est semée de cadavres qui attendent la sépulture. Çà et là des entassements révèlent l'acharnement de
la lutte. Des chevaux traînent d'horribles blessures. Le
sol est couvert d'armes, de sacs, de fourgons renversés.
Et parfois, de ce champ de carnage, s'enfuit quelque
rôdeur surpris fouillant les sacs ou retournant les poches.
Les oiseaux de proie sont assurément moins dégoûtants.

A Goury, tandis que le médecin et le prêtre visitent
quelques blessés, les brancardiers français enlèvent adroitement aux convoyeurs allemands une quarantaine de

(1) Abbé BASTARD, p. 155 et suiv.
(2) CHALLAN DE BELVAL, p. 172.

bouteilles de très bon vin, qu'ils viennent certainement de voler eux-mêmes.

Arrivée au hameau de Champdoux, la petite troupe rencontre des Prussiens qui exerçaient impérieusement des réquisitions. Les vainqueurs refusent de partager avec les nouveaux venus et les envoient à un autre hameau, le Bois-Tillay, qu'ils consentent à leur abandonner. Nos Français ne pouvaient malheureusement que s'incliner.

Ils se transportent donc rapidement dans cette localité où ils reçoivent le meilleur accueil. M. Challan déclare le but de sa visite, promet des reçus de ce qu'on veut bien lui livrer, et affirme que tout sera payé après la guerre. Les habitants, tranquillisés par la parole de M. le Curé de Loigny qui fut, on le verra, leur seule sauvegarde, s'empressent d'amener une quinzaine de vaches ou génisses, d'apporter des volailles, des pommes de terre et du linge pour les pansements. Ils aimaient mille fois mieux les donner pour nos soldats que de les voir enlever par les Prussiens.

« D'ailleurs, disaient-ils à l'abbé Theuré, nos bêtes sont plus en sûreté chez vous que chez nous. Tâchez seulement de nous en conserver quelques-unes, afin de nous permettre de repeupler nos étables ».

Dans toutes les maisons où ils passent, les blessés sont en grand nombre, mourant de froid, de soif et de faim. Le médecin et le prêtre supplient les gens de les soigner de leur mieux et les exhortent eux-mêmes à la patience.

Heureux à la pensée qu'ils allaient enfin pouvoir distribuer un peu de bouillon à leurs blessés et bander quelques plaies, le major et l'abbé se hâtaient de regagner Loigny, quand une occasion inespérée s'offrit à M. Challan de faire un riche butin. Il voit, en effet, sur le chemin où il se trouve, venir en sens inverse et se dirigeant sur Janville, une quinzaine de prisonniers français conduits par cinq Prussiens, un caporal et quatre soldats.

Le docteur saute aussitôt de cheval et, apostrophant
le caporal prussien, lui reproche de violer la Convention
de Genève et de torturer des malheureux. « Ces hommes
sont à moi, dit-il, ce sont des malades et des blessés. Voyez,
celui-ci a une fluxion de poitrine, cet autre a une large
entaille au front, ce troisième est estropié pour le reste de
ses jours ; c'est de la barbarie de le forcer à marcher ».
Le bon major, parlant sur le même ton, arriva ainsi au
dixième et il allait trouver un mal imaginaire à attribuer
aux cinq derniers, quand le caporal effrayé s'écria : « Mais,
Mossié, j'ai ordre de conduire ces hommes à Janville ;
je serai fusillé si vous les retenez tous ». Le docteur comprit
qu'il ne devait pas abuser de la situation et se résigna, en
maugréant pour la forme, à le laisser partir avec le reste.

A peine le Prussien s'était-il éloigné, que se tournant
vers les soldats délivrés par son adresse, le major leur dit :
« Tas de lâches ! vous vous laissez emmener par cinq
hommes ! Allons ! bandez-vous vite avec vos mouchoirs,
les uns la tête, les autres le bras ou la jambe ; prenez aussi
des bâtons dans les bourrées que vous voyez là-bas, et,
surtout quand nous approcherons du village, ayez soin de
marcher clopin-clopant ».

La ruse réussit à merveille et l'on passa sans difficulté
devant les postes ennemis. Quant aux prisonniers ainsi
libérés, l'un, étudiant en médecine, Léo Testu, rendit de
grands services à l'ambulance, les autres échangèrent leur
uniforme contre des vêtements civils et échappèrent aux
Allemands pour regagner les lignes françaises à la faveur
de la nuit.

Cependant les brancardiers, qui sont revenus à Loigny
longtemps avant le major, ont enfermé les vaches réquisitionnées dans le jardin du presbytère et tué l'une
d'entre elles. Déjà ils sont occupés à préparer le bouillon
et à surveiller la distribution des portions de viande par
quelques soldats légèrement blessés.

M. Challan encourage d'un coup d'œil, en passant, l'activité de ses hommes et se rend auprès de M. de Sonis. Le repos dont il vient de jouir pendant quelques heures va permettre de l'examiner et de savoir peut-être ce qu'on doit espérer ou craindre.

Dans une inspection rapide, le médecin constate au tiers moyen de la cuisse gauche une fracture esquileuse des plus graves. Mais l'état du blessé est tel qu'il croit devoir s'abstenir de toute intervention pour le moment, se contentant de maintenir le membre à l'aide de coussins improvisés. Il remarque de plus que le pied droit est gelé.

Pendant que notre major retourne à Fougeu voir les blessés auxquels il s'est particulièrement consacré, voici qu'arrivent de Janville, vers les trois heures de l'après-midi, M. Clichy, maire, l'abbé Gaussin, curé de Juvisy, Sœur Saint-Henri, supérieure de l'hospice de Janville, et deux médecins, MM. Dargent et Lebel (1). Ils apportaient quelques provisions réunies à la hâte.

Désireux de procurer au général les soins qu'il n'a pas encore été possible de lui donner à Loigny, ils proposent à M. de Sonis de l'emmener immédiatement. Dans ce but les deux docteurs confectionnent, avec quelques planchettes et de la paille, un très rudimentaire appareil de soutien.

Mais l'aide-major Babaud fait remarquer que la prostration nerveuse, l'abondance de l'hémorragie, la nature même de la blessure imposent un repos absolu. Et, malgré l'avis du colonel de Charette, il déclare que, sauf l'ordre de M. Challan, son chef, il croit devoir s'opposer à tout déplacement immédiat.

Les visiteurs de Janville, décidés à revenir bientôt apporter plus de secours, étaient à peine éloignés, qu'un nouveau médecin militaire, M. Dujardin-Beaumetz, entrait

___

(1) Dr CHALLAN DE BELVAL, p. 173 et suiv. — M. COLLIER-BORDIER, p. 76.

au presbytère de Loigny. Comme nous le verrons bientôt à la tête de l'ambulance, il convient de donner quelques détails sur sa personne et sur sa conduite depuis le matin du 2 décembre.

Le docteur Beaumetz, après s'être évadé de Sedan, avait été attaché au 31e de marche. C'était un homme droit, dévoué, habile dans son art, de grande initiative et qui, parvenu plus tard au premier rang de sa hiérarchie comme inspecteur général, devait, par son esprit d'organisation, rendre de grands services à notre armée.

Dès le commencement de la bataille du 2 décembre, notre médecin-major s'était établi à Villerand entre Orgères et Loigny, tout près du terrain où devait s'engager le combat. Il avertit les hommes de sa présence en plantant sur une meule de grain, voisine de la ferme, le drapeau de la Convention de Genève, et les blessés ne tardèrent pas à venir réclamer ses soins. Trois aides-majors, MM. Boucher et Labrousse, également du 31e de marche, et M. Potel, des mobiles de la Dordogne, le secondaient courageusement dans sa pénible mission, lorsque les Allemands envahirent le hameau et les firent prisonniers.

Mais pendant toute la journée et toute la nuit qui suivit, nos médecins ne cessèrent de panser et d'opérer des blessés français et allemands.

Le chef de cette ambulance eut soin de profiter des visites des Allemands pour faire avertir le commandant prussien d'Orgères de l'impossibilité où il était de nourrir ses blessés. Il en obtint du pain et du tabac : ce qui joint à la chair des nombreux chevaux tués sur le champ de bataille, permit à nos pauvres soldats d'attendre d'autres secours et de tromper leur ennui.

Pour le reste, soit comme chirurgie, soit comme pharmacie, le major Beaumetz était abondamment pourvu de tout ce qui est nécessaire à une ambulance. C'était une exception peut-être unique à l'armée de la Loire, dont les régiments étaient peu favorisés au point de vue de l'assistance médicale. Ainsi nos quatre bataillons de mobiles d'Eure-et-Loir, malgré de pressantes réclamations, n'avaient pas avec eux un seul médecin.

En 1870, le gouvernement de Tours, vu la pénurie et le désarroi qui régnaient alors, ne pouvait procurer aux médecins militaires que des fournitures très insuffisantes: Aussi le docteur Beaumetz, qui voulait être vraiment utile à nos soldats, avait cherché à accroître ses moyens d'action. Il s'était adressé à divers bienfaiteurs, surtout aux sociétés de secours aux blessés de Tours et de Blois. C'est ainsi qu'il avait, outre le mince bagage donné par l'administration, des cantines supplémentaires, des instruments achetés à part, huit caisses remplies de linge, trois brancards, une grande quantité d'objets de pansement et beaucoup de médicaments de première nécessité. Le tout était porté par trois mulets et une voiture de réquisition.

De plus, le lieutenant-colonel Couderc de Foulongue, cédant aux instances de notre major, avait mis à sa disposition constante douze brancardiers commandés par un caporal nommé Lacomme, qui s'acquittait de ses nouvelles fonctions avec beaucoup de cœur et d'intelligence.

Enfin, pour compléter son œuvre, M. Dujardin-Beaumetz était allé voir le chef du Bureau des hôpitaux à la Délégation de Tours, M. Louis Le Grand, et en avait obtenu deux médecins aides-majors pour les deux derniers bataillons de son régiment.

Grâce à cette large organisation du service de santé au 31e de marche, M. Beaumetz était le seul, parmi les médecins prisonniers qui put, avec ses ressources et son personnel, procurer de sérieux secours à nos malheureux blessés après la bataille de Loigny.

Il se hâta donc d'achever les opérations urgentes à Villerand et à Villevé ; puis, le samedi 3 décembre, accom-

pagné de ses aides et de son matériel, il alla trouver le
docteur Barraud qui faisait des pansements dans la ferme
de Morâle à moitié détruite par l'incendie.

Nos chirurgiens travaillèrent avec zèle tant que dura
le jour ; mais force leur fut de s'arrêter à la tombée du
crépuscule, car leur provision de bougies était épuisée.
Alors la nécessité de pratiquer pendant la nuit des opérations qui ne pouvaient souffrir aucun retard, les obligea
à chercher au village de Loigny les moyens d'éclairage
dont ils avaient besoin.

Le docteur Beaumetz sut par M. Barraud que Loigny
était encombré de blessés, que des chirurgiens français
y restaient prisonniers comme lui, qu'une ambulance
prussienne y avait séjourné ; aussi espérait-il y trouver
quelque secours. D'ailleurs il s'agissait de s'entendre pour
nourrir d'abord et transporter ensuite au loin les blessés
des fermes, hameaux et villages environnants.

M. Beaumetz partit donc pour Loigny à travers champs,
avec l'aide-major Potel. Un infirmier les accompagnait et
portait une lanterne.

Ils rencontrèrent bientôt un groupe d'Allemands de la
landwher, gens pillards et détrousseurs de cadavres, qui
prenaient leur repas autour d'un immense bûcher. Une
voiture, les brancards en l'air, brûlait au milieu du foyer
et les flammes produisaient de sinistres reflets sur ces
visages de bandits.

Les médecins passèrent sans être inquiétés et arrivèrent
enfin au presbytère de Loigny. La première personne
qu'ils rencontrèrent fut M. le Curé. Le docteur Beaumetz
le pria de vouloir bien lui procurer des bougies, des chan-
delles ou de l'huile pour s'éclairer. — « Nous n'avons rien
de tout cela, répondit l'abbé Theuré ; les Prussiens ont
tout dépensé ou tout emporté ». — « Mais vous avez au
moins des cierges sur l'autel, et il me les faut pour opérer
mes blessés ».

A ces mots, le bon curé comprit quel était son interlocuteur. Sachant par les aides-majors présents à Loigny qu'un M. Beaumetz, leur chef, devait se trouver dans les environs, il lui demanda si c'était lui. Sur sa réponse affirmative, l'abbé Theuré reprit : « Dans ce cas, Monsieur, vous arrivez fort à propos. Nous avons ici un général, le commandant du 17e corps, qui est gravement atteint. On désire avoir votre avis sur sa blessure. M. de Sonis lui-même, décidé à ne se confier qu'à des chirurgiens français, attend votre venue.

Aussitôt le docteur Beaumetz envoya prévenir l'aide-major Challan et, sans tarder, car le temps pressait, se fit conduire auprès du général.

M. de Sonis lui demanda avant tout des nouvelles de l'armée, lui raconta ensuite comment il était tombé, le pria de voir sa blessure et de lui dire son avis en toute franchise, sans rien lui cacher.

Le médecin regarde alors en silence et attentivement son sujet. La position de la jambe indiquait que la fracture de la cuisse était complète ; l'examen du pantalon montrait que la balle était sortie. Du sang, traversant matelas et paillasse, s'était coagulé sur le parquet ; le blessé toussait et expectorait avec peine ; il n'avait pas de fièvre et était réduit à cet état de maigreur cutanée qui met tous les muscles en relief et survient si vite lorsque, à une activité corporelle incessante, s'ajoutent l'inquiétude de préoccupations graves et l'absence de sommeil. Or, telle avait été la vie du général depuis son entrée en campagne et sa nomination au commandement du 17e corps en voie de formation.

M. Beaumetz se contenta de ces remarques et, malgré les instances de M. de Sonis, refusa d'explorer la blessure parce que, n'ayant pas avec lui les moyens matériels pour arrêter l'hémorragie, ni pratiquer le traitement qui serait jugé nécessaire, il ne voulait pas risquer de faire à nouveau couler le sang, ni occasionner des souffrances inutiles.

L'aide-major Challan, qui rejoignit alors M. Beaumetz, le mit au courant de ce qui s'était passé dans la journée du samedi ; lui raconta la visite de M. Lebel, médecin de Janville qui, dans l'espoir d'emmener le général pour le soigner, avait cru bon d'emmailloter sa jambe avec quelques planchettes et des liens de paille ; puis, laissant entrevoir son opinion personnelle, exprima l'avis que l'amputation n'était pas indispensable.

En homme prudent, alors surtout qu'il parlait en présence du blessé, le major Beaumetz refusa de se prononcer avant d'avoir sondé la plaie. Mais comme la fièvre traumatique n'était pas encore à craindre, il fit observer que rien ne pressait. Le général eut confiance en sa parole et se résigna à attendre le lendemain (1).

Alors le docteur se hâta de retourner à Morâle, où, grâce aux cierges de l'église de Loigny, il poursuivit ses opérations chirurgicales une partie de la nuit.

Le lendemain dimanche 4 décembre, un des vieillards qui, pendant la bataille, avait trouvé asile dans la cave du presbytère, manifesta le désir de quitter son refuge. L'encombrement des blessés dans Loigny le poussait à s'éloigner. Il voulait se retirer chez ses enfants au hameau de Nonneville. C'était quatre kilomètres à franchir dans une campagne sans cesse sillonnée par des pelotons ennemis.

M. le Curé, craignant pour ce vieillard quelque pénible aventure, résolut d'aller lui-même avertir les enfants de venir chercher leur père. Il part monté dans la voiture d'ambulance qui avait servi la veille pour les réquisitions. La fusillade et le canon font rage du côté de Patay. On devine qu'une vaillante arrière-garde couvre la retraite de nos troupes et que les Allemands s'irritent. L'abbé Theuré poursuit quand même sa route.

Arrivé à Nonneville, il apprend d'un fermier, M. Tho-

(1) *Relation historique et chirurgicale de la blessure de M. le Général de Sonis*, par le Médecin-Inspecteur général DUJARDIN-BEAUMETZ.

main, que le hameau est désert, et que les gens, comme beaucoup d'habitants de Loigny, ont fui dans la direction de Saint-Péravy.

Or, tout en parlant, nos deux interlocuteurs parcouraient l'horizon du regard. Et voilà qu'ils distinguent un groupe assez nombreux de personnes revenant par Gaubert. Nul doute, ce sont les malheureux paysans qui ne savent où se refugier et errent en quête d'un gîte.

M. le Curé va au-devant d'eux, les encourage à rentrer dans leurs demeures pour s'employer au service des ambulances, et ramène à Loigny une quarantaine des siens, en même temps que les enfants qui viennent chercher leur vieux père. Comme la vue des Allemands traversant la plaine les jette dans l'épouvante, le prêtre les tranquillise, leur donne des brassards et leur explique que soigner les blessés qui sont dans leurs maisons ou enterrer les morts sera pour eux une sauvegarde certaine.

Leur retour fut marqué par plusieurs rencontres impressionnantes.

On vit d'abord des Bavarois qui, après avoir ramassé et entassé les cadavres de leurs morts, les arrosaient de pétrole et les brûlaient. Ce fut leur occupation pendant plusieurs jours sur différents points de la contrée.

A cette scène lugubre en succède une autre bien pénible. La petite troupe aperçoit tout à coup se lever d'un sillon un soldat français qui marche par saccades ; bientôt, il se couche, puis se relève, pour retomber un peu plus loin.

M. le Curé, accompagné d'un de ses paroissiens, M. Désiré Nabot, s'empresse d'aller jusqu'à lui. Le malheureux, atteint grièvement à la tête, avait un œil sorti de son orbite et pendant sur la joue. A travers ses propos incohérents, on démêlait cependant sa tragique histoire. Il avait été blessé le 1er décembre. Depuis, sans nourriture et sans abri, il errait en se traînant à droite et à gauche ; il voulait envoyer une dépêche à sa mère afin qu'elle vînt le soigner.

Le pauvre soldat refuse d'abord de se laisser monter dans la voiture et de se rendre à l'ambulance. Il y consentit pourtant quand on lui affirma qu'il se trouverait plus près du télégraphe.

Le capitaine de Maricourt écrit le dimanche 4 décembre au sujet de cet infortuné : « Nous entendîmes des cris lamentables dans la chambre à côté de nous. Ils allèrent diminuant pendant une demi-heure, puis cessèrent tout à fait. On nous dit que c'était un malheureux blessé à la tête, qui venait seulement d'atteindre l'ambulance et d'y mourir presque aussitôt. D'après M. le Curé de Loigny, ce ne serait pas deux jours et deux nuits, comme porte le texte du capitaine, mais *trois jours et trois nuits* d'efforts surhumains pour arriver à mourir sous un toit, et quelles nuits ! Hélas ! combien d'autres avaient dû mourir dehors pendant ces nuits glaciales ! » (1).

Ce blessé n'est pas le seul qui ne fût recueilli que le dimanche. M. Jousset, de Villours, raconte que ce jour-là il était allé avec son père ramasser des morts dans la plaine pour les porter dans une carrière. Or, en rentrant chez eux, ils croient remarquer un bras qui s'agite à la lisière d'un petit bois. Ils s'approchent en toute hâte. Là ils trouvent deux soldats français couverts de sang et de neige, qu'ils transportent à leur maison et couchent près du foyer. La bonne dame Jousset, croyant bien faire, s'empresse d'y allumer un grand feu. Mais les deux malheureux ne tardèrent pas à expirer. C'était des blessés du 2 décembre qui avaient passé deux jours et deux nuits sous la bise avant qu'une main amie n'essayât de les soulager.

Dans cette matinée du dimanche, M. Babaud et l'abbé Bastard étant allés jusqu'à Villepion avec l'espérance d'en rapporter du linge indispensable pour les opérations, y trouvèrent une quantité de blessés abandonnés par une ambulance amie pourtant. Un vieux médecin de Vendôme,

(1) DE MARICOURT, p. 166.

M. Hème, ne pouvait, faute de médicaments, leur procurer que des soins inefficaces. Le major lui donna quelques conseils pratiques pendant que des femmes, ouvrant les armoires, promettaient d'apporter des bandes de toile en échange des remèdes qu'elles viendraient chercher.

A leur retour à Loigny, le médecin et le prêtre, entrés à l'église, versaient de l'eau fraîche sur les blessures et visitaient les bandages, quand un grand Prussien se présenta et emmena assez rudement l'abbé, sans dire où il le conduisait. Il ne s'agissait heureusement que de panser une dizaine de blessés des deux partis. L'Aumônier s'étant plaint de n'avoir pas de linge, l'Allemand se retire un instant et rapporte triomphalement sa chemise. — « Mais, c'est du coton, vous allez faire envenimer les plaies ». — Cette raison n'est pas comprise du Prussien qui déchire lui-même la toile par larges bandes. Il faut donc que l'abbé s'exécute, au grand contentement de l'étranger qui bat des mains comme un enfant.

Nos ennemis s'habituaient à voir le prêtre français circuler au milieu d'eux et à recourir à lui. Plusieurs même avaient tenu à baiser très respectueusement son grand crucifix en disant : « Nô, catholic, ya, ya, catholic ».

C'est au milieu de ces allées et venues que l'abbé Bastard rencontra un aumônier d'Outre-Rhin auprès d'un petit chasseur à l'agonie. Le prêtre allemand entourait le pauvre français des soins les plus tendres et essayait de se faire comprendre de lui.

Le soir de ce même jour, un officier supérieur prussien, suivi de son domestique, demanda poliment à l'abbé la permission de distribuer des cigares. Conduit à l'église, il recommande, avant d'entrer et pour éviter toute explosion de colère, qu'on veuille bien annoncer ses intentions généreuses. L'Allemand regarde la distribution de son tabac et bientôt y prend part lui-même. Comme il en manque beaucoup pour en donner à tous les blessés, il attend patiemment que son ordonnance aille en chercher une provision suffisante.

Cette bonne action accomplie, l'officier se retirait en murmurant : « Oh ! grosse malheur, la guerre ! grosse malheur, Aujourd'hui moi bien ; demain, blessé peut-être ; et femmes, enfants, pleurer. Grosse malheur ! Adieu, mossié ; moi catholic aussi ». Il allait partir, quand l'aumônier, en le remerciant, lui apprit que nos blessés n'avaient pas de pain. — « Vous, pas de pain ! Ah ! malheur », et immédiatement il fait apporter une douzaine de pains assez lourds. Hélas ! c'était bien peu pour tous nos pauvres affamés, car on était au dimanche, au troisième jour de souffrance, et beaucoup n'avaient encore reçu aucune nourriture.

M. de Maricourt nous a décrit plus haut la fin du malheureux soldat amené à la cure par M. l'abbé Theuré, qui eut du moins la consolation de l'absoudre et de bénir ses derniers moments. Écoutons maintenant ce que le capitaine nous dit de sa journée à l'ambulance du presbytère le dimanche 4 décembre.

« Nos camarades blessés au bras allèrent aux nouvelles dans le village ; ils n'en rapportèrent que des récits de morts, d'amputations, de douleurs. Les Prussiens avaient emporté leurs blessés, et on évaluait à dix-sept cents le nombre de Français gisant dans ce petit village, dont le tiers, au moins, était consumé par le feu, et le reste à peu près détruit par les obus.

» Quant à notre armée, on n'en savait rien que par la voix du canon, qui grondait au loin. Mais si grande est la soif d'espérance, qu'en dépit de tout, et sans oser nous l'avouer, nous espérions encore, et quand même ! Et souvent nous voyons entrer un pâle blessé qui, tout rayonnant, s'écriait : « Le canon se rapproche ! Les Français arrivent ! »

« On ne voyait plus d'Allemands, ils poursuivaient l'armée ».

A ce moment, en effet, nos troupes essayaient encore de protéger Orléans et nos grosses pièces de marine dominaient tous les bruits de la bataille. Mais le combat le plus proche était celui de Patay, où les mobiles de Loir-et-Cher, formant l'arrière-garde de Chanzy, se défendaient héroïquement.

« Cette journée du dimanche, continue M. de Maricourt, nous amena une grande joie. Dans la matinée, deux hommes apportèrent et déposèrent auprès de Gaston de Brisoult, notre bon et cher ami Raoult de Saint-Venant, bien pâle, bien changé ; mais sur sa figure souffrante étincelait encore cette gaieté qui avait si souvent chassé les tentations de découragement pendant le cours de la campagne.

« Il nous semblait que ce fût un rêve, un affreux cauchemar de fièvre, cette brusque transition de notre vie rude et active en plein air, au lourd repos de cette petite chambre encombrée et silencieuse, dans cette épaisse atmosphère chaude et fétide. Combien de temps devions-nous y passer ? Quand s'occuperait-on enfin de nous ?

« On scie, on coupe par là ! Je me sauve ! » s'écria tout à coup une voix gaillarde. C'était le colonel de Charette qui entrait, s'appuyant sur un piquet de tente.

« Quel magnifique soldat ! Je l'avais déjà vu à Rome et admiré ; mais dans cette petite chambre où il était blessé et prisonnier comme nous, tout frémissant encore de son splendide combat de l'avant-veille, que j'avais entendu, que plusieurs d'entre nous avaient vu, il m'apparut vraiment comme le héros ressuscité de quelque rayonnante légende de chevalerie.

« M. de Charette reconnut Raoul de Saint-Venant, ancien zouave pontifical à Rome, et lui lut la longue liste de ses morts ; l'émotion lui coupait souvent la voix ».

Le colonel, en écrivant lui-même plus tard ce qui faisait alors l'objet de ses pensées, complète ainsi le conversation.

Il avait admiré en Italie, disait-il, de beaux traits d'audace
de la part de ses compagnons d'armes contre les gari-
baldiens, mais il n'assisterait jamais à un fait de guerre
comparable à la charge des zouaves à Loigny.

» Là, poursuivait-il, j'ai vu tomber auprès de moi les
amis les plus chers ; j'ai éprouvé les angoisses d'un chef
qui avait la double responsabilité du commandant, du
camarade et de l'ami. Mais jamais je n'éprouverai un
sentiment comme dans cette triste et glorieuse journée
(de Loigny). Il me semblait que toutes les balles qui faisaient
des victimes dans nos rangs, revenaient me frapper au
cœur » (1).

« A la fin, continue le capitaine de Maricourt, M. de Charette secoua son impression et dit à ses interlocuteurs :
« Ç'a été rude ! N'est-ce pas qu'il fait meilleur fumer sa
pipe au coin du feu ? » Et il se mit à jouer à l'écarté (sur
un tambour) avec Brisoult » (2).

Quand le colonel des zouaves pontificaux était revenu,
péniblement et en boîtant, dans la chambre de M. de Sonis,
il écrivait pour M. de Verthamon une lettre que celui-ci
lui dictait (3), ou il se traînait vers le lit du général, et
ensemble ils s'entretenaient du salut de la France. Le baron
de Charette, qui fumait beaucoup, bourrait sans relâche
de nouvelles pipes. Le général ne fumait que dans de rares
occasions et n'aimait pas le tabac. Mais par une exquise
délicatesse, il souffrait sans se plaindre ; ceux qui habitaient
avec lui ne s'en doutaient pas.

Deux ans plus tard cependant, M. de Sonis, étant à
Paris, rappelait ce détail à son compagnon de captivité et
lui disait en souriant : « Je n'ai pas voulu vous demander,
alors d'éteindre votre pipe. Cela vous faisait tant de
plaisir, cher ami ! Pour moi, je ne pouvais dormir, car le

(1) *Un mois de captivé en 1870*, polycopié.
(2) DE MARICOURT, p. 164 et suiv.
(3) *Souvenir du Régiment des Zouaves pontificaux*, p. 124.

'tabac me faisait mal ». — Et Charette de répliquer : « Merci de me prévenir... pour la prochaine fois ! ! »

Ainsi dans la chambrette du presbytère de Loigny, rien n'arrêtait les causeries patriotiques et religieuses des deux blessés, jusqu'au moment où le médecin intervenait amicalement pour faire cesser le feu, en considération de la tête de son malade toute brûlante de fièvre, C'est de ces entretiens, que M. de Charette disait : « Impossible d'avoir passé un quart d'heure avec le général de Sonis sans sortir d'auprès de lui plus soldat et plus chrétien » (1).

Cependant le major Dujardin-Beaumetz n'avait pas oublié sa promesse. Mais la nécessité de terminer les pansements des blessés et de pourvoir à leur alimentation l'occupèrent toute la matinée du dimanche. Il était trois heures quand il arriva à Loigny avec le personnel et le matériel de son ambulance régimentaire telle que nous l'avons précédemment décrite.

A ce moment il y avait à Loigny et dans les environs une multitude de blessés dont on ne pouvait préciser le chiffre ; mais on sut plus tard par des renseignements certains que leur nombre était de 2.493. Aussi une très lourde responsabilité pesait sur le chef de toutes les ambulances improvisées qui abritaient ces malheureux soldats.

Son premier devoir était d'organiser régulièrement le service pour éviter la confusion et le désordre. Il fallait ensuite nourrir ces blessés, faire évacuer sur les localités voisines ceux dont les plaies permettaient le transport, coucher ceux qu'il serait nécessaire de garder et d'opérer sur place, renouveler enfin les provisions de médicaments et les objets de pansements.

Des huit médecins, appartenant à des régiments du 16e corps, qui avaient été faits prisonniers dans la bataille, et se trouvaient à Loigny, le major Beaumetz était le plus élevé en grade. En vertu de son droit, il prit la direction

(1) Mgr BAUNARD, p. 361.

générale et compléta l'organisation commencée par le docteur Challan. Il constitua d'abord deux sections d'ambulance. L'une composée de MM. Challan, Babaud, Barraud et Lamain, était chargée d'assurer les secours à Villepion et à Fougeu ; l'autre, placée sous les ordres immédiats de M. Beaumetz, avait pour aides-majors MM. Boucher, Labrousse et Potel. Elle s'occuperait des blessés de Loigny, Villerand, Morâle, Ecuillon, Beauvilliers et Goury. Un sergent-fourrier des mobiles de la Dordogne, M. Léo Testut, étudiant en médecine, fut spécialement chargé d'aider les chirurgiens dans leurs opérations.

Comme Loigny était évidemment le centre de l'ambulance, le docteur Beaumetz annonça qu'il résiderait au presbytère et régla immédiatement les détails du service. Il fut ensuite convenu, puisque l'ennemi le permettait maintenant, que l'on ferait appel non seulement aux campagnes mais aux villes les plus proches, en arrière, que M. Challan enverrait le lendemain à Bonneval et à Illiers, tandis que M. le Curé de Loigny irait·à Chartres porter une lettre au maire et lui demander de venir sans retard au secours de tant d'infortunes.

Enfin, le major, comprenant la nécessité d'avoir un plus grand nombre de brancardiers-infirmiers, résolut d'adjoindre à ceux dont il disposait déjà au 31e de marche, une quarantaine de soldats légèrement blessés qu'il mit sous la direction du caporal Lacomme. Par là il empêcherait les Prussiens d'envoyer ces hommes en captivité, et se procurerait la main-d'œuvre indispensable pour le transport des blessés aux salles d'opération, l'abattage des animaux de boucherie, la cuisine, la distribution des aliments, l'approvisionnement du bois et les divers services (1).

Une fois ces mesures prises dans l'intérêt de tous, M. Beaumetz se consacra au général de Sonis.

_____

(1) GORECKI, p. 35.

La disposition du presbytère était telle que le salon servait à la fois de salle d'opérations et de rapport. On était obligé d'y passer pour entrer dans la chambre du curé de Loigny, qui, malgré son exiguité, contenait alors six blessés, dont M. de Sonis.

Afin de pouvoir approcher facilement du lit où reposait le général, le major vit d'abord les cinq autres. Le colonel de Charette et les deux MM. de Ferron, dont les blessures aux jambes n'exigeaient pas d'opérations proprement dites, avaient été pansés par M. Challan. M. de Verthamon avait eu la colonne vertébrale brisée par une balle ; la position et les souffrances de ce malheureux faisaient pitié. Restait M. de Cazenove. Mais ici écoutons un des témoins.

« Comment ne pas admirer cet incomparable M. de Cazenove de Pradines ! écrit l'Aumônier des mobiles de la Mayenne (1). Pendant qu'on travaillait son bras palpitant et qu'on extrayait les esquilles laissées au milieu de ses veines, pour tâcher de lui conserver ce membre, il battait la campagne sous l'effet du chloroforme et vous racontait avec précipitation les sentiments qui avaient été les siens dans ces jours d'impérissables souvenirs. « O mon colonel, ne me mettez pas de poste aujourd'hui, je vous en prie, je n'en puis plus de fatigue ; c'est la troisième nuit que je passe ; si j'allais nous laisser surprendre. Demain cela m'est égal, mais je suis incapable de remplir cette fonction ce soir. Que dirait-on si les zouaves ne s'étaient pas bien gardés ?... Ah ! voici la bataille qui marche bon train. En avant les zouaves ! Comme ils fuient ces Prussiens ! Courage ! Oh ! nous ne sommes pas soutenus ! Les lâches, s'ils avaient voulu ! Allons, mes amis, retirons-nous... Oh ! non, allez-vous en les premiers ; quand on marche en avant, c'est à nous d'être à la tête, en retraite nous devons être les derniers. Allons ! il faut obéir, etc. »

Quand il se réveilla, il craignit d'avoir déplu par ses

(1) Abbé BASTARD, p. 166.

13

paroles et dit avec le plus gracieux sourire : « Messieurs, je sais que vous faites du mal pour faire du bien ; si quelqu'une de mes paroles, au milieu de la douleur, a pu vous causer de la peine, je vous prie de me la pardonner, je la regrette ». Il n'avait rien dit que d'édifiant et de touchant au possible. M. de Charette pleurait comme un enfant. Ce guerrier qui, dans un combat, affronte la mitraille et la regarde en face, ne pouvait voir ces souffrances sans attendrissement ; il évitait ordinairement d'assister aux opérations tant il est doué en temps ordinaire du cœur le plus sensible.

Il était environ huit heures du soir lorsque ces premières opérations furent terminées. On pouvait alors aborder facilement le lit de M. de Sonis. M. Beaumetz s'approcha du blessé et lui dit : « Mon général, le moment est venu d'examiner votre blessure. Nous allons vous endormir avec le chloroforme et explorer la plaie, puis nous vous laisserons reprendre connaissance pour vous indiquer notre décision. — C'est inutile, répondit M. de Sonis, endormez-moi, faites ce que vous croirez nécessaire. Mon sacrifice est fait, je m'en remets à Dieu et à vous. Seulement, si vous m'enlevez la jambe, tâchez de m'en laisser assez pour que je puisse encore monter à cheval et servir la France ».

Mieux que personne, M. Beaumetz pouvait apprécier la grandeur de cette résignation à la volonté de Dieu, de cet abandon entre les mains des médecins. Le général ne lui avait pas caché sa crainte des amputations qu'il n'avait jamais vu réussir ; de plus, M. de Sonis avait ajouté qu'il ne voudrait pas mourir sans avoir assuré l'avenir de sa femme et de ses dix enfants. Aussi notre major était à la fois pénétré du sentiment de sa lourde responsabilité et ému par la situation de famille du noble blessé.

Quatre docteurs se trouvaient en ce moment auprès de M. Beaumetz ; c'étaient MM. Boucher, Labrousse et Potel, ses aides-majors militaires, et M. Lescarbault, médecin d'Orgères, qui continuait d'offrir son affectueux et dévoué concours. Sur le désir du général, le Curé de Loigny et l'abbé Bastard assistaient également à l'opération

. M. de Sonis, couché sur une paillasse, fut alors transporté sur la table du salon et endormi par le chloroforme. Sous l'influence délirante de ce narcotique, le général ne cessa soit de prier, soit de donner des ordres ; c'était l'écho fidèle de sa journée de bataille et de sa nuit d'union à Dieu.

Cependant M. Beaumetz avait élargi la plaie d'entrée et porté le doigt dans le foyer de la fracture ; il se rendit compte que la moitié inférieure du fémur était en éclats et que le mal était grand. Le docteur Boucher explora à son tour la blessure et en constata l'extrême gravité par la présence de nombreuses et volumineuses esquilles. Aussi M. Beaumetz ne voyant d'autre moyen d'être réellement utile au blessé que par l'amputation, se détermina à l'exécuter rapidement.

A son réveil M. de Sonis apprit de notre major que le sacrifice de sa jambe était nécessaire et que l'opération avait eu lieu. Le général prit les mains de M. Beaumetz et lui dit : « Que la volonté de Dieu soit faite ! » Puis, se tournant vers M. le Curé, il lui demanda de s'unir à lui pour rendre grâces à Dieu.

Ecoutons M. de Sonis nous raconter ses impressions d'alors.

« Pendant qu'on tailla, qu'on scia, qu'on coupa, écrivait-il plus tard, je ne sentis rien ; mais après ! Je souffris pendant quarante-cinq jours jusqu'à en devenir fou. Je ne pus dormir une minute durant tout ce temps-là. Le seul tic-tac de l'horloge était devenu pour moi un vrai supplice, tant ma tête était faible ! Je dois encore bénir Dieu, qui sait tirer notre bien même des maux, car la saignée produite par l'amputation me guérit d'une fluxion de poitrine que j'avais prise dans la neige, et dont le médecin croyait que je ne me remettrais pas.

» Il revint me voir le lendemain. Je l'avertis que je ne sentais plus mon pied droit. Il le regarda, puis lui donna un coup de bistouri, sans chloroforme cette fois. Ce pied était gelé. La gangrène s'y mettait. Il racla tout ce qu'il fallait enlever ; ce fut une nouvelle et atroce souffrance. Je guéris, mais j'en souffre encore » (1).

On accuse parfois les médecins militaires de né pas veiller avec assez de soin à la conservation des membres de leurs blessés et de pratiquer trop souvent des amputations.

M. Beaumetz savait qu'il n'échapperait pas plus que les autres aux attaques de la critique. Il prévoyait que la brillante position de M. de Sonis, commandant d'un corps d'armée, attirerait inévitablement l'attention sur le succès ou l'insuccès de l'amputation pratiquée. L'opérateur avait confiance, il est vrai, dans la guérison, et l'avenir a confirmé cette espérance, car son amputé a pu rester en activité de service, commander une division d'infanterie à Rennes, et s'acquitter à cheval de tous les travaux qu'un inspecteur général doit accomplir en faisant manœuvrer les troupes sur le terrain ; mais enfin, au moment de l'opération, M. Beaumetz ne se dissimulait pas la possibilité d'une terminaison funeste.

Aussi, se sentant non moins responsable envers le général et sa famille qu'envers les chefs de la médecine militaire, appréciateurs naturels et compétents de la décision qu'il avait prise, résolut-il de conserver les quatorze fragments osseux du fémur, seuls témoins matériels et durables de la gravité de la blessure. Ils sont aujourd'hui déposés au musée chirurgical de l'école d'application du Val-de-Grâce, où ils resteront pour légitimer, au moins par cette preuve, la conduite du chirurgien de Loigny.

M. Beaumetz eut même soin plus tard, dans une *Relation historique et chirurgicale de la blessure du général de Sonis,* d'exposer à ses chefs les raisons qui l'avaient fait agir et

(1) Mgr BAUNARD, *Le Général de Sonis,* p. 349,

de montrer qu'il avait prudemment appliqué les préceptes de son art.

Quant à M. de Sonis, bien que ne partageant pas les opinions de M. Dujardin-Beaumetz, il ne cessa de témoigner sa gratitude à l'homme dévoué qui lui avait rendu un si grand service. « Je serai toujours heureux, lui écrivait-il encore en 1885, de publier que c'est à vos bons soins que je dois d'avoir pu conserver la vie ».

Aussi lorsque M. Beaumetz reçut sa première décoration, c'est M. de Sonis qui voulut en payer les frais. Le général lui offrit même plus tard sa propre croix d'honneur que le célèbre chirurgien garda toujours comme une relique ; car parmi les nombreux et brillants insignes qui couvraient la poitrine de l'inspecteur général en retraite, c'est à cette humble croix d'honneur, nous le savons, que M. Beaumetz attachait le plus de prix.

Ajoutons à l'honneur de notre major que jamais, à Loigny, il ne faisait d'opérations dangereuses sans avertir préalablement le prêtre qui se trouvait à l'ambulance. Parfois même de pauvres soldats étaient apportés sur la table tant redoutée ; leurs blessures étaient mortelles, l'opération partant inutile ; ou bien, malgré le froid, la gangrène avait commencé son œuvre : « Allons, mon garçon, disait l'infatigable chirurgien, ne t'effraie pas ; tu croyais te voir couper ton bras ou ta jambe, il n'en sera rien. On va te mettre un pansement bienfaisant et puis te coucher quelque part. Prends courage ! » Puis tout bas à l'abbé : « Avant deux heures, cet homme-là sera mort, c'est votre affaire » (1).

Nous avons raconté avec quelques détails l'amputation subie par le général de Sonis, exposé les raisons qui dictèrent la décision de M. Dujardin-Beaumetz et fait connaître sa conduite à l'égard du prêtre ; mais il est temps de poursuivre notre récit.

(1) Abbé BASTARD, p. 166.

Le travail des chirurgiens une fois commencé au presbytère le dimanche 4 décembre, se continua fort avant dans la nuit. Plusieurs zouaves se trouvèrent au nombre des opérés, et firent l'admiration des assistants.

« Voyez, écrit l'abbé Bastard, ce jeune Thebault qu'on étend sur la funeste paillasse. Il a la jambe brisée et le bras cassé. On l'examine en secouant la tête, signe que c'est grave. « Je le sais bien, dit-il, ce sont deux opérations à faire. Je suis médecin moi-même, et je ne me ferai pas d'illusion sur mon état ». On parle de l'endormir. «C'est inutile, deux opérations de ce genre sont chose dangereuse. J'aime mieux avoir ma connaissance ». Mais on sera plus à son aise pour travailler, le moindre mouvement involontaire peut compromettre le succès. — « Soyez sans crainte, je ne bougerai pas ». Et de fait, pendant que l'on taillait dans ses chairs palpitantes, que l'on coupait ses os, le patient ne proféra pas une plainte. Il faisait sa prière lentement et à voix demi-haute pour s'entendre et se donner du cœur. C'était à tirer les larmes d'un rocher. « Sapristi, l'abbé, disait un major tout ému, si je ne travaillais jamais que sur des hommes comme cela, je finirais par avoir la foi ! »

« Et ce brave Castex, tout jeune encore, à qui l'on cherchait vainement une balle entrée par le bras et ayant brisé l'épaule. « Comme tu dois souffrir, disaient ses camarades et l'Aumônier dont il pressait la main. — Oh ! oui, mais je ne pleurerai pas ! »

Et de grosses larmes, malgré lui, coulaient de ses yeux sur son affreuse blessure.

« Quels hommes ! quelle trempe de caractère ! » Quand ils mouraient, les mains jointes, le sourire aux lèvres, le regard au ciel ou sur le crucifix, résignés et joyeux, ils n'avaient qu'un regret : ce n'était pas de quitter la vie, mais de voir la France humiliée et souffrante. « Si du moins nous étions vainqueurs ! » disaient-ils parfois et encore :

« Nous sommes loin de perdre en changeant de cantonnement. De ce temps-ci, sur la terre, dans la boue, la neige, par le froid, le campement n'est pas très agréable ; au ciel, en se réveillant, on trouve la meilleure des garnisons » (1).

L'exemple d'infatigable activité donné par les médecins militaires encourageait tous ceux qui les aidaient dans le soulagement des blessés.

Grâce aux réquisitions exercées la veille au hameau de Bois-Tillay par le docteur Challan, on possédait encore quelques vivres. Mais la journée n'ayant pas suffi, la distribution des aliments se continuait pendant la nuit. Les ordonnances des officiers et les soldats assez valides allaient de maisons en maisons offrir un peu de bouillon, ou un peu de viande, ou un peu de pain et d'eau ; c'était l'un ou l'autre. Force était de faire les parts très petites, afin de soulager un plus grand nombre. Pourtant il y en eut qui ne reçurent rien du tout.

L'abbé Bastard, qui vint un moment diriger ces distributions à l'autre extrémité du bourg, aperçut une faible lumière dans une pauvre maison. Etaient-ce des Prussiens, était-ce un paysan revenu dans sa demeure ? Notre aumônier entre et rencontre une dizaine de blessés de toutes armes, échappés jusque-là aux recherches charitables. Plusieurs zouaves pontificaux se trouvaient là, notamment le capitaine Zacharie du Réau, le sergent de Lagrange et le sergent-major du Bourg, de Toulouse. M. de Lagrange venait d'expirer après avoir vainement réclamé un prêtre.

On découvrit ainsi un certain nombre de blessés que les Allemands avaient enfermés ou qui s'étaient enfermés eux-mêmes par crainte de leurs ennemis. Nos allées et venues les ayant rassurés, ils ouvraient ou appelaient à leur secours.

(1) Abbé BASTARD, p. 170 et 171.

Tandis qu'au village de Loigny on se dévouait avec une si louable ardeur au soulagement des malheureux blessés sans pouvoir, hélas ! suffire à la tâche, une triste besogne s'accomplissait dans la plaine.

On se souvient que des Prussiens, pendant la nuit du 2 décembre, avaient dévalisé les morts et les blessés sur le champ de bataille. De plus, le docteur Challan nous a rapporté que le 3 décembre, au milieu du jour, il avait, en allant réquisitionner des vivres, aperçu des détrousseurs de cadavres qui s'enfuyaient à son approche.

Or, cette honteuse industrie qui s'exerçait, on le voit, sans relâche, était plus active pendant les nuits alors éclairées par la lune. Non seulement les Allemands de la laudwehr et les juifs, rencontrés par M. Beaumetz le soir du 3 décembre, mais les maraudeurs de la contrée, accourus parfois de loin, allaient ainsi voler ce qui restait encore de montres, de porte-monnaie, d'objets quelconques pouvant être utilisés. On en a vu amener des carrioles et emporter comme butin des provisions de chaussures, de vêtements, de chemises même et d'armes diverses. Il suffit de dénoncer ces brigandages, sans en dévoiler toutes les horreurs.

En ce qui concerne les armes, il est vrai que des Bavarois avaient reçu l'ordre de les recueillir et d'empêcher qu'elles pussent servir à nouveau. Après avoir débarrassé les rues et les maisons du village, ils parcoururent la plaine, emplissant vingt-huit voitures de fusils, casques, bidons, marmites et débris divers. Ils entassèrent le tout sur la place de l'église ou dans le jardin du presbytère (1).

Pour rendre les chassepots inutilisables, ils les jetèrent d'abord dans le feu ; mais comme beaucoup étaient encore chargés et détonaient aussitôt, la crainte des accidents les empêcha de continuer. Ils s'avisèrent alors de les briser. Ce moyen ne leur réussit point, car l'effort nécessité pour

(1) *Journal de Chartres,* 19 octobre 1871.

cela ayant enflammé une cartouche, un de leurs soldats
fut mortellement blessé. Ce que voyant, les Bavarois se
contentèrent de gauchir nos fusils, en ayant soin de les
tenir par la crosse.

Toutefois la recherche qu'ils firent des armes et ustensiles abandonnés ne fut guère sérieuse. Tous ceux, en effet,
qui allèrent à Loigny soigner ou prendre des blessés, eurent
à cœur d'emporter quelque souvenir de la bataille et
en trouvèrent abondamment dans la plaine. Les paysans
venus de plusieurs lieues à la ronde visiter le lieu du combat,
ramassèrent encore nombre de fusils sur le terrain. Témoin
ce fait raconté dans ses *Mémoires* par le commandant du
37e qui, après sa blessure, fut conduit à Bazoches-les-
Hautes et hébergé chez M. Buisson, en compagnie du
lieutenant saxon Oldershaüser.

« Un soir, écrit M. de Fouchier, une véritable panique
s'empara du personnel de l'ambulance. Oldershaüser vint
tout effaré m'annoncer que les paysans avaient pris les
armes et devaient nous massacrer pendant la nuit. Cette
nouvelle me paraissait si invraisemblable, que j'employai
toute mon énergie à le prier de faire en personne une
démarche auprès du maire de la commune, qui se rendit
aussitôt chez moi. Ce brave campagnard, très effrayé
lui-même des mauvais propos tenus par les soldats de
l'ambulance, m'expliqua d'où venait cette sotte panique.
Quelques villageois étant allés visiter le champ de bataille
de Loigny, avaient cru pouvoir en rapporter quelques
chassepots, bien inoffensifs, puisqu'on ne possédait pas de
cartouches. C'était leur retour qui avait fait croire à une
levée de boucliers et à une invasion de francs-tireurs. J'eus
beaucoup de peine à rassurer le lieutenant, qui prit la
précaution de faire coucher, depuis ce jour, son ordonnance dans notre chambre, avec son fusil tout armé. Je
crois même qu'ils ne dormaient que chacun leur tour.

La prudence est une vertu allemande. Je serais bien étonné si la mention d'un grand danger couru pendant la nuit du 7 décembre, n'a pas été consignée sur les tablettes journalières de l'officier saxon » (1)

(1) DE FOUCHIER, p. 210.

CHAPITRE VII

LES INHUMATIONS

Les Prussiens se hâtent d'enterrer ou de brûler leurs morts, — Inhumation des nôtres à Nonneville, le 4 décembre. — Nécessité d'identifier les morts. — Le corps du duc de Luynes et la fosse commune. — Sa chevalière le fait reconnaître. - Sépulture provisoire. - Il est transporté et inhumé à Dampierre. — A la recherche d'une médaille et de deux médaillons. — Les inhumations à Loigny. — Les corps des zouaves pontificaux. — Eloges funèbres par le colonel de Charette. — Les pressentiments de mort. — Mesdames Perron, Cézard et de Vogüé. — Les exhumations du 17 décembre. — Madame la Marquise de Bellevue. - « N'avez-vous pas vu mon fils ? » - La fosse commune. — Où est le corps de Jacques de Bouillé ? — Inhumations trop peu profondes. — Mesures de précautions. — Victor Cassegrain.

Les Prussiens avaient soin de faire disparaître le plus rapidement possible les cadavres de leurs morts. C'était pour eux le moyen de cacher à leurs soldats le nombre de leurs pertes ou du moins d'en atténuer le souvenir. Au contraire, ils laissaient volontiers longtemps sur le sol les corps des Français, afin d'impressionner les populations, et, par elles, d'introduire le découragement dans nos armées (1).

1 GRENEST, t. I, p. 517, 518.

Aussi, les Allemands se hâtèrent-ils d'accomplir la majeure partie de cette corvée funèbre dans la nuit du 2 décembre. M. le Curé de Loigny avait vu, avant la fin du combat, des monceaux de cadavres ennemis entassés le long des murs et des haies de clôture. Or, le lendemain on ne relevait plus que peu de morts prussiens à Loigny. M. l'abbé Theuré affirme que la plupart avaient été brûlés dans la plaine ou dans les maisons incendiées (1).

Il en fut ainsi en divers endroits du champ de bataille, principalement près de Villerand, dans une grange de Villours, à Ecuillon et devant Lumeau (2). M. le Curé de Loigny, revenant de Nonneville, le dimanche matin 4 décembre, rencontra encore des Allemands qui brûlaient des morts.

Les soldats qui procédaient à cette crémation entassaient parfois les corps dans une maison qu'ils livraient aux flammes. D'autres fois ils dressaient un bûcher humain, faisaient un lit de paille ou de fagots et un lit de cadavres, arrosaient le tout de pétrole et y mettaient le feu. Le résidu de cette combustion était une substance légère comme la pierre ponce, tantôt d'un noir luisant, tantôt mate et offrant des dessins, preuve qu'elle avait coulé étant fluide (3).

Mais on avait plus de respect pour les corps des officiers. Ils étaient déposés en terre et, autant que possible, dans un cimetière. M. l'abbé Bastard a vu de ces inhumations précipitées faites dans la nuit du 2 décembre à Loigny (4). On enterra également la nuit, à Villeprévost, à la lumière d'une lanterne (5).

Le travail funéraire fut continué le lendemain et les jours suivants. Les officiers catholiques furent réunis dans le cimetière, les autres dans le jardin de la maison

(1) GRENEST, t. I, p. 445 et 447.
(2) BOUCHER, p. 82.
(3) GRENEST, t. I, p. 518 et 494. — CHALLAN DE BELVAL, p. 162.
(4) Abbé BASTARD, p. 141.
(5) BOUCHER, p. 82.

Pinot-Gouache. Le lieutenant Hermann Muller, tué entre
six et sept heures du soir, en essayant de pénétrer avec sa
troupe dans le cimetière, y fut enterré près de l'endroit
où il avait succombé, au pied d'un orme (1). Le lieutenant
Schnapauff, décédé la nuit dans une maison du village,
à gauche de la croix, fut mis en terre sainte le 3 décembre
au matin, par M. Lössel, pasteur de la 17e division (2).

Les hommes qui avaient échappé à la combustion furent
portés dans de grandes fosses et couchés auprès des Français, en avant du Bois-Bourgeon. «De Loigny au Bois-
Bourgeon, écrivait un an plus tard un visiteur, on passe
près de plusieurs tumuli recouverts de gazon et surmontés
de croix noires, qui toutes portent des inscriptions de ce
genre : « Ici reposent dix Français et douze Allemands
tués dans la journée du 2 décembre 1870 » (3).

D'autres sépultures avaient lieu à Beauvilliers et dans
les environs (4). Près du chemin de Goury à Champdoux,
on voyait, quelques jours après la bataille, des tombes sur
lesquelles les gens du pays avaient placé des casques bavarois
pour indiquer la nationalité des morts (5).

C'est ainsi que les Prussiens, fidèles à leur tactique, eurent
vite achevé de faire disparaître presque tous les cadavres
allemands. Mais, cette tâche accomplie, ils ne s'inquiétèrent
pas des nôtres.

Si l'armée française était restée maîtresse du terrain,
le service de santé se serait occupé des seules ambulances ;
la prévôté eût été chargée de veiller aux inhumations.
Mais nos soldats ayant été malheureusement repoussés,
les médecins militaires étaient par là même obligés de
pourvoir au soulagement des malades et au soin des morts.

En ce qui concerne ces derniers, leur devoir consistait

1. Commandant de Sonis, p. 329.
(2 Lettre de sa mère, Mme Schnapauff, 24 août 1871.
3 Écho Danois, 7 décembre 1871.
4 Boucher, p. 82.
5. Commandant de Sonis, p. 434.

à noter leur nombre, à les identifier, à recueillir les objets leur appartenant, parce qu'ils sont de précieuses reliques pour les familles, puis à présider aux inhumations afin qu'elles ne deviennent pas un foyer de contagion pour le pays.

A Nonneville, hameau de Loigny distant de quatre kilomètres, les inhumations des cadavres se firent dès le dimanche 4 décembre. L'incident relatif au duc de Luynes nous invite à entrer dans quelques détails.

Nous avons raconté comment le capitaine duc de Luynes, conduisant sa compagnie de mobiles manceaux, fut grièvement blessé le 2 décembre. Il n'était pas mort sur le coup. Aussi ses hommes qui étaient près de lui ne voulurent point l'abandonner dans la plaine. Ils le transportèrent sur leurs fusils entrecroisés en forme de brancard, dans une ferme du hameau de Nonneville, où il rendit le dernier soupir.

Le soir venu, parmi les mobiles tombés aux mains des Prussiens, se trouvait un des régisseurs de la famille de Luynes qui avait suivi son maître. Dirigé le lendemain, avec une colonne de prisonniers, sur Chartres, Rambouillet et Chevreuse, il s'échappa pour aller au château de Dampierre annoncer la fatale nouvelle.

Cependant, en voyant la retraite de l'armée française, le 2 décembre, tous les paysans de Nonneville avaient fui. Le corps du jeune duc resta étendu sur la paille jusqu'au dimanche 4 décembre. Dans la matinée de ce jour, les habitants, qui s'étaient réfugiés au delà de Gaubert, furent ramenés en même temps que ceux de Loigny par M. l'abbé Theuré. A peine rentrés chez eux, ils s'empressèrent d'enterrer les morts, surtout ceux qui gisaient dans leurs maisons ou près du hameau.

Mais ces braves gens, bien intentionnés, ignoraient les précautions à prendre pour établir l'identité du défunt. Ils ne songeaient nullement à mettre en réserve, pour les porter aux médecins, les objets échappés à la rapacité des détrousseurs de cadavres, qui se trouvaient sur le corps ou dans les poches des vêtements, tels que bijoux, médailles, portefeuilles, lettres, livret militaire, et marques diverses pouvant faire connaître le nom et la qualité du mort. C'est de là cependant que les chefs tirent le plus souvent les indications exigées pour faciliter les recherches des familles et certifier le décès.

Malheureusement, à Loigny, comme sur tous les champs de bataille de 1870, ces règles ne furent connues et observées que lorsque les majors furent à même de donner des ordres et d'exercer une surveillance effective. Aussi, que de pauvres mères ne purent jamais retrouver le corps de leur enfant ! que de veuves infortunées ne surent même jamais où avait été enterré leur mari, parce que les inhumations se faisaient, trop souvent, sans les constatations utiles et sans le contrôle nécessaire !

Il résultait de ces négligences que l'autorité refusait ensuite de rédiger l'acte de décès du combattant, parce que rien n'attestait sa mort. Après bien des recherches, soit parmi les prisonniers, soit dans les ambulances, soit ailleurs, on en était réduit à mettre en face du nom de l'absent la mention : disparu. Ce mot, hélas ! qui autorise toutes les craintes, ne fait qu'ajouter des difficultés sans nombre à la désolation des parents.

Ces explications, indispensables pour l'intelligence de ce qui va suivre, étant données, revenons à notre récit.

Les habitants de Nonneville, avons-nous dit, se mirent donc en devoir d'enterrer les morts. Pour abréger leur travail assez difficile, vu que le sol était profondément gelé, ils songèrent qu'une carrière ouverte non loin de là, près du parc de Villepion, leur offrait une vaste excavation toute prête. C'est là que, sans faire aucune distinction, ils transportèrent, tout habillés et sans cercueil, de nombreux cadavres, parmi lesquels se trouvait celui du duc de Luynes.

Il allait être déposé dans la fosse commune, sans qu'on s'inquiétât de savoir son nom, et la veuve inconsolée n'eût peut-être jamais retrouvé le corps, si le ministre protestant de Gaubert, venu par hasard voir les ouvriers, n'eût aperçu une riche chevalière au doigt du défunt. L'ayant ouverte, il vit que le propriétaire de l'anneau était Charles d'Albert, duc de Luynes, et conseilla aussitôt aux fossoyeurs improvisés de mettre le corps à part, certain que la famille leur en saurait gré.

Théophile Plais, l'un des ouvriers, aidé par son voisin Abel Mercier, prit dès ce moment un soin tout particulier de ce corps. Il le transporta dans sa maison, lui commanda un cercueil à Guillonville, l'enterra le 7 décembre dans un coin de son jardin et planta sur la fosse une petite croix de bois. Puis, profitant des voyages occasionnés par le transport des blessés de la bataille, dans les villes et villages circonvoisins, il fit remettre la chevalière du jeune duc et une alliance aux armoiries de la famille, à M. le marquis de Gouvion-Saint-Cyr, au château de Reverseaux.

Mais la famille du noble défunt ne restait pas inactive. Dès que le régisseur échappé, avons-nous dit, au convoi de prisonniers qui passait à Chevreuse eut raconté les circonstances de la mort de son maître et indiqué le hameau où il avait laissé son corps, on s'empressa de prendre les dispositions nécessaires pour retrouver ces restes mortels. Un Père de la Compagnie de Jésus, de Versailles, fut prié de remplir cette mission de confiance. Muni des pleins pouvoirs de l'autorité allemande, il parvint, à travers mille obstacles, au terme de son voyage et recueillit les renseignements les plus précis. Le 14 décembre, la fosse et le cercueil de Charles de Luynes furent ouverts, et le Père, qui connaissait bien le jeune duc, put aisément constater son identité. Après avoir chargé le corps dans une voiture d'ambulance, il alla passer la nuit avec son précieux dépôt à Rouvray - Saint - Florentin, au château de

LE LIEUTENANT-COLONEL DE FOUCHIER
QUI COMMANDAIT LES DEUX BATAILLONS DU 37e DE MARCHE
A LOIGNY, LE 2 DÉCEMBRE 1870

Reverseaux, si largement hospitalier pour les blessés de la bataille de Loigny.

Le lendemain, il offrait dans la chapelle seigneuriale le divin sacrifice pour l'âme de la noble victime. Plusieurs des blessés de l'ambulance, notamment le colonel de Cha-rette, qui y était alors, se trouvaient dans l'assistance. Au moment de la communion, le célébrant aperçut, agenouillées à la Sainte Table, deux femmes en deuil : c'était Mme la duchesse de Chevreuse avec sa courageuse compagne, Mme la marquise de Lévis-Mirepoix. La pre-mière venait puiser la force de supporter sa douleur auprès de Celui qui, seul, peut consoler une mère de la mort de son fils.

Le triste cortège reprit ensuite sa marche, au milieu d'une nature désolée, et, après deux jours de pénible voyage, arriva à Dampierre. Toute la population s'était rendue sur les limites de la paroisse. Au milieu du deuil général, le défunt rentrait dans cette somptueuse demeure qu'il avait quittée naguère plein de force et d'avenir. Le service funèbre fut célébré par Mgr l'Evêque de Ver-sailles, en présence d'une foule considérable de prêtres, de parents, d'amis et de pauvres qui pleuraient leur bien-faiteur. Après l'absoute, on descendit le corps dans le caveau de famille, où il repose à côté des siens, en attendant la résurrection glorieuse qu'il a si bien méritée (1).

Mais tout n'était pas terminé à Loigny. Dès le 22 décembre suivant, par l'entremise du marquis de Gouvion Saint-Cyr, la duchesse de Chevreuse priait l'abbé Theuré de faire publier et afficher dans sa paroisse et les communes environnantes la promesse d'une récompense de quatre cents francs à la personne qui trouverait deux médaillons portés par le duc au moment de sa mort. La pieuse mère les estimait précieux à double titre : ils étaient des souvenirs du fils qu'elle avait perdu, et ils

_____

(1) *Souvenirs de l'École de Sainte-Geneviève*, par le R. P. CHAUVEAU, s. j., p. 323 et suiv.

renfermaient des reliques auxquelles elle tenait beaucoup.

Le premier de ces médaillons qui lui venait de sa mère, était en jaspe sanguin, pierre verte rayée de filets rouges, avec trois cercles entrelacés formés de rubis et de diamants. On voyait à l'intérieur une parcelle de la vraie Croix, un nom : Charles de Chevreuse, et les paroles de la reine Blanche à Saint Louis. L'autre médaillon, qui lui avait été donné par sa femme, était en or émaillé bleu. Il portait sur une face deux *LL* entrelacés pour marquer les initiales des deux familles : Luynes et Larochefoucault. L'intérieur renfermait une mèche de cheveux blonds et une prière à la Sainte Vierge. Enfin une médaille en or du Souverain Pontife Pie IX, souvenir de Rome et des zouaves pontificaux, accompagnait les deux médaillons. Le tout était suspendu par une chaîne en or au cou du jeune duc. Il est probable que ces pieux bijoux avaient été perdus dans le trajet, pendant que les mobiles manceaux transportaient leur capitaine du champ de bataille à la ferme de Nonneville.

On fut longtemps sans entendre parler d'aucun de ces objets. Enfin, en mars 1872, le fils de M. Jousset, d'un hameau voisin nommé Chauvreux, trouva le second médaillon près de Nonneville. Le bruit s'en répandit bientôt, et le jeune homme, après s'être assuré de l'identité du médaillon, le fit remettre, par l'intermédiaire de M. le Curé de Loigny, à Madame la duchesse de Chevreuse, qui eut la joie de rentrer en possession de cette chère relique. Nous croyons que les autres objets n'ont pas été retrouvés.

Mais revenons aux jours qui suivirent la bataille et reprenons notre récit des sépultures.

A Nonneville, avons-nous dit, les inhumations commencèrent le dimanche 4 décembre. Il ne pouvait en être de même à Loigny. Là, en effet, la bataille avait laissé une quantité si considérable de blessés, que les quelques habi-

tants présents, unis aux infirmiers et aux médecins militaires, ne suffisaient pas à les soigner et à les nourrir.

D'ailleurs, le froid qui continua de sévir avec intensité
jusqu'au 11 décembre, conservait les cadavres intacts
dans la plaine. On pouvait, sans grands inconvénients,
retarder les sépultures, tandis que différer le soulagement
des blessés, c'était enlever à beaucoup d'entre eux toute
chance de guérison. Voilà pourquoi le major Dujardin-
Beaumetz avait dû d'abord s'occuper de ceux-ci avant
de songer aux morts.

Mais, lorsque M. le Curé de Loigny fut parti pour Chartres
afin d'en ramener des secours, que Bonneval, Janville,
Voves eurent entendu l'appel en faveur des blessés, le
docteur pria M. l'abbé Bastard de veiller aux inhumations (1).

L'Aumônier rassembla les rares habitants revenus
constater en pleurant les dégâts occasionnés dans leurs
demeures par les projectiles prussiens ou l'incendie, et
commença le travail qui dura presque une semaine.

Les hommes creusaient les fosses ou déblayaient les
carrières et faisaient les inhumations. Les jeunes gens
étaient particulièrement chargés d'aller, avec des voitures,
chercher les corps dans la plaine. Chaque matin ils
passaient aussi devant les ambulances pour recueillir les
morts de la veille ou de la nuit. Parfois les cadavres,
surtout quand l'agonie avait été longue, exhalaient une
odeur pestilentielle. Aussi, les médecins donnaient à tous
ces fossoyeurs des cigarettes de camphre pour éviter
la contagion.

Le capitaine de Maricourt (2) qui fut transporté, le
mardi 6 décembre, à Janville, nous dit où en était ce
jour-là, à Loigny, le travail des inhumations.

Entre Loigny et Lumeau, on voyait sur la plaine des

(1 Abbé Bastard, p. 177.
(2, De Maricourt, p. 172 et 176.

cadavres en grand nombre, tantôt dispersés, tantôt groupés par lignes parallèles ; déjà quelques tombereaux circulaient entre eux. On les emplissait de morts qu'ils apportaient à des carrières abandonnées où des terrassiers les enterraient.

Dans Loigny le spectacle était plus émouvant encore. Le cimetière entourant l'église, la place et les ruines environnantes étaient peuplés de cadavres dans toutes les positions, les uns étendus, les autres accroupis, agenouillés ou presque debout contre les murs. Deux cadavres prussiens dont l'un à demi carbonisé, gisaient au milieu des nôtres. Entre les rangs pressés de cette foule silencieuse circulaient des charrettes chargées de morts oscillant aux cahots. Devant la porte du presbytère, était un amas de jambes et de bras coupés, livides, gelés, provenant des amputations.

Dans le cimetière, cinq ou six hommes creusaient deux fosses énormes au bord desquelles s'allongeait une rangée de cadavres, de zouaves pontificaux surtout. Sur eux se penchaient, très pâles, quelques blessés, cherchant à reconnaître un visage ami parmi toutes ces figures contractées et gelées.

En effet, on enterrait au cimetière, dans une première fosse, les officiers des divers régiments français, et, dans une deuxième en face la grande porte de l'église, les officiers et sous-officiers des zouaves pontificaux (1).

M. de Charette aurait bien désiré réunir tous les siens dans le même endroit. Mais les territoires de Lumeau et de Terminiers s'avancent tout près du bourg de Loigny, et les maires de ces communes revendiquaient jalousement les cadavres couchés sur leur terrain.

En vain le colonel qui avait rencontré dans le village deux de ses Volontaires légèrement blessés, les envoya-t-il parcourir le champ de bataille pour faire transporter au cimetière les corps de ses officiers et sous-officiers ; il ne put les obtenir tous. D'ailleurs plusieurs étaient déjà inhumés.

(1) Abbé BASTARD, p. 175 et 177.

«J'eus le bonheur, raconte le baron de Charette (1), de rendre les derniers honneurs à dix-neuf d'entre eux. Je voulus les revoir une dernière fois et me traîner jusqu'au cimetière. Tous ces amis, tous ces camarades étaient là étendus sans vie ; j'ai pensé aux mères, aux frères, aux parents. Là je contemplai mes meilleurs amis du cœur : Troussures, Gastebois. S'il y a dans la mort une poésie, c'est l'empreinte qu'elle laisse sur le visage d'un homme vaillant ; qu'elle soit venue le surprendre dans l'enivrement de la victoire ou dans la résignation du sacrifice. Gastebois, resplendissant de la joie du triomphe, était tombé au moment où nous nous emparions du village ; Troussures avait dû assister à la retraite et à la bataille perdue.

» Etendus côte à côte, ils respiraient la satisfaction du devoir accompli. Sous l'aspect rigide de la mort, on sentait pour ainsi dire les âmes palpiter auprès de ces corps sans vie.

» Gastebois, ce cœur aimant, dévoué, d'une délicatesse exquise de sentiments, spirituel comme on l'était au siècle dernier ! Il est mort pour sa patrie, pour son Dieu, honneur à lui !

» Vetch se trouvait à côté d'eux, et Vogüé, et Lagrange, et tant d'autres que je ne pus reconnaître. Je me baissai pour leur donner le baiser d'adieu. Jamais je ne me consolerai, tant pour moi que pour le régiment, d'avoir perdu ces chers amis ».

A chacun on prenait un pieux souvenir pour être remis à sa famille. Après les pillards prussiens, il ne restait plus guère que des mèches de cheveux ou le scapulaire bénit et la médaille tutélaire. La plupart de ces reliques furent déposées à l'évêché de Poitiers, à la disposition des parents. Lorsque ceux-ci étaient connus, Mgr Pie aimait à les leur envoyer, comme il le fit pour Mme de Gastebois, avec une lettre des plus honorables que son grand cœur savait lui dicter.

(1) Baron DE CHARETTE, p. 123.

En l'absence de M. le Curé de Loigny, parti chercher des secours à Chartres, M. l'abbé Bastard avait bénit les funérailles et dit les prières de l'Eglise. Le caporal Chotard, des Volontaires de l'Ouest, avait réglementairement reconnu les corps et noté les indications à donner aux familles.

Ces renseignements, qui manquèrent hélas ! pour tant d'autres, furent bientôt utilisés.

Une dizaine de jours plus tard, en effet, trois dames, très inquiètes à la nouvelle du massacre des zouaves pontificaux, s'étaient rencontrées en chemin et arrivaient ensemble à Loigny. L'une, Mme Perron, petite-fille du maréchal Oudinot de Reggio, cherchait son neveu Charles de Vesins, qu'on lui avait dit blessé ; l'autre, Mme Cézard apparentée aux de Troussures, réclamait le corps du commandant ; la troisième, Mme la comtesse de Vogüé, venait s'informer de ce qu'était devenu son fils, le sergent Joseph de Vogüé.

Par une miséricordieuse attention de la Providence, ce dernier avait eu le pressentiment de sa mort. Il en fut de même pour beaucoup d'autres victimes, et c'étaient les privilégiées. Ainsi le comte Henri de Verthamon, qui faisait avec tant de générosité le sacrifice de sa vie pour la défense de la patrie, pleurait parfois à la pensée qu'il ne reverrait plus sa famille et laisserait ses enfants orphelins.

Cette certitude anticipée de leur trépas, loin d'affaiblir le courage de nos chrétiens, épurait davantage leur âme, donnait à leur dévouement plus de prix, à leur immolation plus de mérite.

Or, le comte Henri de Grille, zouave pontifical, qui prit part à l'assaut de Loigny, raconte que, dans la matinée du 2 décembre, trois de ses amis, de la Brosse, de Mauduit et de Vogüé, vinrent lui faire leurs adieux, lui affirmant qu'ils succomberaient dans la journée. Henri, persuadé du contraire pour lui-même, n'accorda nulle créance aux prévisions de ses compagnons d'armes. Tous quatre répondirent joyeusement à l'appel de Sonis, marchèrent résolument sous la bannière du Sacré-Cœur et se battirent avec entrain. Mais à la nuit, le jeune de Grille, épuisé de fatigues, l'épaule droite fracassée, était seul à se traîner péniblement vers Patay ; de la Brosse, de Mauduit et de Vogüé étaient couchés morts ou agonisants sur le champ de bataille.

Joseph de Vogüé, lui, frappé au ventre par une balle pendant la marche sur Loigny, était tombé devant le bois. Quand les zouaves furent contraints de se retirer, le sergent Dufeu l'entendit se plaindre qu'il avait froid. Le généreux soldat, malgré la bise glaciale dont il sentait les morsures, imita l'exemple de saint Martin et couvrit de son manteau le blessé, qui mourut avant d'avoir été relevé par les ambulanciers (1).

Mais revenons à nos voyageuses.

A leur arrivée à Loigny, M me Perron et ses compagnes se présentèrent au presbytère et virent M. Dujardin-Beaumetz. Le docteur rassura M me Perron, car il savait, d'après les renseignements fournis par le caporal Chotard (2), zouave pontifical, que le sergent de Vesins, son neveu, était sorti sans blessure de l'affreuse mêlée, mais avait été obligé de se rendre à l'ennemi. Puis, ignorant encore que le sergent était parvenu à s'échapper en cours de route, comme nous l'avons raconté au chapitre IV, le docteur ajouta qu'il devait en ce moment suivre les colonnes de prisonniers sur le chemin de l'Allemagne.

Le même espoir ne pouvait malheureusement pas être donné aux deux autres dames. M. Dujardin-Beaumetz leur accorda l'autorisation de faire enlever la terre sous laquelle reposaient, dans le cimetière, les zouaves pontificaux recher-chés. Les nobles visiteuses, en larmes, reconnurent leurs morts, et l'impression qu'elles éprouvèrent, à la vue de ces

1 Commandant DE SONIS, p. 432.
2 Le XVII Corps à Loigny, p. 281.

cadavres sans suaire, sans cercueil, fut si poignante, que l'une d'elles, Mme la comtesse de Vogüé, s'excusant de ne pouvoir venir au service anniversaire, écrivait le 27 novembre 1871 à M. l'abbé Theuré : « Je n'aurais pas la force, je le sens, de revoir ces lieux qui me retracent de si lugubres scènes ; j'ai toujours devant les yeux la fosse béante de mon cher enfant, et sa belle et si triste expression me torture le cœur ».

Le docteur Dujardin-Beaumetz, compatissant pour cette mère désolée, écrivit à l'abbé Bastard, qu'il avait chargé de veiller aux inhumations :

« Mon cher abbé, Mme de Vogüé, qui a retrouvé, dans le cimetière de Loigny, le corps de son malheureux fils, vous demandera si vous avez recueilli sur son corps quelques-uns de ces objets si précieux et si consolants pour la piété des familles. Dites à Mme de Vogüé ce qui peut adoucir sa douleur et croyez, mon cher abbé, au regret de ne plus vous avoir près de nous, dans ce pauvre Loigny où vous avez déployé tant de dévouement » (1).

Tandis qu'au fond de cette fosse ouverte Mmes Cézard et de Vogüé trouvaient le corps qu'elles cherchaient, Mme Perron y rencontrait un mort, le capitaine de Gastebois, auquel elle ne songeait point. Mais pressentant le désir de la famille, elle ordonna de l'exhumer. Elle écrivit ensuite à un cousin du défunt, pour ménager à la malheureuse mère l'émotion qu'allait lui causer cette découverte à la fois pénible et consolante. « J'éprouvai, disait-elle, une impression que je ne pourrai vous rendre en reconnaissant dans un des quatre visages découverts, le brave, l'aimable, l'excellent capitaine de Gastebois. Il était côte à côte avec son commandant, en chemise tous deux, parfaitement reconnaissables, la physionomie calme, triste, mais sereine; quinze jours après leur mort, ils n'étaient pas changés.

(1) Abbé BASTARD, p. 185.

Un troisième officier que je ne connais pas était près d'eux, et le quatrième était M. de Vogüé ».

« En quittant le sinistre Loigny, poursuit Mme Perron, nous nous perdîmes, Mme Cézard, Mme de Vogüé et moi, dans les plaines de la Beauce ; à grand'peine pûmes-nous obtenir d'un fermier de nous abriter pour la nuit. Afin d'adoucir cet homme, je fis du café et lui en offris. Il devint causant et me dit qu'il avait trouvé par hasard le carnet d'un officier ; c'était celui de M. de Gastebois ! Il me l'a remis, et je le garde comme un trésor, avec la marque de la chemise du défunt que j'ai fait couper et qui est teinte de son généreux sang, pour les envoyer à sa pauvre mère quand vous m'en indiquerez l'occasion » (1).

Le lendemain, 19 décembre, trois cercueils garnis de zinc et munis de plaques indicatrices étaient envoyés à Loigny pour y recevoir les trois corps. MM. de Troussures et de Vogüé furent ensuite conduits à Orléans. Le capitaine de Gastebois resta provisoirement à Loigny, et ne partit pour Eymet, en Dordogne, qu'au mois d'avril 1871.

A cette époque où la circulation sur routes et sur chemins de fer était redevenue libre, nombre de cercueils quittèrent les plaines de la Beauce. Les zouaves de la Brosse et le Lièvre de la Touche allaient chercher à Nantes une tombe définitive ; leur sous-lieutenant Vetch s'embarquait pour l'île Bourbon ; le sergent Allard, des mobiles de la Dordodogne, regagnait Bergerac ; Joseph de Vogüé, sous la conduite d'un prêtre, était emmené d'Orléans à Tresques, département du Gard, dans le caveau de sa famille ; enfin, pour clore cette liste que nous pourrions faire beaucoup plus longue, Henri de Verthamon, couché dans sa bière, rentrait au pays natal, où l'accueillaient les larmes de tout un peuple.

Qu'il nous soit permis de consacrer quelques lignes aux

___

(1). *Albert de Gastebois, capitaine aux Zouaves pontificaux*, par Martial DELPIT, député à l'Assemblée nationale, Bergerac, 1871.

émouvantes cérémonies des obsèques de ce dernier. Henri de Verthamon, le généreux porte-drapeau du Sacré-Cœur, était mort le 7 décembre à l'hospice de Janville et son corps avait été enseveli avec soin. Le 11 mai suivant, ses frères l'emportaient à Bordeaux (1).

Ils étaient accompagnés par la vénérable Supérieure de l'hospice, Mère Saint-Henri, qui conduisait elle-même à Toulouse les restes de son jeune parent, Armand du Bourg, une autre victime de Loigny.

Le cercueil d'Henri arriva le soir au Castera, en Médoc, domaine de ses ancêtres ; on lui fit traverser la galerie, le salon, les grandes pièces du vieux château, témoins aimés de son enfance. Là, sous les portraits de famille, un arrêt de quelques instants, réclamé par la marquise de Verthamon, sembla un dernier hommage rendu à la mémoire de ses pères, par celui qui avait encore ajouté à l'honneur de leur nom. Porté ensuite à l'oratoire transformé en chapelle ardente, il resta deux jours entouré des prières et des regrets des populations voisines qui s'y succédèrent sans interruption.

Les funérailles eurent lieu le 13 mai dans l'église du village. La grandeur du cortège donna au convoi les airs d'un triomphe. Autour du cercueil, qu'ornait l'uniforme ensanglanté et troué de balles du héros chrétien, marchait en grande tenue, comme une escorte d'honneur, un groupe de zouaves pontificaux. M. de Sèze, parent du défunt et zouave comme lui, le précédait, portant une bannière du Sacré-Cœur, représentation exacte de celle qu'Henri avait si courageusement arborée pendant la bataille.

L'absoute terminée, le cortège se reforma et reprit le chemin de la chapelle du château. C'est là qu'eut lieu une scène sublime qui remua les fibres les plus profondes des cœurs et arracha des larmes à tous les yeux. Avant de procéder à l'inhumation, on apporta l'enfant née depuis peu,

(1) *Jeunes Chrétiens de notre temps*, par le P. DIDIERJEAN, s. J., p. 66.

et on lui conféra le baptême sur le cercueil de son père, qui semblait se survivre jusque dans le nom d'Henriette donné à sa fille. Le corps du héros fut ensuite descendu dans le caveau creusé sous la chapelle ; c'est là qu'il repose, sous la garde pieuse des siens, en attendant le jour où il revivra pour l'éternité.

Ainsi c'était une consolation pour les parents de pouvoir ramener dans le cimetière paroissial, ou dans un tombeau de famille, près des aïeux, les restes mortels des victimes de la bataille. Mais il en est qui n'eurent pas même cet adoucissement à leur peine. Témoin Mme la marquise de Bellevue, dont les douloureuses recherches au milieu des blessés et des morts pour retrouver son fils, disparu le 2 décembre, n'aboutirent qu'à la fosse commune, où les cadavres inconnus sont entassés pêle-mêle.

Pourtant, que de courses elle avait faites en pays occupé par l'ennemi ! Le capitaine de Maricourt la vit à l'ambulance de Janville. Elle était à Loigny le 3 février au moment de la sainte mort de Lucien Saulnier. Elle avait auparavant visité Chartres et frappé à toutes les portes où son amour maternel espérait obtenir un indice.

Mme la comtesse de Chabannes, qui la rencontra alors, nous parle d'elle en ces termes :

« Au mois de janvier 1871, il m'en souvient, une noble femme vêtue de noir, car elle pressentait un malheur, était à la recherche de son fils, l'un des zouaves pontificaux qui ont si glorieusement combattu à Loigny. Elle allait et venait la pauvre mère, disant à tous ceux qu'elle croyait pouvoir l'instruire sur le sort de son enfant : « Dites-moi, n'avez-vous pas vu mon fils ? » Hélas ! nul ne pouvait alors la renseigner ! Un jour vint pourtant où elle apprit que le jeune comte de Bellevue avait été du nombre des victimes fauchées par la mort dans la lutte héroïque, mais inégale, où coula à longs flots le sang le plus pur et le plus généreux » (1).

(1) *Voix de Notre-Dame de Chartres*, 1872, p. 59.

Jean de Bellevue se préparait, en 1867, à l'école de Saint-Cyr, lorsque les récits de la glorieuse journée de Mentana lui inspirèrent le désir de consacrer sa vie au service du Souverain Pontife. Il y resta jusqu'à la chute du pouvoir temporel et vint alors en France. Des premiers il marcha contre les Prussiens, au brillant fait d'armes de Cercottes, près d'Orléans. Mais le 2 décembre, en combattant sous les plis de la bannière du Cœur de Jésus, Jean fut mortellement blessé (1).

Or, le dimanche, surlendemain de la bataille, les habitants du hameau de Faverolles commencèrent à enterrer les morts tombés sur le territoire de Terminiers. Jean de Bellevue, avec Fernand de Ferron et cent trente-deux autres combattants, fut inhumé dans une carrière, à une petite distance de Villours. Mais, comme les paysans avaient négligé d'identifier les corps, aucun ne put dans les premiers temps renseigner la pauvre mère.

Quatre mois plus tard, après bien des recherches, la marquise de Bellevue finit par découvrir une chaîne à laquelle était suspendue une médaille d'or qu'elle avait donnée à son fils dans son enfance. Cet indice lui fit connaître à la fois la réalité de son malheur et le lieu où reposait le jeune comte.

A cette date, et avec une si vague espérance de succès, il était trop tard pour remuer cette foule de cadavres où la décomposition avait déjà fait son œuvre.

Mais la marquise souffrit beaucoup de ne pouvoir retrouver le corps de son fils. Elle s'en plaignait à M. l'abbé Theuré dans sa lettre du 16 septembre 1871 : « Si j'avais eu plus de temps (dans la dernière visite), je vous aurais parlé du petit bois, près duquel, et même au milieu duquel sont tombés nos chers enfants. N'ayant pu, pour ma part, avoir aucune consolation, ni celle de posséder jamais le

(1) *Souvenirs de l'École Sainte-Geneviève*, par le R. P. CHAUVEAU, s. J., p. 55 et suiv.

corps de mon petit martyr, ni l'espoir de savoir même où il a pu mourir, délaissé et seul avec Dieu et ses anges, je serais heureuse de posséder ce coin de bois, témoin de leur lutte et de leur héroïsme sans succès ».

Grâce à l'entremise de M. le Curé de Loigny, la marquise de Bellevue devint propriétaire du Bois-Bourgeon. Il est probable qu'elle eût songé plus tard à y élever un pieux souvenir. Mais la mort la surprit avant qu'elle n'eut rien décidé à ce sujet.

La famille de Bouillé, déjà si éprouvée par la perte de deux héros, le père et le fils, eut encore le chagrin de ne pouvoir réunir les deux corps dans la tombe des ancêtres. Le père, grièvement blessé en faisant flotter au-dessus des têtes l'étendard du Sacré-Cœur, fut dirigé sur Orléans où il mourut. Mais le fils, qui eut après son père l'honneur de brandir la sainte bannière, resta sur le champ de bataille, y rendit le dernier soupir et fut enterré sans aucune des constatations nécessaires.

Le lieu de son inhumation resta inconnu.

Pourtant la famille multiplia les démarches. Sa jeune veuve suppliait les personnes qui venaient à Loigny chercher leurs morts d'avoir la bonté de s'intéresser à sa douleur ; au cas où elles feraient ouvrir des carrières qui n'ont pas encore été visitées et rencontreraient son mari, de vouloir bien le faire mettre à part dans un cercueil, puis placer dans un endroit facile à reconnaître. Afin d'aider aux constatations et de réveiller, s'il était possible, les souvenirs des paysans-fossoyeurs, une lettre de Mlle de la Touche, religieuse du Sacré-Cœur, écrite le 21 février 1871, donnait le signalement du défunt :

« M. de Bouillé portait, croit-on, une chemise brune, couleur des vêtements dits imperméables ; puis une seconde chemise, couleur chamois. Il avait un scapulaire du Mont-Carmel très large, ne ressemblant pas à ceux portés ordinairement. Taille : 5 pieds 5 pouces ; moustaches longues, blondes, un peu rouges ; cheveux blonds ».

Tant de sollicitations et de recherches demeurèrent inutiles. Mme de Bouillé, il est vrai, finit par recouvrer l'alliance que son mari portait au doigt, mais ne recueillit aucune trace, aucune indication qui lui fît connaître l'endroit où le noble zouave avait été inhumé.

Dans une perte si grande, c'était une douleur de plus de ne pouvoir même prier sur une tombe.

Le grand-père, M. de Morainville, la ressentait encore quand, le 28 novembre 1871, il écrivait à M. le Curé de Loigny : « Nous avons tant besoin du secours du Ciel, car nous pleurons notre petit-fils Jacques de Bouillé qui a été frappé en portant le drapeau du Sacré-Cœur à la tête des zouaves pontificaux et dont, comme vous le savez, les restes mortels n'ont même pas été retrouvés ».

Telles étaient les angoisses causées aux familles par la précipitation et l'inhabileté des fossoyeurs. Ajoutons que la manière dont fut exécuté leur travail pouvait être une source de contagion pour le public.

C'est que les inhumations avaient généralement très peu de profondeur. Il arriva même que des laboureurs en creusant leurs sillons, trouvèrent des cadavres prussiens étendus dans la raie qui sépare les champs et recouverts de quelques pelletées de terre.

Le sol durci par le froid et la fatigue des travailleurs à l'époque des premières sépultures servaient sans doute un peu d'excuse à cette conduite ; mais le danger n'en existait pas moins. Aussi fut-on obligé au printemps de recreuser presque toutes les fosses faites par les Allemands.

Sur toutes d'ailleurs, d'après les instructions données par le Gouvernement, on dut répandre de la chaux en poudre, jeter une nouvelle couche de terre, semer des sainfoins ou plantes à croissance rapide pour absorber les émanations et purifier l'air.

Bientôt les tertres funéraires, bénits par M. le Curé de Loigny et ornés de croix de bois payées par la commune, se revêtirent de gazon touffu ; mais, la suite de notre récit le prouvera, l'oubli ne poussait pas avec lui sur les tombes.

Signalons en terminant une humble croix du cimetière où se lisait cette inscription : « Ici repose le corps de Casse-grain Victor-Cyprien, décédé au service de la patrie le 9 décembre 1870, à l'âge de 28 ans ».

Ce jeune homme était de Lumeau, pays voisin de Loigny. Rappelé sous les drapeaux comme ancien militaire, il fut blessé grièvement le 2 décembre, dut subir l'amputation et, malgré des soins qui faisaient tout espérer, succomba en pleine nuit à une hémorragie. Selon la formule antique, il avait combattu *pro aris et focis*, était mort en vue de son clocher, au milieu des siens.

CHAPITRE VIII

___

CONVOIS DE BLESSÉS

___

Pressant appel au maire de Bonneval. — Le partage des voitures. — Les blessés et les uhlans. — Reconnaissance de nos soldats. — M. Darreau culbute un commandant prussien. — Il sauve le fanion des mobiles de Loir-et-Cher. — Madame la marquise de Gouvion-Saint-Cyr menacée par un officier badois. — « Vous avez misérablement insulté la petite-fille d'un maréchal de France ». — Les blessés à Illiers. — Le capitaine de Maricourt et son départ pour Janville. — Description de Loigny et de la plaine. — Un spectacle macabre. — Le lieutenant Leblond blessé à bout portant. — Ambulanciers anglais. — Sœur Saint-Henri. « Vous êtes un misérable ! » — « Arrivez tous, j'ai votre affaire ! » — M. le Curé de Loigny part à Chartres réclamer des secours. — M. Collier-Bordier et M. de Boissieu. — Les sociétés de secours aux blessés. — Les Dames quêteuses. — Le recrutement des secours. — Générosité des habitants de Voves. — M. l'abbé Perthuy. — Auprès des blessés et des morts. — Madame de Luigné et M. de Boissieu. — Visite au bois des zouaves. — Deux Sœurs de Bon-Secours. — Tracasseries prussiennes. — « Allons, vous autres, faites comme moi et n'ayez pas peur ». — Les blessés allemands évacués sur Chartres. — Admirable dévouement de cette ville. — Un officier reconnaissant : « Moi, ne savoir pas comment dire ». — Dureté des Allemands pour nos blessés à Bonneval et à Voves. — Une mission difficile. — Les diaconesses protestantes. — « Mortes au champ d'honneur ! »

Les Prussiens, nous l'avons dit, avaient enfin cédé aux instances des médecins militaires et permis, dans la journée du dimanche 4 décembre, d'aller en arrière des lignes allemandes demander aux villes voisines les secours dont les malheureux blessés abandonnés à Loigny avaient immédiatement besoin. L'aide de Janville, déjà promise, était de beaucoup insuffisante. C'est pourquoi, dans un conseil tenu au presbytère, à l'arrivée du major Dujardin-Beaumetz, on décida qu'un exprès, muni d'un sauf-conduit prussien, partirait, le lendemain, pour Bonneval et Illiers, tandis que le Curé de Loigny irait personnellement à Chartres.

Aussi le lundi 5 décembre, vers deux heures, le brancardier des chasseurs à pied Lancelot remettait au maire de Bonneval, M. Dupré, une lettre du docteur Challan, datée de Fougeu (1). C'était un pressant appel en faveur des milliers de blessés en proie à de cruelles souffrances sur le champ de bataille du 2 décembre.

Grâce à l'activité du maire et à la générosité publique, un convoi fut rapidement organisé. Des voitures de toutes formes étaient chargées, les unes de matelas et de couvertures, les autres de médicaments, de charpie, de linges à pansements, ou d'aliments nombreux et variés.

Vers cinq heures, soixante voitures prenaient le chemin de Loigny, sous la conduite de M. Macquarie, interne de l'Asile. Il était accompagné, malgré la nuit, la rigueur du temps et l'inconnu périlleux des routes, de trois Sœurs de Saint-Paul et de quelques personnes de bonne volonté.

A Pré-Saint-Evroult, les habitants voulurent prendre part à cette œuvre de grande charité et fournirent à leur tour une vingtaine de voitures. On s'avança lentement, mais sans encombre, jusqu'à Orgères, où les Prussiens entreprirent de couper le convoi pour se réserver, en faveur de leurs blessés, la moitié des voitures et des provisions.

Pourtant, eux les vainqueurs savaient se procurer, en le prenant de force, tout ce qui leur était nécessaire pour

(1) Voir la lettre dans GRENEST, t. I, p. 477.

leurs blessés allemands, tandis qu'ils négligeaient les nôtres, et les laissaient mourir faute de soins et de nourriture. Aussi, M. Macquarie, en s'opposant avec énergie à cette violation du droit des gens et de la Convention de Genève, finit par obtenir que le médecin en chef prussien se contentât d'une vingtaine de voitures. Il fallait bien en céder un peu pour sauver le reste.

Le convoi, malheureusement réduit une seconde fois à Fougeu (1), entrait enfin, à Loigny, sur les dix heures du soir.

On descendit au presbytère, quartier général de l'ambulance, et, à la demande du docteur Dujardin-Beaumetz, une Sœur fut aussitôt placée près du général de Sonis, amputé de la veille. En même temps, on s'empressait de distribuer les vivres qu'on venait d'apporter, aux blessés de l'église et des maisons voisines. Mais, M. Macquarie, Sœur Sainte-Elisabeth et les demoiselles Fourrier se mirent immédiatement à la disposition du major pour l'aider dans ses opérations qu'il poursuivit toute la nuit. Ni les amputations, ni les pansements des plaies les plus horribles ne rebutèrent ces femmes vaillantes qui firent preuve jusqu'au bout de la plus grande fermeté.

Le lendemain 6 décembre, à l'aube naissante, on songea au retour. Une partie du convoi reçut des blessés de l'église, confiés par le docteur Dujardin-Beaumetz, l'autre moitié, réservée aux blessés du docteur Challan, de qui était venue la demande, prenait son chargement à Fougeu. A neuf heures, on était en marche, emportant, de ce triste champ de bataille, cent quatre-vingt-neuf soldats plus ou moins grièvement blessés.

Par crainte de nouvelles difficultés, on évita Orgères et on eut soin de ne laisser aucun intervalle dans le convoi. Pourtant, à un kilomètre de Sancheville, des uhlans essayèrent de le couper afin d'enlever une trentaine de

(1) CHALLAN DE BELVAL, p. 189.

blessés qui allaient à pied, et de les envoyer en Allemagne.
Mais leur intention est devinée ; on se hâte de faire remonter les malheureux soldats dans les voitures, tandis que
M. Macquarie, à cheval alors, se précipite au-devant des
cavaliers ennemis. Ceux-ci tournèrent bride vers Sancheville et continuèrent d'épier.

Malgré cette surveillance importune des Prussiens,
la population de ce village s'empressa d'improviser une
collation pour nos soldats épuisés par leurs blessures et
par la faim.

La caravane, ainsi réconfortée, se remit en marche et
se tint plus encore sur ses gardes. Heureusement, car les
uhlans la suivirent jusqu'à Bonneval, où elle arriva vers
cinq heures du soir. La répartition des blessés commença
aussitôt, et, dès le lendemain, grâce à l'empressement de la
population, les blessés qui ne purent trouver place dans les
ambulances de l'asile et de l'hôpital, furent logés dans des
maisons particulières. Les habitants aimèrent mieux les
garder tous que d'en envoyer au château de Reverseaux,
comme l'avait demandé Madame la Marquise de Gouvion
Saint-Cyr.

Après quelques jours de bons soins et de repos, beaucoup
de ces soldats, capables de marcher, s'évadèrent et gagnèrent le Mans. Ils fuyaient ainsi l'exil en Poméranie, où,
après leur guérison, les auraient envoyés les Prussiens,
et ils se disposaient à combattre encore pour la patrie.

Les blessés de Loigny n'oublièrent point la généreuse
hospitalité de Bonneval. « En plus d'une occasion, écrivait
plus tard le maire, M. Dupré, ils nous ont donné des témoignages multipliés de reconnaissance : qui, par des lettres
répétées ; qui, par des visites de pieux souvenir au milieu
de nous (1) ».

C'est une remarque que nous croyons inutile de répéter

(1) Consulter *L'Écho Danois*, 21 déc. 1871. — COLLIER-BORDIER,
p. 87 et suiv.

sans cesse, mais qui aurait son application dans chaque
ambulance, dans chaque maison hospitalière de cette
èpoque. Oui, nos soldats surent, en maintes circonstances
et de façons charmantes, exprimer leur gratitude à ceux
qui, pour les sauver de la mort, les avaient accueillis sous
leur toit, soignés de leurs mains et, souvent, nourris de
leur bourse.

En même temps que le convoi de Bonneval, était entré
à Loigny, le lundi 5 décembre, un avant-coureur des
ambulances de Chartres, M. Darreau, doreur. Le passage
des prisonniers français et l'arrivée des blessés prussiens
dans cette ville avaient fait savoir qu'une multitude de
blessés français gisaient là-bas dans la plus lamentable
détresse.

Sans attendre de plus longues formalités et n'écoutant
que son cœur, M. Darreau obtint du maire, M. Delacroix,
la permission d'essayer de leur porter secours et de prendre,
chez Noël, la voiture de la poste. Le dimanche 4 décembre,
accompagné d'un homme de bonne volonté, il était parti,
emportant des matelas, des couvertures et du perchlorure
de fer pour les blessés.

Son voyage fut fertile en incidents. A Voves, notamment,
ayant bousculé un commandant prussien qui le traitait
d'espion et voulait lui arracher son brassard, il fut sur le
point d'être fusillé. Echappé à grand'peine à ce danger,
il put, le lundi, gagner Fontenay-sur-Conie, se joindre au
convoi de quatre-vingts voitures venant de Bonneval
et arriver, enfin, à Loigny.

Là il se mit à la disposition du major Dujardin-Beaumetz pour les amputations ou pour les transports. Plusieurs
mois durant il se dévoua gratuitement et avec zèle, soit
à Loigny, soit à Chartres, au soulagement de nos blessés.
Tous alors, mais surtout la Commission des Hospices, le
président de la Croix-Rouge et M. Voyet, médecin, lui
adressèrent les plus chaudes félicitations.

Parmi les souvenirs qu'il a gardés de ces jours terribles, il en est un que nous sommes heureux de raconter ici.

Dans sa première visite au champ de bataille, encore parsemé des corps de nos soldats tués dans la lutte, M. Darreau, aperçut, entre Loigny et Villours, une escouade de Bavarois que suivait un fourgon. Ces Allemands achevaient de recueillir les armes éparses çà et là pour les mettre en pièces et les brûler.

Or, sans paraître les observer, il les voit qui, après avoir retourné un cadavre, ramassent un rouleau et le développent avec de joyeuses exclamations. C'était un petit drapeau, ou fanion, dont la hampe était brisée. Le soldat qui le portait, se sentant frappé à mort, avait tenu à soustraire ce dépôt sacré aux regards et aux mains de l'ennemi ; il l'avait roulé et caché sous lui avant d'expirer. Son espérance, hélas ! était déçue !

A cette pensée notre ambulancier frémit, mais se tait. Il lui faut du calme pour réaliser le projet qui vient de surgir dans son esprit.

Il fait alors semblant de chercher des signes d'identité sur les cadavres français et s'approche doucement du fourgon où les Bavarois ont déposé leur trophée. Puis, profitant d'un moment où ceux-ci, tout occupés de leur besogne, se sont un peu éloignés, il saisit le fanion, le met dans son gilet, gagne rapidement le village et cache sa chère relique sous la couverture de paille d'un mur de clôture.

Les soldats allemands ne tardèrent pas à remarquer la disparition de leur précieuse trouvaille ; mais en vain ils réclamèrent et fouillèrent de tous côtés ; ce fut pour eux peine inutile.

Un an après le petit drapeau, qui appartenait aux mobiles de Loir-et-Cher, figurait, à Loigny, à l'anniversaire de la bataille. Il était ensuite offert au préfet d'Eure-et-Loir, pour être expédié au préfet de Blois. Celui-ci, remerciant son collègue de Chartres, écrivait le 11 décembre

1871 : « Je l'ai remis (le fanion) au général commandant la subdivision, et nous allons examiner ensemble comment il convient de reconnaître le dévouement et la pensée généreuse du sieur Darreau ».

Il nous était impossible de laisser plus longtemps dans l'oubli ce beau trait de patriotisme.

Nous avons vu que le convoi de Bonneval venant chercher nos blessés de Loigny, avait failli être retenu tout entier par les Prussiens, lors de son passage à Orgères. Les mêmes tentatives d'accaparement se renouvelaient à chaque arrivée de secours. Elles donnaient lieu aux scènes les plus vives dont une de nos plus honorables châtelaines fut un jour l'objet.

La marquise de Gouvion-Saint-Cyr, de Reverseaux, était venue une première fois, sans rencontrer de difficultés, sur le champ de bataille, pour se rendre compte des besoins et apporter quelques vivres. Elle revint une seconde fois, le 6 décembre dans l'après-midi, avec un convoi de dix voitures que l'ennemi garda pour ses blessés. La courageuse marquise se fâcha ; mais un officier badois eut l'audace de la menacer de sa cravache et la noble femme dut se retirer.

Le fait s'était passé en avant de la Maladrerie, à quatre kilomètres de Loigny. M me de Gouvion-Saint-Cyr continuant sa route, vint jusqu'au hameau de Fougeu, où elle trouva l'aide-major Challan de Belval et raconta les procédés dont on avait usé à son égard. Aussitôt le docteur se rendit avec elle à la Maladrerie et fut vite en présence de l'officier à collet jaune qui venait de lui manquer si gravement. Alors s'engagea le colloque suivant :

« Monsieur, dis-je, raconte le médecin militaire, vous avez misérablement insulté la petite-fille d'un maréchal de France ; c'est ignoble. J'attends de vous des excuses et la restitution des voitures que vous lui avez volées.

» Puis, affectant un profond respect pour la noble dame, je me tins raide comme un Anglais vis-à-vis du Prussien.

» Il voulut s'expliquer, puis il s'excusa, et, finalement, sur une nouvelle réclamation de Mme de Gouvion-Saint-Cyr qui m'avait fait l'honneur de prendre mon bras : Monsieur, dit-il, j'envoie de suite un cavalier à la recherche de ces voitures ; elles vous seront immédiatement rendues.

» Soit, dis-je, je compte sur votre parole. »

Contre toute attente la promesse fut en partie tenue. Une heure après, six voitures seulement sur dix revenaient à Fougeu, mais elles étaient du moins encore chargées de provisions. C'était beaucoup d'avoir arraché aux griffes du vainqueur plus de la moitié de sa proie.

Grâce à l'énergique intervention de l'aide-major, la marquise put emmener chez elle trente blessés dont six officiers (1).

Pour leur donner une place de plus dans sa calèche, la grande dame s'assit à côté du cocher et supporta sans se plaindre la température sibérienne qui sévissait alors. Elle était transie de froid lorsqu'elle arriva à Reverseaux. Tous ces blessés furent soignés, à ses frais, par le docteur Molinier attaché à l'ambulance du château, et bien d'autres vinrent les rejoindre, comme nous aurons l'occasion de le mentionner au cours de ce récit.

La ville d'Illiers, un peu plus éloignée du théâtre de la guerre, ne tarda pas à imiter Bonneval, sa voisine.

En effet, si tôt qu'il reçut, par l'envoyé du docteur Challan (2), la nouvelle de l'abandon où se trouvaient les victimes du combat de Loigny, le maire, M. Dumuid, organisa un convoi pour aller à leur secours. Dix-sept voitures de cultivateurs, sous la conduite de M. Barroi,

---

1 Docteur CHALLAN DE BELVAL. *Carnet de Campagne d'un Aide-Major. 1870-1871*, p. 190 et 326.

2 CHALLAN DE BELVAL, p. 326.

pharmacien, partirent, le 7 décembre, chercher les malheureux blessés (1). Elles en ramenèrent cent cinquante-
quatre qui furent répartis dans dix ambulances et nourris
par la charité publique.

Ces infortunés jeunes gens, nous apprend le docteur
Galopin, étaient restés depuis le combat dans le château
de Villepion, alors inhabité. Etendus sur la paille, sans feu,
sans aucun des pansements nécessaires, ils n'avaient eu
à peu près que du pain sec et de l'eau glacée pour soutenir
leurs forces, ou plutôt pour les empêcher de mourir. Aussi
impossible de dépeindre le déplorable état dans lequel ils
étaient à leur arrivée à Illiers. Leurs plaies s'étaient considérablement aggravées et répandaient dans les salles de
l'ambulance une épouvantable infection. Mais rien ne
découragea les soins empressés et l'admirable dévouement
dont tous furent l'objet, quelques-uns environ quatre
mois (2).

Janville avait appris le premier, par le passage des prisonniers, dans la nuit du 2 décembre, la détresse des
blessés restés nombreux sur le champ de bataille.

Aussi, munis d'un laisser-passer délivré par le général
commandant la place, le maire, M. Clichy, la supérieure
de l'hospice, Mère Saint-Henri, les docteurs Dargent et
Lebel s'empressèrent d'aller porter quelques secours
à nos malheureux compatriotes. Ils les trouvèrent
dans des maisons désertes, sans soins, sans feu, souvent
sans paille. Ce spectacle les émut profondément. Même
prévenus, ils ne s'attendaient pas à tant de misères. Toutefois ils ne purent, ce jour-là, qu'emmener six blessés,
parmi lesquels MM. Du Bourg et de Verthamon. Mais le
lundi, le maire organisa un convoi qui porta à Loigny
du pain, du vin, de la viande et autres objets, et ramena

(1) CHALLAN DE BELVAL, p. 326.
(2) *Journal de Chartres*, 6 avril 1871. — COLLIER-BORDIER, p. 70.

à Janville, tant en voiture qu'à pied, cent deux blessés.

Le capitaine de Maricourt fut de ceux qui prirent cette direction. Ecoutons-le nous raconter son voyage : (1)

« Le mardi 6 décembre, on vint nous dire que le convoi pour Janville était prêt à partir. Deux hommes me prirent sous les bras et m'emportèrent au dehors. À la première bouffée d'air froid et pur qui m'arriva au visage, au sortir de la chambre infecte où nous avions langui cinq jours, il me sembla que je sortais de la tombe pour renaître. Mais quel spectacle !

» L'église, entourée du cimetière, s'élevait sur une petite place, bordée par des maisons dont une bonne partie n'étaient plus que des ruines noircies par le feu. Les toits, les murs, les tombes, tout était bouleversé et brisé par les obus, criblé par les balles. »

De nombreux cadavres, dans toutes les positions, se voyaient çà et là, des fosses se creusaient au cimetière et Charette faisait préparer la sépulture de ses zouaves pontificaux, comme nous l'avons dit au chapitre des inhumations.

« Sur la place, continue le capitaine, nous attendaient cinq ou six charrettes attelées. On me porta d'abord vers une sorte de tapissière. Sur la banquette de devant étaient assis trois sergents-majors de zouaves pontificaux, droits, blancs, rigides comme des morts. L'un d'eux, M. de Ville-bois, mourut le surlendemain.

» Cette voiture étant pleine, on me porta à une carriole où je fus bien heureux de pouvoir me coucher sur mon sabre, car quelques Prussiens rôdaient sur la place. Près de moi, on déposa ensuite le sergent Deschênes, de mon bataillon, puis M. de Mornac, chef de bataillon d'infanterie.

» On installa dans une autre carriole le colonel de Mont-laur, Raoul de Saint-Venant, Gaston de Brisoult, et le sergent-major Charnod, qui avait demandé à ne pas être séparé de ses officiers.

(1) DE MARICOURT, p. 171.

» Ceux qui étaient en état de marcher devaient faire la route à pied. C'étaient, entre autres, M. Leblond, lieutenant d'infanterie, blessé au menton, M. Hauvert, officier aux braves francs-tireurs de Tours et Blidah, qui avaient chargé avec les zouaves pontificaux ; il avait le bras fracassé ; enfin nos trois ordonnances Rossignol, Coutable et Brossard. J'avais vivement recommandé à ce dernier de ne pas s'écarter à plus de trois pas de ma charrette. Pour en finir de suite avec mon pauvre moblot, il ne m'obéit pas, fut pris par les uhlans et envoyé en Prusse.

» Le convoi s'organisait avec une lenteur désespérante ; il faisait un froid glacial et nous attendions toujours.

» Deux cadavres prussiens étaient allongés contre la roue de notre véhicule.

» L'un d'eux, casque en tête, jugulaire sous le menton, sac au dos, était carbonisé jusqu'à la ceinture. Les cheveux roux qui s'échappaient du casque, la grande barbe rousse et inculte, les yeux grands ouverts, donnaient un air horriblement farouche à ce tronc qui se terminait par les os grêles et noircis des jambes ; c'était une sorte d'apparition fantastique qui me regardait avec des yeux vitreux que j'aurais voulu pouvoir fermer.

» L'autre était couché la face contre terre ; je ne voyais de sa tête que ses cheveux d'un blond très pâle. Il me semblait d'une longueur démesurée, et me rappelait ces géants de Poméranie, que, dans mon enfance, j'avais tant admirés à Stettin.

» Un homme prit notre cheval par la bride, et nous partîmes ; mais on arrêta notre charrette à la dernière maison du village. Deux hommes apportaient un caporal de zouaves pontificaux, tout jeune, qui poussait des cris affreux. Un Prussien en faction près de là repoussa les hommes qui portaient le pauvre petit caporal Frotot avec une insouciance brutale, et, posant son fusil contre le mur, il prit le blessé dans ses bras comme un petit enfant et le déposa dans notre carriole avec une délicatesse maternelle. J'eusse embrassé cet ennemi de bon cœur.

» On apporta encore un autre zouave pontifical, M. de Ferron, et nous nous remîmes en marche.

» Sur une étendue de trois lieues au moins, les champs qui bordaient la route étaient couverts de débris de toutes sortes, affûts, voitures, armes, casques, sacs, entre lesquels gisaient des cadavres dans toutes les positions, tantôt dispersés à de lointains intervalles, tantôt groupés comme pour mourir en s'appuyant les uns sur les autres, ou bien alignés par files, sans doute sur la trajectoire d'un boulet. Sur une hutte, un fourrier de mobiles, couché sur le dos, élevait ses deux bras vers le ciel, comme pour un appel désespéré. Etait-ce mon pauvre Tavenot ? Comment la mort avait-elle pu immobiliser pour toujours ce geste violent qui dominait d'une façon sinistre une grande étendue du champ de bataille ? Des képis blancs et des remingtons brisés, répandus à profusion entre une longue ligne de cadavres drapés dans des couvertures multicolores, formaient dans la plaine une longue traînée que nous regardions avec une douloureuse fierté ; c'était le sanglant sillon tracé à travers la bataille, de Loigny à Goury, par notre vaillante mobile de Loir-et-Cher.

» Que de bruit, que de tumulte, cinq jours auparavant ! Quel calme maintenant dans cette multitude immobile et glacée ! Dans le grand silence, nous entendions les alouettes chanter en montant vers le ciel. Bien au loin, le canon grondait encore sourdement ; l'œuvre de mort continuait.

» Notre file de charrettes avançait en cahotant, sur la route pierreuse ; notre vue s'étendait, comme en pleine mer, aux extrémités de l'horizon : partout des morts ! Quelques tombereaux circulaient entre eux, on les emplissait de cadavres qu'ils apportaient à des carrières abandonnées, où des terrassiers les enterraient.

» Je fus surpris de l'énorme quantité de chevaux tués,

gisant sur ce champ de bataille où la cavalerie n'avait
presque pas donné.

» Nous traversâmes le gros village de Lumeau ; il était
à notre droite, le jour de la bataille. Il avait moins souffert
que Loigny, car on ne s'y était pas battu de maison à
maison. Sans le drapeau blanc à croix rouge, flottant sur
le clocher, et annonçant que l'église renfermait une foule
souffrante, on eût pu croire le village absolument désert ;
pas un être vivant dans la grande rue toute ensoleillée,
pas un aboiement de chien ; tout au plus, çà et là, un chat
effaré disparaissant comme une ombre.

» Enfin, nous entendîmes le bruit d'une charrette ; la vie
se manifestait. La charrette passa près de nous ; elle était
pleine de cadavres raidis dans les positions les plus forcées ;
enchevêtrés ensemble dans un horrible fouillis, bras,
jambes, têtes aux regards fixes et vitreux oscillaient à
tous les cahots. Sur le sommet du tas se tenait en équilibre
instable un pauvre fantassin à genoux et appuyé des mains
à un camarade. De la tête, levée très haut, on ne voyait,
à travers une couche de sang figé, que les yeux fixes, et les
dents blanches, découvertes par une crispation de la bouche
qui semblait un rire ; et le tout se balançait de droite et
de gauche avec des mouvements vivants. Il avait positi-
vement l'air de faire une farce très comique, ce pauvre
mort accroupi des genoux et des mains sur les cadavres de
ses camarades. C'était hideux comme un cauchemar.

» Plus loin, je vis deux femmes portant des marmites,
se glisser le long des murs avec des allures épouvantées, et
disparaître dans l'église.

» Un peu après Lumeau, nous quittâmes le champ de
bataille ; bientôt disparut dans l'éloignement la funèbre
moisson d'hommes et de chevaux étendus sur la plaine
immense.

» Depuis deux heures, nous défilions, nous les déchets de
la grande bataille, entre les cadavres de nos frères d'armes

et de nos ennemis, avec une profonde émotion et dans un religieux silence.

» Quand nous ne vîmes plus nos pauvres morts, nous commençâmes à causer. Il faisait un froid si violent, malgré le brillant soleil, que, tout en me parlant, le pauvre commandant de Mornac eut le pied gelé sous l'édredon qu'on nous avait donné.

» En traversant le village de Santilly-le-Vieux, où quelques cavaliers prussiens ferraient leurs chevaux, le lieutenant Leblond entra dans une ferme pour chercher à manger. Des uhlans le suivirent et lui dirent quelque chose qu'il ne comprit pas. Alors, bien que le pauvre officier fût désarmé, et que le linge sanglant dont sa tête était enveloppée le désignât clairement comme blessé du convoi, un des uhlans lui tira brutalement un coup de revolver à bout portant. Le lieutenant, déjà blessé, eut la jambe traversée, et ne fut ramené à Janville que quelques jours plus tard.

» Un peu plus loin, nous rencontrâmes une troupe de cavaliers anglais, ambulanciers volontaires, portant le brassard de Genève. L'un d'eux remit à Gaston de Brisoult une petite somme, en le priant de la distribuer entre les blessés du convoi. Ce témoignage de sympathie d'étrangers neutres nous fit grand plaisir à tous.

» La route semblait s'allonger indéfiniment !

» Nous allions au petit pas, et depuis plus de deux heures nous voyions, toujours à la même distance, le gros clocher de Janville. Chaque cahot arrachait des cris de douleur au pauvre Frotot, et le charretier qui marchait en tête du cheval ne s'en inquiétait guère ; certes il ne se fut pas dérangé d'une ligne pour éviter une pierre ou une ornière.

» A la fin, le sergent Deschênes, indigné de son indifférence, prit les guides, s'assit comme il put sur les brancards, et conduisit lui-même la charrette en évitant les cahots les plus violents.

» Au bout de cinq heures de route qui nous avaient paru

à tous longues comme des années, nous arrivâmes enfin à Janville.

» Les voitures qui nous précédaient étaient arrêtées sur une place ; un officier prussien, commandant d'étape ou chirurgien, je ne sais, le général de cavalerie von Colomb, donnait l'ordre à tout le convoi de continuer jusqu'à Toury, à cinq ou six kilomètres encore !...

» J'eusse préféré, je crois, être abandonné sur la route. Mais la Providence nous envoya la supérieure de l'hospice de Janville.

« Non, Monsieur ! s'écria-t-elle avec énergie, ces blessés ne vous appartiennent pas, ils sont à moi et ils n'iront pas plus loin ! » Le Prussien voulut protester. « Allez ! » cria impérieusement la vieille religieuse aux charretiers, qui obéirent. « Et vous, Monsieur, qui voulez faire souffrir inutilement ces blessés, vous êtes un misérable ! »

» Nous assistions tout émus à cette scène dont l'issue nous intéressait tant, bénissant de tout cœur la sainte énergie de la bonne religieuse, mère Saint-Henri au couvent, Melle de Saint-Guilhelm dans le monde. »

Grâce à cette courageuse intervention, les voitures s'arrêtèrent à Janville et les blessés trouvèrent asile dans les meilleures maisons.

M. de Maricourt, ne voulant pas être séparé des siens, refusa une première fois l'hospitalité qui lui était offerte. Mais bientôt, sur sa demande, un gros homme avec force bonnes paroles l'emportait dans ses bras, comme un enfant, jusqu'à la charrette où étaient ses amis du régiment et du pays, le colonel de Montlaur, Raoult de Saint-Venant, Gaston de Brisoult et le sergent-major Charnod.

Reprenons le récit de M. de Maricourt.

« Où allons-nous ? demanda le colonel. — Qui le sait ? — « Attendez un peu », dit Gaston de Brisoult, le plus ingambe de tous, bien qu'il dût rester le plus longtemps infirme. Il se fit descendre, et, clopin-clopant, s'aidant d'un piquet de tente, il entra dans une grande ferme toute proche, (habitée par la famille Violette).

» Au bout d'un quart d'heure d'anxieuse attente, nous vîmes reparaître Gaston, l'air tout joyeux. « Arrivez tous ! j'ai votre affaire ! »

» Quelques instants après, nous étions tous les cinq autour du feu, dans une vaste chambre où plusieurs femmes se hâtaient d'installer cinq lits de fer.

» Il me semble, quand j'y songe, ressentir encore la volupté ineffable avec laquelle j'entrai dans mon lit !

» Tous, même le colonel, même le pauvre Charnod, dont les jours étaient comptés, nous nous abandonnions à une joie d'enfants. Un lit, un vrai lit, après l'horrible trajet de Loigny à Janville, après cinq jours de la fétide petite chambre du presbytère, après combien de nuits soit dans un sillon, soit sous la tente ? N'en déplaise aux poètes sentimentaux, ce cher petit lit blanc et chaud de Janville est un des plus doux souvenirs de ma vie !

» Nous n'étions pas au bout des joies de cette journée : une heure après notre arrivée, nous vîmes paraître la cornette bénie des Sœurs de charité, et nos blessures furent enfin lavées et pansées !

» Elles en avaient terriblement besoin, et ce fut une laide besogne que les Sœurs accomplirent avec une gaieté, un entrain qui nous faisaient rire avec elles. »

Laissons maintenant à Janville ces blessés, si heureux des soins qui leur sont enfin prodigués et revenons à Loigny. Nous assisterons à cette même heure dans la soirée du mardi 6 décembre, à l'arrivée, de Chartres et de Voves, sur une longue file de voitures, des secours que M. l'abbé Theuré était allé chercher.

Il avait été décidé le dimanche, on s'en souvient, que M. le Curé de Loigny se rendrait lui-même à Chartres pour faire connaître le sort lamentable des blessés et implorer la pitié des habitants. Il emporterait un sauf-conduit prussien et deux lettres, l'une du major Dujardin-Beaumetz, au maire de Chartres, l'autre du colonel de Charette à M. de Boissieu.

Parti dès l'aube le lundi matin, l'abbé Theuré avait la bise du nord qui le fouettait au visage, des chemins couverts de neige et une mauvaise carriole, traînée par un cheval rétif trouvé sur le champ de bataille. Le trajet ne se fit pas sans difficulté. Il fallut changer de voiture à Fontenay et de cheval à Fains. Aussi la nuit tombait déjà lorsqu'il atteignit le but de son voyage.

Arrivé à la mairie de Chartres, il la trouva pleine d'officiers prussiens qui se savaient en pays conquis ; les uns réclamaient des billets de logement, les autres des réquisitions diverses ; tous avaient un ton et des exigences que le maire, M. Delacroix, malgré sa haute taille, ses cheveux blancs et son calme, parvenait difficilement à modérer.

Pour réussir à se frayer un passage au milieu de tels hommes, l'abbé Theuré dut annoncer qu'il venait au nom des blessés de Loigny. Il put alors s'approcher de M. Delacroix et lui remettre la lettre suivante dont il était porteur.

Loigny, 5 décembre 1870.

« MONSIEUR LE MAIRE,

» Depuis le 2 décembre, plus de seize cents blessés français auraient été abandonnés sans aucun secours d'aucune nature si des chirurgiens militaires français qui ont suivi les régiments au feu, ne les avaient recueillis pendant et après la bataille, fait placer dans des granges et nourrir comme ils ont pu... Il y a là, Monsieur le Maire, une grande infortune, elle doit être immédiatement soulagée. Autour de nous tout est brûlé. Si la ville de Chartres, la seule que les opérations militaires nous permettent d'aborder, ne vient pas aujourd'hui même à leur secours, beaucoup de ces pauvres gens mourront de froid et de faim ; ils mourront aussi faute de soins, car huit chirurgiens ne suffisent pas à panser tant de blessures et à pratiquer en même temps les opérations qu'on ne saurait remettre au lendemain. Je compte, Monsieur le Maire, que votre patriotisme organisera immédiatement un convoi de vivres : il nous faut du pain, du vin ; il nous faut aussi des matelas, des draps, des couvertures, du linge à pansements ; il faut sortir ces malheureux des granges où ils sont entassés, des fermes brûlées et désertes où ils sont perdus dans la campagne, et les transporter, non à Chartres, qui est peut-être encombré de blessés, mais dans les grands villages qui se trouvent sur les routes de Chartres à Loigny.

» M. le Curé de Loigny vous expliquera les détails dans lesquels je ne saurais entrer ici et ramènera à nos blessés tout ce que la ville de Chartres saura bien mettre à notre disposition.

» Je suis avec respect, Monsieur le Maire, votre très obéissant serviteur.

Le Médecin-major du 31e *de marche,*
DUJARDIN-BEAUMETZ (1).

La navrante situation que révélait cette lettre émut vivement M. Delacroix ; mais personnellement il était trop absorbé par les incessantes réclamations des Prussiens pour s'occuper de tout ce qui était demandé. D'ailleurs il existait une Société de secours aux blessés qui s'empresserait de répondre au touchant appel arrivé de Loigny. Aussi le Maire pria-t-il M. le Curé de s'entendre avec le président de cette société, M. Collier-Bordier, auquel il déléguait tous ses pouvoirs pour exercer chez les habitants les réquisitions nécessaires.

L'abbé Theuré poursuivit ses démarches et reçut le

1. COLLIER-BORDIER, p. 25.

meilleur accueil chez M. Collier-Bordier. Il raconta le
dénuement de cette multitude de blessés qui encombraient
Loigny et les environs, l'impuissance des personnes pré-
sentes à soulager tant de souffrances, les scènes déchirantes
dont il avait été le témoin. Puis, tandis que M. Collier-
Bordier donnait des ordres à son Comité, le Curé de
Loigny portait la lettre de Charette à son destinataire,
M. de Boissieu.

Ancien zouave pontifical, M. de Boissieu avait pris part
en Italie, sous le commandement de Charette, aux luttes
héroïques des défenseurs du Saint-Siège contre les bandes
de Garibaldi et les troupes du Piémont. Rentré en France
et fixé à Chartres, par son mariage avec Mlle de Luigné, il
avait été, en juillet 1870, chargé d'organiser la garde
nationale de cette ville, qui eût pu rendre de si grands
services.

M. de Boissieu ignorait jusque-là à quel point les
zouaves pontificaux avaient été éprouvés. L'appel touchant
de son colonel le remua profondément, et il mit aussitôt à
la disposition de ses anciens compagnons d'armes, sa
personne, sa demeure et ses biens.

Pendant que M. le Curé de Loigny retourne chez
M. Collier-Bordier, où il reçut la plus cordiale hospitalité,
disons un mot de l'œuvre qu'une haute pensée chrétienne
avait organisée dans toute la France pour secourir les
victimes de la guerre.

Au milieu de juillet 1870, avant même le commencement
des hostilités, des souscriptions patriotiques, destinées à
venir en aide aux familles des hommes appelés sous les
drapeaux, ou aux soldats eux-mêmes, avaient été ouvertes
en Eure-et-Loir, comme dans tous les départements. Un
double Comité, l'un de Messieurs, l'autre de Dames, s'était
constitué à Chartres pour recueillir les dons, argent, vêtements, linge, provisions de toutes sortes, et les répartir
équitablement.

Un peu plus tard, à l'approche des Allemands, les deux comités, réunis en un seul, s'étaient affiliés à la Convention de Genève, qui, entre autres avantages, garantissait la neutralité des ambulances militaires et de tout leur personnel, même après l'occupation du territoire par l'ennemi. Chaque membre de cette association portait au bras un brassard blanc, orné d'une croix rouge, et timbré du sceau de la Société.

A partir de ce moment, le comité chartrain avait une existence légale ; il pouvait organiser des ambulances et aller près des champs de bataille ; on lui accordait bientôt le droit de requérir tous les moyens de transport et objets nécessaires pour secourir les blessés des deux armées.

Le conseiller général du canton de Voves, M. Collier-Bordier, était le président de cette Société, où médecins, magistrats, prêtres, professeurs, hommes et femmes du meilleur monde, rivalisaient de zèle pour soulager les misères et les souffrances occasionnées par la guerre (1).

Citons par exemple cette conduite des Dames pour augmenter les ressources dont elles disposaient. Dès le mois d'octobre, elles avaient pris la résolution, aussi énergique que pénible, de se placer les dimanches et fêtes, à chaque porte de la cathédrale, brassard au bras et bourse en main. Malgré les rigueurs d'un hiver exceptionnel, sept de ces Dames, pendant cinq mois, montèrent assidûment cette garde, qui leur permit d'arrêter tant de plaintes et de sécher tant de larmes.

C'est grâce à cette Société si bien organisée que M. Collier-Bordier, au moment de l'occupation de Chartres, le 21 octobre, avait envoyé chercher, au-delà de Luisant, les blessés de nos avant-postes, et, deux jours plus tard, porté secours à ceux de Jouy.

Il essaya de le faire encore le 4 novembre et de marcher au bruit du canon dans la direction d'Illiers ; mais les

1. Rapport de M. l'Abbé Barrier, vicaire-général.

difficultés soulevées par les Prussiens à Pont-Tranchefêtu arrêtèrent nos ambulanciers. Le mauvais vouloir de l'ennemi amena le même insuccès à Courville, le 18 novembre.

Il paraissait donc bien démontré, et par l'emprisonnement de M. l'abbé Paty portant secours aux blessés d'Epernon, et par ces deux échecs successifs de notre Société chartraine, impuissante à obtenir la liberté de ses mouvements, que la Convention de Genève n'était nullement respectée par nos envahisseurs et que nos ambulances civiles n'auraient aucune garantie.

Aussi, quand le vendredi 2 décembre, jour de la sanglante bataille de Loigny, on entendit à Chartres un bruit continuel d'artillerie dans la direction du sud, la Société de secours n'osa plus diriger ses voitures de ce côté. Elle craignit de rencontrer les mêmes refus de la part des Prussiens, ou de n'aboutir, avec beaucoup de peines, qu'à conduire un convoi de vivres et de linge à nos ennemis au détriment de notre armée.

Forcée, bien contre son gré, de rester à Chartres, la Société concentrait sa sollicitude sur les blessés déjà recueillis et sur les nombreux prisonniers qui, venant de Loigny, nous l'avons vu, passèrent par notre ville, pendant trois soirs consécutifs, les samedi, dimanche et lundi, 3, 4 et 5 décembre.

On devine avec quel empressement, dans ce même soir du 5 décembre, le comité de secours accueillit l'appel des blessés et des mourants restés là-bas sur le champ de bataille de Loigny.

La nouvelle en est rapidement communiquée à tout le personnel. On réunit aussitôt ce qui est nécessaire, on charge les voitures de provisions variées : pain, vin, viande, café, sucre, eau-de-vie, bougies, tabac ; on emporte aussi du linge, des médicaments, des instruments de chirurgie, des matelas et des brancards. Une sainte émulation de la charité savait toujours trouver des ressources, malgré la difficulté des temps.

Dès le lendemain 6 décembre au matin, M. l'abbé Theuré se hâtait de regagner sa paroisse et ses blessés. Il emmenait avec lui Sœur Lacroix, religieuse de Bon-Secours. Une longue file de voitures de toutes sortes descendait après lui le faubourg Saint-Brice et prenait le chemin de Loigny. Plusieurs membres du comité de la Croix-Rouge, président en tête, tous les médecins disponibles de la ville, des élèves en médecine et en pharmacie, des infirmiers volontaires, M. de Boissieu et Mme de Luigné avec une seconde religieuse de Bon-Secours, Sœur Stéphanie, accompagnaient ce convoi et invitaient, en cours de route, les paysans à les suivre sur le champ de bataille.

A Voves surtout, où M. Collier-Bordier, conseiller général de ce canton, jouissait d'une légitime influence, leur passage suscita la générosité de la population. Quarante voitures chargées de vivres et beaucoup d'habitants se joignirent à la caravane chartraine.

Or, parmi les Vovéens, partis alors pour Loigny, citons le jeune vicaire, M. l'abbé Perthuy, qui se distingua dans la suite par son zèle et son adresse à soigner les blessés. On l'appelait dans les familles où il ne se trouvait personne pour panser les plaies hideuses et couvertes de pus. Son caractère gai, sa dextérité dans cet art tout nouveau pour lui, plaisaient aux soldats. Dès les premiers jours, il réussit à extraire une balle qui avait résisté aux efforts du médecin, et sa réputation d'habileté fut faite. Il se dévoua sans compter et eut même les doigts atteints par la gangrène des plaies qu'il avait guéries (1).

Mais poursuivons notre récit.

La plus grande partie du voyage des Chartrains se fit sans incident fâcheux. A Orgères seulement les difficultés commencèrent. Elles augmentèrent même un peu plus

---

1 Rapport de M. le Curé de Voves.

loin ,à la Maladrerie, où un officier de cavalerie, commandant un escadron en vedette, voulut interdire le passage.
Mais chaque fois, M. Collier-Bordier parvint à lever les
obstacles, grâce à l'intervention du comte de Kleist
président général des ambulances prussiennes en résidence
à Chartres, qui avait demandé et obtenu la permission
d'accompagner notre Société de secours. On dut cependant,
à Orgères, subir l'obligation de laisser quelques-unes de
nos voitures pour les blessés allemands.

Il est vrai que ces malheureux étaient dans un état
déplorable. M. Collier-Bordier les vit accumulés dans
plusieurs maisons, sans chirurgiens, sans aumôniers, sans
infirmiers, exhalant une odeur cadavérique. Pourtant
les Prussiens ne manquaient ni de vivres, ni de moyens
de transport. Plus de vingt chariots de leurs ambulances
stationnaient dans la cour de l'auberge voisine. N'importe,
il leur fallait nos provisions insuffisantes et nos pauvres
charrettes pour leurs blessés.

On aurait eu le regret de s'en voir enlever un plus grand
nombre sans la charitable conduite d'un officier allemand
qui vint, au galop de son cheval à travers la plaine, avertir
M. de Boissieu de se tenir à l'arrière du convoi, afin de protéger les dernières voitures lorsqu'elles approcheraient des
postes prussiens.

Entre la Maladrerie et Loigny, le chemin traverse une
partie du champ de bataille. On voyait encore sur la plaine
ce jour-là des débris de toutes sortes, de nombreux cadavres
de chevaux, des soldats morts couchés dans les fossés de
la route.

La nuit tombait lorsque nos Chartrains arrivèrent à
Loigny. Cette demi-obscurité ne fit qu'augmenter l'impression que leur causèrent la multitude, le dénuement, les
plaintes des blessés et l'odeur repoussante des habitations
où ils séjournaient. Les habits et les mouchoirs des visiteurs s'imprégnaient de cette senteur nauséabonde et en
gardaient longtemps la trace.

Mais laissons la parole à un journaliste, M. Caillot, l'auteur des *Prussiens à Chartres*, qui avait suivi le convoi.

« De notre vie, écrit-il, nous n'oublierons les tristes scènes dont nous avons été le témoin.

» Dans l'église, un grand nombre de blessés étaient étendus sur de la paille entre les bancs et dans l'allée principale ; en nous entendant entrer ces malheureux se mirent à crier d'une voix lamentable, en agitant leurs membres endoloris : « Du pain ! de l'eau ! » Que de fois l'expression douloureuse entendue dans l'obscurité la plus complète a retenti à nos oreilles !

» Dans la cour du presbytère, une odeur infecte nous prit à la gorge ; nous pensâmes qu'il devait y avoir là quelques cadavres. Et, en effet, nous ne tardâmes pas à en découvrir plusieurs, sous une couche légère de paille, et, à côté, plusieurs jambes détachées. Horreur !

» M. le Curé vint nous montrer en quel endroit nous pourrions avoir une civière afin de transporter dans le cimetière ces restes mutilés. Il était tellement épuisé de fatigue qu'il ne levait plus les pieds et qu'il tomba plusieurs fois sur les genoux dans l'espace de quelques mètres » (1).

Ainsi, sans songer au froid et à la lassitude du voyage, tout le monde s'occupe auprès des blessés ou des morts. Un beau clair de lune, reflété par la neige qui couvre la terre, favorise au dehors les allées et venues. On se hâte de décharger les provisions pour les distribuer aux blessés.

« A ce moment, nous raconte M. Milan, je roulai dans la cour du presbytère une pièce de vin apportée de Chartres et je voulus la mettre en chantier sur un objet que je pris pour un morceau de bois recouvert de neige ; mais un frisson me parcourut bientôt tout le corps, car je m'aperçus que c'était une jambe coupée ».

1 *Journal de Chartres*, 1871, 22 octobre.

On surmontait vite ces premières répulsions de la nature et on faisait bravement son devoir.

Pendant que les uns étaient résolus à passer la nuit en prodiguant leurs soins à ceux qui souffraient, les autres se préparaient à repartir immédiatement avec un chargement de blessés que désignait M. l'abbé Bastard, aumônier des mobiles de la Mayenne. C'est ainsi que le soir même plusieurs voitures purent retourner à Voves, emmenant, avec des provisions pour le voyage, un certain nombre de nos malheureux soldats.

Pour Mme de Luigné et M. de Boissieu, ils s'étaient d'abord présentés au presbytère. Près de la porte, un blessé, couché sur un matelas, attendait son tour d'être amputé. Après avoir salué le général de Sonis et le colonel de Charette, ils s'étaient empressés d'aller auprès des pauvres soldats et de contribuer au soulagement de tant de misères. Ils visitèrent successivement l'église, les maisons du village et le champ de bataille. M. de Boissieu donnait du pain et du vin, Mme de Luigné, aidée par Sœur Stéphanie, distribuait du linge et soignait les plaies.

Les blessés sont partout, couchés le plus souvent sur un peu de paille, parfois même sur la terre nue. Il y en a dans les bâtiments encore subsistants, église, demeures particulières, granges, écuries, toits à porcs ; il y en a dans les masures en ruines, à demi-brûlées, ouvertes à tous les vents ; il y en a dehors, près des feux de bivouac, ou simplement sur les fumiers dans les cours des fermes.

En général, les plaies n'avaient encore été ni lavées, ni enveloppées ; elles suppuraient abondamment et étaient gonflées par le froid ; la jambe d'un soldat était déjà même toute gangrenée.

Une odeur repoussante régnait dans les bâtiments où l'on ne pouvait allumer du feu et fermés à cause du froid. Un élève en pharmacie étant entré dans une grange pour faire un pansement, écrit M. Caillot, il se dégagea par la porte entr'ouverte des exhalaisons délétères qui empestaient l'air à plus de vingt pas. «Pour moi, avoue un autre témoin, j'aurais été malade s'il m'avait fallu respirer les miasmes des chambres où étaient entassés ces malheureux». C'est pour éviter en partie ces inconvénients et donner de l'air pur aux blessés qu'on avait défoncé les fenêtres de l'église.

Comme M. de Boissieu passait pour la seconde fois dans la cour de la ferme qui était à côté du presbytère, il s'entendit appeler par son nom de baptême : Henri ! Il s'avance aussitôt vers une petite écurie d'où venait la voix et trouve à l'intérieur deux zouaves pontificaux, grièvement blessés et privés jusque-là de tout soin. C'étaient MM. de Raincourt et Caro, ses compagnons d'armes à Rome, qui le suppliaient de les tirer de là. A côté d'eux gisait un homme mort que M. de Boissieu fit aussitôt enlever. Puis, sur leurs vives instances, il alla demander à M. Dujardin-Beaumetz s'il était possible de les conduire à Chartres. «Oui, répondit le chirurgien, vous devez les emmener malgré la gravité de leurs blessures. Il est déjà tard pour tenter une opération ; mais, quel que soit le sort qui les attend, ils seront bien chez vous. Ici nous ne pouvons rien pour eux ». Cette réponse fit pleurer de joie nos deux zouaves qui, le surlendemain, en compagnie de deux autres, le capitaine du Reau et le sergent-major de Kersabiec, étaient chaudement installés à Chartres, par M. de Boissieu, dans sa demeure de la rue Chantault.

Au cours de sa visite aux blessés, M me de Luigné entre dans une grange et rencontre une vingtaine de ces malheureux. Tous aussitôt la supplient de les emmener, plusieurs s'attachent à sa robe avec des lamentations sans fin. « Ah ! criaient-ils, si nous avions du moins nos mères ou nos sœurs ! Mais nous sommes abandonnés ; nous n'avons ni soins, ni nourriture, ni feu ; la mort vient à pas lents, et nous voudrions guérir ! » C'était traduire, avec des sanglots dans la voix, la plainte de la jeune captive de Chénier : « Je ne veux pas mourir encore ».

Mᵐᵉ de Luigné et Sœur Stéphanie essayaient de consoler ces douleurs et de calmer ces cris. Elles distribuaient de la nourriture, nettoyaient et pansaient les plaies, annonçaient que de nombreuses voitures étaient arrivées et que tous les blessés partiraient successivement pour Chartres.

Ces scènes déchirantes, auxquelles répondaient les maternelles attentions de nos visiteuses, recommençaient chaque fois que l'on pénétrait dans une nouvelle habitation.

A la fin, M. de Boissieu, accompagné de ces Dames, voulut voir le terrain illustré par le sacrifice du général de Sonis et la charge du colonel de Charette. Il s'avança dans la plaine jusqu'au bois Bourgeon. Le sol était encore parsemé de cadavres conservés intacts par la gelée. Sauf les chaussures, peu de vêtements avaient été enlevés. Les nombreux zouaves pontificaux tombés dans cette lutte inégale se reconnaissaient à leur uniforme, si cher au cœur de leur ancien compagnon d'armes. Plus d'un de ces visages glacés étaient ceux d'amis qu'il avait vus à Rome, épris d'un saint enthousiasme et souriant à l'avenir.

Rien d'impressionnant comme cette visite aux morts, dans une campagne déserte, en pleine nuit, à la pâle clarté de la lune. La bise, en traversant les buissons ou la cime des arbres, jetait mille murmures dans l'air. Ou eût dit une hymne funèbre chantée sur la dépouille des héros et rappelant tour à tour le sifflement des balles au jour de la bataille, la plainte désolée des mourants, les gémissements des mères penchées sur le corps de leur fils, ou les lamentations des trépassés.

Une prière fervente, récitée par nos trois visiteurs, fut la consolation et le soulagement apportés à toutes ces âmes, sorties si prématurément de ce monde.

L'horloge du clocher sonnait deux heures du matin

lorsque Mme de Luigné et M. de Boissieu, revenus sur la place de l'église, montèrent dans leur calèche pour y passer le reste de la nuit.

Les deux religieuses de Bon-Secours, Sœur Lacroix et Sœur Stéphanie, s'en allèrent alors, une botte de paille à la main, frapper à différentes portes pour demander un abri. Longtemps on resta sourd à leur appel, tellement on avait peur des soudards prussiens. Un cordonnier compatissant leur ayant enfin répondu, les pria de passer par la cour et les conduisit dans une chambre haute où couchaient ses bébés. Le plancher de cette pièce, percé par un obus, était recouvert de quelques mauvais morceaux de bois. C'est là, sur la paille, près des petits enfants endormis, que nos deux religieuses attendirent le jour et se préparèrent, par une nuit sans sommeil, à de nouvelles fatigues.

Le lendemain, au petit jour, toutes les voitures chargées de blessés, s'en retournaient à Chartres. Là, elles se hâtaient de déposer nos infortunés soldats pour revenir à Loigny en chercher d'autres. Ces allées et venues durèrent plus d'une semaine, jusqu'au jour où il n'y eut plus de blessés français transportables.

Ces voyages étaient d'autant plus méritoires que les chefs de poste allemands, voisins de Loigny, continuaient de susciter mille difficultés : ils arrêtaient les secours destinés à nos malheureux blessés, s'en emparaient souvent, malmenaient même les personnes charitables qui organisaient ces convois.

M. Collier-Bordier et M. Lefebvre, l'un président, l'autre vice-président de la Croix-Rouge, durent se rendre, pour parlementer, auprès d'un major bavarois, commandant un détachement de soldats d'ambulance. Tout ce qu'ils purent obtenir, c'est qu'il y aurait partage des convois alternativement entre les blessés de chaque nation. Il fallut même pour faire observer cet accord que M. Lefebvre restât un jour à Orgères, tandis que M. Collier-Bordier le remplaçait le lendemain (1).

L'aumônier des mobiles de la Mayenne, l'abbé Bastard, n'accepta point la chose aussi pacifiquement. Déjà il s'était débattu contre les exigences du commandant d'armes de Loigny, un grand officier à collet rouge qui portait, au cou, la croix de fer gagnée à Metz. C'était à propos des bouchers qui tuaient nos animaux réquisitionnés et préparaient la viande destinée aux blessés français. Le Prussien voulait les employer au même usage pour les siens. Il avait fallu céder un instant ; mais l'aumônier s'était promis que cela ne recommencerait pas.

Or, il apprit un jour, par les paysans conducteurs d'un convoi, que ce commandant avait retenu pour lui quinze voitures sur trente-cinq. — Disons en passant que ces voitures ainsi gardées étaient souvent perdues pour leurs propriétaires, car ces pauvres gens aimaient ordinairement mieux les abandonner que de s'exposer à voyager sans cesse avec l'ennemi pour le servir. — A peine informé de cette façon d'agir, l'abbé Bastard se rend au hameau de Fougeu et va parler au chef ennemi.

« — Moi, Mossié, dit le commandant au collet rouge, avoir partagé les voitures. Vous avoir la meilleure part.

— Pourquoi partager ? Ces voitures viennent pour les Français et non pour les Prussiens — Ah ! Mossié, la charité fraternelle et chrétienne ordonne le partage !

— La charité ! Est-ce elle aussi qui vous dit de nous abandonner ici, au milieu de ces ruines, sans remèdes, sans linge, sans nourriture ? Vous ne manquez de rien, parce que vous pouvez tout prendre, sans que personne ose se plaindre. Moi, je n'ai que ce que la pitié publique m'envoie ; vous avez tout pour vous, la victoire, la force et la violence. De quoi vous plaignez-vous ? De quoi avez-vous besoin ? Je veux toutes mes voitures. — Mossié,

(1) Collier-Bordier, p. 26 et 108.

nô, moitié pour vous, moitié pour nous. Nous avoir des
blessirs beaucoup fort. — Vos blessés ne manquent de rien,
les miens manquent de tout. Prenez toutes les voitures,
si vous voulez. Seulement je le dirai partout où je pourrai.
Le succès ne sera peut-être pas toujours de votre côté. »

L'Allemand semblait un peu embarrassé de tant d'audace. L'abbé prit le premier cheval par la bride, et, s'adressant aux paysans, spectateurs muets et étonnés de cette
scène : « Allons, vous autres, faites comme moi, et n'ayez
pas peur ! » Les conducteurs obéirent et le commandant
prussien laissa faire. Il se contenta de dire quelques instants plus tard à un de nos officiers blessés : « Pas commode !
pas commode du tout, mossié l'aumônier. »

L'abbé Bastard avouait plus tard qu'il s'était peut-être
un peu risqué. Mais, ajoutait-il pour sa défense, la vue
des douleurs, des souffrances, des privations exaspère
les natures les plus calmes ; il faut avoir passé par là avant
de condamner (1).

On a pu déjà l'entrevoir dans les pages précédentes :
si l'ennemi réclamait le partage des voitures, c'est que les
nôtres n'étaient pas seuls à faire ces douloureux voyages.
Les Allemands aussi évacuaient sur Chartres une quantité
considérable de leurs blessés. Comme ils étaient libres de
circuler, ils nous avaient précédés dans ce travail. En
effet, dès le lendemain de la bataille, le samedi 3 décembre,
au soir, plusieurs médecins allemands se présentaient chez
les Frères de Saint-Ferdinand et donnaient l'ordre de
sortir au plus tôt tout le matériel de l'école (2). Les premiers blessés allemands arrivaient dans la nuit en même
temps que nos prisonniers français. Le dimanche et les
jours suivants une multitude de leurs blessés et de leurs
malades envahirent successivement les trois écoles des
Frères, Saint-Ferdinand, Saint-Pierre et Saint-André,

(1) Abbé BASTARD, p. 179 et suiv.
(2) COLLIER-BORDIER, p. 134.

les écoles communales de filles, le collège, la moitié de l'Hôtel-Dieu, la gendarmerie, la caserne, la gare, la prison, la cour d'assises, la salle Sainte-Foi et plusieurs maisons du boulevard Chasles (1).

Nos blessés français, venus plus tard, furent installés dans l'autre moitié de l'Hôtel-Dieu, à Saint-Brice, à Josaphat, à l'école normale, au théâtre, au grand séminaire et au petit, alors à Saint-Cheron, à l'Institution Notre-Dame, dans les communautés des Sœurs de Saint-Paul, de Notre-Dame, de la Providence, de la Visitation, des Petites Sœurs des Pauvres, des Dames-Blanches, dans les maisons Roussillon, Joliet, Vincent, Mauger, Heurtault, Marcotte, demoiselle Girard, et chez plus de cinquante autres personnes charitables (2).

Environ quatre mille blessés et malades, Français ou Allemands, furent hospitalisés et soignés à Chartres. Aussi quel admirable spectacle de dévouement, de générosité, d'énergie offrait alors notre ville ! Médecins, prêtres, séminaristes, Frères des écoles chrétiennes, Sœurs des différentes communautés, dames du meilleur monde, magistrats, hommes d'œuvres, simples ouvriers, tantôt seuls, tantôt mêlés aux médecins et aux ambulanciers allemands, rivalisaient de zèle pour accueillir, panser, consoler et, s'il était possible, guérir les blessés et les malades, sans distinction d'amis ou d'ennemis.

Disons à la louange des Allemands qu'il se trouva chez eux quelques belles âmes capables d'apprécier cette conduite et de chercher en retour à faire plaisir, en consentant, par exemple, à ne pas envoyer en Prusse des blessés convalescents, ou encore en exprimant par quelques mots leur reconnaissance.

C'est ce que fit à la clôture des ambulances un de leurs principaux officiers. Il se présenta en grande tenue à la

(1) COLLIER-BORDIER, p. 32.
(2) *Idem,* p. 32 et 65.

supérieure générale de Saint-Paul, afin de la remercier par une visite gracieuse de lui avoir donné des Sœurs pour auxiliaires. « Ma Mère, lui dit-il, d'une voix émue, moi ne savoir pas comment dire... Merci du plus profond de mon cœur ! Oui, ma Mère, merci du plus profond de mon cœur ! (1) » C'était court, mais c'était bien, puisqu'il savait proclamer les services rendus et en témoigner toute sa gratitude.

Le plus souvent, hélas ! les vainqueurs se montrent durs et sans pitié.

Ici, un médecin allemand défend de donner du tabac à priser ou quelque douceur à un pauvre soldat français gravement malade. Là, au mépris formel de la Convention de Genève, des soldats guéris sont faits prisonniers et expédiés en Prusse (2).

A Chartres toutefois, à l'égard des blessés, les Allemands furent moins inhumains que dans d'autres localités de notre département.

Le 6 décembre, à Bonneval (3), ils chassent impitoyablement de pauvres mutilés de Loigny pour prendre leurs lits. A Voves, le 22 décembre, au passage des troupes du prince Albert, la vue des drapeaux d'ambulance, abritant là encore des blessés de Loigny, irrite l'ennemi. Ces insignes de la Convention de Genève sont arrachés. Deux officiers pénètrent chez le maire et lui enjoignent de congédier les blessés français pour leur donner des places à eux Prussiens. « Jamais » répond M. Bigot. Immédiatement une contribution de guerre de 40.000 francs est imposée à la commune. — « Voves ne paiera pas cette somme. — Eh bien ! nous voulons 20.000 francs ». Même refus.

Aussitôt ce digne magistrat est emmené prisonnier, à pied, au pas de course, jusqu'à Chartres, puis conduit en

(1) Rapport de M. l'Abbé Sévestre, chapelain de Saint-Paul.
(2) COLLIER-BORDIER, p. 56, 135, 136 et 142.
(3) *Rapports des Maires*, p. 129.

cabriolet à Maintenon. C'est là que, sur les instances de M. Collier-Bordier, président de la Croix-Rouge, le prince Albert finit par revenir à de meilleurs sentiments et par respecter la Convention de Genève (1). Mais pour une injustice à moitié réparée, combien d'autres restèrent sans compensation d'aucune sorte !

La démarche de M. Collier-Bordier auprès du prince Albert était des plus épineuses, car les Allemands n'ont cessé de se montrer ironiques et violents envers les membres du comité de secours aux blessés. Toute observation leur déplaît, toute objection les agace, toute justification les irrite. Malheur donc aux personnes chargées de faire exécuter des conventions qu'eux seuls se réservent d'interpréter et de contourner à leur profit. Les Messieurs de la Croix-Rouge ont rempli courageusement leur devoir, mais que de refus, de sarcasmes, de vexations n'ont-ils pas eu à subir !

Les religieuses elles-mêmes ne furent pas épargnées par cette morgue allemande.

Des diaconesses protestantes qui remplissaient auprès de leurs compatriotes allemands l'office de dames de charité, vinrent à l'ambulance des Frères de Saint-Ferdinand vers le 20 décembre. Là elles se trouvèrent avec nos Sœurs de Saint-Paul chargées particulièrement de la cuisine et de la distribution des aliments dans les salles.

Or, le typhus et la petite vérole ayant fait leur apparition, les religieuses de Luther s'empressèrent de fuir ceux des leurs qui en étaient atteints. « La salle des varioleux, disaient-elles aux Sœurs, c'est bon pour vous, nous sommes, nous, de trop jolies femmes pour nous exposer à attraper la petite vérole ; pour vous, votre beauté n'a rien à y perdre, allez-y ».

Les Sœurs de Saint-Vincent de Paul étaient traitées de la même manière à l'ambulance de la gare.

(1) COLLIER-BORDIER, p. 78, 134 et 143.

LA NUIT DU 2 DÉCEMBRE 1870
(D'APRÈS LE TABLEAU DE PAUL RICHER.)

Il nous est impossible, vu le nombre, de citer tous ceux qui se signalèrent alors dans cet exercice de la charité. Faisons cependant une exception pour les Sœurs de Bon-Secours plus spécialement chargées, dans leur communauté, des typhoïdes et des varioleux. Plusieurs de ces vaillantes infirmières succombèrent victimes des maladies qu'elles avaient à combattre. Aussi pour elles, comme pour La Tour d'Auvergne, le premier grenadier de France, on pourrait répondre à l'appel de leurs noms : « Mortes au champ d'honneur ! »

CHAPITRE IX

L'AMBULANCE

(Suite et fin)

La journée des Sœurs infirmières. — « Il faut guérir ». — Souvenirs de M. Paul Richer. — « Respectez la liberté et les croyances des autres ». — Dessins et tableaux de M. Richer. — La messe du 8 décembre dans la chambre du général de Sonis. — Evasion de M. l'abbé Bastard. — Le colonel de Charette quitte Loigny et s'arrête au château de Reverseaux. — Le docteur Robin, de Béville-le-Comte. — Un plancher miné par les obus. — Le dégel. — Rapports de M. Dujardin-Beaumetz et de M. de Sonis au Ministre. — Départ de cinq médecins militaires. — M. Beaumetz retenu malgré lui. — M. le Curé de Loigny, administrateur de l'ambulance. — Prière d'un officier prussien. — Madame de Sonis à Loigny. — Le général de Sonis console ses visiteurs. — La messe de minuit. — « La terre est libre et le ciel est ouvert ». — Le colonel de Charette traverse les lignes prussiennes. — Surveillance et menaces. — Lucien Saulnier, zouave pontifical, blessé et soigné à Loigny. — Dans quel état sa mère le trouve. — Espérance et désolation. — « Mère, laisse-moi mourir ; tu m'empêches d'aller au ciel ». — Un digne frère. — Le général de Sonis chez M. le marquis de Gouvion-Saint-Cyr. — L'ambulance de Loigny est transférée au château de Fains-la-Folie. — Préliminaires de paix. — Les blessés sont dirigés sur Laval. — M. de Sonis rentre à Castres.

Les deux religieuses de Bon-Secours, arrivées le 6 décembre à Loigny, avaient été chargées par M. Dujardin-Beaumetz de faire la cuisine pour les blessés, de leur distribuer les aliments et de panser leurs plaies.

Les ambulanciers continueraient de préparer au presbytère les repas des médecins.

Le lendemain, on installa les Sœurs à la maison d'école et elles commencèrent aussitôt leur service. Les crosses de fusils brisés entassés en monceaux sur la place et dans le jardin de M. le Curé, ou les fagots que des infirmiers allaient couper dans les bois de Cambray et le parc de Villepion brûlaient dans le foyer ; les vaches réquisitionnées et tuées dans la cour du presbytère leur fournissaient la viande pour le pot-au-feu ; le pain apporté de Voves et d'ailleurs leur servait à tremper la soupe ; des quartiers de chevaux tués dans la bataille leur donnaient d'excellents biftecks.

Les aliments ainsi préparés, on allait, de maison en maison et de ferme en ferme, les distribuer aux blessés. Le brassard au bras et accompagnée d'un infirmier portant une grande bassine, la Sœur parcourait le village, puis traversait la plaine pour gagner les hameaux éloignés. La religieuse remplissait la gamelle du soldat ; souvent même, quand le malheureux était trop faible ou n'avait plus de bras, elle s'agenouillait à son côté pour le faire manger et boire comme un enfant. Il fallait enjamber de l'un à l'autre pour atteindre les derniers.

Le repas terminé, la Sœur faisait le pansement des plaies. Les blessés qui, dès le premier jour, en les voyant, avaient dit : « Ah ! voilà les religieuses, nous sommes sauvés », continuaient d'être respectueux et reconnaissants. Ce qui n'empêchait pas les charitables infirmières de récolter souvent de la vermine auprès d'eux.

Pour leur témoigner sa gratitude, un zouave leur offrait quelques médailles du Saint-Père qui lui restaient.

Dans ces courses à travers la plaine, nos Sœurs rencontraient souvent des Prussiens, en troupe plus ou moins nombreuse. Leur brassard les faisait reconnaître comme membres de la Croix-Rouge et ôtait à l'ennemi la tentation de s'emparer des aliments qu'elles allaient distribuer. D'ailleurs elles savaient les défendre. M. Dujardin-Beaumetz, en effet, les avait averties que le vainqueur, ayant enlevé ses blessés de Loigny, n'avait plus le droit d'y prendre des vivres. Aussi un jour que des Allemands demandaient du pain et que l'infirmier se disposait à leur en couper, la Sœur intervint énergiquement : « Il n'y en a pas assez pour nos blessés, dit-elle ; nous ne pouvons vous en donner ». Et les quémandeurs partirent sans répliquer.

Lorsque les Sœurs étaient de retour au village, elles se rendaient à l'ambulance du presbytère, où elles préparaient la charpie nécessaire aux pansements futurs. Le jeudi 22 décembre, elles purent, pour la première fois, faire la lessive et changer le linge des blessés. Beaucoup de leurs chemises n'avaient plus de manches ou avaient été coupées en partie pour faciliter les opérations.

C'est au presbytère, dans une chambre voisine de la salle d'opérations, assises sur des bottes de paille, que les religieuses prenaient leurs repas.

On le voit, leur temps était distribué comme dans un hôpital. Mais ici leur salle comprenait un village entier et tous les hameaux à trois kilomètres à la ronde. C'était un peu vaste, surtout pour Sœur Lacroix qui, en venant à Loigny, avait fait une chute et s'était blessée à la jambe.

Le soir venu, la journée finie, elles traversaient le cimetière et allaient coucher chez de braves gens qui mettaient une chambrette à leur disposition. Elles dormaient là sur le pavé couvert d'un peu de paille où déjà s'étaient étendus les Bavarois. L'air et le froid pénétraient à leur aise dans ce réduit, car l'unique fenêtre avait été défoncée par un obus et, au commencement, il n'y avait rien pour la boucher. La première nuit les pieuses infirmières n'avaient pas même de couvertures. Une troisième religieuse, Sœur Adelaïde,

leur en apporta de leur Communauté, le lendemain
8 décembre.

Le docteur Voyet, de Chartres, ayant rencontré Sœur
Adelaïde auprès d'une dame souffrante qui pouvait, à la
rigueur, se passer de garde-malade, lui avait dit : « Il n'y
a rien à faire pour vous ici, tandis qu'à Loigny des centaines et des centaines de blessés meurent faute de soins ».
Et la religieuse était partie pour le champ de bataille.

Son arrivée adoucit un peu la situation de ses compagnes,
mais n'empêcha pas Sœur Stéphanie de tomber malade
de froid. On parlait de l'administrer et de la ramener à
Chartres, quand M. Dujardin-Beaumetz, pour lui remonter
le moral, lui dit : « Non, ne partez pas, il y a de la besogne
ici, il faut guérir ». La bonne Sœur obéit, guérit et resta
pour se dévouer jusqu'à la fin de l'ambulance.

Parmi les Chartrains venus à Loigny le 6 décembre au
secours des blessés, se trouvait M. Paul Richer, aujourd'hui
l'un des docteurs les plus célèbres de la capitale, alors élève
en médecine. M. Dujardin-Beaumetz s'empressa de se
l'attacher et eut soin de le garder pour l'aider dans ses opérations jusqu'à la clôture des ambulances.

M. Richer fit là ses premières armes et a gardé de Loigny
d'inoubliables souvenirs. Empruntons-lui quelques intéressants détails. La cuisine du presbytère servait à la fois
de cuisine, de réfectoire, de salle d'opérations et de dortoir.
Un infirmier y préparait les repas pour M. le Curé et les
médecins. A l'heure désignée, il lavait la table tachée de
sang, servait les aliments et chacun prenait place autour.
Sur cette même table, M. Dujardin-Beaumetz couchait
les blessés à sonder ou à opérer. Dans les premiers jours qui
ont suivi l'arrivée des Chartrains, le docteur amputait tous
les soirs jusque bien avant dans la nuit. L'élève en médecine
n'avait pas encore le droit de manier le bistouri ; il tenait la
lumière. On chloroformait presque toujours les patients,
afin de leur enlever le sentiment de la douleur.

Un certain nombre d'entre eux, les zouaves pontificaux surtout, montraient une foi ardente et faisaient le signe de la croix, avant de se livrer à l'opérateur. Un des aides-majors présents, sceptique et railleur, s'étant permis un jour de ridiculiser cette piété courageuse, M. Dujardin-Beaumetz lui imposa silence par cette verte semonce : « Personne ne vous force, Monsieur, de pratiquer une religion ; mais respectez la liberté et les croyances des autres ».

Vers deux heures du matin, les infirmiers nettoyaient la salle, y jetaient de la paille et les médecins se couchaient pour dormir à côté l'un de l'autre.

Le lendemain, on visitait les blessés dans les granges, on notait ceux qui devaient être opérés dans la soirée et on soignait ceux qui n'avaient pas encore été pansés.

Dans ses moments de loisir, le futur docteur s'adonnait à son passe-temps favori, le dessin, qui devait lui ouvrir un jour les portes du salon de peinture et de l'école des Beaux-Arts. Son crayon rapide couvrit alors les pages d'un album dont la reproduction fidèle est désormais un des documents les plus précieux du musée de Loigny. Grâce à lui, nous pouvons voir ce que les flammes et les obus avaient fait des maisons du village et des fermes de Morâle, de Villours et d'Ecuillon.

Nous lui devons encore *La Nuit du 2 décembre*, tableau si impressionnant, où l'imagination n'a nulle part, où l'emplacement des foyers d'incendie et les indications recueillies de la bouche d'un témoin oculaire ont guidé la main de l'artiste. C'est M. de Sonis qui a désigné l'endroit où, couché et sans mouvement, il fut dix-sept heures exposé à la bise glacée ; lui qui a raconté comment fut assommé le commandant de Troussures ; lui qui voulut voir représenter des ambulanciers, des sentinelles, des détrousseurs de cadavres, des blessés se soulevant d'indignation, des chevaux morts ou errants, sous un ciel sombre, sur un sol couvert de neige, aux rouges lueurs d'un immense

incendie, afin que tout montrât la scène barbare déroulée
sous ses yeux. M. Richer ne cessa de modifier son œuvre
que lorsque le général l'approuva. Ainsi ce tableau, véritablement historique, nous fait contempler le désastre dans
toute son effrayante réalité.

Depuis le jour de la bataille, ni M. le Curé de Loigny,
ni l'abbé Bastard n'avaient pu célébrer la sainte messe.
L'église, avons-nous dit, était pleine de blessés. Chaque
banc en contenait généralement trois, deux sur le plancher
et un sur le siège. Les allées, la chaire, les marches de l'autel
étaient également encombrées. Aussi, vu l'impossibilité
matérielle, le dimanche 4 décembre s'était passé sans
aucun office religieux.

Mais, désireux d'honorer et de remercier la Très Sainte
Vierge qui, pour le consoler, lui avait apparu dans la nuit
du 2 décembre, sous l'image de Notre-Dame de Lourdes,
M. de Sonis insista vivement pour que l'abbé Theuré
voulût bien solenniser, au presbytère, la fête de l'Immaculée
Conception. Sa prière fut exaucée. Le jeudi 8 décembre,
dès minuit, l'abbé Bastard apporta la sainte communion
au général qui, sur son lit de souffrances, fut rempli de joie
par la visite de l'Hôte divin. Au lever du jour, M. le Curé
offrit le saint sacrifice sur une humble table, dans la petite
chambre de M. de Sonis. Plusieurs officiers et les religieuses
de Bon-Secours y assistaient. Le colonel de Charette fut
heureux de recevoir son Dieu et, malgré sa blessure, resta
longtemps à genoux. Cette cérémonie intime épanouit les
visages. L'auguste Victime n'est-elle pas la source de tout
relèvement et de toute consolation ? (1)

Le lendemain vendredi, grâce aux nombreux départs
de blessés emmenés sur Chartres, on acheva d'évacuer
l'église, qui fut nettoyée et lavée le samedi. Enfin, le
dimanche 11 décembre, la cloche se fit entendre et il y eut

(1) *Mobiles de la Mayenne*, p. 186 et suiv.

grand'messe. Loigny reprenait son culte public, sonnait le glas de ses trépassés, priait pour ses vivants et pour ses morts.

L'abbé Bastard, un de ceux qui avaient rendu les plus grands services depuis la bataille, n'attendit pas cette dernière date pour quitter Loigny. Voyant, en effet, tout s'organiser de mieux en mieux, un personnel dévoué venu de Chartres se mettre à la disposition de M. Dujardin-Beaumetz, les subsistances arriver en quantité suffisante, les blessés soignés sur place ou transportés ailleurs, notre aumônier se dit que la grande détresse était passée, qu'il était temps pour lui de partir.

Sans doute, en restant il pouvait encore se rendre utile ; mais sa présence était nécessaire à l'armée, près de ses mobiles de la Mayenne que la mitraille allemande décimait toujours. Le bruit du canon ne discontinuait pas, et son éloignement n'annonçait que trop la victoire de nos ennemis.

Et puis ces transports de blessés qui avaient lieu chaque jour étaient une excellente occasion pour échapper à la surveillance prussienne.

Le 8 décembre, l'aumônier prit congé de tous, nota les commissions que le général de Sonis et le colonel de Charette le prièrent de porter à M. Delacroix, maire de Chartres, et à M. de Boissieu, et dit un adieu plein de regret à cet amas de ruines animées par tant de souffrances qu'on nommait toujours Loigny.

Monté dans une petite carriole, dont le maître, un bon paysan du pays chartrain, avait consenti à les conduire à plusieurs lieues, il emmène avec lui deux officiers des mobiles de la Mayenne, le capitaine Cartier et le lieutenant Pollet, résolus l'un et l'autre à tout essayer pour ne pas aller en Prusse, après la guérison de leurs blessures. Les ordonnances de l'aumônier et du lieutenant suivaient

dans une seconde carriole. Tous prirent la route de Chartres,
tandis que la neige tombait à gros flocons.

Au sortir du bourg, le grand commandant prussien, à
collet rouge, qui gardait le passage, s'adressa à l'abbé :
« Vous aller conduire ces *blessirs?* — Ya, ya. — Bonne
chance, mossié ! — Merci, commandant ! — Jusqu'au revoir.
— Au revoir ! » Le souhait de l'Allemand ne provenait pas
d'un fond d'amitié ; ce n'était pas non plus le bonheur de
contempler cette froide figure qui faisait répondre à l'abbé
ce nécessaire : « Au revoir ! »

Souvent, dans cette triste soirée, la petite caravane
fit rencontre de soldats ou de convois ennemis. Ces Prussiens
s'approchaient et disaient en se regardant : « Blessirs !
blessirs ! » Chaque fois le cœur battait bien fort, car les deux
officiers, moitié par affection, moitié par crainte ou espoir
de s'en servir, avaient gardé leurs sabres et leurs revolvers.
La vue de ces pièces eût pu être un arrêt de mort. Mais
ils furent assez heureux pour gagner Chartres et de là,
par Bailleau-l'Evêque et Châteauneuf, atteindre le Perche.
Le samedi 10 décembre, ils étaient à Nogent-le-Rotrou et,
débarrassés des Allemands, continuaient en sûreté leur
voyage.

C'est en ce même jour, au témoignage de M. l'abbé
Bastard (1), que le colonel de Charette quitta Loigny. Mais
avant de s'éloigner, il nous fait de la maison qui l'a abrité
la peinture suivante :

« Quel spectacle offrait le presbytère ! La salle à côté
de la nôtre servait aux opérations, qui commençaient à
neuf heures pour finir à deux heures du matin : une odeur
insupportable, des membres coupés que l'on n'avait pas
eu le temps d'enterrer, les allées et venues des médecins,
des ordonnances, des brancardiers ; la cuisine qui se faisait
dans la même salle ; jamais je ne pourrai raconter l'horreur
de cette ambulance de Loigny, et tout ce que nos pauvres

(1) *Mobiles de la Mayenne*, p. 195.

blessés ont souffert par ce froid intense ; mais je dois dire
que tout ce qui a pu être fait pour améliorer leur sort a été
tenté et exécuté par M. le Curé, les docteurs et les personnes
charitables des environs » (1).

Pendant les derniers jours, Charette, appuyé sur un
bâton, s'était péniblement traîné auprès des blessés, de
ses zouaves surtout, pour les consoler, et avait fait évacuer
ceux qui étaient transportables. Comme plusieurs de ses
amis avaient réussi à traverser les lignes prussiennes, il
songeait aussi à s'évader. Mais il ne pouvait se résoudre
à abandonner le général et avait refusé les offres de
Mme de Gouvion-Saint-Cyr et d'autres personnes.

Un matin il ne put résister à la tentation et profita de
la voiture de M. Petit qui retournait à Voves. Le voyage
fut tranquille et le fugitif, sans attirer l'attention, fut
hospitalisé chez les parents de son aimable conducteur, où
il retrouva quatre zouaves blessés qui, grâce aux bons soins,
guérirent tous. « Jamais je n'oublierai, écrit Charette, la
sensation que j'éprouvai en me glissant dans deux draps
bien blancs ».

Le lendemain soir, le colonel partit pour le château de
Reverseaux, résidence de M. le marquis de Gouvion-Saint-
Cyr. Il comptait y coucher et de là se rendre à Nogent-le-
Rotrou, qui n'était pas en ce moment occupé par les
Prussiens. Malheureusement ses forces le trahirent et il dut
s'arrêter là pour soigner sa blessure.

Obligé de remettre à plus tard son projet d'évasion,
il s'empressa du moins de le préparer secrètement. Il voulut
d'abord avoir auprès de lui un de ses principaux officiers,
M. de Ferron, capitaine adjudant-major, et le fit venir de
l'ambulance de Janville, où cet intime ami était soigné
avec son frère pour une blessure à la jambe. Le commandant
d'Albiousse, des zouaves pontificaux, fut de son côté averti
par une lettre de lui envoyer quelqu'un pour l'aider dans

(1) *Souvenir du Régiment des Zouaves pontificaux*, p. 124.

sa fuite, lorsque ses forces lui permettraient de l'exécuter.

Le vendredi 9 décembre, huit jours après la bataille, M. le docteur Robin, de Béville-le-Comte, ayant appris qu'on réclamait des médecins à Loigny, s'y rendit en compagnie de M. Isambert, de Senneville.

La plaine qu'il traversa ne montrait plus que des cadavres de chevaux ; les soldats tués avaient déjà disparu.

Dans le cimetière du village, M. le Curé s'occupait de faire recouvrir de terre et de chaux des corps de Prussiens dont les bras et les jambes émergeaient du sol.

A la porte du presbytère, stationnaient les voitures de l'ambulance irlandaise.

En dehors des ambulances fixes, organisées par les médecins militaires, la Croix-Rouge et des personnes charitables de la contrée, il y avait des ambulances voyageuses, telles que l'ambulance irlandaise et l'ambulance Trélat. Ces dernières consistaient en un ou deux docteurs, quelques aides ou infirmiers, deux ou trois voitures, avec instruments, médicaments et linge. Elles se déplaçaient à leur gré, et transportaient au besoin quelques blessés.

Dans la cour de la maison curiale, des flaques de sang et des amas d'entrailles indiquaient l'endroit où l'on tuait les animaux destinés à la nourriture des blessés.

Trois docteurs, un irlandais et deux médecins de Chartres, MM. Lelong et Salmon, qui se trouvaient au presbytère, partirent vers quatre heures du soir. M. Robin resta pour passer la nuit et la journée du lendemain.

« Que savez-vous ? lui avait demandé à son arrivée M. Dujardin-Beaumetz ? — J'ai fait deux années de chirurgie sous Nélaton. — Voyons, alors ? » Satisfait de l'adresse du nouveau venu, le major lui disait : « Bien, travaillez de votre côté, j'ai autre chose à faire ». Et, jusqu'après minuit, dans une maison située rue de la Croix, M. Robin n'avait cessé d'amputer. Trente minutes lui suffisaient en moyenne pour une opération.

A deux heures du matin, le docteur, fatigué, se couche et s'endort. Mais il ne tarde pas à être réveillé par un bruit sourd suivi de cris désespérés. C'est un plafond miné par les obus qui s'est effondré sur les blessés. On court les délivrer. L'un d'eux saigne abondamment et doit à ce fâcheux accident de mourir quelques jours après.

Ce sauvetage terminé, notre homme essaye de se rendormir, mais c'est peine inutile. Il lui faut se relever deux ou trois fois avant le jour pour arrêter des hémorragies ou remettre des bandages tombés.

Le médecin de Béville, rentré chez lui le samedi soir 10 décembre, revint quelques jours plus tard, après le dégel qui commença le 12. A ce moment on ne voyait plus sur la plaine de cadavres de chevaux, au moins dans le voisinage de la route. Il était temps, remarque le docteur, car les chairs, jusque-là conservées par le froid, auraient alors répandu une infection pestilentielle.

A cette époque, le fils de M. Collier-Bordier ayant accompagné son père à Loigny, voulut rapporter un souvenir du champ de bataille. Il avise une chose ronde qui lui semble un gros boulet. Horreur ! c'était une tête de soldat détachée du tronc et à demi rongée ! ! L'enfant en eut longtemps des frissons d'épouvante pendant le jour, et des cauchemars en ses rêves. Il fut difficile de l'en délivrer.

M. Robin continua de revenir par intervalle, mais jusqu'à Voves seulement, aider M. Dujardin-Beaumetz. C'est là que, trois semaines après la bataille, il eut l'occasion d'amputer un blessé qui était dans un état épouvantable ; le malheureux n'avait été ni soigné, ni changé depuis le 2 décembre.

A propos du dégel dont il a été question quelques lignes plus haut, signalons que cet adoucissement de la température accumula de nouvelles ruines dans Loigny. Nombre de toits, de cheminées et de murs, calcinés par le feu ou ébranlés par les obus, n'étant plus retenus par la gelée, cédèrent aux poussées du vent qui soufflait en tempête. Bien peu de maisons restèrent complètement indemnes, tellement l'incendie et la mitraille avaient miné ce qui semblait d'abord sauvé du désastre.

Pendant une huitaine de jours, le service d'évacuation des blessés sur Chartres et sur diverses localités de la Beauce, telles que Toury, Cormainville, Sancheville, Prasville, Allonnes, avait continué avec activité. Partout on s'était gêné pour faire place à ces pauvres soldats. Il n'y avait plus à Loigny et au château de Villepion que quatre-vingt-cinq amputés, parmi lesquels le général de Sonis.

Or, on se rappelle que huit médecins militaires n'avaient pas suivi la retraite des troupes françaises et étaient restés à Loigny. L'obligation de recueillir et de panser dans des ambulances improvisées les très nombreux blessés qui ne pouvaient se rendre aux ambulances divisionnaires, la nécessité de pratiquer sans retard des opérations urgentes, l'occupation du territoire par l'ennemi leur avaient servi momentanément d'excuses, mais ne légitimaient plus la prolongation de leur absence. Il était temps de se mettre en règle.

Aussi, le major Dujardin-Beaumetz, estimant que deux de ses collègues et lui suffisaient à la tâche désormais réduite, résolut de donner aux cinq autres la possibilité de regagner leur corps.

Le rapport pour le ministre qu'il rédigea en cette circonstance prouve combien il avait à cœur de rendre justice à tous ceux qui avaient fait le plus et le mieux leur devoir. Il cite avec éloge le Curé, M. l'abbé Theuré qui s'est prodigué généreusement en toutes accasions, les aides-majors, et surtout M. Challan, qui a su organiser les premiers secours, les villes ou les personnes qui ont répondu à son appel et recueilli les blessés. Il annonce qu'il demandera pour les plus dévoués des récompenses bien méritées. Enfin, tout préoccupé de son service et de ses blessés, il répète sa plainte sur la pénurie des ressources et des moyens mis à la disposition des médecins militaires.

« Le douloureux spectacle, dit-il, qui s'est, depuis la bataille du 2 décembre, déroulé sous nos yeux, accuse l'organisation même des secours aux blessés.

» Cette organisation, à peu près nulle dans les corps de troupes, insuffisante dans les ambulances divisionnaires, insuffisante après la victoire, est livrée au hasard ou à l'ennemi si le sort des armes nous est contraire. L'ennemi, encombré de blessés, ne peut que par exception s'occuper des nôtres. J'ai vu se reproduire à Loigny ce que j'avais tristement éprouvé pendant la campagne de Sedan, ce que j'ai vu après la victoire de Coulmiers.

» On peut, et nous l'avons prouvé, mettre plus utilement en œuvre le concours des chirurgiens des corps de troupe et obtenir plus des ammbulances civiles ».

Enfin, il termine par ces lignes : « Je vous devais, Monsieur le Ministre, compte du maintien à Loigny des huit médecins de l'armée régulière ou auxiliaire, j'ai demandé et obtenu un sauf-conduit qui permettra à cinq d'entre eux de rejoindre l'armée. MM. Labrousse, Barraud et moi resterons ici jusqu'à ce que les amputés puissent sans inconvénient être transportés à Chartres. Je m'occupe de rassembler tous les renseignements possibles sur les blessés et sur les morts. Dans une quinzaine de jours nous irons à notre tour recommencer la campagne à la suite de notre régiment, résolus que nous sommes de donner à ceux qui combattent pour la délivrance de la patrie les secours actifs de notre dévouement et de notre art » (1).

Le général de Sonis profita du courrier de M. Dujardin-Beaumetz pour écrire au Ministre de la guerre. C'était en trois pages le premier compte rendu officiel de la journée du 2 décembre (2).

---

(1) DUJARDIN-BEAUMETZ. *Relation historique et chirurgicale de la blessure de M. le Général de Sonis*, p. 23 et suiv.
(2) Mgr BAUNARD, p. 356.

Les médecins, autorisés par les Prussiens à quitter Loigny et à gagner Le Mans, furent dirigés sur Chartres. Le docteur Challan de Belval raconte (1) que, parti le 17 décembre, il passa par l'ambulance du château de Reverseaux pour y revoir ses nombreux blessés, et atteignit notre ville à dix heures du soir. Il faillit coucher au poste ; mais l'intervention de M. Chauvière le délivra.

Le lendemain, le commandant de place lui signifia qu'il y avait contre-ordre. Au lieu de l'envoyer au Mans, il lui dit d'aller à Orléans où sa situation serait régularisée. C'est là que nous le retrouverons plus tard.

Pendant ce temps, M. Dujardin-Beaumetz s'appliquait à mieux organiser son service. Il eut soin notamment de faire coucher un infirmier dans chaque maison qui renfermait des blessés. Il voulait ainsi prévenir bien des accidents ou du moins y apporter un prompt remède.

Hâtons-nous de dire que le docteur était dans l'illusion lorsqu'il s'imaginait pouvoir quitter assez prochainement Loigny. Il nous l'expliquera bientôt lui-même.

Le 17 décembre 1870, il écrivait à M. Collier-Bordier : (2) « Depuis plusieurs jours, le service des évacuations sur Chartres est interrompu, il y aurait environ cent cinquante blessés susceptibles d'être évacués d'ici une huitaine de jours. Les ambulances prussiennes d'Orgères et de Ville-prévost doivent partir dans une couple de jours ; les blessés français qu'elles ont jusqu'à présent soignés, doivent passer à notre ambulance. Je vous prie, Monsieur, de vouloir bien envoyer tous les jours à Loigny cinq voitures bâchées et suspendues ; les blessés que nous devons faire transporter maintenant auraient à souffrir dans les charrettes ordinaires, le mauvais temps ne permet pas de les transporter à découvert. Il est urgent que nous fassions partir de Loigny et surtout de Villepion tout ce qui peut supporter

---

(1) CHALLAN DE BELVAL. *Carnet de Campagne d'un Aide-Major, 1870-1871*, p. 199.

(2) COLLIER-BORDIER, p. 112.

ce transport. Nous commencerons à évacuer les amputés de jambes sur Voves et Chartres. J'ai l'intention de demander à Mme de Gouvion-Saint-Cyr si elle peut en recevoir quelques-uns à son château de Reverseaux. Nous avons, Monsieur le Président, besoin de pain, de vin, de riz, d'alcool camphré, de bois de réglisse pour tisanes. Je vous serai reconnaissant, si vous pouvez nous envoyer tout cela dans le plus bref délai ».

Trois jours après, le 20 décembre 1870, dans une lettre encore adressée à M. Collier-Bordier, M. Dujardin-Beaumetz disait (1) :

« La tournée que je viens de faire aux environs de Loigny, m'a fait partout rencontrer des blessés français, les uns soignés par les ambulances prussiennes, d'autres par une fraction de l'ambulance Trélat, d'autres enfin visités de temps en temps par les médecins du pays ou abandonnés à l'inexpérience des villageois qui les ont recueillis, soit même à l'empirisme et au hasard. Ce sont, Monsieur le Président, ces motifs qui m'avaient fait vous demander d'organiser un service régulier d'évacuations entre ces localités et Chartres, service dont Loigny serait le centre, et vous prier de m'envoyer régulièrement des voitures bâchées et suspendues, pour atteindre, rapidement et avec sécurité pour les blessés, le but que la Société et nous avons assigné à nos persévérants efforts.

» Notre service s'est d'ailleurs beaucoup simplifié ; les blessés transportables devant, d'ici à quelques jours, être tous transportés à Chartres, resteront les amputés et les malheureux qui devront être amputés dans une ou deux semaines, et c'est évident, Monsieur, que les soins à donner aux amputés ne peuvent être confiés à des mains inexpé-périmentées ».

Ici M. le Major fait remarquer que sa présence serait nécessaire à l'armée et signale les moyens à employer

(1) COLLIER-BORDIER, p. 113.

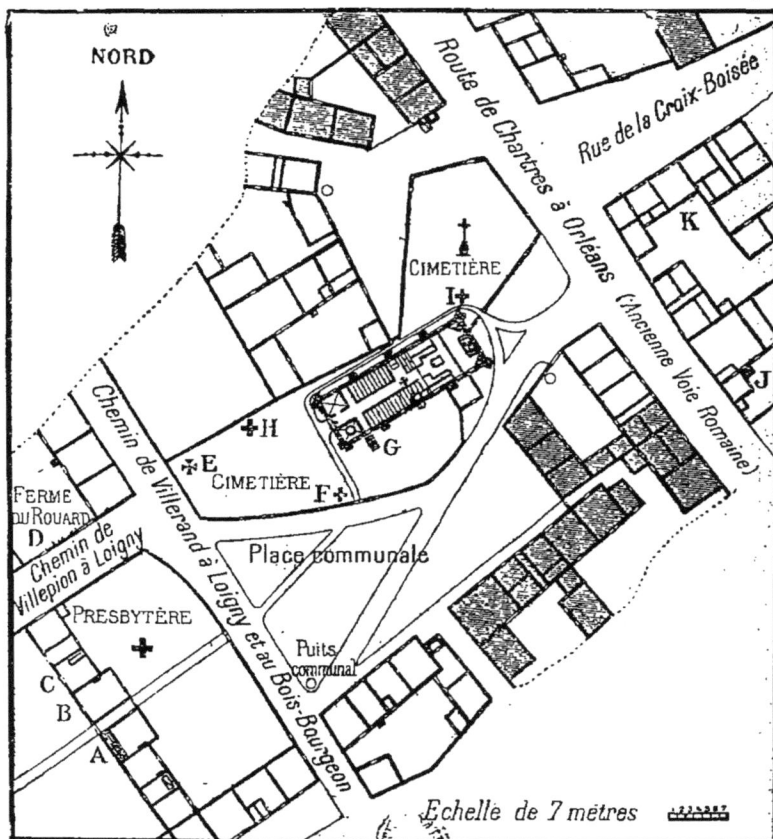

NORD

Route de Chartres à Orléans (l'Ancienne Voie Romaine)

Rue de la Croix-Boisée

CIMETIÈRE

I ✛

K

J

Chemin de Villerand à Loigny

FERME DU ROUARD

D

Chemin de Villepion à Loigny

✛ H

✛ E CIMETIÈRE

F ✛

G

PRESBYTÈRE

✛

Chemin de Villerand à Loigny et au Bois-Bourgeon

Place communale

C

B

A

Puits communal

Echelle de 7 mètres

✛	Eglise.
✛	Presbytère.
A	Ici opérait le Dr Dujardin-Beaumetz.
B	Ici fut amputé le Général de Sonis.
C	Chambre du Général.
D	Ferme du Rouard remplie de blessés allemands, de Villepion.
E	Lieu où fut blessé le Cd de Fouchier.
F	Lieu où fut tué le Lieutenant allemand Muller.

G	Tombes très anciennes.
H	Ici furent inhumés une quinzaine de zouaves.
I	Sépulture d'officiers allemands.
J	Auberge St-Jacques ou on lutta corps à corps.
K	Mairie et école.
	Maisons incendiées.
	Maisons bombardées ou refuges des blessés.

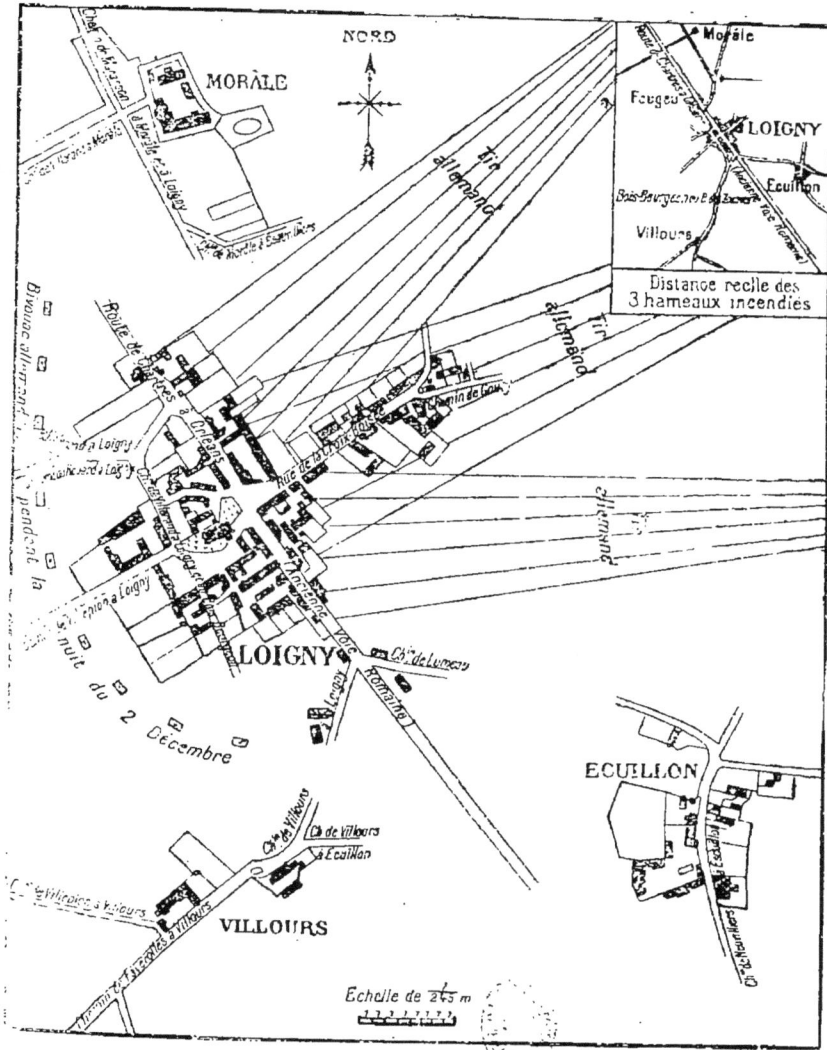

pour assurer le service des grands blessés. Puis, dans le cas
où l'on ne pourrait le remplacer, il ajoute : « Je n'abandon-
nerai pas les malades, mais vous devez comprendre,
Monsieur le Président, combien nous faisons faute à nos
régiments au moment où l'armée va entrer dans une suite
de marches et de combats. Veuillez, Monsieur le Président,
donner tous vos soins à l'examen de ces questions importantes ; la solution m'en paraît possible, et vous simpli-
fierez ainsi un service qui, dans des conditions opposées,
deviendra de plus en plus embarrassant et qui serait
préjudiciable à la santé des blessés confiés à nos soins et
à notre dévouement ».

Mais les médecins de Chartres et des environs étaient
surchargés eux-mêmes soit par leur clientèle que la rigueur
de l'hiver augmentait considérablement, soit par les nombreux blessés qu'ils soignaient déjà ; M. Collier-Bordier
ne réussit pas à remplacer M. Dujardin-Beaumetz. Il ne
put également faire transporter à Chartres déjà encombré,
tous ceux pour lesquels il réclamait. Le major fut donc
obligé de rester à son poste, de continuer à se prodiguer
auprès du général de Sonis et dans les ambulances. Le président de la Croix-Rouge fit du moins tout ce qui lui était
possible pour fournir le nécessaire aux blessés et leur
procurer à l'occasion, par exemple au château de Meslay-
le-Vidame, dans la première semaine de janvier, une installation plus confortable.

Il fut alors aussi définitivement convenu que M. le Curé
de Loigny était délégué par M. Collier-Bordier, au nom
de la Croix-Rouge, pour approvisionner son ambulance
de vivres et de fournitures diverses. En vertu de cette
commission, tout ce que l'abbé Theuré avait acheté depuis
la bataille et tout ce qu'il dépenserait encore pour la nourriture ou le service des blessés, serait à la charge du comité
de secours. Il était son fondé de pouvoir, administrateur
en titre.

18

Grâce à cette précaution, tous ceux qui lui avaient livré des denrées ou des animaux de boucherie furent intégralement remboursés plus tard sur les ressources de la Croix-Rouge. Il acquitta ainsi une grande partie des dépenses faites pour Loigny, soit exactement 7.361 francs de bons (1). Tandis que ceux qui n'avaient pas traité avec lui restèrent malheureusement impayés. Le Gouvernement ne reconnut pas ces dettes.

Cette charge de pourvoir à la subsistance d'une multitude de blessés, des médecins, des religieuses, des infirmiers, des employés de toutes sortes et même, vu la nécessité, des plus indigents du village, était une grosse occupation pour l'abbé, car, dans ce pays dévasté par le séjour des armées, l'alimentation devenait de plus en plus difficile.

Nos ennemis eux-mêmes pressés par le besoin, s'adressaient parfois à lui pour en obtenir assistance et tous, quand ils demandaient poliment, trouvaient bon accueil à la cure.

Huit ou dix jours après la bataille, un officier prussien qui passait à Loigny avec un petit détachement, vint au presbytère. Il expose à M. le Curé que ses hommes sont très fatigués, qu'ils n'ont pris aucune nourriture depuis assez longtemps et le supplie de vouloir bien lui donner quelque chose pour apaiser leur faim.

Touché du ton respectueux et des manières courtoises de cet allemand, l'abbé Theuré lui offre quelques-unes des provisions apportées de Chartres par les soins de M. Collier-Bordier. « Non, répondit l'officier, gardez ce vin pour vos blessés, mes soldats se contenteront d'un peu de pain. »

Mais le Curé de Loigny n'était pas seulement le nourricier de toute cette population angoissée que la guerre groupait pour un temps au pied de son clocher, il était surtout le père, le consolateur des âmes que la divine

(1) COLLIER-BORDIER, p. 109.

Providence lui avait confiées. On le voyait chaque jour,
depuis le 2 décembre, parcourir les ambulances, encourager les uns d'une bonne parole et d'un sourire, accepter
les commissions des autres pour les transmettre par écrit
à leurs familles, enjamber par dessus les blessés pour
s'approcher des plus malades, s'agenouiller auprès de
leur couche de paille pour entendre leurs confidences ou
leurs aveux. Tous écoutaient ce prêtre qui leur apprenait
à souffrir avec courage, ou, si leur fin approchait, à mourir,
avec l'espérance d'une vie meilleure.

Vers cette époque, Sœur Adelaïde, une des trois religieuses de Bon-Secours venues à la demande du docteur
Beaumetz, fut rappelée à Chartres par sa communauté.
Vu l'affluence extraordinaire des blessés et des malades,
on manquait en cette ville d'infirmières aussi expérimen-
tées. Un membre de la Croix-Rouge, M. Chauvière, pharmacien, la ramena le mercredi 21 décembre. Heureusement son départ fut en partie compensé deux jours après
par l'arrivée, au presbytère de Loigny, d'une personne
qui devait fidèlement aider le médecin dans les soins à
donner au général.

Mme de Sonis, réfugiée à Castres avec ses jeunes enfants,
avait appris, dès le 3 décembre, par une dépêche du Gouvernement que son mari était blessé et prisonnier. Une
lettre du ministre suivait. Mais sans attendre davantage,
la noble femme, après une nuit d'angoisses, partit le lendemain, à cinq heures du matin, et se rendit à Tours. Sur
des indications erronées, elle descendit à Poitiers, où elle
croyait que l'on avait dirigé le blessé. Là elle sut par
Mgr Gay toute l'étendue de son malheur.

Mgr Pie, qui connaissait et aimait le général, voulut
qu'une religieuse fut donnée à Mme de Sonis pour l'accompagner jusqu'à Loigny. Le docteur de Labarthe, dans la
crainte que l'illustre blessé ne manquât de soins, se joignit
également à elle. Le voyage se fit dans une carriole louée

cinquante francs par jour, quelquefois en plein champ de bataille, souvent au milieu de mille difficultés. On recevait ordinairement l'hospitalité dans de pauvres presbytères qui s'ouvraient généreusement à la vue des lettres de Mgr Pie.

« Je traversai Châteaudun à moitié brûlé, écrit-elle, puis j'entrai dans une vaste campagne où les ravages de la guerre se montraient dans toute leur horreur. C'étaient les plaines de la Beauce. Des troupes innombrables de corbeaux s'abattaient sur ces champs désolés et couverts de neige. Il me semblait, par une hallucination étrange, que ces oiseaux me dévoraient le cœur. »

Après dix-neuf jours de courses et de recherches, le 23 décembre, Mme de Sonis arriva à Loigny.

« Mon angoisse était si grande, dit-elle, que je n'osais parler pour demander si mon cher mari vivait encore. Il vivait, je le revis enfin ; mais dans quel état, ô mon Dieu ! pâle, défait, mutilé. — « Pauvre enfant, me dit-il, qu'êtes-vous venue faire ici ! » Souffrir avec lui, le consoler, voilà quel avait été mon but. J'aurais traversé le feu pour le rejoindre, si cela eût été nécessaire.

Tandis que, le surlendemain, la religieuse de Poitiers ayant accompli sa mission, et le docteur de Labarthe satisfait de l'habile dévouement de M. Dujardin-Beaumetz pour le général, regagnaient péniblement leur ville, Mme de Sonis s'installait au chevet de son mari pour tenter de l'arracher à la mort. Ecoutons le récit de ses angoisses :

« Je passai bien des jours dans cette petite chambre du presbytère de Loigny, témoin des atroces souffrances de mon mari, et ne sachant pas si j'aurais le bonheur de le sauver. Il souffrait avec un si héroïque courage, que M. le Curé, les médecins, tout le monde en était dans l'admiration. M. le Curé, dont le dévouement a été incomparable, lui apportait la sainte communion, dans laquelle la pauvre victime puisait sa force. Dans les moments de répit, bien courts, hélas ! que la douleur lui laissait, je lui lisais un passage du saint Évangile ou un chapitre de l'Imitation de Jésus-Christ.

» Autour de nous, nous avions sous les yeux un spectacle de désolation. Tout Loigny n'était qu'une grande ambulance. Les opérations chirurgicales avaient lieu dans une salle de presbytère ; on y voyait partout des traces de sang et des débris de membres coupés. A l'église, les bancs portaient encore des taches de sang. Sur la place du village s'élevait un amoncellement de crosses de fusil dont nous nous servions pour faire du feu. »

: Pour compléter cette lettre de Mme de Sonis et mieux faire connaître celui que l'on appelait dès lors le saint martyr de Loigny, disons que le général oubliait ses propres souffrances, pourtant bien vives, afin de songer à celles des personnes qui l'entouraient ou lui rendaient visite.

Ainsi il plaignait Mme de Sonis qui passait ses nuits sur un matelas à terre auprès de lui, afin d'être toujours prête à le servir ; il s'inquiétait de sa santé et s'efforçait de soutenir son énergie.

Il accueillait avec une compatissante bonté les parents des victimes de la bataille et avait pour eux des paroles consolatrices. C'est auprès de lui que Mme Saulnier, mère d'un zouave blessé et mort à Loigny, allait chercher la force qui lui était nécessaire pour ne pas succomber à sa douleur : « Après l'avoir vu souffrir et entendu parler, écrit-elle, je retournais auprès de mon cher mutilé, et je faisais passer en lui le courage que j'avais puisé auprès du général (1) ».

Parfois, pour augmenter sa résignation et soutenir sa patience, il songeait à de plus malheureux que lui. Il se rappelait surtout Mme de Ferron, qui, accompagnée de son beau-père, vint à Loigny rechercher les restes de son mari, zouave pontifical, blessé mortellement à la bataille du 2 décembre.

(1) Mgr BAUNARD, p. 361.

La jeune veuve n'ayant pu obtenir l'autorisation de faire découvrir la fosse de Villours, ne revit jamais la dépouille mortelle de celui dont l'absence brisait toutes ses joies ici-bas, et son affliction fut si grande qu'elle émut tous ceux qui en furent témoins.

Elle sut cependant plus tard, en retrouvant la médaille de Notre-Dame des Marais portée par son mari, qu'il était certainement enterré dans la fosse de Villours.

Le général la vit et en gardait un douloureux souvenir ; mais, en chrétien, il remerciait Dieu d'avoir été éprouvé moins durement. Aussi écrivait-il un jour à M. de Ferron : « Je vous étais bien intimement uni dans toutes vos souffrances morales. Que de fois, ma femme et moi, n'avons-nous pas pensé à vous, à cette infortunée jeune femme, dont le voyage à Loigny fut bien un véritable chemin de croix ! Vous êtes de ceux auxquels je me reportais toujours lorsque je voulais consoler M me de Sonis de mon malheur. Quelle proportion pouvait-il y avoir entre le deuil de vos âmes et mon infortune ? »

Enfin, comme on était au temps de Noël, le général s'excitait à la patience en répétant ces mots qui lui devinrent familiers : « Après la joie apportée au monde par la venue de Notre Seigneur, après l'incarnation et la rédemption, peut-il y avoir une souffrance sur la terre ? »

Ces pieuses pensées de M. de Sonis firent songer à donner le plus d'éclat possible à la fête de Noël. On réclama une messe de minuit et l'assistance y fut nombreuse ; toute la population libre de venir, les médecins, leurs aides, les militaires en état de marcher étaient là.

M. Dujardin-Beaumetz qui, dans ses moments de loisir au presbytère, aimait à chanter quelques morceaux de maîtres, tint à honneur de se faire entendre. D'une voix sûre d'elle-même, en véritable artiste, il dit le beau cantique

Minuit, chrétiens, c'est l'heure solennelle
Où l'Homme-Dieu descendit jusqu'à nous.

Une indicible émotion le fit tressaillir quand il fut à ses mots :

Le Rédempteur a brisé toute entrave ;
La terre est libre et le ciel est ouvert.

Quel contraste, en effet, avec les scènes extérieures et ces pensées de la foi ! Pourtant c'était bien les paroles qu'il fallait répéter à ces âmes endeuillées par l'invasion et la souffrance, au milieu d'un village en ruine. Nul remède n'est plus efficace sur la douleur humaine que d'élever ses regards vers Celui qui est la délivrance et le salut.

Quelques jours après cette fête si consolante, le colonel de Charette parvenait à franchir les lignes prussiennes et à recouvrer sa liberté. Il était parti de Loigny, on s'en souvient, avec l'intention de fuir par Nogent-le-Rotrou. S'il s'était arrêté à l'ambulance du château de Reverseaux, c'est que la souffrance ne lui avait pas permis d'aller plus loin.

Mais sa guérison le préoccupait beaucoup moins que le moyen de rejoindre son régiment. Il avait pu écrire au commandant d'Albiousse que les Prussiens surveillaient peu le lieu de sa retraite et qu'il tenterait de s'échapper si quelqu'un lui prêtait la main. On se hâta d'accourir. Accompagné du Père Peigné et du vicomte de Sapinaud, l'un aumônier, l'autre lieutenant des éclaireurs des Volontaires de l'Ouest, venus tous deux pour le chercher, il quitta, le 1er janvier 1871, à minuit, le château de M. le marquis de Gouvion Saint-Cyr.

Tous trois étaient déguisés tant bien que mal et montaient une petite voiture qui se dirigea sur Orléans.

A Cormainville, nos fugitifs s'étant trompés de route, tombèrent à Bonneval dans un poste prussien. Mais le colonel, payant d'audace, réveilla la garde pour lui demander son chemin ; puis, laissant les Allemands ahuris,

tourna bride aussitôt et prit la véritable direction. On
s'arrêta en passant à Guillonville pour déjeuner et on
atteignit Orléans à neuf heures du matin.

Charette descendit chez M. Raguenaud, où se trouvait
un zouave pontifical, Cazenove de Pradines. Il y était
soigné par le docteur Challan de Belval, un des médecins
militaires récemment arrivé de Loigny.

Là survint un incident qui faillit tout compromettre.
On avait promis au Père Peigné un sauf-conduit pour
transporter le corps du comte Fernand de Bouillé, blessé
grièvement au combat de Loigny, mort le 26 décembre à
Orléans, et maintenant l'autorité prussienne le lui refusait.

Impossible cependant pour Charette de prolonger son
séjour sans être bientôt découvert.

Heureusement, une autre occasion se présente. Le
docteur Challan a obtenu deux saufs-conduits jusqu'à
Chambord, l'un pour lui, l'autre pour M. de Pontourny,
qui avait été voir à Voves son frère, zouave pontifical,
blessé et mourant.

M. de Pontourny cède généreusement son droit de partir,
et, sans perdre de temps, Charette quittait Orléans à
deux heures. Le docteur était en uniforme, ainsi que ses
deux aides, le premier sur le siège, le second à cheval.
Aucun des avant-postes ne songea à les arrêter.

A six heures du soir, les fugitifs recevaient l'hospitalité
au presbytère d'Yvoy-le-Marron. Le bon curé leur faisait
partager son souper et leur donnait un guide, qui, à travers
les bois de la Sologne tout couverts de neige, les conduisit
à Romorantin, où ils arrivaient à une heure, en pleine nuit.
Ils foulaient enfin le sol encore défendu par nos troupes ;
ils étaient libres.

« Le lendemain, écrit le colonel, j'entrai à Vierzon, où
j'assistai au départ de l'armée de Bourbaki ; les troupes
étaient alors pleines d'enthousiasme. C'est là que je rencontrai de Brissac, qui ne voulut jamais me reconnaître,

et Costa de Beauregard, auquel je fus obligé de sauter au cou, et qui ne pouvait me regarder sans rire ; j'avais coupé ma barbe et j'étais dans les habits d'un curé, habits qui flottaient avec une certaine désinvolture autour de ma personne. Le soir j'arrivai à Bourges où je retrouvai d'Arenberg, qui commandait un bataillon de mobilisés. Mgr de la Tour-d'Auvergne me fit en grand seigneur les honneurs de l'archevêché » (1).

Après quelques jours de repos, Charette rejoignit à Poitiers, le 7 janvier au soir, ses compagnons étonnés et ravis. Il était épuisé de fatigue et boitait encore, car sa blessure n'était pas fermée. Pourtant il se remit tout de suite au travail, réorganisa son 2e bataillon et se prépara à partir pour le théâtre de la guerre. Le ministre récompensait bientôt la belle conduite de ses zouaves et sa valeur personnelle en le nommant général de brigade.

Cependant les Prussiens n'avaient pas tardé à s'apercevoir de la fuite de Charette. C'est au dépit qu'ils en ressentirent que l'on doit sans doute attribuer la surveillance spéciale qui s'exerça alors sur les ambulances de la contrée.

Le capitaine de Maricourt nous raconte en effet, que des chirurgiens allemands vinrent à cette époque à son ambulance prendre les noms de tous les soldats et déclarer que Janville serait imposé de mille francs par blessé qui s'évaderait.

Ils devinrent également plus difficiles pour permettre un blessé de changer d'ambulance.

Mais, dans sa colère, l'ennemi voulut se venger de Charette d'une manière plus directe et plus sensible. On chargea brutalement sur une carriole, pour l'emmener en Prusse, son frère Ferdinand, dont la blessure grave n'était pas même en voie de guérison (2). C'était cruel.

---

(1) *Souvenir du Régiment des Zouaves pontificaux.* p. 126.
(2) De Maricourt, p. 242.

Tandis que le colonel de Charette, échappé aux mains des Prussiens, se préparait à de nouveaux combats, un de ses zouaves, resté à Loigny, terminait une belle vie par une mort tellement chrétienne que le souvenir en est encore vivant dans le pays.

Lucien Saulnier, fils d'un très honorable juge d'instruction de Moulins et d'une mère pieuse, n'avait pu, malgré son grand désir, rejoindre en Italie les défenseurs du Saint-Père. Mais rien ne l'arrêta lorsqu'il apprit que les zouaves pontificaux, après la chute de Rome, se reconstituaient au Mans pour le service de la patrie.

Lucien avait une santé délicate. On l'avait refusé dans la mobile pour faiblesse de constitution. Aussi lui fallut-il toute l'énergie de sa volonté et de sa foi pour supporter les fatigues du régiment (1).

Quand, après son départ du Mans, il passa par Châteaudun, un des aumôniers des zouaves, le R. P. de Gerlache, l'envoya à l'hôpital. En le voyant si maigre, si épuisé, il l'engageait à rester là, à ne pas continuer la campagne ; mais Lucien eût mieux aimé mourir que de s'arrêter en si beau chemin.

Il suivit donc, bien que toujours souffrant, et, après le long séjour dans les bois de Marboué, après le combat de Brou, après des marches pénibles vers Marchenoir, arriva à Patay le matin du 2 décembre.

Notre zouave faisait partie de ce 1er bataillon qui, vers quatre heures et demie du soir, sous les plis de la bannière du Sacré-Cœur, aux cris de : Vive Pie IX ! Vive la France ! chargea si résolument les Prussiens et tenta de reprendre Loigny. « Oh ! qu'il était beau, notre drapeau, disait plus tard Lucien à sa mère : je ne voyais que lui, et je marchais en le regardant ; il me semblait qu'avec lui nous ne pouvions mourir ! »

Lucien, frappé un des derniers, eut le pied gauche et

(1) Consulter Lucien SAULNIER, brochure de 128 pages, 1873.

le bras droit traversés par une balle. La nuit était venue, glacée, horrible ; bientôt la neige tombait et couvrait d'un immense linceul ce spectacle de mort. Voyant les Prussiens achever quelques malheureux blessés, Lucien n'osait faire un mouvement, et invitait même un de ses amis, gisant et gémissant à côté de lui, à imiter son exemple. Cependant, comme il perdait beaucoup de sang, il s'affaiblit peu à peu, et finit par perdre connaissance. Quand il revint à lui, le lendemain, il se trouva appuyé contre un mur, et ne put se rappeler par qui ni comment il avait été placé là. Bientôt il fut recueilli par les Allemands et déposé avec beaucoup d'autres dans une bergerie du château de Goury, où étaient déjà entassés, sur de la paille, près de trois cents soldats, blessés, agonisants ou morts. Ils y restèrent vingt-quatre heures, endurant d'horribles souffrances, sans boire ni manger, et ce ne fut que le second jour, le dimanche, qu'on leur porta un peu d'eau et des pommes de terre, sur lesquelles ils se jetèrent avec avidité.

C'est pendant cette douloureuse épreuve que Lucien fit le vœu, s'il retrouvait sa mère et s'il revoyait son pays, d'aller en pèlerinage, aussitôt qu'il le pourrait, à Notre-Dame du Sacré-Cœur, pour laquelle il avait une grande dévotion.

Les Prussiens cependant emmenaient leurs blessés dans les ambulances qu'ils avaient établies aux environs ; mais les Français préféraient, en général, rester dans cette pauvre étable que d'aller se faire soigner au milieu de leurs ennemis. Enfin, le lundi 5 décembre, M. Popot, un fermier de la contrée, qui, bien que pillé entièrement par les Allemands, se sentait néanmoins encore assez de dévouement pour prendre chez lui et soigner des blessés, vint avec une charrette en chercher quelques-uns. Il n'avait de place que pour six et chacun voulait être du nombre. Lucien suppliait qu'on l'emmenât, mais le bon fermier reculait devant la gravité de ses blessures. Elles exigeaient des soins beaucoup plus sérieux que ceux qu'il lui paraissait possible de donner. Le pauvre enfant, rassemblant alors tout ce qui lui restait de forces, s'élança sur la charrette où il tomba évanoui. C'est ainsi qu'il fut transporté à la ferme de Champdoux, sur Tillay-le-Péneux.

Il y fut souvent visité et consolé par le Curé de la paroisse, M. l'abbé Lancelin, qui fut heureux de lui apporter la sainte communion, en la fête de l'Immaculée Conception, le 8 décembre.

Notre cher blessé endurait des douleurs intolérables de son pied broyé ; jamais cependant, au plus fort de ses souffrances, il ne regretta son sacrifice. A une personne qui semblait s'apitoyer sur ces tristes conséquences de son héroïsme, il répondit : « Oh ! ce que j'ai fait, je ne le regrette pas, et je le referais même aujourd'hui, où je souffre des douleurs atroces. N'est-ce pas à ceux qui ont la foi et des principes de donner l'exemple aux autres ? »

« Au milieu de mes plus fortes douleurs, disait-il, un jour à sa mère, je mettais sur mon pied mon scapulaire du Sacré-Cœur : c'est ce qui m'a fait vivre jusqu'à ton arrivée ».

Lucien, en effet, depuis qu'il était blessé, avait fait écrire quatre fois à sa mère, par un Prussien d'abord, puis par un zouave qu'on transportait ailleurs, enfin par un mobile qui essayait de fuir. Toujours il la suppliait de venir auprès de lui pour le soigner. La dernière lettre, écrite par M. le Curé de Tillay et datée du 11 décembre, parvint seule à destination, mais n'arriva que le 26 du même mois.

Mme Saulnier partit le 27 décembre pour Poitiers. De là, après mille difficultés, elle réussit à gagner Loigny dans les premiers jours de janvier. Malheureusement, dans l'intervalle, la blessure que Lucien avait au pied s'était aggravée. L'amputation fut jugée nécessaire. Le 17 décembre, sur l'ordre du docteur Beaumetz, il dut quitter Champdoux et venir habiter Loigny. Le lendemain on le porta au presbytère, siège de l'ambulance. Il se confessa, et se laissa ensuite endormir en récitant, les mains jointes, le Notre Père.

L'opération réussit parfaitement. Bientôt on se crut à la veille de la guérison ; mais alors la plaie du bras prit un aspect inquiétant et le blessé recommença à souffrir comme un martyr.

Un soir, le docteur Labrousse entra dans la chambre du malade : « Je vais, lui dit-il, vous annoncer une nouvelle qui vous fera bien du plaisir ». Le pauvre Lucien n'eut pas un moment de doute : sa mère venait d'arriver au presbytère : c'était le 4 janvier. Il faut avoir souffert comme cette mère et cet enfant pour comprendre quelle fut leur joie de se revoir. Hélas ! dans quel état M me Saulnier retrouva son fils ! Il était pâle, maigre, étendu sur une paillasse, sans matelas, sans draps. Il y avait deux mois qu'il n'avait quitté ses habits, et sa chemise de laine était collée à son corps. M me Saulnier avait apporté du linge et des draps qu'une amie lui avait donnés à Tours ; elle put se procurer un matelas et Lucien fut enfin couché dans un lit. A partir de ce moment, il put aussi avoir une nourriture passable, du vin et des aliments fortifiants, de sorte qu'une amélioration sensible se manifesta dans l'état général. Mais le bras devenait de plus en plus malade et le docteur Beaumetz déclara enfin qu'il fallait absolument enlever les os du coude. Cette opération, beaucoup plus douloureuse que l'autre, eut lieu le 19 janvier, pendant que le général de Sonis, étendu lui-même au presbytère sur un lit de douleur, disait, avec M me de Sonis, son chapelet pour le cher blessé. Ce fut après cette opération que Lucien fit vœu de donner à l'église de Loigny les statues du Sacré-Cœur et du Cœur Immaculé de Marie.

On entra alors dans une période qui laissa vraiment croire à la convalescence ; les souffrances disparurent complètement ; la mère et le fils faisaient des projets pour le retour ; la gaieté de Lucien charmait tous ceux qui l'entouraient. Le pauvre mutilé plaisantait quelquefois en parlant de sa petite jambe de bois qu'il voulait faite avec un tronc d'arbre du bois des zouaves.

C'est dans cette période que Mlle Lelièvre de la Touche, venue pour chercher le corps de son frère, un des glorieux morts de Loigny, annonça à Lucien qu'il venait d'avoir une mention militaire. Mme Saulnier, toute joyeuse, désirait savoir quelle impression cette nouvelle faisait sur son fils. Mais lui, loin de témoigner aucune satisfaction, parut chagriné de ce qu'on n'avait pas songé à ses camarades, et dit : « Ils ont aussi bien mérité que moi. »

Chaque dimanche le cher blessé faisait la sainte communion. Le Dieu de toute consolation sortait alors de la pauvre église, allait d'abord visiter le général de Sonis au presbytère, puis venait fortifier Lucien dans la misérable chambre où il était étendu.

Le 30 janvier le malade, ne pouvant plus rester à jeun, dut recevoir la sainte communion en viatique. Il se sentait plus fatigué ; bientôt même, par intervalle, de violents frissons de fièvre l'agitèrent. Aussi Mme Saulnier, qui espérait jusque-là, se remit de nouveau à craindre et à éprouver les plus cruelles inquiétudes.

Enfin, au matin du 2 février, un peu après minuit, M. le Curé de Loigny vint administrer les derniers sacrements au blessé, dont les forces faiblissaient toujours. A ce moment suprême, le prêtre dit au malade : « Lucien, mon enfant, vous voulez bien donner à Dieu tout ce qu'il demande de vous ? » Le généreux zouave répondit à haute voix : « J'ai fait à Dieu le sacrifice de ma vie, je lui demande le ciel !... »

Dès que le jour parut, Mme Saulnier laissa son fils quelques instants pour aller à l'église, car c'était la fête de la Purification de la Sainte Vierge. La pauvre mère conjurait Marie de lui redonner son enfant. Cette journée se passa dans des lueurs d'espoir et des crises d'effroi :

« Mère, disait l'agonisant, laisse-moi mourir !... tu m'empêches d'aller au ciel !... laisse-moi, je t'en supplie !... »
Le soir venu, il répétait qu'il voulait partir et recommanda à sa mère de donner aux pauvres tout ce qui restait. Enfin, à minuit, on s'aperçut qu'il s'affaiblissait sensiblement. Les Sœurs de Bon-Secours, l'infirmier, Mme Saulnier et la marquise de Bellevue, qui se trouvait à Loigny pour rechercher le corps de son fils, tous se mirent à genoux et ne cessèrent de prier pendant ces derniers instants. C'est à deux heures de la nuit, le premier vendredi de février, après deux longs mois de souffrances, que l'âme de Lucien monta vers le Dieu auquel il s'était si généreusement immolé.

Le lendemain 4 février, un service fut célébré dans la pauvre église de Loigny.

Aussitôt après, la mère du martyr, forte dans sa douleur comme dans son amour, ramena à Moulins le corps mutilé qu'elle avait vainement disputé à la mort. Elle dut de nouveau traverser les lignes prussiennes, vaincre des difficultés sans nombre. Lorsqu'elle atteignit le seuil de sa demeure, à bout de forces, et appelant à son aide le fils plus jeune qui lui restait, on lui apprit que Maurice, pendant son absence, s'était lui aussi engagé, comme son frère, dans les zouaves pontificaux.

Mme Saulnier fut toujours très reconnaissante à M. le Curé de Loigny des soins pieux dont il avait entouré les longues souffrances de son fils. Même lorsqu'elle eut quitté le monde et fut devenue, en 1875, religieuse du Sacré-Cœur, elle envoyait à M. l'abbé Theuré des lettres pleines de gratitude, surtout lorsque l'hiver ramenait les douloureux anniversaires de 1870. Le 26 novembre 1877, elle lui écrivait de son monastère de la Ferrandière, près de Lyon :

« Tous les ans, à pareille époque, j'éprouve une très douce consolation à venir m'unir à vous et à la famille

des zouaves qui se donne rendez-vous à Loigny. Ma vocation ne m'a que mieux rapprochée de ce drapeau du Sacré-
Cœur dont mon bien-aimé Lucien était si fier. Oh ! croyez-
le, mon bon Monsieur le Curé, je ne puis séparer dans mon
souvenir mon cher martyr de Loigny, et ce père si dévoué,
si affectueux, qui lui ouvrit pour ainsi dire les portes du
ciel, et qui fut le soutien de sa pauvre mère, de laquelle
il se préoccupait tant dans ses dernières heures d'agonie.

» Bien souvent je vais, par la pensée, prier dans l'église
du Sacré-Cœur et aussi au petit bois ; le plus souvent je
me retrouve dans cette chambre si pauvre, où le Roi du
ciel venait chaque semaine visiter notre cher zouave. Ces
pieux pèlerinages, je les ferai surtout le mois prochain à
partir du 2 décembre. Je n'oublierai certainement pas
la ferme du bon Popot. »

Au moment où Mme Saulnier rentrait à Moulins, accompagnée de son cher et douloureux fardeau, l'ambulance
de Loigny était sur le point d'être fermée. L'armistice
était survenu, les Prussiens laissaient aux blessés une
plus grande facilité pour changer d'air et aller se faire
soigner dans de meilleures conditions (1).

D'ailleurs, il était urgent d'évacuer Loigny ; plus de la
moitié des maisons étaient détruites par l'incendie ou par
les obus ; l'installation des blessés laissait beaucoup à
désirer ; la population souffrait de l'insuffisance des habitations ; les approvisionnements étaient difficiles ; enfin,
par suite du sang répandu en si grande abondance, des
inhumations à fleur de terre, des détritus de toutes sortes
couvrant le sol déjà contaminé, une épidémie était à
redouter. Le typhus avait fait des victimes à Toury, à
Janville (2), à Chartres ; on devait craindre qu'il n'éclatât
à Loigny. Il fallait se hâter de quitter cette bourgade.

Le docteur Beaumetz avait eu soin d'éloigner successi-

(1) DE MARICOURT, p. 266.
(2) DE MARICOURT, p. 233 et suiv.

vement tous ceux qui pouvaient supporter le voyage.
Ainsi dans les premiers jours de janvier 1871, vingt-huit
blessés, difficilement transportables à Chartres, à cause
de la rigueur du temps, avaient été installés au château
de Meslay-le-Vidame (1).

Plus tard, le 28 janvier, le général de Sonis quittait
Loigny pour aller, s'il plaisait à Dieu, disait-il, achever
sa guérison chez M. le marquis de Gouvion Saint-Cyr,
au château de Reverseaux. Mais avant de partir, il voulut,
en son nom et au nom de M me de Sonis, remercier par lettre
le président de la Croix-Rouge de Chartres, qui l'avait
comblé de gracieuses attentions, et le prier d'agréer
l'expression de leurs sentiments les plus reconnaissants (2).

Le général commençait à profiter des avantages
de sa nouvelle résidence, quand il fut troublé par
une visite inquiétante. Des soldats prussiens s'étaient
présentés au presbytère de Loigny et l'avaient réclamé
avec instance. M. le Curé, n'ayant pu obtenir d'eux aucune
explication, craignit que ces hommes ne fussent chargés
de s'emparer de M. de Sonis à peine convalescent pour
l'emmener prisonnier en Allemagne. Il envoya en toute
hâte un exprès au château de Reverseaux et M me de Gouvion-Saint-Cyr voulut cacher le général chez son fermier
afin de le soustraire aux recherches. Mais l'héroïque blessé
refusa en disant : « Je suis entièrement entre les mains
de Dieu ». Toutefois l'ennemi ne parut pas et le calme
revint peu à peu au château.

On sut plus tard que la démarche des Allemands
n'avait d'autre but que de remettre à M. de Sonis une
dépêche de Castres par laquelle les catholiques et les
royalistes du Tarn lui offraient la députation à l'Assemblée
Nationale. Le général qui, on le voit, n'avait pu être averti,
fut à son insu porté candidat et, malgré son silence, obtint,

(1) COLLIER-BORDIER, p. 91.
(2) COLLIER-BORDIER, p. 114.

aux élections de février, un nombre honorable de suffrages (1).

Cependant, les autres blessés de Loigny étaient dirigés bientôt sur le château de Fains-la-Folie. Nous l'apprenons par une lettre du major Dujardin-Beaumetz, datée du 12 février. « Monsieur le Président, écrivait-il à M. Collier-Bordier, j'ai transporté le siège central de notre ambulance de Loigny à Fains, dont le château offre à notre installation des facilités que Loigny était loin de nous fournir. Il devenait très difficile d'approvisionner l'ambulance ; les gens du pays devaient désirer de rentrer enfin en possession de leurs maisons ou de leurs lits. Nos blessés sont transportables ; j'ai réuni les survivants à ceux de Fains » (2).

C'est là que deux Sœurs de Saint-Paul, qui tenaient l'école des filles, et une troisième qui leur fut adjointe, firent le service d'infirmières pendant près de six mois.

Ce village, ajoute M. Beaumetz, lui permettra de suivre avec moins de fatigue le traitement des opérations graves qu'il a pratiquées à Sancheville, à Voves, à Prasville, à Meslay, à Janville ; il est obligé à de continuelles tournées.

Les opérés en bonne voie de guérison ont été envoyés à Cormainville, chez M. Dreux ; Sœur Stéphanie les accompagne et aidera à les soigner, tandis que Sœur Lacroix est rentrée à Chartres. On ne garde à Fains que les hommes récemment opérés ou susceptibles de subir une opération grave.

Dans sa lettre du 22 février, le même major se félicite de sa translation à Fains, qui a été un précieux avantage pour ses grands blessés, et il termine ainsi : « Je vous prie, Monsieur le Président, de vouloir bien donner à M. le Curé de Fains la délégation que vous avez donnée à M. le Curé de Loigny ; elle lui permettra d'approvisionner l'ambulance suivant le mode qui vous a été jusqu'ici si commode et si avantageux ».

(1) Mgr Baunard, p. 371.
(2) Collier-Bordier, p. 82.

Disons, pour achever l'histoire de nos ambulances, que la ratification des préliminaires de paix, le 1er mars, fut le signal de leur fermeture.

Dès le 2 mars, le major Dujardin-Beaumetz se rend à Chartres pour s'entendre avec M. Collier-Bordier (1), président de la Croix-Rouge, et aviser aux moyens d'évacuer toutes nos ambulances. On convient que les blessés seront dirigés sur Laval où se trouvent leurs corps d'armée. Le 6 mars, un premier convoi de soixante blessés est conduit dans cette ville par M. Dujardin-Beaumetz. En moins de dix jours, grâce à l'intelligente activité du major et des membres de nos comités locaux, tous les blessés, à l'exception de ceux qui n'étaient pas encore transportables, avaient rejoint leur destination. La Croix-Rouge de Chartres avait signé des papiers pour environ douze cents.

Le général de Sonis partit un des derniers. Mais avant de regagner ses foyers, il voulut revoir le champ de bataille de Loigny. Dans les premiers jours de mars, il visita le petit bois près duquel il avait passé la nuit du 2 décembre, il pria dans cette petite église où sa femme avait, pendant de longues semaines, répandu toute son âme devant Dieu.

C'est alors qu'il conçut la pensée de contribuer, selon ses faibles moyens, à la restauration de l'humble église de Loigny et d'élever une croix près de l'endroit où il était tombé. Nous verrons dans la suite comment ce désir s'est réalisé.

Le 15 mars, M. et Mme de Sonis prirent congé de leurs nobles hôtes et, accompagnés du docteur Dujardin-Beaumetz, se mirent en route pour Castres. A chaque gare de départ ou d'arrivée, le brillant cavalier d'autrefois, aujourd'hui pauvre mutilé, était porté sur les bras de deux hommes pour monter ou descendre de voiture. Il s'arrêta le 19 à Poitiers, près de sa fille et de sa seconde sœur

(1) COLLIER-BORDIER, p. 145 et 146.

carmélite. C'est là que le docteur embrassa le général et se sépara de celui pour lequel, selon l'expression de Sonis, il avait été l'instrument du salut » (1).

A cette époque, le général de Charette, dans son rapport au Ministre de la guerre, s'était plaint avec raison des ambulances attachées aux corps d'armée de la Loire, qui, durant la bataille, avaient complètement abandonné les blessés de Loigny. Mais quelques jours après, il écrivait à M. Collier-Bordier, président de la Croix-Rouge à Chartres.

« Loin de moi la pensée de vous confondre avec elles. Je serais en effet bien ingrat si j'oubliais tous les soins empressés et de toute sorte que vous nous avez prodigués. Je tiens à le dire hautement : sans vous et la charité des communes environnantes, nous mourions littéralement de faim et les deux mille blessés qui se trouvaient à Loigny restaient sans soins d'aucune sorte » (2).

Juste hommage de reconnaissance rendu à la Croix-Rouge de Chartres, pour les secours multiples offerts dès le premier appel aux blessés du 2 décembre. Nous avons vu dans les pages précédentes de quelle sollicitude elle a continué, même après le retour de la paix, d'entourer ces malheureux dont quinze cents au moins étaient à sa charge. Ajoutons que, pour compléter sa mission, elle n'a cessé jusqu'à nos jours, d'honorer la mémoire des héros de Loigny et de garder chrétiennement le culte de ses morts.

(1) Mgr BAUNARD, p. 363 et 364.
(2) *Journal de Chartres*, 26 février et 30 mars 1871.

CHAPITRE X

FLEURS DE PARADIS

Ne pas désespérer de notre France.— Jean Sarda dans l'église de Guillonville ; ses commissions ; sa mort au pied de l'autel de la Sainte Vierge. — Henri Freyssenge, sergent-major modèle. — « Mes amis, serrons les rangs, en avant ! » — L'Hôtel-Dieu de Chartres. — Paul de Marnas, sous-lieutenant, décoré de la Légion d'honneur. — « Va, mon fils, et fais ton devoir ». — Ramassé sur le champ de bataille et soigné à Saint-Brice, à Chartres. — « J'ai de l'inquiétude sur cette confession ». — « Je vais mourir... Au revoir ! » — Le sergent Jules Meignan, mobile de Maine-et-Loire. — « Ce n'est rien » dit-il, et il resta bravement à son poste. — Une mort foudroyante. — Un beau jeune homme blond. — Charles Charnod à l'ambulance de Janville. — « Je voudrais écrire à ma famille ». — « Fleur de Paradis, cueillie au champ de bataille ». — Edouard du Boischevalier, zouave pontifical, blessé à Loigny. — Une lettre à sa sœur. — Le tétanos. — C'était une belle âme. — Retour d'enterrement. — Henri de Verthamon pendant la nuit du 2 décembre. — A l'ambulance de Janville. — « Nous avons assisté à la mort d'un saint ». — Un bref de Pie IX. — Lettre du comte de Chambord. — Le marquis de l'Epinay-Saint-Luc. — L'arrière-garde se défend à Patay. — « Vas me chercher l'aumônier ». — « Vous m'apporterez le bon Dieu ». — « Portez armes ! Présentez armes ! Genoux terre ! C'est le bon Dieu, mes enfants ! » — « Je vous avais appris à combattre en soldats ; je viens de vous montrer à mourir en chrétiens ». — « Votre père, mon cher François, il est au ciel ! — Il faut savoir se borner.

Les prêtres qui, en 1870, sont allés sur les champs de bataille ou dans les ambulances assister nos chers blessés agonisants, ont entendu des mots sublimes, connu des sacrifices héroïques, vu mourir de nobles enfants, dont l'énergie surhumaine leur arrachait des cris d'étonnement ou des larmes d'admiration. Le récit qu'ils en ont fait parfois excitait nos enthousiasmes.

Mais, aujourd'hui, mots sublimes, sacrifices héroïques, nobles et saintes morts, tout est disparu ou sur le point de tomber dans l'oubli.

Et cependant ces pensées du cœur, ces dévouements exceptionnels, ces fins touchantes et chrétiennes au milieu de revers inouïs, nous révèlent tant de foi et de vigueur surnaturelles, qu'il est bon de les tirer de l'ombre, de les mettre en pleine lumière, de les proposer en exemple.

Il nous est impossible de raconter en détail tous les beaux traits que nous avons rencontrés dans cette étude. Qu'il nous soit permis du moins d'en esquisser quelques-uns. Ils seront l'honneur de notre race et la consolation de ceux qui ne veulent pas désespérer de notre France.

Le titre que nous donnons à ces soldats morts en prédestinés est emprunté à la langue de l'Eglise. Souvent, en effet, dans sa liturgie, pour louer les martyrs et les saints, elle commente en formules variées la gracieuse comparaison du psalmiste qui nous représente les justes comme des arbres et des plantes de choix, dont les riches floraisons s'épanouissent sous les regards de Dieu dans les parvis du ciel : « *Justus ut palma florebit.... in atriis Dei nostri* (1). »

Notre premier récit fait suite au combat de Villepion, qui, nous l'avons vu, annonçait et préparait celui de Loigny.

Or, au soir du 1er décembre, l'église de Guillonville, à l'une des extrémités du champ de bataille conquis par nos troupes, était, depuis le seuil jusqu'au sanctuaire, remplie de blessés entassés sur la paille. Deux prêtres leur

(1) Psaume 91, v. 13 et 14.

prodiguaient des soins empressés ; l'un était le vieux et charitable Curé de la paroisse, M. l'abbé Gauthier ; l'autre, l'aumônier des mobiles de la Sarthe, M. l'abbé Morancé, jadis Curé de Margon, au diocèse de Chartres.

Après avoir pourvu aux plus pressants besoins, raconte l'aumônier, je vins me jeter un instant tout habillé sur le lit de M. le Curé. On ne tarda pas à m'appeler, car on apportait, des fermes environnantes, de nouveaux blessés. Il était trois heures du matin. J'aidai à sortir les morts pour faire une place sur cette paille où le sang ruisselait. Arrivé à l'autel de la Sainte Vierge, je m'agenouillai auprès d'un jeune soldat de la ligne, qui paraissait en proie à de vives souffrances.

— « Mon enfant, lui dis-je, vous souffrez beaucoup ?

— Beaucoup, oui, mon père, mais trop, non, car j'expie.

— Vous expiez, cher enfant ?

— Oui, mon père, les fautes de ma vie. Veuillez en recevoir l'aveu. »

J'entendis sa confession qu'il acheva dans des sentiments admirables.

— Maintenant, mon père, dit-il, voici mes commissions. Prenez dans ma poche ma montre ; vous l'enverrez à mon frère, comme un dernier souvenir d'affection. Je m'appelle Jean Sarda, je suis de Loupiac, canton de Limoux, département de l'Aude... Dans mon autre poche, une petite chaîne que vous donnerez à la Sainte Vierge. Ecrivez bien au pays, mon père, que je meurs sur l'autel de la Sainte Vierge, que j'ai appris à aimer dans mon enfance... que je meurs calme, résigné... (une larme coula de ses yeux)... et content ! Vous avez intérêt, mon père, à le leur dire, car, désormais, ils uniront votre nom au mien dans leurs prières... Mais ne me laissez pas mourir sans revenir me bénir ! »

Le pauvre enfant avait deux balles dans la poitrine, et les symptômes précurseurs de la mort apparaissaient déjà.

Je parcourus tous les bancs, cela demanda plusieurs heures, mais mes yeux se tournaient sans cesse vers ce noble jeune homme. Lorsque je revins à lui, sa voix était éteinte. Je lui pris les deux mains....

« Mon cher enfant, c'est moi, votre ami, le consolateur de la dernière heure... » Il ouvrit les yeux... j'en vis sortir des larmes. — « Courage ! enfant, dans un instant, le ciel ; et vous prierez pour moi... Si vous me reconnaissez, serrez-moi la main. »... Il fit un suprême effort, la serra, la porta à ses lèvres... et rendit sa belle âme à Dieu !... Et je restai à genoux, demandant au bon Dieu, par les mérites d'un si généreux sacrifice, d'avoir pitié de moi.

Depuis, ses commissions ont été faites, et la famille Sarda, de Loupiac, transmettra ce récit à ses enfants. Le prix de sa petite chaîne a été déposé, le 2 juillet, aux pieds de Notre-Dame, dans son sanctuaire béni de Torcé. Humble et touchante offrande d'un jeune soldat mourant, qui comme l'obole de la veuve de l'Evangile, est allée jusqu'au cœur de Dieu !...

Sept ans plus tard, notre aumônier voulut revoir cette église de Guillonville, remplie pour lui de si vivants souvenirs, et, consolé, il écrivit ensuite : « J'ai dit la messe à l'autel où le jeune homme dont je viens de parler s'était montré à mes yeux mouillés de larmes, si doux envers la souffrance, si admirable dant les bras de la mort ! » (1)

Henri Freyssenge, né à Peyrillac, en Dordogne, avait puisé à un foyer patriarcal, chrétien et honoré s'il en fût, l'amour de Dieu, de la patrie et de la famille. Après avoir commencé ses études au petit séminaire de Bergerac, sous la direction de son frère aîné, M. l'abbé Freyssenge, qui y était professeur, il les acheva à Saint-Joseph de Sarlat,

(1) *Un Régiment de l'Armée de la Loire*, notes et souvenirs, par l'abbé Charles MONANCÉ, Le Mans, 1878, p. 129 et suiv.

chez les jésuites. Il suivait à Toulouse les cours de la
Faculté de droit, lorsque s'engagea la guerre contre la
Prusse. A l'annonce des premiers revers, lui, qui avait
songé si peu jusque-là à se faire soldat, se trouva résolu à
offrir ses bras et son sang à la patrie en danger.

Plus d'un parent, pour le soustraire aux hasards des
batailles, le pressait d'entrer dans les bureaux, où son instruction et des appuis lui ménageaient d'avance une position. Mais son cœur généreux ne put se résoudre à accepter
une commode sécurité, briguée par tant d'autres, tandis
que ses amis iraient affronter le feu de l'ennemi. « Je me
croirais maudit du Ciel, répétait-il, si j'étais cause qu'un
autre fût tué à ma place ».

Nommé sergent-major d'une compagnie de mobiles, il mit
un si grand zèle à étudier la théorie, une telle activité
dans ses fonctions, qu'il eut bientôt acquis la connaissance, l'amour, même la tenue extérieure de son nouvel
état. Au bout d'un mois de service, on l'eût pris pour un
sous-officier de l'armée régulière, tant l'esprit militaire
se manifestait dans sa vie et dans sa personne.

On a de nombreuses lettres, que le courageux enfant,
vivant toujours par la pensée au milieu des siens, trouva
moyen de leur écrire presque à chaque marche, parfois au
crayon, toujours à la hâte ; dans toutes, à travers un
décousu inévitable, se révèle le cœur le plus chrétien et
le plus français. Sa bravoure au combat de Coulmiers
montra que son patriotisme ne consistait pas seulement
en paroles.

Les mobiles de la Dordogne appartenaient à la division
Barry chargée d'engager l'action au matin du 2 décembre
à Loigny. Ils parvinrent jusqu'auprès du château de
Goury. Mais l'artillerie et la fusillade des Bavarois infligèrent aux Français des pertes énormes. Il fallut reculer,
et le premier bataillon des mobiles de la Dordogne fut
cruellement éprouvé pendant ce mouvement de retraite.

Le capitaine de la sixième compagnie fut tué, le sous-lieutenant disparut, et le sergent-major Freyssenge, en l'absence de tout officier, se trouva investi du commandement. Après une terrible décharge de l'ennemi, le courageux sous-officier s'efforçait de rallier ses hommes et leur criait avec feu : « Mes amis, serrons les rangs ; en avant ! » lorsqu'un éclat d'obus lui brisa la cuisse gauche et l'étendit sur le terrain très grièvement blessé.

Relevé seulement pendant la nuit, il fut conduit au village et déposé dans la salle d'école, où l'on entassait les victimes de la journée. Il n'y reçut d'autres secours que ceux de la religion. M. le Curé de Loigny le confessa et lui administra l'Extrême-Onction. Au milieu d'atroces douleurs, le pauvre enfant eut encore assez de force et de présence d'esprit pour écrire lisiblement sur un papier son nom, ainsi que l'adresse de M. l'abbé Freyssenge à Sarlat ; puis il remit le papier et son argent au Curé de Loigny, en le priant d'écrire à son frère dès qu'il serait mort. Il avait fait généreusement à Dieu le sacrifice de sa vie ; mais prévoyant quel coup son trépas porterait au cœur de sa mère, il voulait, par une suprême attention, que l'annonce lui en fût donnée par celui de ses enfants qui pouvait le mieux la consoler.

Le 5 décembre, il fut transporté dans la ferme de Villerand, où il resta plusieurs jours ainsi que de nombreux compagnons d'infortune, dans une grange mal fermée, par une froid des plus rigoureux, et presque sans vivres ni soulagements. Le gonflement énorme de sa blessure, laissée jusqu'alors sans pansement, rendit impossible l'amputation qui, seule, eût pu le sauver. Désespéré des médecins, il n'avait plus qu'à souffrir et à mourir.

Le 9 décembre, il fut évacué sur Chartres où notre Société de la Croix-Rouge dirigea une grande partie des blessés qui encombraient les environs de Loigny. Il supporta courageusement ce long voyage, accompli sur une charrette dont les secousses redoublaient ses souffrances, et arriva très affaibli à l'Hôtel-Dieu, où du moins les soins les plus dévoués entourèrent ses derniers jours. « Plusieurs fois, écrit M. l'abbé Boucher, aumônier de l'Hôtel-Dieu, je recueillis de sa bouche les plus affectueux adieux à sa mère et à tous les siens. Il se confessa de nouveau, puis reçut le Saint Viatique en pleine connaissance et dans les dispositions les plus édifiantes. Il expira doucement et pieusement le 13 décembre, à quatre heures du soir ».

Treize jours plus tard seulement, Mme Freyssenge recevait une lettre datée du 29 novembre où Henri lui annonçait sa marche à l'ennemi. « Mon Dieu, s'écria-t-elle, saisie d'un douloureux pressentiment, veuillez recevoir son âme ! » Elle n'apprit toutefois avec certitude la triste réalité qu'après deux longs mois d'angoisse, lorsque l'armistice permit le rétablissement des communications. Au mois de mai suivant, M. l'abbé Freyssenge vint chercher à Chartres les restes mortels de son frère, qui, après de triomphales obsèques, où l'on accourut de tout le pays, furent déposés dans la sépulture de la famille au cimetière de Peyrillac. Mais, nous en avons la confiance, pendant qu'on rendait à sa dépouille terrestre de suprêmes honneurs, l'âme d'Henri jouissait déjà au ciel de la récompense due aux vertus de sa jeunesse et à la vaillance de sa mort (1).

Paul de Marnas, fils d'un sénateur, était substitut au Tribunal Civil de Fontainebleau, lors de la déclaration de guerre, en 1870. Désireux de concourir à la défense de son pays, il donne aussitôt sa démission, s'engage dans un bataillon de chasseurs à pied et est très grièvement blessé sous les murs de Metz. Le maréchal Bazaine le nomme sous-lieutenant et chevalier de la Légion d'honneur.

(1) *Jeunes Chrétiens de notre temps*, par le P. DIDIERJEAN, S. J., p. 185 et suiv.

A peine guéri, il s'échappe après la capitulation de Metz et court visiter son père malade à Nice, non pour rester auprès de lui, mais pour lui dire adieu. Le père, heureux de voir la grandeur d'âme de son fils, lui adresse ces belles paroles : « Va, mon fils, et fais ton devoir ».

Le 5 novembre, Paul rentrait aux chasseurs à pied, 3e bataillon, 16e corps, 1re division, 1re brigade, aux ordres de Chanzy. Dès lors, il prit part aux différents combats de l'armée de la Loire. Le 2 décembre, il était grièvement blessé à Loigny par une balle allemande qui qui lui traversa la cuisse gauche et brisa le col du fémur. On le ramassa sur le champ de bataille et on le transporta à Chartres, dans la nuit du 7 au 8 décembre. La terre était couverte de neige et la bise glaciale ; aussi on eut hâte de le déposer à l'hospice Saint-Brice, avec l'intention de le transporter, le lendemain, dans une ambulance particulière. Mais la gravité de la blessure, l'avis du docteur Juteau, le désir même du blessé et surtout les soins assidus que demandait sa position firent que notre sous-lieutenant resta dans ce pieux asile, où des attentions vraiment maternelles lui furent prodiguées pour amener sa guérison.

Paul était franchement chrétien. Il portait sur lui une relique de la Vraie Croix et une médaille de la Sainte Vierge. Il aimait le bon Dieu de tout son cœur ; sa confiance en Marie était sans limite et il voulut que l'on fît plusieurs neuvaines pour lui à Notre-Dame de Chartres..

Affectueux pour les siens, il avait souvent sur les lèvres les noms de son père, de sa mère et de ses sœurs.

Ce soldat chrétien n'attendit pas que la mort vint l'avertir de se préparer à paraître devant son Juge. Il demanda de lui-même à se confesser ; mais, disait-il, « je tiens à le faire sérieusement. La confession que j'ai faite à Metz ne m'a pas tranquillisé. Le bon prêtre de notre hôpital ne voulut pas me laisser expliquer, de sorte que j'ai de l'inquiétude sur cette confession ». Cette fois on lui accorda toute la liberté qu'il désirait pour faire une confession générale et il ne s'arrêta dans ses humbles aveux que lorsque sa conscience lui dit qu'elle était en paix.

M. de Marnas reçut la Sainte Communion avec beaucoup de piété et d'humilité. Non content de se préparer lui-même par des supplications touchantes, il se recommanda aux prières des Sœurs, des vieillards et des enfants, et eut soin surtout, pour cet acte si important, de recourir à la protection puissante de la Très Sainte Vierge.

Les souffrances de notre blessé étaient horribles ; cependant sa patience ne fut pas vaincue, car il puisait sa force et sa consolation dans le crucifix qu'il avait toujours devant les yeux et souvent dans les mains.

Quand il eut reçu l'Extrême-Onction avec une grande édification pour les assistants, il comprit que le moment suprême était proche et s'adressant à un de ses amis, M. Charpentier, de Saint-Prest : « Je vais mourir ; je vous prie de dire à mes parents que je leur demande pardon de la peine que je leur ai faite. J'embrasse mon père, ma mère et mes sœurs ! Au revoir ! »

Paul de Marnas fut enterré le 19 janvier 1871. Toute la magistrature de la ville assistait à ses obsèques. Son corps, exhumé le vendredi 16 juin de la même année, fut transporté le lendemain à Lyon pour être réuni, dans un caveau de famille, à celui de son père, qui était décédé à Nice (1).

Jules Meignan, petit-neveu d'un prêtre confesseur de la foi en 1792 et neveu d'un autre prêtre qui mourut archevêque de Tours, se montra pendant sa courte vie noblement fidèle aux traditions religieuses de sa famille. Il ajouta même à l'honneur de son nom par sa courageuse mort sur le champ de bataille.

Après s'être distingué dans ses études à Vannes, Jules

1) Rapport de M. l'Aumônier de Saint-Brice. — COLLIER-BORDIER, p. 38.

suivait à Paris les cours de droit. Déjà il avait traversé victorieusement pendant deux années les séductions de la capitale et les dangers de la vie d'étudiant. Son extérieur élégant, sa facilité au travail et ses succès à la Faculté, le talent de la parole dont il donna maintes fois des preuves très applaudies aux réunions du Cercle catholique du Luxembourg, de précieuses relations dans la meilleure société que lui procurait M. le marquis de Saint-Genys, son bienveillant correspondant ; avec cela l'amour du devoir, une conduite parfaite, le culte de la famille et l'ambition de bien faire ; tout paraissait lui promettre ici-bas une carrière utile, heureuse et brillante. La désastreuse guerre de 1870 vint briser toutes ces espérances et l'emporter lui-même au milieu des premiers épanouissements de sa jeunesse.

A l'organisation de la Garde Mobile, il devint sergent au bataillon de Segré, de Maine-et-Loire, qui, avec deux bataillons de Loir-et-Cher, forma le 75e régiment de mobiles. Il donna aussitôt à tous l'exemple d'une vie chrétienne, d'une gaîté communicative et d'une endurance à toute épreuve. Le 30 novembre, il se trouvait à Saint-Péravy. Prévoyant alors que la lutte était prochaine, il se confessa, comme il le faisait souvent, détermina bon nombre des hommes de sa compagnie à le suivre et reçut avec eux la sainte communion.

Héroïque le lendemain, au combat de Villepion, il se distingua surtout le soir, à la prise du village de Faverolles, emporté à la baïonnette par le 75e mobiles qui y fit de nombreux prisonniers et s'y installa pour la nuit.

La bataille continua le 2 décembre. A dix heures, la brigade Bourdillon, où combattait Jules Meignan, accourut au secours de la division Barry que les masses croissantes de Bavarois et le nombre de canons ennemis forçaient à reculer. A plusieurs reprises, le 75e mobiles, aidé par le 3e chasseurs et le 39e de marche, essaya d'emporter le château de Goury, dont les Allemands avaient fait une forteresse ; mais ses efforts se brisèrent contre les murs crénelés du parc qui vomissaient la mitraille. Dans une de ces tentatives que le général Chanzy appelle héroïques, Jules reçut une première blessure à la joue, qui enfla rapidement. Ses camarades l'engagèrent à quitter le combat pour se faire soigner : « Ce n'est rien », dit-il, et il resta bravement à son poste.

Vers 11 heures 30, les Bavarois, renforcés d'un corps considérable de Prussiens venus de Lumeau, attaquèrent plus hardiment les Français, et la brigade Bourdillon fut contrainte de se replier sur Loigny. Elle le fit en combattant. Arrivés près du village, nos soldats se déployèrent en tirailleurs dans les champs et disputèrent pied à pied le terrain à l'ennemi. « Mêlés aux hommes de la ligne, raconte le mobile Louis David, témoins des derniers moments de Jules, et couchés derrière une haie, nous ne cessâmes, pendant plus d'une heure, le sergent Meignan et moi, de tirer sur les Prussiens qui déjà débordaient nos positions. Il fallut enfin nous retirer et chercher un refuge dans l'intérieur du village. Le sergent marchait au milieu de la rue ; je le précédais de trois ou quatre pas en longeant les maisons. Tout à coup je le vis s'affaisser et tomber le visage contre terre. Déposant mon fusil, j'accourus près de lui et le retournai sur le dos en l'appelant ; il ne pouvait plus me répondre et ne donnait plus aucun signe de vie. Plusieurs balles lui avaient traversé le cœur et la tête ; le sang lui sortait par la bouche et par le nez ; il avait les yeux ouverts, mais troubles. Le coup l'avait vraiment foudroyé.

» Aidé de plusieurs soldats de la ligne, je le transportai sous un petit hangar et l'étendis sur un monceau de paille. Là, je le débarrassai de son sac, lui desserrai ses vêtements, et j'essayai encore de le ranimer, mais inutilement ; tout était fini. Je demeurai à ses côtés environ vingt minutes ;

puis je dus m'éloigner pour éviter d'être pris par les Allemands qui envahissaient Loigny ».

Quelques jours plus tard, le corps du noble enfant fut
déposé dans une grande fosse, creusée à la hâte, où trouvèrent place avec lui cent cinquante autres victimes de la
désastreuse bataille. Un an après la guerre, M. et Mme Meignan faisaient un douloureux pèlerinage à Loigny et
allaient prier sur la tombe de leur fils. Ils y rencontrèrent
un des ouvriers qui avaient rangé dans la fosse les glorieux
cadavres et concouru à leur inhumation. Bien vive fut
leur émotion, lorsqu'ils l'entendirent raconter qu'un de
de ces corps l'avait frappé plus que tous les autres. « C'était,
disait-il, celui d'un beau jeune homme blond, qui portait
le galon de sergent ; il avait la tête traversée par une balle
et la poitrine labourée de blessures ; mais il conservait
sur son large front, jusque dans la mort, une expression
de fierté et de distinction extraordinaires ». Ces traits
désignaient à n'en pas douter, la dépouille mortelle de
Jules. Au milieu de leurs larmes, les parents bénirent Dieu
d'avoir une preuve de plus que leur fils, généreux chrétien
en toute circonstance, avait été jusqu'au bout le digne
défenseur de son pays (1).

Nous ne pouvons résister au désir de citer une page où
le capitaine de Maricourt nous dépeint la mort édifiante
du sergent-major Charles Charnod, son compagnon d'armes, recueilli et soigné comme lui à l'ambulance de Janville.

Trois semaines environ après la bataille, le capitaine
étant parvenu, à l'aide d'une béquille, à faire une dizaine
de pas, pénétra dans la chambre voisine où était Charnod.

« J'eus peine à le reconnaître, écrit-il (2), tant il était
changé par quelques jours d'atroces souffrances. Il était

(1) *Jeunes Chrétiens*, par le P. DIDIERJEAN, s. j., p. 283.
(2) DE MARICOURT, p. 211.

STATUE DU SACRÉ-CŒUR
ÉLEVÉE DANS LE BOIS DES ZOUAVES

d'une admirable beauté. Sa figure diaphane et couleur de cire, ses grands yeux doux et résignés, sa barbe blonde et l'air de douleur répandu sur tout son visage me causèrent, en même temps qu'une poignante tristesse, une émotion religieuse : c'était l'image du Christ mourant que j'avais sous les yeux. Comme je tenais dans la mienne sa main déjà glacée, et maigre comme celle d'un squelette, il me dit, d'une voix faible : « Je voudrais écrire à ma famille ». Je n'eus pas le courage de lui dire qu'aucune lettre ne franchissait les avant-postes allemands et, m'asseyant près de son lit, j'écrivis à peu près deux pages sous sa dictée.

» Elles ne m'appartenaient pas, ces pages admirables, toutes remplies de tendresse, de résignation, de foi et d'espérance en l'éternité bienheureuse qu'entrevoyait déjà le mourant ; mais j'ai amèrement regretté de ne pas les avoir copiées avant de les donner à la Supérieure, qui devait, bien des mois après, les remettre à la pauvre mère sur la fosse de son fils. Tout blasés que nous fussions alors sur les scènes de mort, j'avoue que c'est à peine si je pus écrire, à travers le brouillard qui m'obscurcissait la vue, cet adieu que Charnod, mourant à vingt-trois ans pour son pays, adressait à la vie et à sa famille, dont il ne voulait oublier aucun membre, ni sa petite sœur, ni sa vieille bonne, ni l'abbé qui l'avait sans doute élevé.

» Il fut administré dans l'après-midi, et le soir, quand nos Sœurs habituelles nous quittèrent, une autre Sœur vint les remplacer pour la nuit ; car on voyait cette pauvre vie s'éteindre comme une lampe sans huile.

» Vers une heure du matin, la Sœur entendant une sorte de faible râle, se pencha vers lui : « Du courage, mon enfant, lui dit-elle, offrez vos souffrances à Dieu ! »

» Charnod releva un peu la tête.

« Je vous salue, Marie... », dit-il lentement, et sa tête retomba sur l'oreiller.

20

» Sans doute il achevait dans les splendeurs du ciel, aux pieds de celle qu'il invoquait dans ses grandes douleurs, la prière commencée dans la nuit de la terre.

» Charles Charnod, que nous vîmes ainsi mourir saintement et héroïquement à Janville, sergent-major au 3e bataillon de notre régiment, avait été avant la guerre, clerc de notaire en Anjou, à Baugé, et nous eûmes bien plus tard, des détails touchants sur ce qu'avait été cette belle et courte vie. « Fleur de Paradis cueillie au champ de bataille », comme dit un poème du moyen-âge. »

Edouard du Boischevalier, né en Vendée, avait reçu des siens, comme un héritage sacré qu'il garda noblement, une foi profonde, des convictions saines, une nature intrépide, une fidélité généreuse à la religion et à la patrie. Aussi, à dix-huit ans, suivant l'élan de son cœur et l'exemple d'un grand nombre de ses condisciples du collège Saint-François Xavier, de Vannes, Edouard s'engageait le 20 décembre 1860, à Rome, parmi les défenseurs du Saint-Père, qui devaient bientôt porter le nom de zouaves pontificaux. Il y servit pendant dix ans, d'abord soldat, puis caporal et sergent. Pour prix de sa vaillante conduite à Mentana, où il reçut plusieurs blessures graves, il fut nommé sous-lieutenant.

En 1870, il devint lieutenant d'une des trois premières compagnies des Volontaires de l'Ouest et prit part aux combats de Cercottes, de Brou et de Loigny.

Au témoignage de ses compagnons d'armes, du Boischevallier fut l'un des héros les plus brillants, l'une des victimes les plus glorieuses de la charge célèbre des zouaves pontificaux au soir de cette dernière bataille.

C'est à quelques mètres en avant du Bois-Bourgeon, lorsqu'il marchait en tête de sa compagnie et lançait ses hommes à la baïonnette sur les Bavarois dont la fusillade faisait rage, qu'Edouard tomba le pied broyé par une balle reçue presque à bout portant.

Ecoutons-le raconter, dans une lettre du 11 décembre 1870, adressée à sa sœur Marie, les circonstances et les suites de cette glorieuse blessure.

« Tu connais déjà notre charge insensée de courage à Loigny, sous un feu effroyable et contre un ennemi très supérieur en nombre. Pauvre Marie, quelle eût été ton angoisse si tu avais assisté à ce spectacle ! Général, colonel, commandants, capitaines, soldats, tous roulaient dans un tourbillon de chevaux et d'hommes. En voyant les sillons voler en poussière et mes camarades tomber sous les balles, je me demandais : Comment n'en as-tu pas des centaines dans le corps ? L'une d'elles enfin m'a brisé le bas de la jambe à trente pas des lignes allemandes. Couché par terre, je me consolai pendant quelque temps à la pensée que nous avions la victoire : les hourras prussiens étaient faibles et lointains ; nous avions donc conquis le champ de bataille. Bientôt, hélas ! j'entendis ces hourras s'avançant vers moi toujours plus bruyants. C'était une division allemande qui donnait la chasse aux rares zouaves épargnés par la fusillade. Un flot d'ennemis me passa sur le corps, les uns en m'ajustant pour éviter de ma part une lutte dernière et désespérée, les autres en écartant les armes qui jonchaient le sol autour de moi. Puis tous disparurent.

» Il était à peu près cinq heures du soir ; quelques détonations d'artillerie couvraient les cris des malheureux laissés sur le champ de bataille. Chacun donnait son nom, indiquait ses blessures, espérant trouver à côté de soi un ami. Tombés trois zouaves ensemble, nous nous rapprochâmes et nous attendîmes qu'on vint nous relever. Nous passâmes ainsi, douze heures, par une nuit tellement glaciale, que l'un de mes voisins eut les pieds complètement gelés et perdus.

» Pour moi, craignant sérieusement une hémorragie, car ma jambe saignait beaucoup, j'essayai à plusieurs reprises de couper la botte épaisse qui emprisonnait mon pied blessé ; il me fallut y renoncer, de peur de m'évanouir, tant était grande ma faiblesse.

» Enfin, le jour venu, les ambulances prussiennes arrivèrent. Je leur dois cette louange, elles multiplièrent les soins et les précautions en me transportant à une lieue de là, dans une grange où étaient déjà entassés une centaine de blessés allemands et français. Il en mourut bien vingt autour de moi ; je m'attendais au même sort, quand un bon paysan, M. Popot, du village de Champdoux, vint nous prendre au nombre de six, et nous emmena chez lui, où il nous soigna de son mieux. Seulement il n'y avait pas de docteur, et ma blessure réclamait instamment l'intervention d'un médecin. Je me suis donc fait conduire à Fontenay, près Orgères, où M. Bestaut, propriétaire d'un joli château, m'a recueilli sous son toit et m'entoure d'attentions. J'ai une garde-malade et j'espère avoir les soins d'un chirurgien-major pour ma jambe. Malgré les cahots du voyage, elle ne va pas mal ; le genou et le pied sont désenflés. Je souffre moins et n'ai plus à craindre l'amputation ».

Le jour même où sa main traçait ces dernières lignes, suprême et touchant adieu que son cœur envoyait aux siens pour les appeler auprès de lui, sa blessure trop longtemps négligée prenait une gravité exceptionnelle ; le tétanos se déclarait. Pendant les sept jours qu'il vécut encore, le courageux lieutenant endura d'inexprimables souffrances avec une patience angélique.

Se rendant parfaitement compte de la gravité de son état, il comprit vite qu'il lui fallait quitter la terre, et, en véritable chrétien, il se prépara à entrer dans son éternité, en priant Dieu de sauver la France, fût-ce par un miracle de sa miséricorde. Pendant toute sa vie de soldat, il était l'édification de ses compagnons d'armes par sa piété sincère, et puisait le courage du devoir à sa vraie source, dans les sacrements ; il avait communié le matin de Loigny.

Blessé, il se confessa et communia de nouveau le 8 décembre voulant fêter de la sorte la Vierge Immaculée, dont il était l'enfant,

Le 17 décembre au soir, M. l'abbé Leprince, Curé de Baignolet, et desservant de Fontenay, lui administra l'Extrême-Onction, et le lendemain vers midi son âme pure s'envolait, nous l'espérons, dans le sein de Dieu.

Ce jour-là même, M. le Curé de Baignolet, accomplissant l'un de ses derniers vœux, écrivait à la plus jeune sœur du noble défunt : « Mademoiselle, depuis la bataille de Loigny, j'ai eu l'avantage de posséder sur ma paroisse M. du Boischevalier, votre digne frère, lieutenant aux zouaves pontificaux. Très gravement blessé, il a été parfaitement soigné au château de Fontenay-sur-Conie, chez M. Bestaut, qui l'aimait comme un fils. Je l'ai vu plusieurs fois, et il accueillit toujours mes visites avec bonheur. C'était une belle âme. Il parlait souvent de ses bonnes sœurs ; il ne souffrait, disait-il, que de votre absence et de sa blessure. Sa piété, son bon cœur, son admirable patience lui ont gagné l'affection de toute la maison et de tous ceux qui l'on connu. Tout son regret était de n'être pas mort en défendant le Saint-Père. Dieu, dans ses desseins impénétrables et adorables, n'a pas voulu laisser plus longtemps à la terre ce saint jeune homme. Il vient de le rappeler à lui pour lui décerner la double récompense de son dévouement à l'Eglise et de son dévouement à la patrie. L'inhumation de son corps se fera demain après la messe, mais de telle sorte que vous puissiez le relever, si vous en avez l'intention ».

Cependant, prévenu enfin du lieu où son fils blessé avait été recueilli, M. du Boischevalier s'était mis en route pour essayer d'arriver jusqu'à lui. Après quatre-jours d'un voyage que rendirent extrêmement pénibles les difficultés de la guerre et les rigueurs de la saison, il traversait dans la soirée du 19 décembre le village d'Ymonville, lorsque rencontrant des zouaves pontificaux convalescents, il descendit de voiture et leur demanda des renseignements. Dès les premiers mots, avant même qu'il se fît connaître, ils lui apprirent qu'ils revenaient d'assister à Fontenay à l'enterrement de leur lieutenant, M. du Boischevalier. On devine quel coup terrible cette annonce imprévue porta au cœur du malheureux père. Accablé de douleur, il partit sur-le-champ pour Fontenay, y recueillit de la bouche de M. Bestaut les plus édifiants détails sur les derniers jours d'Edouard et le lendemain se remit en route pour la Bretagne, emportant sur sa voiture le cher et froid cercueil du noble fils qu'il pleurait. A Nogent-le-Rotrou, empêché par les circonstances de continuer son funèbre voyage, il fut contraint de placer provisoirement les restes précieux de son fils dans le caveau des étrangers.

C'est de là qu'après la guerre, quand les communications furent rétablies, la glorieuse dépouille du héros chrétien, sous la conduite de ses deux sœurs, Mme de La Pommeray et Mlle Marie du Boischevalier, fut ramené à Nantes, où de solennelles funérailles lui furent faites le 18 mars 1871. A peine l'église Saint-Donatien se trouva-t-elle assez vaste pour contenir les nombreux zouaves pontificaux entourant leur compagnon d'armes et la foule qui venait rendre un suprême hommage tout à la fois au soldat du Pape et à l'officier français mort pour son pays (1).

Nous avons indiqué en quelques lignes le noble caractère d'Henri de Verthamon, au moment où il fut choisi comme porte-fanion du drapeau du Sacré-Cœur. Mais nous nous reprocherions de ne pas faire connaître davantage cette âme d'élite dont nous avons à recevoir de si beaux exemples. Lorsque les zouaves pontificaux marchaient à l'assaut de Loigny, nous avons vu de Verthamon tomber, en avant

(1) *Jeunes Chrétiens de notre temps,* par le P. DIDIERJEAN, S. J., p. 313 et suiv.

du Bois-Bourgeon et rougir de son sang la blanche bannière
qu'il portait. Une première balle lui avait traversé la poitrine au-dessus du cœur, mais il s'était relevé ; une seconde
balle le frappa dans l'aine et il s'affaissa pour toujours.
C'est de là qu'il fut témoin du triomphe éphémère et du
lamentable écrasement de ses compagnons d'armes. Il
souffrit plus de cette déroute que de ses horribles blessures.

Puis vint la nuit glaciale avec les sinistres lueurs des
incendies dévorant le village et les fermes environnantes,
avec la neige étendant son froid linceul sur les mourants
et les morts, avec ses bandes de maraudeurs prussiens
dépouillant les blessés et les cadavres, ou même assommant
les agonisants sur le champ de bataille. Henri reçut la
terrible visite de ces détrousseurs éhontés et fut dévalisé
par eux sans pouvoir se défendre.

Le lendemain seulement 3 décembre, après de longues
heures de souffrances supportées avec une angélique résignation, notre blessé fut porté dans la soirée au presbytère
de Loigny et déposé sur un peu de paille auprès de plusieurs
autres zouaves, dans une chambre mal close et sans feu.
Il y reçut pour tous soins quelques gouttes d'un mauvais
bouillon préparé par un camarade avec la chair d'une
vache brûlée dans l'incendie du village.

Le dimanche 4 décembre, à dix heures du matin, la
supérieure de l'hospice de Janville, Sœur Saint-Henri,
arriva au presbytère de Loigny. Tous les blessés la
suppliaient de les emmener ; malheureusement, elle
n'avait à leur service qu'une mauvaise carriole à ban-
quettes. Sur la demande instante d'Armand du Bourg,
son cousin, qu'elle avait reconnu parmi eux, elle consentit
à prendre dans ce premier voyage M. de Verthamon.
Celui-ci ne pouvait être transporté qu'étendu. Arrangé
le mieux possible, ainsi qu'Armand du Bourg, sur de la
paille, dans une charrette trouvée à grand'peine, il parvint
à Janville dans la soirée. Le cheval allait au pas, afin

d'éviter des secousses qui auraient pu être mortelles aux deux blessés. Comme l'hospice était encombré de malades allemands, Sœur Saint-Henri fit déposer M. de Verthamon à l'ambulance préparée pour les Français.

Le lundi matin seulement, Henri reçut un premier pansement, qui fut très pénible. Il fallut couper ses vêtements imbibés de sang et collés sur les plaies, puis laver et toucher les plaies elles-mêmes, non sans lui causer de très vives douleurs. Ses deux blessures étaient mortelles. La balle, qui avait traversé le poumon, avait froissé l'épine dorsale, avant de sortir derrière l'épaule gauche ; celle qui était entrée dans l'aine avait déchiré la vessie. Les tortures que le pauvre blessé éprouvait étaient parfois si cruelles qu'elles lui arrachaient des gémissements involontaires. Si on s'approchait de lui en disant : « Vous souffrez bien ? — Oh ! non, répondait-il en s'efforçant de sourire, c'est passé ».

Parlant avec enthousiasme du moment où il marchait vers Loigny, son cher drapeau à la main : « Ma Sœur, répétait-il, c'était sublime. Nous savions tous que nous allions à la mort ; pour moi, il me semblait monter au ciel ».

La religion, qui avait fait la force et le gloire de la vie d'Henri, fit la consolation et la beauté de sa mort. Le 5 décembre au matin, à peine pansé pour la première fois, il s'était confessé, puis avait reçu la sainte communion avec une ferveur rayonnante qui frappa tous les spectateurs ; son visage avait quelque chose de transfiguré. Aussi le bon prêtre qui l'avait assisté disait en le quittant : « Voilà la plus grande joie de mon ministère. M. de Verthamon est un saint ».

Le mercredi 7 décembre, au matin, il se confessa de nouveau et communia en viatique. Il reçut ensuite l'Extrême-Onction, répondant lui-même aux prières avec paix et sérénité.

Se voyant à ses derniers moments et ayant les mains

presque paralysées, il pria la Sœur de mettre sur son lit les photographies de sa femme, de ses enfants, de sa mère, êtres chéris, qu'il voulait contempler encore avant d'aller à Dieu. Il les regarda quelque temps avec amour ; puis il dit à la Sœur, d'une voix émue, presque éteinte : « Il y aura un de mes enfants qui ne connaîtra pas son père ; mais Dieu en prendra soin, et mon jeune frère lui servira de tuteur. Vous leur direz à tous que je les aimerai là-haut. Je n'ai qu'un seul sacrifice à faire à Dieu, celui de ma famille. Ce sacrifice-là, je le lui offre de tout mon cœur. Tendresse à tous et confiance entière en Dieu ».

Sa faiblesse augmentant, il demanda à la Sœur de réciter des prières, qu'il ne pouvait plus dire lui-même. Son agonie ne dura que quelques minutes. Henri, gardant jusqu'au bout sa présence d'esprit, saisit son crucifix, l'éleva jusqu'à ses lèvres et le baisa tendrement en prononçant ces mots : « Jésus, Marie, Joseph ! » Puis, sans efforts et sans convulsions, il rendit doucement son âme à Dieu.

Après la mort, son visage amaigri et altéré par la souffrance, prit une expression radieuse ; à voir la beauté tranquille et suave de ses traits, on se rappelait irrésistiblement la victorieuse parole de l'Ecriture : « Ils ont paru mourir aux yeux des insensés, mais ils sont dans la paix » (1).

« Jamais, répétait avec émotion, la Sœur Saint-Henri, qui ne l'avait pas quitté, jamais dans ma vie d'hospitalière, je n'ai vu mourir ainsi ni laïque, ni prêtre, ni religieuse ».

Le soir de ce jour, la vaillante Sœur adressait à la marquise de Verthamon ces lignes touchantes : « Madame, Monsieur votre fils a désiré hier qu'on vous écrivît en son nom. C'étaient ses derniers adieux. Il vient d'entrer dans son éternité avec une joie et un bonheur qu'on ne rencontre jamais. Il a communié ce matin et conservé sa connaissance jusqu'au dernier moment. Nous avons assisté à la

(1) Sap. III, 2.

mort d'un saint. Que vous êtes heureuse, Madame, d'avoir un pareil fils ! Il nous a édifiés et pénétrés jusqu'au fond de l'âme. J'arrange les choses en sorte que vous puissiez après la guerre, faire reprendre ses précieux restes. Votre fils va être déposé dans un caveau, où le rejoindra bientôt un autre zouave, mon cousin, Armand du Bourg, Ils étaient à côté l'un de l'autre sur le champ de bataille ; je les ai ramenés ensemble du théâtre de la guerre ; ils vont se suivre dans le ciel ».

En apprenant la mort de celui que les Volontaires de de l'Ouest regardaient comme le saint du régiment, M. de Charette s'écria : « Il est permis à ses amis de le pleurer, mais aussi de l'envier ».

Ce sentiment de chrétienne admiration fut partagé non seulement par les siens et par ses compagnons d'armes, mais par la France entière. Le nom de Verthamon, entouré de la double auréole de la vaillance et de la piété, devint aussitôt populaire. La littérature, l'éloquence, la poésie, les arts célébrèrent à l'envi son trépas. Parmi les magnifiques hommages rendus à sa mémoire, il en est deux, les plus augustes qui soient au monde, que nous nous contenterons de citer.

Mgr Boudinet, alors Evêque d'Amiens, était un ancien supérieur du collège ecclésiastique de Pons, en Charente-Inférieure, où Henri avait passé plusieurs années de son enfance, avant d'être l'élève des Jésuites à Brugelette. L'Evêque n'avait pas oublié celui dont il avait dit un jour : « Heureux les parents qui possèdent un pareil trésor pour aîné de leur famille ». Aussi avait-il écrit au Saint-Père pour lui faire connaître les édifiantes et glorieuses circonstances de la mort d'Henri de Verthamon, en même temps temps que de celle du commandant de Troussures, son diocésain. Pie IX s'empressa d'adresser au Prélat ce bref touchant, dicté par son cœur de père :

« Vénérable frère, Nous avons appris avec un vrai

sentiment de douleur, comme il était juste, par votre très respectueuse lettre du 20 janvier dernier, la mort de Notre cher fils de Troussures, chef de bataillon, et celle de Notre cher fils de Verthamon, qui, tous deux, dans les rangs des zouaves pontificaux, après avoir vaillamment combattu pour la défense de ce Siège Apostolique, ont succombé récemment pour la patrie dans les batailles livrées en France.

» Nous rappelant, vénérable frère, la religion et la piété éminentes de ces chers fils, dont vous Nous rendez vous-même témoignage, Nous avons pleine confiance qu'ils ont déjà reçu de la miséricorde de Dieu la récompense de leur courage et de leurs travaux. Nous avons jugé cependant avec raison que c'était un devoir pour Notre affection paternelle de recommander à la clémence divine, dans Nos prières et dans Nos Saints Sacrifices, leurs pieuses âmes, ainsi que celles des autres zouaves pontificaux, que Nous savons y avoir également droit pour leur religion et par leurs services envers Nous.

» Nous désirons vivement que vous fassiez connaître aux mères des deux défunts et à leurs familles les sentiments de Notre paternelle condoléance, ainsi que Nos prières au Seigneur pour leur obtenir toute vraie consolation et de très abondantes grâces. Nous demandons à Dieu que ces deux mères voient se perpétuer fidèlement dans leur postérité, comme le plus précieux héritage de leurs familles, la piété et la religion qui viennent de resplendir en elles avec tant d'éclat ».

Puis, après avoir fait des vœux pour la cessation de la guerre, et s'être recommandé, lui si affligé alors, aux prières de l'Evêque et des fidèles d'Amiens, le Saint-Père terminait par ces mots : « En attendant, avec l'assurance de Notre particulière bienveillance pour vous, recevez la bénédiction apostolique, que Nous donnons de tout cœur à vous, à votre troupeau, et aussi à nos chères filles en Dieu, les mères des deux chers défunts, ainsi qu'à la femme et aux enfants du second.

» Donné à Rome, près Saint-Pierre, le 11 février de l'an 1871, de Notre pontificat le vingt-cinquième.

» PIE IX. »

M. le comte de Chambord honora à son tour la mort d'Henri de louanges et de regrets.

« Madame, écrivait-il à la comtesse de Verthamon, je n'ai pas oublié, croyez-le bien, la visite que vous êtes venue nous faire, il y a quelques années, à Frohsdorf, avec celui que vous pleurez aujourd'hui. Après avoir servi à Rome la plus sainte des causes, le comte de Verthamon, au moment où la France envahie faisait appel à tous ses enfants, n'a pas hésité à tout quitter pour rejoindre ses braves compagnons d'armes et leur digne chef. Il est tombé glorieusement à Patay (Loigny) en portant le drapeau du Sacré-Cœur, noble insigne autour duquel un si grand nombre de nos amis ont succombé. Quel héroïque, mais douloureux souvenir ! Quel exemple pour son fils, que vous élèverez à suivre toujours les traces de son père ! » (1)

Nous ne tenterons pas d'ajouter à ce concert d'éloges. Mais nous garderons jalousement dans nos âmes l'émotion pieuse qui ne peut manquer de les échauffer au récit d'une telle vie. Nous prendrons la résolution de marcher sur les traces de notre héros, d'aimer et de défendre comme lui les trois objets les plus dignes de notre affection : Dieu, la famille et la patrie.

La journée du samedi 3 décembre 1870 ayant été défavorable à nos troupes qui protégeaient Orléans, Chanzy fut obligé, le dimanche 4, de quitter définitivement le champ de bataille de Loigny. Se croyant trop faible pour porter un

_____

(1) *Jeunes Chrétiens de notre temps*, par le P. DIDIERJEAN, s. J.; p. 61 et suiv.

secours efficace à d'Aurelle de Paladines, il avait dirigé les 16ᵉ et 17ᵉ corps d'armée vers Beaugency, sur la rive droite de la Loire, à la rencontre du 21ᵉ corps qui devenait son plus solide appui.

C'est dans la matinée de ce jour et avant d'abandonner le terrain si vaillamment conquis, que le 1ᵉʳ bataillon des mobiles de Loir-et-Cher, réduit à 600 ou 700 hommes, soutint en arrière-garde, derrière les murs crénelés de Patay, un combat qui lui fit le plus grand honneur. En effet, une colonne prussienne, composée d'artillerie, d'infanterie et de cavalerie, et forte de 6.000 à 7.000 soldats aguerris, voulut se ruer sur cette petite ville ; mais nos Français, chargés de protéger la retraite, se défendirent avec une telle intrépidité qu'ils contraignirent les Allemands à reculer et à laisser une soixantaine de prisonniers entre nos mains.

Au milieu de cette lutte, nous sommes heureux de recueillir un des plus beaux traits de patriotisme et de foi qui illustra notre armée.

Le marquis de l'Espinay-Saint-Luc, bien qu'âgé de cinquante-sept ans, s'était engagé dans la mobile de Loir-et-Cher. Nommé capitaine, il commandait la 8ᵉ compagnie du 1ᵉʳ bataillon. Le 4 décembre, nous le trouvons debout, le sabre nu sous le bras, devant la porte défoncée d'un jardin, face à la plaine entre Guillonville et Terminiers ; il veillait à la défense, sans souci des balles qui, comme la grêle, hachaient les branches des arbres. Les hommes, postés le long du mur percé de meurtrières, admiraient son joyeux sang-froid, et encouragés par lui, se battaient bravement depuis sept heures du matin.

Il était environ dix heures, quand son sous-lieutenant, Barluet de Beauchêne, lui fit remarquer qu'il risquait inutilement sa vie en restant découvert dans un poste aussi dangereux. « Je suis trop vieux, répond le marquis, ils ne voudraient pas de ma vieille carcasse. Faites-moi une cigarette, vous serez bien gentil ».

Les balles, il est vrai, semblaient l'épargner. Mais à ce moment un obus éclate et le renverse avec cinq ou six de ses hommes.

Le sous-lieutenant, miraculeusement sauvé, se précipite vers son capitaine : « Je suis mort », lui dit celui-ci, et, lui prenant la main, il l'enfonce dans une plaie béante, sous le sein droit. On le transporte aussitôt à son logement, chez le médecin de Patay.

Le docteur, en voyant son hôte revenir dans un tel état, veut soigner la blessure, faire des sondages, poser des appareils. Tout cela demandait du temps. Mais le noble chrétien, sachant que sa plaie était sans remède, décidait de consacrer à Dieu les heures qui lui restaient. Il dit au médecin : «Remettons cette opération à plus tard », et à l'un de ses soldats : « Va me chercher l'Aumônier ».

Laissons maintenant la parole à ce prêtre, l'abbé Grelat, qui, devenu curé-doyen de Selles-sur-Cher, écrivait, le 25 mars 1878, au fils de notre héros :

« J'étais alors, mon cher François, à une autre extrémité du village, au milieu de nos enfants, encourageant les valides, confessant et consolant les blessés.

» A la nouvelle qui m'est donnée, j'accours. J'entre dans une chambre dont les volets sont fermés ; à la lueur d'une chandelle, j'aperçois sur le lit votre courageux père. Il est étendu ; sa noble et forte tête est coiffée du képi. En me voyant, il le quitte et me tend la main, et sans s'arrêter à d'inutiles paroles, il me dit : « Mon cher abbé, je suis blessé. Le médecin a voulu faire ses pansements, j'ai répondu qu'avant tout il fallait soigner l'âme, que pour le corps on verrait après. Vous allez me confesser ».

» On sort. Je me mets à genoux, je me relève, et tenant dans mes mains la main de ce vaillant, je l'entends, je l'encourage, je lui pardonne au nom du Père, du Fils et du Saint-Esprit.

» Puis, il me demande à recevoir les sacrements. Je

compris qu'il voulait l'Extrême-Onction, et, comme je
portais toujours sur moi les Saintes Huiles, je lui proposai
de la lui donner à l'instant. Sa foi lui inspirait d'autres
désirs : « Vous m'apporterez le bon Dieu d'abord, mon
cher abbé, et vous me donnerez ensuite l'Extrême-
Onction ». Et, comme j'hésitais et lui montrais le danger
qu'il y avait de profaner le corps de Notre-Seigneur en
traversant ce petit pays dont les maisons en feu s'écrou-
laient et dont les rues étaient sillonnées par les balles et
les obus, il me répondit : « Pour vous, je sais bien que vous
n'avez pas peur ; pour le bon Dieu, eh bien ! il se gardera
tout seul ».

» Puis il ajouta : « Je désire que mes hommes soient
près de moi quand je recevrai le Saint Viatique ». Je lui
fis observer que ses hommes étaient aux barricades et aux
murs, et que leur présence y était nécessaire. Il me répondit
que plusieurs n'ayant plus de cartouches, n'étaient d'aucun
secours. Je lui promis de les réunir. Je cours vers eux, je
leur dis la volonté de leur capitaine, je leur indique la
maison où ils le trouveront, et prenant avec moi quatre
d'entre eux et un sergent, je vais à l'église. Elle est fermée.
Je cours à l'hospice. Je monte à la chapelle. Un instant,
je prie pour cette grande âme qui a tout envahi dans mon
esprit. Je revêts les ornements sacrés, et prenant au tabernacle le saint ciboire, je m'en vais dans ces rues pleines
de bruit et d'épouvante, portant le Dieu de paix.

» C'était alors le fort de la bataille. L'ennemi irrité
faisait un effort suprême pour franchir cet obstacle
imprévu ; les nôtres, excités par leurs chefs, encouragés
par leur propre résistance, sachant, d'ailleurs, qu'ils n'ont
à attendre de secours que d'eux-mêmes, se défendaient
avec un noble désespoir.

» O Jésus ! jamais je ne vous vis plus aimable et plus
grand, jamais je ne vous pressai sur mon cœur plus tendrement qu'alors.

» Nous arrivons. La chambre était pleine de soldats ; à notre entrée, il se fait un grand silence. Dans ce silence, la voix de votre père s'élève émue et forte comme dans le combat : « Portez armes ! Présentez armes ! Genoux terre ! C'est le bon Dieu, mes enfants ».

» Je m'avance alors et je dépose le corps de Notre-Seigneur sur un tas de matelas, de couvertures et de sacs. C'est le trône où Jésus veut s'arrêter un instant avant de se donner à une âme fidèle qui a besoin de lui !

» Je fléchis le genou et je m'approche du lit où prie votre père. Il avait un peu pâli ; sa tête était nue ; il avait l'une de ses mains étendue et l'autre posée, par dessus les vêtements, sur la blessure, comme pour y retenir le sang et y garder la vie assez longtemps pour les grandes choses qui se préparaient.

» Je m'apprêtais à parler à ce cher blessé, lorsque, redressant la tête et s'appuyant sur le coude, il me fit signe qu'il avait lui-même quelque chose à nous dire. Je m'écartai et j'entendis sa voix pleine d'humilité et de force, qui disait : « Mes enfants, j'ai, dans ma vie, donné de mauvais exemples ; peut-être vous ne le savez pas, mais vous me servirez de témoins plus tard. Je demande pardon à Dieu et aux hommes, dites-le à tous ! »

» Puis, il s'étendit, ferma les yeux, joignit les mains et se mit à prier. J'étais près de lui, le regardant au travers de mes larmes, admirant un vieux chrétien, heureux d'assister une si grande âme, brisé de voir s'éteindre une pareille vie, agité par mille sentiments qui ne me laissaient aucune force pour parler. Pourtant il le fallait. Je parle donc pour demander à votre père s'il croyait bien que le Dieu du ciel et de la terre était là près de lui, caché dans l'Eucharistie ? — Oui, je le crois ! — S'il mettait en lui son espérance ? — Oui, j'espère en lui seul ! — S'il l'aimait ? — Oui, je l'aime ! Et comme je sentais qu'en cet instant, cette grande âme, devenue libre, s'élançait plus haut, j'ajoutai : L'aimez-vous plus que toute chose ? — Oui, par dessus tout. — Plus que vos enfants ? — Oui, plus que mes chers enfants. — Plus que vous-même ? — Oui, mille fois plus que moi-même. — Lui faites-vous joyeusement le sacrifice de votre vie ? — Oh ! oui, de tout mon cœur.

» Ah ! mon cher François, qui vous dira le doux éclat de ce regard fixé au ciel, la beauté de ce visage transfiguré par la joie de l'expiation et par l'amour !

» Il s'était redressé : en soldat, il répondait debout à l'appel de Dieu ! Ayant fini de parler, il reposa sa tête et se mit à prier.

» J'allai chercher le Saint Viatique et lui donnai la communion. Oh ! quel souvenir que cette paix répandue quand il eut communié !

» Je déposai le ciboire, je fis les prières et m'approchai de nouveau de son lit, afin de l'exhorter à bien recevoir l'Extrême-Onction que j'allais lui donner.

» Il me fit signe, comme la première fois et, se retournant un peu vers ses soldats à genoux, il leur dit encore : « Mes enfants, notre Aumônier va faire les onctions avec l'huile sainte sur tous mes sens, pour effacer les restes des fautes que j'ai commises. Ceux qui en ont été les témoins ne sont pas là, mais je vous le demande, vous direz à tous que je demande pardon à Dieu et aux hommes ».

» Qu'avais-je à exhorter une âme si repentante ?

» Je récitai donc les merveilleuses prières de l'Eglise, et, plein de respect, en pleurant, je touchai ces yeux, ces vaillantes mains, tous ces sens sanctifiés par la foi et par l'amour ; puis j'achevai, dans une émotion indicible, les prières où l'Eglise instruit, pleure, aime, console et chante la délivrance des âmes.

» Votre père priait avec moi, les mains jointes, les yeux toujours fermés ; tout son visage respirait une paix divine.

» Je n'ai point entendu la prière de ses lèvres, mais

vous le savez bien, mon cher François, â cette heure-là, quand son âme, détachée de tous ses liens, était pleine de Dieu, c'était pour vous qu'il priait, c'était pour votre frère, pour votre sœur, c'était pour sa noble mère, pour ses frères, pour tous les siens. C'était pour la malheureuse France aussi qu'il priait.

» Je lui présentai le crucifix que je portais à mon cou, il le baisa avec un grand amour, le prit dans sa main, le contempla quelques instants et le baisa encore ; puis je lui donnai l'indulgence plénière avec la bénédiction apostolique.

» Au-dessus de cette influence extérieure de l'œuvre de Dieu, quelle n'était pas la force de son action invisible sur les âmes présentes !

» Il y avait dans toute cette scène je ne sais quoi d'accompli qui remuait l'âme jusqu'en ses profondeurs ; cette chambre pleine du désordre des batailles, cette lumière sans éclat, tous ces hommes épuisés par les fatigues, émus par le combat, quelques-uns blessés, tous à genoux, parlant au Dieu qu'ils avaient oublié et blasphémé, tous dominés par ce grand exemple de foi ; cet homme armé pour son pays, ce marquis portant son sac naguère, ce soldat demandant pardon à Dieu et aux hommes, ce capitaine communiant avec la ferveur d'un saint, ce père priant pous ses enfants orphelins, ce chrétien sans peur devant la mort ; cette âme, délivrée par l'absolution, tendant à Dieu avec une incomparable puissance ; ce grand Dieu enfin, caché sous l'Eucharistie, invisible et pénétrant tout, dominant ces esprits rebelles, s'emparant de ces cœurs par une invasion soudaine !

» Au dehors, les cris, les sifflements des balles, l'effondrement bruyant des maisons en feu.

» Ah ! qui pourrait oublier ?

» J'aurais voulu graver dans l'âme abusée de ces enfants un si bon souvenir. Ce fut votre père qui prit ce soin :

« Mes enfants, leur dit-il, je vous avais appris à combattre en soldats ; je viens de vous montrer à mourir en chrétiens ! »

» Mon œuvre était finie, et d'autres devoirs m'appelaient. Avant de quitter votre père, je pris en pleurant ses deux mains, je le remerciai de l'exemple qu'il avait donné et de la consolation immense qu'il avait apportée à mon cœur, je lui rappelai les miséricordes de Dieu ; mais lui, m'attirant, m'embrassa.

» A ce moment seulement, son vaillant cœur fléchit. Je sentis des larmes sur ses joues ; un instant, nous pleurâmes tous deux des larmes chrétiennes, pleines de tristesses et d'espérances ; puis j'entendis qu'il me disait :

» Adieu, mon ami. Vous direz aux miens comment je suis mort ; cela les consolera ! »

» Puis, je pris à mon cou le Saint Viatique, parlant à Dieu de son serviteur, le bénissant de ce qu'il fait pour ses élus ; heureux et désolé, je le rapportai à la chapelle.

» Cependant, les nôtres chassaient un ennemi dix fois supérieur ; sans cavalerie, sans canons, on fit bon nombre de prisonniers : ce ne fut qu'un rapide triomphe ; il fallut suivre l'armée qui s'éloignait et abandonner Patay.

» Quelques jours après, dans la retraite, vous me rencontriez, et, passant au galop de votre cheval, vous me jetiez cette parole inquiète :

— « Et mon père ? »

» Je ne pus vous répondre, vous étiez déjà loin.

» Votre père, mon cher François, il est au ciel ! » (1).

C'est à regret que nous clôturons ici ce recueil sacré.

Nous voudrions citer encore les deux de Bouillé, le père et le fils (2), qui, après de Verthamon, ont porté à l'assaut de

1 75ᵉ *Régiment de Mobiles, Loir-et-Cher.* par l'Abbé BLANCHARD, p. 131 et 142.

2 Consulter *Élèves des Jésuites,* par le R. P. DIDIERJEAN, s. J., t. I, p. 90 et 91.

Loigny et arrosé de leur sang l'étendard du Cœur de Jésus ;
Charles de Pontourny, zouave pontifical, mort si pieusement de ses blessures à l'ambulance de Voves, et inhumé
en Indre-et-Loire, dans la chapelle du château de ses pères,
où un splendide vitrail, placé en son honneur, représente
sa fin glorieuse et perpétue son souvenir vénéré ; Edouard
Castex, cet algérien, charmant d'esprit, de caractère, et
de physionomie, entré tout jeune à la Maîtrise de Chartres,
puis rappelé par sa famille, et qui, plus tard, dans les rangs
des zouaves, blessé grièvement à Loigny, remercia Notre-
Dame de l'avoir ramené, pour mourir, au pied de ses
clochers, réclama la visite et la bénédiction de ses anciens
maîtres et trépassa en vrai chrétien ; le zouave Armand
du Bourg, criblé de blessures à Loigny, jeune homme
exceptionnel qui, heureux d'avoir vécu selon des principes qui faisaient son bonheur au moment d'entrer
dans son éternité, mourut, soigné par sa cousine, Mère
Saint-Henri, à l'hospice de Janville (1) ; Julien de l'Estoile,
lieutenant au 40ᵉ de marche, glorieusement tombé près
de Lumeau, pendant la bataille de Loigny, et que Mgr Pie
honore d'une allusion si flatteuse dans son discours à
l'anniversaire du 2 décembre (2) ; Charles Langlois, du
37ᵉ de marche, un breton des Côtes-du-Nord, le meilleur
des fils, le modèle parfait des jeunes gens par la pratique
constante des plus héroïques vertus, et soldat des plus
courageux ; Alexandre Delagrange, lieutenant aux mobiles
de Loir-et-Cher, supportant avec l'énergie d'un brave et
la patience d'un saint les douleurs les plus vives et mourant
en prédestiné ; Renaud Brisset, des mobiles de Maine-et-
Loire, fils d'un métayer du général La Moricière, couvert
de blessures à Loigny, amputé des quatre membres,
résigné et joyeux toujours, et dont l'abbé Theuré, qui l'a

(1) Abbé BASTARD, p. 173.
(2) Consulter *Souvenirs de l'École Sainte-Geneviève*, par le P. CHAU-
VEAU, s. J., p. 205 et 206, — et *Jeunes Chrétiens de notre temps*, par le
R. P. DIDIERJEAN, s. J., p. 504.

assisté jusqu'à sa dernière heure, parle avec la plus grande admiration ; Emile Langle, sergent des mobiles de la Haute-Vienne, tué à la bataille de Loigny (1) ; cent autres aussi, dont les témoins de leur vie et de leur mort nous ont laissé un si touchant éloge.

Mais il faut savoir se borner et finir.

Ne quittons pas toutefois ces nobles et pures victimes sans profiter de leurs exemples. Leur sang, comme celui du divin Maître, est monté vers le ciel, pour appeler sur nous les miséricordes du Seigneur. Ils sont morts pour l'expiation de nos fautes sociales, pour le relèvement de la France par l'abandon des doctrines perverses et son retour à la religion catholique. Que le Cœur de Jésus, exauçant leur prière, donne à tous leurs admirateurs la foi qui fait les chrétiens et la vaillance qui fait les braves (2).

---

(1) *Souvenirs de l'École de Sainte-Geneviève*, par le R. P. CHAUVEAU, s. J., p. 295.

(2) Nous n'avons pu admettre, dans ce recueil, le beau récit du *Brassard-blanc*, bien qu'il soit souvent attribué à Loigny. (Voir le P. DELAPORTE, *Récits et Légendes*, t. I, p. 137 ; *Voix de Notre-Dame de Chartres*, supplément, 1907, p. 319). L'Abbé LOTH, dans ses *Fleurs de Première Communion*, p. 123, raconte un trait qui semble être la source d'où sont dérivées des versions multiples. Mais ce n'est pas à Loigny, c'est au plateau d'Auvours, à la bataille du Mans, que le héros de cette histoire fut mortellement blessé.

CHAPITRE XI

LETTRES ET VISITES

Départ des Prussiens. — Demande de renseignements à M. le
Curé. — Le capitaine Noyer, du 37ᵉ, mort à Loigny. —
Georges Eudel disparu. — Est-il mort ? — Témoignage
du comte André de Mathurel. — Jugement du tribunal
de Châteaudun. — Un registre de l'état-civil brûlé. —
M. Vagner à la recherche de son fils. — Ses démarches à
Versailles et M. Cazenove de Pradines, député. — A Orléans,
chez M. de Boisjolly. — A Patay et à Terminiers. —
« Pauvre père ! ne cherchez plus ! » — Au presbytère ;
sur la tombe. — L'église de Loigny. « Avec trois mille
francs, j'en ferais un bijou ». — Visite du cimetière, du
village et du bois. — Projet d'un monument commémoratif. — Pour constituer un comité. — Lettre du général
de Sonis. — Acceptation de Charette. — Appel à la France
catholique. — Les donateurs : Pie IX, le comte de Cham-
bord, les sourdes-muettes du Puy. — Les craintes des
Allemands au sujet de leurs tombes. — « A son Révérence
Monsieur le Curé de Loigny ». — La veuve du lieutenant
Muller à Loigny. — « Tous vous bénissent ». — Récit de sa
visite à Loigny sur les journaux allemands. — Madame
Schnapauff, mère d'un lieutenant mecklembourgeois. —
M. Karrig à Loigny. — « Les morts n'ont plus d'ennemis ».
Armand Pitot, de Loigny, inhumé à Cologne. — L'abbé
Petit à Paris pendant le premier siège et la Commune. —
Consécration du régiment des zouaves pontificaux au
Sacré-Cœur de Jésus. — Le désarmement à Loigny.

Le vote de la paix, émis le 2 mars 1871 à l'Assemblée
de Bordeaux par 546 voix contre 107, fut pour nos contrées
le signal de la délivrance.

L'armée du prince Frédéric-Charles, cantonnée près du Mans, revient aussitôt en arrière. Du 7 au 15 mars, elle traverse l'arrondissement de Châteaudun. Toutes les routes sont sillonnées par les colonnes ennemies qui, malgré la cessation de la guerre et les conditions du traité, se signalent parfois, comme à Bonneval, Alluyes, Allonnes, par des exactions et des brutalités de toutes sortes.

Nos gendarmes et nos soldats les suivent à quelques jours d'intervalle. Ils reviennent assurer la sécurité de nos campagnes et de nos villes.

En même temps, l'administration française et les grandes compagnies reprennent tous leurs services. La préfecture d'Eure-et-Loir rouvre ses bureaux ; nos facteurs, revêtus de leur uniforme, distribuent les correspondances délivrées de toute taxe allemande ; les chemins de fer et les diligences recommencent à transporter des voyageurs. La vie publique, l'existence régulière renaissent enfin (1).

A ce moment, les lettres et les visiteurs, assez rares jusque-là, à cause de la difficulté des communications, se présentent en foule au presbytère de Loigny.

Les sentiments les plus divers animent ces étrangers avides d'interroger et de voir. Les anciens combattants veulent contempler les ruines de ce village où la lutte a été si vive ; les blessés sont heureux de remercier ceux qui les ont soignés avec tant de dévouement ; un père y amène ses enfants pour mieux graver dans leur mémoire le souvenir de ses souffrances ; d'autres accourent vénérer ce sol arrosé du sang des martyrs, respirer cet air encore tout imprégné de patriotisme et de foi.

Mais le plus souvent, c'est un père, une mère, un frère, une sœur, une épouse, qui par écrit ou en personne, vient demander à M. le Curé ce qu'est devenu son jeune soldat, son bien-aimé.

Est-il mort ou vivant, dit-il, celui dont je n'ai plus de

(1) *Journal de Chartres*, mars 1871. — *Écho Dunois*, 15 mars 1896.

nouvelles depuis le 2 décembre 1870, jour où l'on s'est battu dans votre paroisse ? L'incertitude me tue, je veux connaître la vérité. S'il a succombé dans la bataille ou dans les ambulances, dites-le moi. Parlez-moi, si vous le pouvez, de ses derniers moments. Quelques détails sur sa fin chrétienne et sa sépulture seront un allègement à mon malheur.

Grâce aux listes de blessés et de morts dressées par les médecins, la Croix-Rouge de Chartres et les autres ambulances, l'abbé Theuré avait souvent une réponse, plus ou moins consolante, à ces douloureuses questions. Pourtant, hélas ! les renseignements faisaient quelquefois complètement défaut. Mais dans toutes ces circonstances le prêtre avait des paroles de foi et d'infinies espérances pour adoucir les deuils et tempérer les plaintes.

S'il n'y avait plus aucun doute sur la mort, on demandait avec empressement ce qui avait appartenu au cher défunt, son argent, ses lettres, son livret, ses médailles, son scapulaire, ses vêtements, ou même la croix de bois qui avait été plantée sur sa tombe. Et, parmi tous les objets échappés à la rapacité des Allemands et ramassés sur le champ de bataille ou sur les cadavres pour être déposés au presbytère, M. le Curé cherchait s'il ne se trouvait pas quelques-unes de ces précieuses reliques.

C'est ce qu'il fit notamment pour la famille d'un officier breton. Après avoir fait les campagnes de Crimée, d'Italie et du Mexique, le capitaine Noyer, mutilé de la main droite, avait dû accepter sa retraite et habitait Châteaulin. Survient la guerre de 1870. Il s'engage aussitôt et entre au 37e de marche.

Ecoutons ce que nous dit de lui son sergent-major Chapelot : « Sa compagnie était composée de bretons. Je l'entends encore, le lendemain de Coulmiers, le sabre levé de son bras gauche valide, haranguer ses hommes, en breton, et les féliciter d'avoir « bien travaillé ». — Au début de la marche sur Loigny, découvrant un instant sa poitrine toute garnie de décorations, il me dit gravement et affectueusement : « Voyez, Chapelot, j'ai tout sorti ce matin ; la journée sera chaude ». C'est ainsi qu'en grande tenue il allait recevoir la mort. Il eut certes le temps de penser douloureusement aux siens ; mais il n'eut garde d'oublier qu'il portait le boni de l'ordinaire ; et ne voulant pas le laisser sur un mourant, il le confia à un sergent, qui rapporta de captivité le précieux dépôt » (1).

Le capitaine Noyer, grièvement blessé à l'aine droite, un peu après cinq heures, pendant l'héroïque défense du cimetière de Loigny, fut transporté dans une maison de la place et mourut chrétiennement trois jours après.

Lorsque l'armistice fut signé, la tante du capitaine, inquiète du silence prolongé de son neveu, avait fait des démarches et recueilli des renseignements. Le 10 février 1871, elle écrivait, de Quimperlé, à M. le Curé de Loigny. Elle voulait savoir toute la vérité, heureuse ou malheureuse.

M. l'abbé Theuré, qui avait lui-même préparé l'intrépide soldat à paraître devant Dieu, s'efforça d'adoucir la douleur de cette famille en deuil, en racontant, dans sa lettre du 2 mars, avec quel patriotisme et quelle foi le mourant avait supporté ses dernières souffrances.

Le capitaine laissait une veuve, chargée de cinq petits enfants, dont l'aîné avait huit ans et le dernier huit mois. Lorsque les communications furent devenues plus faciles, M. le Curé fit parvenir à la pauvre jeune mère une caisse d'objets appartenant à son défunt mari, parmi lesquels sa tunique et ses décorations, qu'elle reçut et conserve comme de chers et glorieux souvenirs.

Ce que les parents réclamaient surtout quand leur fils était décédé, c'était l'attestation officielle de la mort. Elle était nécessaire pour régler les questions d'héritage,

(1) Discours de M. CHAPELOT, à l'inauguration du Monument du 37e de marche, à Loigny, le 2 décembre 1910.

ne pas laisser des terres à l'abandon, obtenir le paiement d'une dette, solliciter des secours en faveur de la veuve et des orphelins, faire revenir un frère de l'armée, éviter enfin un jugement d'absence ou de mort toujours si long et si coûteux.

Mais cette pièce indispensable, il est souvent difficile, parfois même impossible, de l'établir dans le trouble qui accompagne une défaite et une invasion. Le récit suivant le fera comprendre.

Georges Eudel, originaire des Côtes-du-Nord, était élève architecte à Paris, quand éclatèrent les hostilités entre la France et la Prusse. Engagé volontaire pour la durée de la guerre, il était caporal au 3e bataillon de chasseurs, à pied, du 16e corps, et disparut au combat de Loigny le 2 décembre 1870. Depuis ce jour, nul ne le vit ni à sa compagnie, ni à son domicile, ni ailleurs.

Sa famille, très inquiète de son silence, fit écrire au ministère de la guerre. On répondit que le nom de Georges ne figurait pas sur la liste des blessés du 2 décembre, ni sur celle des prisonniers faits à Loigny et que probablement il avait succombé dans la lutte.

Le 10 mars 1871, le président du tribunal de Dinan, M. Fornier, ami de la famille Eudel, disait dans une lettre à M, le Curé de Loigny : « Avant d'annoncer cette triste nouvelle à la malheureuse mère, je désirerais savoir si dans le pays on a conservé quelque renseignement sur ce jeune homme.

» Pourriez-vous, Monsieur le Curé, faire rechercher si quelqu'un n'aurait pas retrouvé le corps, et n'aurait pas pris les papiers que nécessairement il avait sur lui.

» Je vous demande pardon de la liberté que je prends de m'adresser à vous dans ces malheureuses circonstances. Mais vous comprendrez la position horrible que fait à la mère le doute dans lequel elle vit ».

Au reçu de cette lettre, M. l'abbé Theuré parcourut ses

listes de blessés et de morts et ne rencontra pas effective-
ment le nom cherché. Mais en consultant par écrit
M. Dujardin-Beaumetz, il sut que le livret d'Eudel avait
été trouvé sur le champ de bataille. Le docteur croyait
pouvoir en conclure que Georges, tué le 2 décembre, avait
été inhumé à la hâte, après avoir été dépouillé de ses
vêtements.

La réponse de M. le Curé de Loigny au président du
tribunal de Dinan ne put donc dissiper ses craintes.

Toutefois, si la mort du jeune chasseur à pied paraissait
probable, rien cependant n'en donnait la certitude, et la
famille affligée n'obtiendrait jamais un acte de décès.

Or, après le retour d'Allemagne des prisonniers français,
la mère de Georges fut mise en relation avec le comte
André de Mathurel, d'Amiens, engagé également pour la
durée de la guerre, dans le même bataillon et la même
compagnie qu'Eudel. Le comte, interrogé, raconta que
le 2 décembre 1870, Georges avait été tué à la bataille
de Loigny d'une balle dans l'œil droit. Il l'avait vu tomber
à quelques pas de lui et avait constaté son identité. Une
heure environ après, en traversant le champ de bataille,
alors qu'il était lui-même blessé et fait prisonnier, il avait
encore vu Eudel étendu raide mort et l'avait parfaitement
reconnu à ses vêtements. Sa captivité seule l'avait empêché
de déclarer le jour même à son corps le décès de Georges
Eudel.

Ces affirmations si précises de comte de Mathurel, renou-
velées devant le tribunal de Châteaudun, à la requête de
la mère et des frères de Georges Eudel, décidèrent les juges
à ordonner, le 18 novembre 1872, l'inscription de l'acte
de décès sur le registre de la mairie de Loigny. Alors la
famille du défunt put régler la question d'héritage restée
en suspens jusque-là. Seulement les frais de cette procédure
étaient assez élevés.

Citons un autre exemple.

Nicolas Bucy, de Gray, libre personnellement de tout service militaire, avait accepté moyennant une somme convenue, comme c'était la coutume à cette époque, de remplacer un garde-mobile, nommé François Pernot, pour toute la durée de la guerre. Il était stipulé dans le contrat que, si le sieur Bucy venait à mourir sous les drapeaux, Pernot verserait à la veuve trois mille francs, à forfait, sans intérêt, sur production de l'acte de décès. Or, Nicolas, tué le 2 décembre à Loigny, fut enterré sans les constatations nécessaires, et le créancier refusait de payer la forte somme, vu que rien ne lui prouvait la mort de son remplaçant. Il fallut donc un jugement pour que l'acte exigé pût être écrit. Cette fois, le tribunal le rendit gratuitement, à cause de l'indigence reconnue de la veuve.

Il n'y avait pas que les soldats tués sur le champ de bataille et inhumés sans avoir été reconnus, qui suscitaient à leurs familles de semblables difficultés. Les blessés décédés à l'ambulance dans les premiers jours n'étaient pas non plus en règle avec la légalité.

En effet, le registre de l'état-civil de Loigny, pour 1870, avait été brûlé par les Prussiens ; l'instituteur, secrétaire de mairie, était en fuite, le maire, fermier à Goury, à trois kilomètres de là, était retenu à sa demeure et au château encombrés de blessés. De sorte que les actes de décès ne pouvaient être dressés en temps voulu et selon les formes prescrites. Quand plus tard l'on se mit à tout régulariser, le juge de paix d'Orgères fut chargé de faire une enquête. Il reçut les témoignages de MM. Theuré, curé de Loigny, Tourne, maire, Dujardin-Beaumetz, médecin-major, et autres personnes qui affirmèrent la réalité de la mort. Le tribunal ordonna ensuite les inscriptions requises par la loi (1).

On le voit, cette question des actes mortuaires fut pour

(1) Registres de l'État-Civil de Loigny, 1872-1873.

M. le Curé de Loigny une occasion de démarches réitérées
et de correspondances nombreuses. Mais si des épouses,
si des parents, tourmentés par l'absence d'un mari et le
silence d'un fils, envoyaient lettre sur lettre pour demander
ce qu'il était devenu ou obtenir l'attestation du décès,
beaucoup d'autres jugeant cette méthode trop lente,
préféraient se présenter en personne.

C'est ainsi que le 22 avril arrivait à Loigny, venant de
Nancy, un grand chrétien, un journaliste, un homme
d'œuvre, M. Vagner, dont le nom mérite si bien de figurer
dans ce récit (2).

Un de ses fils, Charles-Marie, sergent aux zouaves pontificaux, avait d'abord défendu le Saint-Siège, puis, avec
ses héroïques compagnons, était accouru au secours de
sa patrie contre l'envahisseur. Il avait pris part à divers
engagements et combattu à Loigny. Les uns le disaient
mort, les autres grièvement blessé et prisonnier ; mais
personne n'avait de ses nouvelles depuis le 2 décembre,
où il ne répondit pas à l'appel du lendemain.

Désireux de trouver quelques renseignements positifs
sur le sort de son fils, M. Vagner avait résolu de visiter
les lieux mêmes de son dernier combat. Au besoin, il
consacrerait des semaines à parcourir le Loiret et les départements voisins qui avaient des ambulances soit prussiennes
soit françaises.

Chemin faisant, il avait contourné Paris, frémi au bruit
de la fusillade, des mitrailleuses, du canon des insurgés
de la Commune et gagné Versailles où siégeait le Gouvernement.

L'infortuné père comptait rencontrer dans cette ville
les zouaves de Charette et prendre des informations auprès
d'eux. N'avait-il pas lu à satiété dans les journaux com-

(2) Consulter : *Une Visite au Champ de Bataille de Loigny, 22 avril
1871*, par M. VAGNER, Chevalier de Saint-Grégoire-le-Grand, rédac-
teur-gérant de *L'Espérance*, 4e édition, Nancy, 1878.

muneux que les zouaves pontificaux, les *chouans*, faisaient
à leurs *frères* de Paris une guerre de sauvages, marchant
au cri de : Vive le Roi ! et sous les plis du drapeau
d'Henri V ?

Mais ni au ministère de la guerre, ni à la place, ni aux
états-majors, ni à la préfecture, on ne put le renseigner
au sujet des zouaves de Charette.

Heureusement, il apprit par un député de ses amis,
qu'à l'Assemblée Nationale siégeait un noble jeune homme
qui y avait été vu les premiers jours sous l'uniforme de
caporal des zouaves pontificaux. Il se fit présenter à
M. Cazenove de Pradines dont le beau-père et le beau-
frère, MM. de Bouillé, avaient tous deux succombé à
Loigny, et qui lui-même, par suite d'une blessure, portait
encore le bras en écharpe. M. de Cazenove lui affirma que
le corps de Charette, épuisé par des combats de tous les
jours, n'avait pas encore quitté Rennes. Puis il le détourna
de voyager dans cette direction en lui disant : « Moi qui
ai connu votre fils, je suis sûr que vous n'y apprendrez
rien de plus que ce que vous savez ». Aussi, sans plus
penser à Rennes, M. Vagner accepta avec reconnaissance
de Mgr Dupanloup, député à l'Assemblée Nationale, des
lettres de recommandation pour les curés de son diocèse, et prit la route d'Orléans, où il n'arriva pas sans
détours ni fatigues.

A Orléans, son premier soin fut de courir aux ambulances. Il y reçut le plus bienveillant accueil de la part
de M. de Boisjolly, aussi bon chrétien qu'excellent magistrat, qui mit à sa disposition la volumineuse liste des
blessés et des malades. Le nom de son fils ne s'y trouvait
pas. Mais la Providence se montra bonne à son égard
en lui faisant rencontrer le meilleur des hommes,
M. de Roscoat. qui avait visité, le crayon à la main, le
champ de bataille du 2 décembre et avait consigné sur
son calepin des notes précieuses. Il lui fit connaître que,

la mort de Charles Vagner était à peu près officielle, que même il devait reposer au cimetière de Loigny, dans une fosse commune, avec quinze de ses compagnons d'armes.

Le pauvre père passa des heures à recevoir ses renseignements, à copier ses notes, et, le lendemain matin, il prenait en voiture particulière la route de Patay.

Sa première station fut à Saint-Péravy-la-Colombe, où les zouaves du Pape avaient passé le milieu de la nuit du 1er au 2 décembre.

Il s'agenouilla avec émotion dans la modeste église. C'est là que Sonis, Charette et leurs soldats avaient communié pour se préparer à la bataille, là que tant de combattants avaient entendu leur dernière messe avant d'aller mourir. Le souvenir de la piété de ces héros l'encouragea à la prière et facilita ses larmes.

M. Vagner, continuant sa route, se rendit à Patay, où un curé fort intelligent et un vicaire dévoué lui montrèrent la tombe de M. de l'Epinay-Saint-Luc, capitaine des mobiles de Loir-et-Cher, *tué le 4 décembre à Patay*, pendant la retraite de l'armée, dans un combat d'arrière-garde.

Vers onze heures, il quittait Patay pour se diriger sur Loigny, non pas en droite ligne, mais en passant par Terminiers. Les notes de M. de Roscoat lui avaient appris, en effet, qu'on avait trouvé près de ce bourg le livret d'un zouave pontifical, originaire de Bruyères (Vosges), tué le 2 décembre. Comme M. Vagner avait promis à la mère éplorée de chercher des renseignements sur son fils, Charles Ganaye, il allongeait un peu sa route pour s'informer de ce livret et peut-être le rapporter à la famille. Ce petit acte de charité lui porta bonheur.

L'instituteur de Terminiers, qui avait eu le livret entre les mains, eut la bonne idée de lui dire qu'un officier de zouaves se trouvait dans le pays depuis quelque temps, faisant une enquête minutieuse sur le sort de tous ses compagnons d'armes, et que son travail était à peu près complet. Il allait donc pouvoir connaître, en un instant, ce qu'un officier intelligent, acteur dans la bataille, avait mis de longues heures à recueillir, pour rendre service aux familles des glorieuses victimes et fournir à la future histoire des zouaves pontificaux des documents incontestables.

A ce trait on reconnaît encore la chrétienne sollicitude d'un corps d'élite qui considère tous les siens comme enfants d'une même famille et ne les traite pas en chair à canon.

Mais comment trouver cet officier explorateur ? Après avoir interrogé ici et là, M. Vagner finit par savoir qu'il avait rendez-vous avec le maire de Terminiers au château de Villepion, où il fut l'attendre. Bientôt même, sous la conduite du maire, il allait au-devant de l'officier, qui tardait à venir, et il le rencontrait enfin au milieu des champs.

« La voiture où nous étions s'arrête, écrit M. Vagner ; je regarde l'homme que je cherchais avec tant de désir de le trouver. M. Le Gonidec ! tel fut mon cri de surprise et de joie. Je l'avais connu personnellement à Rome, et, à la pension des officiers, j'avais eu l'honneur de me trouver à ses côtés. Je me fis reconnaître. « Pauvre père !» tel fut son premier mot. Ne cherchez plus. Ce cahier vous dira la mort glorieuse de votre fils, et vous trouverez au cimetière le lieu de sa sépulture ».

Le commandant Le Gonidec prit place dans la voiture auprès de M. Vagner, et tous deux se rendirent à Loigny où, assis bientôt devant une table, ils écoutèrent, émus eux-mêmes, les touchants récits de M. l'abbé Theuré.

Puis, M. Le Gonidec, ouvrant ses notes, fit voir à M. Vagner que dix-neuf zouaves, parmi lesquels MM. de Troussures, de Gastebois, de la Grange, de Vogüé, avaient été enterrés au cimetière attenant à l'église, vis-à-vis du grand portail. Charles était de ce nombre. Au moment

Monument élevé par les soins de Monseigneur Baunard
à la mémoire du Général de SONIS

d'être descendu dans la fosse commune avec ses compagnons d'armes, il avait été formellement reconnu par un caporal du nom de Chotard, devenu plus tard sergent, lequel, à cause d'une blessure, n'avait pu suivre la retraite et était resté à l'ambulance dans l'église même, d'où il s'était échappé quatre jours après. Lors d'exhumations faites dans les premiers temps, — ce qui avait réduit à quinze le nombre des corps inhumés à cet endroit — on avait aperçu les galons du sergent. Il subsistait si peu de doute sur l'identité du défunt que le commandant promit l'envoi de l'extrait mortuaire sitôt qu'il aurait rejoint son régiment.

M. Vagner n'avait plus qu'à aller s'agenouiller sur la tombe. Elle était surmontée d'une petite croix de bois portant cette inscription : *Quinze zouaves pontificaux.* Le pauvre père y pria, y pleura aussi, mais des larmes sans amertume, car si son fils était mort, il avait du moins combattu et succombé pour les deux plus belles causes du monde : l'Eglise et la patrie. Il cueillit ensuite pour la mère de cette chère victime quatre petits brins d'herbe, les seuls qui avaient eu le temps de pousser sur la terre encore fraîche.

L'église, humble édifice, ayant servi d'ambulance, avait souffert. On n'avait pas encore réussi, après quatre mois, à en enlever l'odeur cadavérique et à en faire disparaître d'énormes taches de sang noir. Elle était d'ailleurs peu séante, humide et obscure. L'air et le jour manquaient. Le plafond était composé de poutrelles non peintes.

« Avec trois mille francs, dit le bon Curé qui servait de guide, j'en ferais un bijou. Mais où prendre trois mille francs ? Il faudra plusieurs générations pour sortir le village de ses ruines ».

Dieu inspira alors au visiteur une idée dont nous verrons le magnifique développement. Déjà M. Vagner s'était entretenu avec M. Cazenove, à Versailles, de la convenance

qu'il y aurait à faire élever au cimetière de Loigny, un
monument auquel voudraient, sans doute, contribuer
tous ceux dont les fils reposaient à l'ombre de ce clocher
et même dans les plaines circonvoisines. Ceux qui viendraient visiter cet héroïque champ de bataille, aimeraient
à y rencontrer une stèle invitant à la prière et rappelant le souvenir des soldats de Pie IX et de la France.

En voyant la détresse du Curé et de son église, M. Vagner
reprit son idée, mais sous une autre forme. Pourquoi ne
ferait-on pas de l'église même un monument ? Pourquoi
ne la réparerait-on pas, ne l'embellirait-on pas ? On y
placerait un marbre commémoratif, on y fonderait un
service annuel, on y creuserait un caveau dans lequel,
après les délais fixés par la loi, on rassemblerait les ossements connus.

Si ce projet sourit à M. Vagner, il plut bien davantage
au bon Curé tout attendri. Celui-ci se voyait déjà officiant
dans sa petite église remise à neuf. Il ne faisait pas doute
que, par cette œuvre pie, tous les zouaves tombés n'entras-
sent de plein pied dans la gloire éternelle.

Seulement ce n'était pas trois mille francs qu'il fallait !

L'excellent Curé voulut ensuite faire au visiteur les
honneurs de son village. Le triste spectacle laissé par la
guerre n'avait guère changé. Quarante-deux maisons
étaient là couchées par terre. Les chambres, les écuries,
les granges n'étaient que des amas de pierres noircies par
l'incendie. Les habitants étaient dans une profonde misère.
C'est à peine si les plus entreprenants avaient encore osé
porter la main sur cette dévastation.

Au cimetière, tous les monuments gardaient la trace
d'un combat acharné. Les pierres avaient volé en éclats, les
croix de fer étaient tordues. Le 37e de marche, placé
autour de l'église ou dans les maisons, s'y était héroïquement défendu. On voyait des lucarnes dont le contour
en pierres de taille était sillonné de centaines de balles.

Aussi beaucoup de ces braves reposaient non loin des zouaves ; une petite croix surmontait la fosse commune avec ces mots : *Soldats français*.

En traversant le village ruiné pour gagner le petit bois, M. Vagner vit une maison criblée de balles. Un zouave pontifical s'y était barricadé. Il avait quarante cartouches ; quarante coups furent tirés et quarante Prussiens tombèrent. Puis il fit le signe de la croix, attendit l'ennemi sans sourciller et tomba percé de coups.

Arrivé au bois Bourgeon, M. Vagner constata qu'il était haché par les balles. Il y ramassa force fragments de lettres en langue allemande, y remarqua des morceaux de cuir et de vêtements, des débris de casques et de pots-de-camp bosselés.

M. le Curé lui indiqua, en avant du bois, la place où de Sonis blessé avait passé la nuit sous la neige, l'endroit où étaient tombés de Charette, de Troussures, de Villebois, du Boischevalier, de Gastebois et tant d'autres. Il vit, tout à l'entour, quantité de tumulus et de carrières, où Français et Allemands dormaient leur dernier sommeil. La piété des habitants avait mis une petite croix de bois sur la plupart de ces tumulus.

Après avoir dit un dernier adieu au cimetière et aux nobles morts couchés sous sa terre bénite, M. Vagner reprit la route d'Orléans pour de là regagner Nancy.

Rentré chez lui, il n'oublia pas la promesse faite à l'abbé Theuré et prépara la réalisation du pieux et patriotique projet que Dieu lui avait mis au cœur en faveur de la pauvre église de Loigny. En méditant son sujet, il vit que la meilleure manière de réussir était de former un comité influent qui ferait appel aux journaux, publierait des listes de souscriptions, déciderait de l'emploi des sommes recueillies et assurerait la restauration de l'église, même au cas où le monument commémoratif en serait séparé.

Son plan bien arrêté, il sollicita d'abord et obtint l'approbation de Mgr l'Evêque de Chartres ; puis chercha un personnage qui consentit à accepter la présidence de son comité. Enfin il eut la joie d'écrire au Curé de Loigny : « Bonne nouvelle ! Je reçois à l'instant de M. de Sonis le lettre suivante, que je m'empresse de vous communiquer et que vous lirez certainement avec bonheur.

> » Castres, 21 juillet.

» Monsieur, une absence de quelques jours ne m'a pas permis de répondre de suite à la lettre que vous m'avez fait l'honneur de m'écrire, lettre que je n'ai pas lue sans une émotion que vous comprendrez facilement.

» Avant de rentrer dans mes foyers, j'ai voulu revoir le champ de bataille de Loigny, et, dans les premiers jours de mars, je visitais, comme vous, Monsieur, le petit bois devant lequel j'ai passé la nuit du 2 décembre. Je priais sur la tombe de votre cher et valeureux enfant, comme aussi dans cette église de Loigny, où ma femme avait, pendant trois mois, répandu toute son âme devant Dieu.

» Comme vous, Monsieur, je fus frappé de la pauvreté de cette église, et j'avais la ferme intention de contribuer selon mes faibles moyens, sinon à sa restauration complète, du moins à l'ornementration d'un autel.

» Vous voyez, Monsieur, que je partage absolument votre avis et que vous pouvez compter sur mon concours.

» Je ne crains pas de me faire l'interprète de mes compagnons d'armes en affirmant que la restauration de l'église de Loigny est la meilleure manière de perpétuer la mémoire de la bataille du 2 décembre. Ceux qui sont tombés là devant le petit bois, tout près de cette église, avaient fait à Dieu le sacrifice de leur vie. Ils combattaient pour la France, sans doute, mais pour eux l'amour de la patrie est inséparable de l'amour de Dieu, et ils sont tombés en faisant leur profession de foi et en criant : Vive la France ! Vive Pie IX !

» Ils avaient soif du salut des âmes, et vous êtes sûr, Monsieur, d'accomplir leurs dernières volontés en travaillant à la restauration de la maison de Dieu.

» J'accepte volontiers de faire partie de votre comité. Mais je suis d'avis qu'il conviendrait d'en donner la présidence à mon ami, M. le général baron de Charette. A part l'illustration de son nom, et son dévouement à la grande cause que nous servons, il a tous les droits à cet honneur.

» Vous parlerai-je, Monsieur, de la brochure qui accompagnait votre lettre et qui est si pleine du souvenir de votre héroïque enfant ? Tout y est bien, sauf les quelques lignes qui me concernent.

» L'auteur, trop bienveillant à mon endroit, n'a pas bien pris ma mesure et m'a fait plus grand que nature.

» Priez Dieu, Monsieur, que je croisse en vertu et que je puisse mériter ce qu'il pense de moi. A mon tour, je vous associerai à votre enfant, dans le souvenir que je donne chaque jour, devant Dieu, à mes compagnons d'armes de Loigny ».

A la suite de ces lignes, qui décidaient de l'avenir de l'œuvre, M. Vagner écrivait à son correspondant : « Inutile de vous dire, mon cher Monsieur le Curé, que je viens d'envoyer copie de cette lettre à M. de Charette, en le priant d'accepter la présidence. Nous finirons par marcher et par marcher bien ».

Quelques jours plus tard, arrivait au presbytère de Loigny ce billet triomphant :

» De mieux en mieux ! Je reçois de M. le général de Charette la lettre suivante :

» Rennes, 28 juillet 1871.

» MONSIEUR,

» Je veux avant tout vous dire le plaisir que m'a donné votre brochure. Avec une franchise de soldat, je vous dirai que c'est un des plus charmants opuscules que j'ai encore lus. Le pur sentiment que chaque ligne exprime part d'un cœur vraiment chrétien, et l'on voit que celui qui les a écrites a dû bien souffr dans ses affections les plus chères. La seule consolation que l'on puisse chercher est Dieu et la glorification de ceux qui sont tombés pour une cause deux fois sainte : Dieu et la patrie.

» C'est vous dire, Monsieur, que je m'associe du plus profond de mon cœur à votre noble et pieux projet. J'avais eu la pensée aussi d'ériger un monument à la mémoire de mes braves compagnons d'armes et je suis bien heureux de me trouver au moins avec vous dans le même sentiment.

» Je n'aurais jamais accepté la présidence que vous voulez bien me proposer si le général de Sonis ne m'avait lui-même désigné. Je l'ai suivi avec bonheur sur le champ de bataille. Je suis heureux aujourd'hui, en me soumettant à sa volonté, de lui donner une preuve de toute ma déférence à ses désirs, de toute mon admiration pour sa personne. Disposez donc de moi comme vous l'entendrez. Je mettrai tous mes efforts à la réussite de cette entreprise.

» Puissent les prières de ceux qui ne sont plus fléchir la colère de Dieu, et attirer ses miséricordes et ses bénédictions sur notre malheureuse France pour laquelle ils ont donné leur sang ! »

Pour compléter cette lettre, M. Vagner écrit en forme de conclusion : « Voilà donc, mon cher Monsieur le Curé, votre Comité en bonne formation. Le projet de l'église est maintenant assuré ; il n'y a plus de péril à parler en ce sens. Quitte, ajoutait-il, trois jours plus tard, à donner satisfaction à quelques personnes en érigeant une croix à l'entrée du petit bois. Nous comptons beaucoup, pour la réussite, sur votre bon concours. »

Certain désormais qu'il sera aidé par les anciens frères d'armes des victimes du 2 décembre et par les Français qui admirent le dévouement à la Patrie et à la Religion, M. Vagner emploie les mois d'août et de septembre à préparer le succès de son pieux dessein. Il réclame à M. l'abbé Theuré la liste exacte, avec adresses, de toutes les personnes venues à Loigny. Il recrute des membres nombreux et influents et leur demande leurs observations. Il imprime pour eux un rapide historique de la bataille, suivi d'un court exposé de ses intentions. Toutefois, pour ne rien précipiter et réussir ensuite plus promptement, il veut que les vacances et les villégiatures soient terminées avant de lancer l'affaire. C'est pourquoi il attend jusqu'au 10 octobre pour envoyer aux journaux amis, chargés de le répandre partout à la fois, un appel à la France catholique afin de restaurer l'église de Loigny, près de laquelle tombèrent, le 2 décembre 1870, tant de braves défenseurs de la Foi et de la Patrie (1).

Bientôt, à la sollicitation de M. Vagner, le Souverain-Pontife Pie IX témoignait une particulière sympathie au projet du Comité en faveur de ces morts vénérés. Il offrait un riche ciboire en or (2) à l'église de Loigny et accordait une bénédiction spéciale à toutes les personnes qui contribueraient à la restauration de ce sanctuaire.

Aussi la souscription ne tarda pas à dépasser les espérances des organisateurs.

Le comte de Chambord fit un don royal de mille francs. Les familles des défunts et leurs compagnons d'armes apportèrent de riches offrandes. Le clergé, la noblesse, les classes diverses de la société eurent à cœur de contribuer à une œuvre si patriotique et si chrétienne. Le peuple et les petits eux-mêmes envoyèrent leurs modiques mais précieuses cotisations. Je ne sais rien de plus touchant que la lettre adressée du Puy, le 25 octobre 1871, à M. l'abbé Theuré :

« L'appel de M. le baron de Charette à tous les cœurs français à l'effet d'élever un monument commémoratif

1 *Voix de Notre-Dame de Chartres*, 1871, p. 208.
2. Voir la description, *Voix de Notre-Dame*, 1872, p. 91.

aux héros de Loigny est parvenu jusqu'à nous. Nous en avons aussitôt instruit nos sourdes-muettes, qui, jalouses de verser l'humble obole du pauvre à côté de l'offrande du riche, se sont privées hier de leur récréation pour gagner quelques centimes. C'est donc deux francs, prix d'un réel sacrifice que le bon Maître aura sûrement béni, que je vous prie d'agréer. »

Un étranger même, M. John Léonard, nous apprend, dans une lettre de novembre 1871, qu'il provoquait des souscriptions en Angleterre et en Irlande.

Enfin, nous devons le faire remarquer, plus d'une âme pieuse, en envoyant son aumône pour honorer la mémoire des victimes de Loigny, a soin de noter qu'elle veut obtenir pour elle et pour toutes les personnes qui lui sont chères la bénédiction donnée par Notre Saint-Père le Pape Pie IX à tous les bienfaiteurs de cette œuvre.

Pour plus de clarté dans le récit, nous avons raconté, à la suite de la visite à Loigny de M. Vagner, quelle ardeur il mit à faire partager ses idées pour la restauration de l'église, à créer un comité et à provoquer une souscription nationale. Nous dirons plus tard les développements inespérés de cette mémorable entreprise. Mais après avoir parlé des nombreuses visites des Français au champ de bataille du 2 décembre, il nous faut dire un mot des Allemands qui y sont venus pleurer sur la dépouille mortelle d'un époux, d'un frère ou d'un fils.

Une des grandes craintes des Allemands, au lendemain de cette horrible guerre, était de voir les habitants des contrées les plus éprouvées de notre France déterrer, dans leur colère, les restes des soldats ennemis pour les jeter en pâture aux corbeaux et aux bêtes carnassières, et faire disparaître à tout jamais la trace de leur sépulture.

On ne s'en étonnera pas si l'on songe que depuis l'épopée napoléonienne le maître d'école allemand avait toujours, devant ses élèves, dépeint les Français comme des barbares

capables des plus noirs forfaits et dignes de toute haine.
Voilà pourquoi chez eux, les soldats et leurs chefs, non
moins que le peuple, croyaient que les nôtres avaient jadis
violé les tombeaux des Allemands pour en enlever les
objets de valeur et les détruire complètement.

Aussi, bien que le respect des tombes fût imposé dans
les préliminaires de paix, les Prussiens, en évacuant nos
provinces, conservaient des inquiétudes à ce sujet.
Quelques officiers même ne purent se retenir, avant de
quitter définitivement Loigny vers le 15 mars, de se présenter au presbytère et de proférer force menaces contre
ceux qui profaneraient les tombes de leurs morts.

Mais ni le ton hautain, ni les manières impérieuses n'en
imposèrent à M. le Curé. Il répondit vivement à ces étranges
visiteurs que leurs suppositions étaient injurieuses pour
ses paroissiens et les éconduisit rondement.

Tout autre fut l'accueil qu'il fit, au commencement
d'avril, parce que le ton n'était plus insultant mais respectueux, à la demande formulée par la veuve d'un lieutenant
prussien inhumé dans le cimetière de Loigny. La lettre,
datée du 26 mars, venait de Breslau, en Silésie, et, dans
son langage incorrect mais si touchant, portait cette
suscription : « A son Révérence Monsieur le Curé de Loigny. »

« Mon Révérend Père,

» Votre grande humanité et bonté comme Curé de votre
commune me laissent oser d'adresser ces lignes à vous,
tant me presse tout mon cœur.

» Autrefois, j'étais heureuse, j'avais un époux aimé ;
il fallait quitter son occupation pacifique et aller dans la
guerre. Dans la bataille du 2me décembre, il est tombé
près de votre village. On l'a, — tout mon bonheur, —
enterré au cimetière de Loigny. Révérend, figurez-vous
les sentiments d'une femme abandonnée qui sait enterré
son bien-aimé, éloigné plus de cent lieues.

» D'où je commence de vous plaindre mon douleur et mon chagrin. Un an à peine nous étions mariés, lorsque mon mari me fallait quitter moi, une femme faible et malade, et son enfant innocent. Lorsque je reçus la nouvelle de la mort de mon mari, son enfant était aussi un corps mort. Rien, rien ne m'est resté. La mère de mon mari aussi privée et abandonnée comme moi et nous ne pouvons que pleurer ensemble.

» Remplissez la profonde prière que j'adresse à vous à chaudes larmes, respectez la sainte paix qui enceinte ce cher tombeau sur la terre sacrée de votre cimetière. Il était si bon, si pieux, qui dort dans la terre fraîche !

» O mon Dieu, il était tout mon bonheur ! A l'amour de Notre Sauveur Jésus-Christ, je vous conjure, exaucez ma profonde prière et mes chaudes larmes.

» Dans ce cas, mon cœur tourmenté se peut tranquilliser un peu, si je sais que vous, Révérend, et votre commune veulent soigner et respecter ce cher tombeau. Dieu vous bénira pour tout.

» Vous trouverez le tombeau ; il est à gauche, au chemin conduisant à l'église, sous un arbre. Il y a un simple croix signé : Lieutenant Müller, 8 comp., 76 inf. Rgt.

» Quand il sera paix, je veux venir moi-même à Loigny pour acheter la place où est enterré mon mari bien-aimé. Donnez quelque repos à mon cœur tourmenté en m'écrivant bientôt que vous voulez remplir mon souhait. »

La signataire de cette lettre, Mme Olga Müller, méritait une prompte réponse. Elle en eut une, qui la consola, en partie du moins, car dès le 12 avril elle écrivait de nouveau à Loigny :

« Mon Révérend Père, recevez d'abord mes remerciements empressés pour votre lettre que je viens de recevoir. Notre Sauveur Jésus-Christ soit loué, que j'ai trouvé en vous un si bon et si loyal Pasteur qui a pitié avec mes douleurs et mes regrets. Dieu vous bénira pour tout. »

Mais la veuve éplorée avait été fort émue d'apprendre que le corps de son mari, après la bataille, n'avait été recouvert que d'une légère couche de terre et qu'il était indispensable de l'inhumer plus profondément. Elle demandait de le laisser au même endroit, en élevant, si l'hygiène l'exigeait, un tumulus sur la fosse, pour empêcher toute exhalaison dangereuse. Si on ne pouvait lui accorder cette première requête, elle suppliait M. le Curé, à qui elle envoyait cent francs, de veiller à ce que les ouvriers, payés généreusement, traitassent le corps avec un grand respect.

« Alors je vous prie, Révérend, continue-t-elle, acheter un cercueil pour mon époux aimé et laissez-le dormir tranquillement à la terre sacrée de votre cimetière, sous la protection des saintes, sous la vôtre et sous celle de votre commune ».

Malheureusement, la lettre arrivait trop tard pour qu'on pût suivre les instructions données. D'après les prescriptions ministérielles, le corps avait été descendu respectueusement, mais sans cercueil, à la profondeur réglementaire. Le fossoyeur fut indemnisé, une croix provisoire fut érigée sur la tombe, et le reste de l'argent fut considéré par la mairie comme un à compte sur le prix de concession du terrain.

Bientôt, Mme Müller annonçait qu'elle viendrait prochainement à Loigny pour voir le cher tombeau, y mettre une croix définitive, régler les autres affaires et exprimer sa reconnaissance à M. le Curé. Son grand désir de prier sur la sépulture de son mari lui donnait la force de surmonter les fatigues d'un long voyage et l'appréhension de la haine nationale des Français dont on s'effrayait beaucoup outre-Rhin.

Vers la mi-juillet, le trajet se fit sans encombre ; la traversée de Paris n'occasionna même aucun cri d'hostilité. Enfin, Mme Müller, accompagnée de son père, descendit du train à Artenay. Là elle prit une voiture qui s'arrêta à Loigny devant les décombres d'une auberge ruinée pendant la bataille du 2 décembre.

C'étaient les premiers Allemands qui paraissaient dans le village depuis le départ des troupes prussiennes ; il n'y eut toutefois aucune explosion de colère. Les habitants qui avaient tant souffert de l'ennemi, n'eurent que de la compassion pour la douleur de ces étrangers.

Tandis que, les yeux pleins de larmes, ceux-ci contemplaient les maisons du bourg dévastées par la bombe et l'incendie, M. le Curé, prévenu de leur arrivée, vint à leur rencontre. Il les conduisit d'abord prier au cimetière, près de la fosse, si ardemment cherchée, où reposait leur fils et époux ; puis leur offrit l'hospitalité au presbytère.

Grâce à l'obligeance du prêtre, le vieillard et sa fille réglèrent facilement ce qui concernait la sépulture du lieutenant prussien, la pierre tumulaire qui garderait son souvenir et l'achat du terrain à perpétuité.

Bientôt les traces du combat, très visibles partout, attirèrent vivement leur attention. Les murs et le pavé du presbytère étaient pleins de taches de sang que de nombreux lavages n'avaient pu faire disparaître. Le cimetière, *où traînaient encore des choses des soldats*, avait ses croix brisées, les pierres de ses murs trouées par les balles. A l'église, toujours des taches de sang. Un lustre était suspendu devant l'autel. « Il est composé, écrit la visiteuse, par des aigles prussiennes, des emblèmes bavaroises, des panaches et des gourmettes des casques qui étaient restés au champ de bataille, avec des perles de verre au-dessous, qui signifient des larmes ».

Enfin, M me Müller parcourut le village et ses alentours, écouta le récit des scènes terribles qui s'y étaient déroulées et rechercha les tombes allemandes disséminées dans la plaine.

De retour à Breslau, la veuve du lieutenant prussien se hâta de remercier M. l'abbé Theuré de ce qu'il avait fait pour faciliter son voyage et sécher ses larmes. « Je suis plus tranquille et consolée, écrit-elle le 30 juillet, depuis que j'ai vu que mon mari chéri a trouvé un tombeau sous de braves gens, où il peut reposer en paix.... que je peux revoir le tombeau, où est mon bonheur, mon tout ».

Elle ajoute qu'elle a raconté à sa belle-mère, à sa sœur, à ses frères, combien M. le Curé a été bon pour son père et pour elle, et elle conclut par ces mots : « Tous vous bénissent ».

En même temps la voyageuse préparait pour les journaux allemands une assez longue relation de sa visite au champ de bataille de Loigny. Elle voulait faire savoir à ses compatriotes, dont les fils étaient morts dans la journée du 2 décembre, qu'ils pouvaient sans rien craindre se rendre auprès de leur sépulture et y élever un monument.

Elle faisait un grand éloge de M. le Curé et de ses paroissiens, affirmait qu'ils avaient respecté toutes les tombes allemandes, enterré plus profondément des corps qui ne l'étaient que superficiellement, relevé des croix penchées par la tempête, et couché même parfois côte à côte Français et Allemands dans une fosse commune, pour y dormir en paix leur dernier sommeil.

Les croix peu nombreuses qui portaient des inscriptions allemandes avaient été surtout l'objet de son attention. On y lisait parfois le nombre et les noms de ceux qui reposaient à leur ombre. Ces indications étaient accompagnées de touchantes prières où l'on implorait pour les morts le respect des passants. Elle en avait donné la traduction à M. le Curé afin qu'il pût les faire connaître à tous.

La narratrice terminait son récit en conjurant ses riches concitoyens de se montrer généreux. Il fallait suppléer à l'indigence des parents pauvres, acheter les terrains où se trouvaient les fosses communes et y ériger des monuments. L'Allemagne devait à ceux qui étaient morts pour elle, dans ces contrées lointaines, de ne pas laisser la charrue creuser des sillons sur leurs sépultures et en effacer à tout jamais le souvenir.

Cet article de Mme Müller, bien accueilli par la presse allemande, fit impression sur ses compatriotes et les décida à entrer en relation épistolaire avec M. l'abbé Theuré.

Le 24 août, Mme Schnapauff, mère d'un lieutenant mecklembourgeois, enterré dans le cimetière de Loigny, suppliait M. le Curé de vouloir bien lui écrire en quel état se trouvait la sépulture de son fils et ce qu'elle pourrait faire pour honorer sa tombe. Puis, pour mieux disposer le prêtre français à son égard, elle ajoutait :

« Mon autre fils qui est retourné (revenu) sauf et sain, m'a détaillé les oppressions que votre pauvre paroisse a souffert dans les cruels temps ; mon cœur a saigné à tant de souffrances.

» Prions le bon Dieu qu'il aide à tous ces pauvres gens et qu'il pardonne à ceux qui ont été la cause de cette malheureuse guerre, qui a coûté tant de sang et de larmes, à vous autres là, et à nous qui avons perdu le plus cher que Dieu nous avait donné pour la vie.

» S'il est vrai, très vénérable Monsieur, que vous ayez pitié de la douleur de ceux qu'on nomme dans les journaux vos ennemis, mais vous savez qu'ils ne sont en vérité que des pères et des mères courbés sous le même fardeau du chagrin qui déprime les parents dans votre pays ; s'il est vrai, ce que nous dit cette dame de Breslau, que vous êtes un homme de Dieu, oh ! sans doute vous aurez aussi pitié de la douleur de deux vieux parents qui vous prient du fond de leurs cœurs pressés...

» Ne refusez pas de me répondre. Vous pourrez mesurer notre douleur à celle des pères, des mères, des veuves et des fiancées dans votre pays, et Dieu vous bénira ».

L'abbé Theuré s'empressa de répondre par de conso-

lantes paroles à cette douloureuse supplique et invita sa
vénérable correspondante à s'entendre avec d'autres
parents de la même contrée qui lui adressaient de semblables demandes.

En effet, un M. Karrig, directeur de banque, juris-
consulte, maire de Crœpelin, dans le grand-duché de
Mecklembourg, avait pour beau-frère un lieutenant
nommé Kaspe, enterré lui aussi dans le cimetière de
Loigny. Il était dans la même fosse que le fils de
Mme Schapauff, en compagnie de deux capitaines,
MM. Bassevitz et de Rantzau, de deux autres lieutenants
et de deux sous-officiers. Or, M. Karrig, de son côté,
désirait venir visiter cette sépulture et y faire élever un
monument.

Mais en homme prudent, il tenait à savoir si réellement
il n'était pas trop tôt de se risquer à paraître dans nos
contrées. Pour s'en assurer, il demanda de nouveaux
renseignements à Mme Müller, la pria d'écrire en son nom
à M. le Curé de Loigny, et, surcroît de précaution, se fit
recommander par un agent consulaire français, le docteur
Robert, de Rostock. Les réponses de M. l'abbé Theuré
lui inspirèrent une telle confiance qu'il arriva à Loigny
au commencement de septembre, avec son ami,
M. Susemith.

Pourtant, la première réception qui leur fut faite n'eut
rien d'engageant. Les deux étrangers étant descendus
d'abord dans une auberge, virent des gens parler et gesti-
culer très vivement à leur aspect. Mais le sacristain-fossoyeur survint heureusement pour tout pacifier. Il emmena
les Allemands au presbytère, où M. le Curé, par sa bienveillance, acheva de dissiper leurs inquiétudes.

A ce moment, les corps des officiers mecklembourgeois
n'étaient plus dans le cimetière. Pour cause de salubrité
publique et vu l'exiguïté du terrain bénit, on avait dû
enlever ces morts couchés presqu'à fleur de terre. Ils

étaient inhumés dans la plaine, près d'une grande fosse
où dormaient déjà de nombreux Allemands, à une demi-
lieue du village, entre Fougeu et Villerand (1).

Nos deux étrangers trouvèrent dès lors les habitants de
Loigny bien disposés. Ils purent facilement tout régler
pour l'érection d'un petit monument dans le cimetière,
sur la tombe primitive, et d'une croix de fer dans la plaine
sur la dernière sépulture de leurs compatriotes. Une
somme d'argent confiée à M. le Curé donnait aux ouvriers
la garantie que leurs travaux seraient promptement
payés.

De retour dans son pays, M. Karrig, en témoignant sa
reconnaissance à M. l'abbé Theuré, commence par excuser
l'accueil un peu déconcertant qu'on lui fit à son arrivée,
et a soin d'écrire : « Plus tard j'ai eu l'occasion de voir
que les habitants de Loigny nous ont assistés dans l'accomplissement de notre triste mission et qu'ils ont bien compris que nous n'étions pas venus avec des intentions hos-
tiles, mais seulement dans l'intention de chercher les tombeaux de nos frères et de les orner d'un signe d'amour.
Il y a beaucoup de personnes qui m'ont dit que les morts
n'ont plus d'ennemis. Vous, Monsieur, et vos paroissiens
savez qu'en Allemagne les tombeaux des Français seront
conservés et honorés. Je n'ai donc pas occasion de me
plaindre de ma réception à Loigny et, en y retournant
l'année prochaine, je suis sûr de trouver nos tombeaux,
confiés à la générosité de la population, bien conservés. (2) »

Puis il prie M. le Curé de disposer à son gré de la somme
qui lui reste et promet de faire une plus riche offrande à
l'église.

Il a donné en personne, ajoute-t-il, à son Altesse Royale
le duc de Mecklembourg-Schwérin un rapport sur son

(1) Lettre de Mᵐᵉ KARRIG, 22 sept. 1871. — Lettre de Mᵐᵉ BAS-
SEVITZ, 1ᵉʳ mars 1872.
(2) Lettre du 3 octobre 1871.

séjour à Loigny et sur les tombeaux. Le prince déléguera probablement un personnage de sa cour, peut-être M. Schrœlter, pour aller à Loigny et autres champs de bataille français, faire mettre, à la place des croix de bois actuelles, des croix de fer sur les tombes de ses sujets. Nul doute que cet envoyé ne soit reçu avec bienveillance par M. le Curé.

Enfin M. Karrig voulut aussi reconnaître les services que lui avait rendus le sacristain-fossoyeur de Loigny, M. Pitot. Ce dernier avait un frère à l'armée de Metz. Fait prisonnier lors de la capitulation, il était mort en Allemagne à Cologne. M. Karrig prit des informations et put donner à celui qui l'avait obligé les renseignements suivants : « M. Armand Pitot, du 2e régiment du train d'artillerie, mort à Cologne dans l'hôpital militaire, aux remparts des Chartreux, le 12 novembre 1870, a été enterré au cimetière de la ville de Cologne, nommé Nelatus, le 15 novembre 1870 et a reçu tous les honneurs militaires qu'on doit aux braves soldats (1).

Mais le visiteur mecklembourgeois n'écrivit pas seulement en France, il s'adressa aussi aux journaux allemands, raconta son séjour à Loigny, dit avec quelle bonté M. l'abbé Theuré avait secondé ses projets et enleva à ses compatriotes toute crainte de voir jamais détruire les tombeaux de leurs morts.

A cette époque une dame de Gotha, dont le fils avait été tué le 2 décembre à Pourpry, pria Mme Muller de vouloir bien l'accompagner en France pour rechercher la tombe de son enfant bien-aimé. Cette occasion ramena la jeune veuve à Loigny le 18 octobre. Elle eut la consolation de prier au cimetière sur les restes de son mari et de constater que la sépulture était bien entretenue. Ce respect des Français pour la tombe d'un ennemi l'émut profondément.

(1) Lettres du 3 octobre 1871 et du 3 janvier 1872.

Cette seconde visite lui permit de constater les heúreux changements qui s'étaient opérés dans ce village depuis le mois de juillet, où elle l'avait vu pour la première fois. Quantité de maisons, alors brûlées ou détruites, étaient maintenant rebâties ; presque tous les habitants étaient rentrés chez eux ; un silence pénible ne régnait plus dans les rues où la vie se manifestait de toutes parts.

Nous dirons bientôt grâce à quels généreux concours Loigny avait pu si rapidement sortir de ses ruines.

Mais avant d'aborder ce sujet, notons ici trois faits survenus au cours du printemps de 1871.

L'insurrection de la Commune qui, du 18 mars au 24 mai, ensanglanta la capitale, raviva à cette époque les craintes de tous les vrais Français. On était profondément inquiet sur l'avenir d'une nation ainsi divisée ; chacun souffrait des nouveaux dangers que pouvait courir l'un de ceux qu'on avait connus et aimés.

C'est au milieu de ces calamités publiques qu'éclatèrent l'abnégation et l'intrépidité d'un prêtre dont le passé appartenait à Loigny.

M. l'abbé Petit qui, peu d'années avant la guerre, était Curé de cette paroisse, se trouvait, en 1870, au moment du siège de Paris par les Prussiens, vicaire de Ménilmontant. Il avait, dans ces jours de deuil, fait preuve d'un dévouement sans borne. Aumônier des ambulances, il ne se contentait pas de se consacrer aux blessés dans l'intérieur de la ville, il allait les chercher, sous le feu de l'ennemi, en plein champ de bataille.

La guerre civile succéda à la guerre étrangère, les généraux Clément-Thomas et Lecomte furent fusillés le 18 mars à Montmartre, et l'abbé ne songea pas à se retirer en province. Il resta pendant la Commune au milieu de ses 40.000 paroissiens et fut, plusieurs fois, sur le point d'être arrêté comme otage ou tué.

Ainsi, le 20 mai, Bretonneau, envoyé par Trinquet, un

des chefs de l'insurrection, exige de l'ecclésiastique les clés de l'église et perquisitionne aussi bien dans le lieu saint qu'au domicile du vicaire. Le 23 mai, pendant que l'abbé prêchait à l'autel, une bande armée envahit la maison de Dieu ; le revolver au poing, elle menace le prêtre en lui disant : « Tais-toi ! ». Mais heureusement l'assistance se lève, entoure l'abbé, l'emmène à la sacristie et le confie à un capitaine accouru à son secours et que ces forcenés prennent pour un des leurs. Le vicaire reste alors caché dans une cave. Quelques jours après, il trouva, en rentrant, dans le sous-sol de son église, 6 grandes bonbonnes et 380 bouteilles de pétrole, 10.000 mètres de mèches, une grande quantité d'allumettes et de poudre. Le bon Dieu n'avait pas permis aux incendiaires d'achever leur œuvre de sang et de ruine (1).

Le Gouvernement et les paroissiens de Ménilmontant surent récompenser la conduite de ce saint prêtre. Le premier le nomma chevalier de la Légion d'honneur et les seconds lui offrirent un beau ciboire d'argent.

C'est en réparation des crimes de la Commune et pour appeler sur la France malheureuse les miséricordes du Ciel qu'eut lieu à cette époque, une cérémonie religieuse où tout évoquait le souvenir de Loigny.

On se rappelle que le comte de Verthamon avait, par deux fois, prié le colonel de Charette de consacrer au Sacré-Cœur le régiment des zouaves pontificaux. Sa demande avait été en partie exaucée, puisque dans la célèbre charge de Loigny, le premier bataillon avait arboré la bannière blanche du Sacré-Cœur de Jésus, que de Verthamon et d'autres l'avaient arrosée de leur sang.

Mais la blessure du général de Sonis, celle du colonel de Charette et la dispersion des trois bataillons avaient fait ajourner la cérémonie solennelle qui était réclamée depuis le 2 décembre 1870.

(1) *Journal de Chartres*, 7 déc. 1871.

Elle se fit enfin dans la chapelle du Grand Séminaire de Rennes où tous les zouaves étaient en ce moment casernés. C'était le 28 mai, fête de la Pentecôte, quatre jours après le massacre des otages à Paris, et la reprise de la capitale sur les hordes sanguinaires de la Commune.

Le général de Sonis qui, encore très infirme, n'avait pu se rendre à la pressante invitation des zouaves, avait du moins consenti à formuler un acte de consécration pour être lu solennellement à la messe.

Avant de distribuer la sainte Communion, en présence de la glorieuse bannière de Loigny, qui méritait bien d'être à l'honneur, Mgr Daniel, aumônier du régiment, prononça au nom de tous cette sublime prière :

« O Jésus ! vrai fils de Dieu, notre roi et notre frère, rassemblés tous ici au pied de vos autels, nous venons nous donner pleinement à vous et nous consacrer à votre divin Cœur...

» Vous avez permis que les soldats du Pape devinssent les soldats de la France. Nous avons paru sur les champs de bataille, armés pour le combat. Votre Cœur adorable, représenté sur notre drapeau, abritait nos bataillons.

» Seigneur, la terre de France a bu notre sang, et vous savez si nous avons bien fait à la patrie le sacrifice de notre vie. Beaucoup de nos frères sont morts ; vous les avez rappelés à vous parce qu'ils étaient mûrs pour le ciel.

» Mais nous, nous restons, et nous ignorons le sort que vous nous réservez. Faites, mon Dieu, que la vie que vous nous avez laissée soit tout entière consacrée à votre service.

» Nous portons tous sur nos poitrines l'image de votre Sacré-Cœur ; faites que nos cœurs en soient l'image encore plus vraie, rendez-nous dignes du titre de soldats chrétiens...

» Et vous, ô divine Marie, que nous avons choisie pour notre Mère, à vous aussi nous avons rendu témoignage.

» Nos champs de bataille ont vu le long cortège des

mères, des épouses et des sœurs en deuil ; et lorsque de pieuses mains remuaient la terre qui recouvre la mort, on savait reconnaître les nôtres à votre scapulaire.

» Soyez donc notre protectrice, et obtenez-nous la grâce de nous tenir chrétiennement unis à vous dans le Cœur de Jésus, durant la vie et à la mort, pour le temps et pour l'éternité. Ainsi soit-il. »

M. de Charette prit alors la parole. Aux heures saintes, il avait des mots énergiques que sa foi savait lui dicter :

« A l'ombre du drapeau teint du sang de nos plus nobles et plus chères victimes, moi, général baron de Charette, qui ai l'insigne honneur de vous commander, je consacre la légion des Volontaires de l'Ouest, les zouaves pontificaux, au Sacré-Cœur de Jésus, et avec ma foi de soldat et de toute mon âme, je dis et je vous demande de dire tous avec moi : Cœur de Jésus, sauvez la France ! »

Et des centaines de voix frémissantes répétèrent ensemble l'ardente supplication.

Cette consécration qui complétait l'acte de Loigny, était à la fois le résumé et le couronnement de la belliqueuse carrière des zouaves pontificaux. Elle exprimait, dans une forme concise, ces sentiments patriotiques et chrétiens qui, pour la défense de la religion ou du pays, en faisaient des soldats modèles par leur piété, leur abnégation, leur bravoure poussées jusqu'à l'héroïsme (1).

Aussi Pie IX, le 23 juin suivant, voulant signaler à l'attention du monde catholique et la bannière de Loigny et la consécration des Volontaires de l'Ouest au Sacré-Cœur de Jésus, déclarait-il, devant une assemblée nombreuse, que, par cet acte, ses zouaves avaient servi la France et l'Eglise plus utilement que par l'épée (2).

Tandis que les chrétiens rendaient grâce à Dieu de la

---

(1) Mgr BAUNARD, p. 305 et suiv. — JACQUEMONT, p. 181. — Baron DE CHARETTE, p. 130.

(2) DE FRANCISCIS. *Discours de Pie IX*, t. Ier, p. 164.

répression de l'émeute et s'efforçaient, en devenant meilleurs, de contribuer au relèvement de la France, le Gouvernement de Versailles ne négligeait rien pour obtenir la pacification complète. Aux gardes nationaux et aux volontaires de Paris, qui avaient combattu les Prussiens, il enlevait ces armes dont les insurgés s'étaient servis pour prolonger leurs luttes fratricides.

Se voyant maître alors de la situation, le ministre se hâta de poursuivre le désarmement des civils. Dans la première quinzaine de juin, il enjoignait aux détenteurs d'armes de guerre, de cartouches, d'équipements, de munitions de toutes sortes ayant appartenu aux troupes françaises et allemandes de les déposer à la mairie de leur commune. Le tout devait être ensuite transporté au canton et remis à la disposition de l'autorité.

Pour presser l'exécution de cette prescription, on annonçait des mesures sévères ; on allait perquisitionner et dresser des contraventions ; les peines varieraient de un mois à deux ans de prison, et de 16 francs à 1.000 francs d'amende (1).

On ne désarma cependant les gardes nationaux d'Eure-et-Loir qu'en décembre 1871. L'ordre s'exécuta même avec lenteur. Aussi, au mois de mars 1872, l'autorité mécontente menaçait de punir ceux de ces gardes qui ne déposeraient pas, sous huit jours, les armes de guerre à la mairie. A ce moment, les pompiers seuls furent autorisés à garder leurs armes (2).

Mais, dès la première ordonnance, Loigny et ses environs s'étaient émus. Car, à la suite de la bataille, les habitants avaient ramassé quantité d'armes et d'objets divers dont la plaine était couverte. La crainte fit que beaucoup s'empressèrent pourtant d'obéir aux injonctions ministérielles. Il s'en trouva d'autres néanmoins qui ne se crurent pas

---

(1) *Journal de Chartres*, 15 juin et 30 juillet 1871.
(2) *Journal de Chartres*, 21 décembre 1871, 21 mars 1872.

obligés de s'y soumettre et qui, sans scrupule, gardèrent secrètement tout ou partie de ce qu'ils avaient recueilli après le combat.

Voilâ pourquoi pendant de longues années des collectionneurs, curieux de choses militaires, parcoururent la campagne et y achetèrent, parfois à grand prix, les souvenirs du 2 décembre 1870.

Et pourtant il en restait encore au mois de septembre 1907. On put, en effet, à cette époque où la prescription était depuis longtemps acquise, commencer, au presbytère de Loigny, un musée de la bataille, aimé des visiteurs, y réunir des armes et des objets multiples, témoins irrécusables de la sanglante journée.

Malheureusement cette conservation clandestine des munitions de guerre fut plus d'une fois l'occasion de terribles accidents. Rappelons-en deux seulement. Au mois de septembre 1871, un habitant de Loigny, qui retirait la poudre de cartouches allemandes, fut grièvement blessé. En 1907, deux petits enfants de Réclainville, en jouant dans la cour de leurs parents, frappaient sur un vieil obus prussien laissé à leur disposition. Celui-ci éclata tout à coup, leur causant d'affreuses blessures. Les pauvres bébés moururent dans de cruelles souffrances.

CHAPITRE XII

SECOURS AUX HABITANTS

DÉCORATION — ANNIVERSAIRE

Détresse des habitants de Loigny. — M. et Mme Southard, de Bordeaux. — M. John Léonard, d'Irlande. — Dons de semences diverses. — Le typhus sur les bêtes à cornes. — Les orphelins de la Guerre. — Les indemnités nationales. — Subventions aux familles nécessiteuses des militaires et des blessés. — Le sou des chaumières, — Londres donne 4.400 francs. — Chartres envoie 2.000 francs. — Un Evêque des Etats-Unis. — Reconstruction du village. — M. le Curé de Loigny mandé à la préfecture de Chartres. — Une grande surprise. — Décoré de la main du Ministre de la Guerre. — Situation délicate. — La croix d'honneur et les aumôniers de la Mobile d'Eure-et-Loir. — Visite à Mgr Regnault. — « Vous avez été seul à la peine, vous serez seul à l'honneur ». — Félicitations. — L'anniversaire de la bataille. — Mgr Pie accepte de prononcer l'oraison funèbre. — Affluence extraordinaire. — Bénédiction de deux tombes. — Première séance du Comité pour l'érection d'un monument. — Le général de Sonis en adoration pendant la nuit du 2 décembre. — La tombe du duc de Luynes à Nonneville.

Tandis que de nombreux visiteurs venus de France et d'Allemagne au cours de l'année 1871, recherchaient à Loigny l'identité des morts ou pleuraient sur les tombes, quelques autres songeaient aux malheureux habitants dont presque toutes les demeures étaient brûlées ou détruites, dont toutes les ressources, mobilier, vêtements, provisions diverses, grain et bétail, avaient parfois complètement disparu.

Le Gouvernement de Versailles, il est vrai, ne se laissait pas absorber par sa lutte contre la Commune de Paris; déjà il faisait des projets pour venir en aide à ceux qui avaient le plus souffert de l'invasion. Mais il fut arrivé trop tard, il eût même été impuissant à soulager tant de misères, à relever tant de ruines, si des dévouements particuliers surgissant de toutes parts, n'avaient dans les premiers moments, pourvu aux détresses extrêmes et pris ensuite à leur charge une bonne moitié de la tâche qui restait à accomplir.

Durant les semaines qui suivirent la bataille, les habitants de Loigny, nous l'avons dit, se dévouèrent pour enterrer les morts et soigner les blessés. Aussi beaucoup d'entre eux reçurent, et c'était juste, de l'ambulance établie au presbytère, la nourriture et le chauffage qu'ils ne pouvaient plus trouver ailleurs.

Quand les plus mauvais jours furent passés, les premiers bienfaiteurs qui apparurent à Loigny furent M. et Mme Southard, de Bordeaux. Ils arrivèrent avec de grandes voitures chargées de meubles et d'ustensiles de toutes sortes, recueillis dans différentes villes, et ils prièrent M. le Curé de leur aider à les distribuer.

C'est à cette visite que faisait allusion Mme Southard, quand elle écrivait à M. l'abbé Theuré, le 4 juillet 1874.

« Nous avons conservé de votre village de Loigny un souvenir si douloureux, que nous aurions été bien aises d'apprendre par vous que, grâce à Dieu, le bien-être y revient peu à peu. J'aime à penser que beaucoup de vos murailles sont relevées et que, par le travail beaucoup de familles ont retrouvé le calme et la tranquillité des anciens jours.

» Votre petit coucou chante-t-il toujours dans le salon du presbytère ? M. Southard et moi ne l'avons pas oublié. Au milieu de nos larmes et de l'angoisse de nos cœurs à la vue de vos malheurs, nous nous souvenons toujours qu'il fut cause du seul sourire qu'on ait pu voir sur nos lèvres ! ! Le contraste était si grand, il nous faisait tant de bruit au milieu de notre douloureuse occupation, il ne nous permettait pas par moment de nous entendre ».

Vers cette même époque, nous relevons le passage à Loigny d'un Irlandais, M. John Léonard, alors chargé par ses compatriotes catholiques de porter, en diverses contrées, des secours aux malheureuses victimes de l'invasion.

Inspecteur des ambulances pendant la guerre, il avait assisté, non loin de Loigny, au combat du 2 décembre et soigné les blessés pendant la nuit. Ces douloureux souvenirs l'y ramenèrent au printemps, comme il revenait de Châteaudun (1), pour distribuer aux plus nécessiteux de l'argent, des vêtements et des vivres. Mais il s'aperçut bien vite que ses aumônes n'étaient pas en proportion du dénuement de la population. Aussi en s'éloignant écrivit-il, le 6 avril, à M. le Curé :

« A la vue de tant de misères à Loigny, j'ai regretté de ne pas avoir porté plus de secours, et à mon arrivée à Orléans je vous en expédie deux boîtes (caisses) contenant des choses utiles. Je reviendrai à la charge bientôt.

» Ecrivez-moi un mot de remerciement à l'adresse de la ville de Cork, Irlande, et dites-moi en quelques mots les épreuves de vos paroissiens et leurs besoins.

» A votre aise, écrivez-moi un récit des événements de la guerre à Loigny. Je fais un livre et les épisodes de Loigny seront utiles à votre village ».

(1) *Echo Dunois*, 30 mars 1871.

Dans une seconde lettre du 10 avril il conseille à M. l'abbé Theuré de faire photographier aux principaux endroits les ruines de son village, comme on a fait pour Bazeilles. Les vues sont plus éloquentes que les belles phrases. Il en enverra en Irlande, où elles provoqueront des offrandes pour Loigny, dont l'état l'a si vivement touché, dont le Curé, par son dévoùement, lui inspire tant de sympathie.

Une des meilleures manières, au mois de mars 1871, de venir en aide aux malheureuses populations de nos campagnes fut de leur procurer des grains pour ensemencer à nouveau leurs terres. Un froid exceptionnel et souvent, comme à Loigny, les dévastations commises par les combattants avaient parfois anéanti toute espérance de récolte. Il était urgent de secourir ces infortunés paysans et de prévenir la famine.

Le capitaine de Maricourt, soigné à l'ambulance de Janville, raconte que pendant sa convalescence il fut emmené un jour au café par le docteur Lebel :

« A la table près de la nôtre, écrit-il (1), causait un groupe de gros cultivateurs beaucerons : « J'ai été voir Loigny », dit l'un d'eux, c'est affreux ! Ça fait pitié de voir ces pauvres blés, foulés qu'on n'en voit plus trace, et ces belles luzernes retournées par les obus !... » Hélas ! hélas ! disaient les autres consternés. « Est-ce qu'ils n'auraient pas pu passer à côté des emblaves ? — Ils s'en f... pas mal ! Faudra remettre tout ça en avoine, en mars, et pas sûr que ça vienne ? C'est horrible ! C'est abominable, la guerre ! »

Oui, au printemps de 1871, il fallait, en beaucoup d'endroits, à Loigny surtout, recommencer les semences. Mais l'élan avec lequel on vint au secours de nos popu-

(1) Baron DE MARICOURT, p. 61.

lations en leur fournissant gratuitement des grains, arrachait un cri d'admiration à un de nos journalistes :

« Au milieu de nos malheurs et de notre dépression morale, il s'est produit un fait consolant, c'est l'énergie avec laquelle la charité chrétienne s'est développée. Il y a tout lieu d'espérer d'une nation, si déchue qu'elle soit, où est vivant encore, à ce degré, un tel sentiment » (1).

En effet, des collections de graines de toute nature, agricoles et horticoles, avaient été faites par les pays préservés de l'invasion et expédiées aux régions envahies. Les contrées de l'Ouest avaient donné l'exemple, et d'autres les avaient suivies. On pourra juger de leur nombre lorsque nous aurons dit qu'en Eure-et-Loir on reçut alors des semences de vingt-cinq départements. Le travail qui consistait à collectionner, à envoyer, à distribuer, avait été fait presque partout avec l'aide des instituteurs. A Chartres, c'est M. Paille, directeur du jardin de la Société d'horticulture, qui s'était chargé du travail.

Une riche société de bienfaiteurs anglais offrait aussi des semences. Mais les communications de Rouen avec la Beauce étant interrompues par les troubles de la Commune à Paris, les envois d'Angleterre ne pouvaient nous arriver. Il fallut l'intervention de nos députés pour obtenir qu'ils viendraient, après un long détour, par l'Ouest. Ces délais étaient fort préjudiciables à l'agriculture. Mais on était tellement malheureux, qu'on préférait semer tardivement que de laisser les terres en friche (2).

Les communes plus éprouvées, comme Loigny, recevaient des lots spéciaux et plus importants (3). A la date du 8 mai, la société anglaise eut même soin de faire dire au maire de Loigny : «S'il est trop tard pour semer l'avoine que nous vous avons envoyée, vendez-la, et avec

(1) *Journal de Chartres*, 15 juin 1871.
(2) *Echo Dunois*, 27 avril 1871.
(3) Registres de Loigny.

le prix, augmenté de 300 francs que nous vous versons
en argent, achetez de l'orge et des pommes de terre pour
planter. Mais surveillez l'emploi des semences que vous
distribuerez ».

Souvent aussi les familles des blessés recueillis et
soignés par nos populations aimaient à témoigner leur
reconnaissance par des dons en nature. Citons M.me Saulnier, de Moulins, qui offrit, entre autres produits, du blé
de semence à M. Popot, de Champdoux, pour le remercier
d'avoir hébergé son fils Lucien, zouave pontifical, dont
nous avons raconté les longues souffrances et la sainte mort.

La générosité chrétienne s'émut à nouveau à l'approche
de l'automne; car, en général, mais en Eure-et-Loir principalement, la moisson avait été mauvaise (1). Dans le mois de
septembre, la souscription nationale des agriculteurs de
France versait 5.250 francs à notre département pour les
travailleurs du sol ruinés par l'invasion. A la même époque,
on distribuait encore quelques secours en grain aux petits
fermiers qui en réclamaient. Enfin, vers le 1er octobre,
à la préfecture d'Eure-et-Loir, comme à la sous-préfecture
de Châteaudun, on vendait à bon compte, bien au-dessous
du cours, des semences de blé varié, notamment anglais,
pour venir en aide aux cultivateurs qui, après avoir souffert
de la guerre, avaient eu encore à déplorer une mauvaise
récolte.

Tant de bonnes volontés ne réussirent pas cependant à écarter la gêne de toutes les demeures. Car, par
suite d'erreurs, quelques-uns semèrent en automne des
blés de printemps qui ne produisirent que de la paille.

Les habitants de nos campagnes étaient à ce moment
d'autant plus à plaindre qu'à l'insuffisance des produits
de la terre, s'ajoutait une grande mortalité sur les bêtes
à cornes. Le typhus avait suivi les armées allemandes et
exercé, en même temps qu'elles, ses ravages sur notre

(1) *Echo Dunois*, 3 septembre 1871.

contrée. D'après un rapport que M. Boutet, vétérinaire à Chartres, adressait à M. le Ministre de l'Agriculture, Eure-et-Loir, en 1870-1871, perdit par la contagion deux mille bêtes, valant 632.123 francs (1).

Voilà pourquoi la charité multipliait ses dons à nos campagnes désolées. Il en venait de France et de l'étranger. La société anglaise de secours aux cultivateurs français ruinés par la guerre mérite une mention spéciale. Dans le seul arrondissement de Châteaudun, des plus éprouvés il est vrai, elle aurait fait des distributions successives dans soixante-trois communes et amélioré le sort de plus de trois mille personnes. (2)

Nul doute que Loigny, plus mal traité sous ce rapport que Châteaudun, Civry et Varize, n'ait eu une plus large part à ces largesses.

C'était donc bien à juste titre qu'au mois de novembre 1871, des médailles de remerciement étaient offertes aux Anglais qui avaient secouru nos blessés, nos paysans, nos ouvriers ruinés, tous victimes de la guerre, et dépensé pour eux dans toute la France près de dix-huit millions de francs (3).

Ce n'était pas assez de songer à relever l'agriculture, il fallait aussi penser aux petits êtres que la guerre avait privés de leurs parents.

Dès la fin d'avril 1871, le Gouvernement prescrivait à tous les maires d'envoyer à leur préfecture la liste des enfants, dénués de ressources, dont le père avait été tué pendant l'invasion allemande. Bientôt même, sous la présidence de Mme Thiers, s'établissait à Versailles, avec comité dans tous les arrondissements, l'Œuvre des Orphelins de la Guerre.

(1) *Journal de Chartres*, 24 mars 1872.
(2) *Journal de Chartres*, 17 septembre 1871.
(3) *Journal de Chartres*, 19 novembre 1871.

Notre département, particulièrement éprouvé pendant l'année terrible, avait été le théâtre de combats nombreux. Tous ses hommes valides, gardes nationaux, mobiles, soldats, avaient disputé vaillamment le terrain à l'ennemi. Aussi comptait-il alors 153 orphelins, répartis en 93 familles ruinées par la disparition de leur chef mort pour la patrie, et incapables de relever leur maison incendiée. (1)

L'Œuvre des Orphelins de la guerre avait pour but de soutenir ces enfants jusqu'à quatorze ou quinze ans, âge où ils pourraient généralement gagner leur vie.

Des appels divers à la bienfaisance publique, sermons, quêtes à l'église et à domicile par les autorités locales accompagnées de MM. les Curés, demande de subsides au Conseil général, fournirent les fonds nécessaires pour les élever (2).

M. Paul Richer, interne des hôpitaux, que nous avons vu si dévoué à Loigny, fut un des principaux donateurs. Il fit photographier, à un grand nombre d'exemplaires, son beau dessin, *La nuit du 2 décembre*, un des plus douloureux épisodes de la guerre. Le succès de cette œuvre fut considérable. Et le jeune artiste chartrain, heureux de consacrer les prémices de son talent à soulager les plus intéressantes victimes de nos désastres, offrit une partie du produit de sa vente à l'Œuvre des Orphelins de notre département (3).

Il y eut aussi une grande loterie au sujet de laquelle un de nos députés d'alors, M. Dreux, de Cormainville, écrivait, le 5 août 1872, à M. le Curé de Loigny, chargé de placer des billets : « A Chartres et dans un grand nombre de localités, il y a pour cette œuvre patriotique et toute de charité un entrain extraordinaire ; c'est à qui prendra des billets, à qui fournira les plus beaux lots ».

1 *Journal de Chartres*, passim, et 18 juillet 1872.
2 Consulter Lettres pastorales de Mgr Regnault, Évêque de Chartres, t. II, p. 17.
3 *Journal de Chartres*, 7 janvier 1872.

Loigny eut deux de ses familles qui bénéficièrent de cette Œuvre. Il y avait quatre orphelins dans la première et cinq dans la seconde. Des secours en argent leur furent distribués en proportion de leurs besoins. Cinq des petites filles, admises d'abord gratuitement à l'ouvroir de Mme Darblay, de Chevilly, ou à celui de Mme Southard, de Bordeaux, reçurent ensuite une subvention annuelle pour être élevées dans leur famille, et une dot de cinq cents francs qui les aida à s'établir convenablement.

Dans les premiers mois qui suivirent le vote pour la conclusion de la paix, le Gouvernement s'était hâté de demander à chaque commune de France de faire le total de ses dépenses et pertes occasionnées par la présence des armées. Les charges étaient loin d'être égales pour les diverses provinces. Celles où l'étranger n'avait pas mis le pied étaient relativement indemnes. On devait donc une compensation, dans la mesure du possible, aux contrées qui avaient été envahies, pillées, saccagées par l'ennemi.

Aussi, malgré l'effrayante perspective des cinq milliards de rançon qu'il fallait payer à l'Allemagne, les Chambres françaises, au mois de septembre 1871, votaient un crédit de cent millions à répartir entre les départements qui avaient souffert de l'occupation allemande. On accorderait des indemnités à tous ceux qui, au cours de l'invasion, avaient subi des contributions de guerre, des réquisitions de toutes sortes, des amendes et des dommages matériels de la part des troupes françaises et prussiennes. Notre département recevrait 3.381.810 francs (1).

Chaque municipalité avait donc dressé un état détaillé des différentes charges et pertes, soit des communes, soit des particuliers. Eure-et-Loir réclamait en tout 28.047.784 fr. 85. Mais à la fin du mois d'octobre, notre Conseil général nommait deux commissions, l'une pour

(1) *Journal de Chartres*, 17 septembre 1871 et passim.

reviser les demandes, l'autre pour répartir les indemnités.

La première ne se contenta pas de feuilleter les rapports qui lui étaient remis. Elle consulta les commissions cantonales plus à même de vérifier les chiffres énoncés, de visiter les endroits dévastés et de se conformer aux instructions données aux préfets par le Ministre de l'Intérieur. Les sommes à distribuer, y était-il dit, doivent être consacrées aux victimes les plus nécessiteuses et les plus obérées. C'est le vœu de l'Assemblée Nationale. Il ne faut donc pas répartir au marc le franc, mais favoriser ceux pour qui la perte est plus lourde, ouvriers des villes et des champs, petits agriculteurs, familles nombreuses, etc.

La revision ainsi comprise dura plusieurs mois. Les réclamations pour tout le département furent réduites de deux millions.

Loigny accusait une perte de 42 chevaux, 87 vaches, 301 moutons, 29 porcs et 3.872 volailles. Il avait, en outre, livré en réquisitions ou vu disparaître par l'incendie plus de 4.000 hectolitres de céréales, blé, orge, avoine ou pommes de terre, 450.000 kilogrammes de foin ou de paille, quantité de marchandises diverses et d'objets de consommation. Enfin, une grande partie de ses bâtiments avaient été détruits par le feu et presque tous endommagés par les obus. Ses réclamations atteignaient la somme de 380.033 francs.

Les contrôleurs chargés de vérifier ces demandes opérèrent quelques réductions. Mais, conformément aux instructions ministérielles, les habitants de Loigny furent avantagés, et on reconnut à la commune une créance totale de 350.542 fr. 79 c.

Après ces opérations préliminaires, la seconde commission du conseil général, celle qui devait répartir les indemnités, décida qu'elles seraient distribuées au prorata des dommages par communes et par familles. Il était de plus spécifié qu'aucune réclamation ne serait admise après le 31 janvier de l'année suivante.

24

Enfin, dans les derniers jours de mars 1872, la préfecture
fit parvenir les mandats qui échelonnaient les paiements
en cinq échéances. Vingt mille individus dans notre département purent dès lors commencer à toucher la somme
qui leur était accordée.

Loigny reçut une indemnité de 52.064 fr. 16, suivie
de quelques allocations. Ce qui donnait environ le septième
des pertes subies. C'était une faveur, qui eut cependant beaucoup gagné à être moins tardive. En vain, au
mois d'octobre 1871, le conseil d'arrondissement avait demandé qu'on versât promptement la part d'indemnité qui
revenait à Châteaudun, Civry, Varize et Loigny, vu que
les habitants avaient un pressant besoin d'argent pour
payer les maçons et ouvriers qui achevaient de reconstruire
leurs maisons (1) ; mais, comme les autres, Loigny avait
dû attendre la fin de mars de l'année 1872.

A la même époque, d'autres subventions venaient en
aide aux familles nécessiteuses des militaires et des blessés.
Le Corps législatif avait, pour cet effet, voté cinquante
millions à répartir sur toute la France. Loigny dut en recevoir. Malheureusement nous ne pouvons donner des chiffres.

Il en est de même pour les secours accordés directement
aux familles des soldats par le Comité des Dames de
Chartres, qui n'oublièrent certainement pas Loigny ; mais
les comptes de ces deux distributions établis seulement par
cantons, ne nous font point connaître ce qui parvint spécialement à chaque commune (2).

Nous sommes mieux renseignés sur l'Œuvre du Sou
des Chaumières qui, au mois de décembre 1871, à l'exemple
d'œuvres diverses, s'efforçait de compléter par la charité

(1) *Echo Dunois*, 1ᵉʳ novembre 1871.
(2) COLLIER-BORDIER, p. 173 et 175.

la loi de justice sociale des indemnités de guerre. C'était une souscription nationale d'un sou par semaine, ouverte dans les mairies et recettes des deniers publics. Madame Thiers en était la présidente.

Elle faisait appel au patriotisme de tous pour relever les toits détruits par le canon ou par l'incendie. Des comités spéciaux étaient chargés des enquêtes et des distributions. Les propriétaires déclarés sans ressources par le conseil municipal de leur commune seraient les premiers secourus. On rebâtirait d'abord les chaumières dont la valeur serait inférieure à 500 francs. On élargirait ensuite les dépenses en proportion des aumônes reçues.

Quand, au mois d'août 1872, on publia la liste des générosités de l'Œuvre, on vit qu'elle avait donné 45.165 francs dans Eure-et-Loir.

On peut visiter à Loigny trois bâtiments qui lui ont coûté ensemble 3.287 francs. Une plaque de fonte destinée à rappeler le souvenir de cet acte de bienfaisance est placée bien en vue sur un des murs de chaque maison ainsi reconstruite. On y lit ces simples mots : Souscription nationale du Sou des Chaumières (1).

A cette liste déjà belle des secours divers apportés aux habitants de Loigny, nous devrions en ajouter beaucoup d'autres si nous les connaissions tous. Nous sommes heureux du moins de pouvoir en signaler encore quelques-uns.

Le 1er juin 1871, le préfet d'Eure-et-Loir faisait parvenir au maire de Loigny la somme de 4.400 francs sur les fonds mis à sa disposition par le comité du lord-maire de Londres. D'après les intentions des donateurs, le maire, aidé de son conseil municipal, devait répartir cette offrande en secours aux familles les plus éprouvées par les faits de guerre,

(1) *Journal de Chartres*, 7 décembre 1871, 1er septembre 1872 et passim.

soit d'incendie, soit de pillage concernant le mobilier, les outils, les récoltes et les bestiaux. Il n'était nullement question dans la circonstance d'alléger les charges résultant des réquisitions pratiquées par l'ennemi (1).

A la date du 28 septembre 1871, le conseil municipal de Loigny exprime sa reconnaissance à M. Bourgoing, ministre de France à La Haye, et aux dignes habitants de Grès, qui se sont empressés de verser chacun leur offrande pour soulager de pauvres malheureux ruinés par la guerre (2).

Le 10 octobre 1871, M. le Préfet d'Eure-et-Loir adresse à M. l'abbé Theuré un mandat de 50 francs pour remettre à une pauvre veuve de sa paroisse.

En novembre de la même année, M. de Pontoi-Pont-carré, qui a reçu d'un comité de Moscou quelques secours pour les victimes de la guerre, distribue 200 francs aux incendiés de Loigny.

Le 11 décembre suivant, à l'occasion de la bénédiction du monument de Nonneville élevé à la mémoire du duc de Luynes, une des plus nobles victimes de la bataille, Madame la duchesse, sa veuve, laisse à M. le Curé de Loigny une somme d'argent pour soulager, pendant l'hiver, les pauvres de la paroisse.

Le 7 juin 1872, le Conseil municipal de Chartres, qui avait déjà donné une allocation de 50.000 francs aux incendiés de Châteaudun, votait une somme de 6.000 francs à partager par tiers entre Civry, Varize et Loigny « pour soulager les infortunes que l'occupation étrangère a causées dans ces trois malheureuses communes (3) ».

Terminons cette consolante énumération par le récit suivant.

Un Evêque des Etats-Unis, dont nous regrettons de ne

(1) Registre de la mairie de Loigny.
(2) *Idem.*
(3) Registre des délibérations de la mairie de Chartres.

pas connaître le nom, avait envoyé en France une large aumône pour des catholiques cruellement éprouvés par l'invasion. Or, la Dame chargée de distribuer cet argent avait un neveu, officier des zouaves pontificaux, qui s'était distingué au combat du 2 décembre 1870. Aussi quand Mme Raimbert, de Châteaudun, eut parlé à cette personne des désastres de Loigny, la charitable intermédiaire accueillit avec joie la pensée de secourir cette paroisse.

C'est alors, qu'en son nom, Mme Raimbert écrivait, le 18 novembre 1871, à M. l'abbé Theuré :

« Je vous prie de m'envoyer la liste détaillée des gens ruinés par la guerre, et auxquels un secours pourrait fournir le moyen de reprendre leur état, ou de payer une note de boulanger ou un loyer arriéré. On pourrait remettre des sommes de 20 à 50 francs et même plus si cela était très utile. Veuillez donc me dire la situation des gens, à quoi la somme leur servirait et la somme que vous jugez nécessaire...

» Veuillez mettre en tête les plus nécessiteux afin que, si nous ne pouvons donner à tous, nous commencions par ceux-là. »

Il nous est impossible, en achevant ces lignes, de ne pas faire remarquer combien la charité est ingénieuse. Ainsi qu'il est facile de le constater avec les habitants de Loigny, elle sut varier ses moyens, revêtir des formes diverses, pour atteindre plus sûrement toutes les misères. Tantôt elle procéda semi-officiellement et au grand jour, tantôt discrètement et sans bruit. Mais, dans l'impossibilité de réparer toutes les pertes, elle ne s'arrêta du moins que lorsque les enfants purent reposer en paix, les familles ne plus s'inquiéter du lendemain, le village reprendre sa vie régulière et trouver, dans ses occupations accoutumées, un allègement à ses douloureux souvenirs.

La tâche de l'année 1871 fut particulièrement lourde

pour ces pauvres gens affaiblis par les angoisses, les privations et le froid. Outre qu'il leur fallut réensemencer leurs terres au printemps et supporter les fatigues ordinaires de la moisson, ils durent reconstruire au plus tôt les maisons, les granges, les dépendances diverses détruites par les obus ou l'incendie. L'habitant des campagnes veut d'abord une demeure pour sa famille ; mais il n'a de tranquillité que lorsque ses bestiaux et ses récoltes sont à l'abri.

Tout l'était heureusement au milieu de l'automne : nos villageois avaient enfin repris leurs habitudes et se livraient sans obstacle aux travaux de la saison.

C'est l'époque où survint l'évènement que nous allons raconter.

Un mercredi, vers dix heures du soir, deux gendarmes sonnaient à la porte du presbytère de Loigny et remettaient une dépêche à M. l'abbé Theuré. La lettre, signée J. Delacroix, maire de Chartres et député d'Eure-et-Loir, s'exprimait ainsi :

« Monsieur le Curé, à la recommandation pressante de Madame la Préfète et un peu à la mienne, Monsieur le Ministre de la Guerre, venu à Châteaudun pour l'anniversaire du 18 octobre, *a manifesté le désir de vous voir.* Faites donc sans retard vos préparatifs de voyage et trouvez-vous demain matin, jeudi, à l'hôtel de la préfecture, à Chartres, avant neuf heures.

» Par ordre du Ministre, un gendarme est chargé de vous remettre cette dépêche. »

Cette communication ne troubla nullement M. le Curé de Loigny, habitué qu'il était depuis près d'un an à traiter avec les plus hauts personnages. Plusieurs fois notamment on lui avait écrit du Ministère de la Guerre, au nom des parents de soldats disparus, pour obtenir, ou du moins essayer d'avoir des renseignements. Il pensa que le Ministre voulait l'entretenir à ce sujet afin de recueillir de vive voix quelques indications précieuses pour les familles.

Il partit le lendemain de bon matin, emportant avec lui ses registres où tous les blessés des ambulances, où tous les morts reconnus après la bataille avaient leurs noms soigneusement inscrits. A l'heure fixée, il allait entrer à la préfecture de Chartres, lorsqu'une sentinelle l'arrêta : « J'ai pour consigne, dit le soldat, de ne laisser passer personne, excepté le Curé de Loigny. — C'est moi, répondit le prêtre.. »

Il était immédiatement introduit, et, sur la gracieuse invitation de Mme Le Guay, femme du préfet, déjeunait bientôt en compagnie du Ministre, du préfet et des officiers supérieurs qui accompagnaient son Excellence.

La conversation roula sur l'ensemble de la guerre franco-allemande ; on ne parla de Loigny que d'une manière incidente.

Mais au dessert, sur un signe du général, un officier d'ordonnance prit un écrin, en sortit une croix d'honneur et l'épingla sur la poitrine de M. l'abbé Theuré, tandis que le Ministre le complimentait sur son infatigable dévouement pendant et après le combat du 2 décembre 1870 et que les assistants applaudissaient.

« Monsieur le Ministre, répondit l'humble prêtre, je n'ai fait que mon devoir ; tout autre de mes Confrères eût agi de même à ma place. »

« Oui, nous le savons, repartit M. de Cissey, tout le Clergé, qu'il porte soutane blanche ou noire, s'est conduit admirablement pendant la guerre. Aussi c'est le Clergé que nous voulons honorer en votre personne. J'avais la mission de vous décorer hier à Châteaudun où j'espérais vous rencontrer. Mais ne vous ayant point vu, je vous ai fait venir ici, parce que je ne voulais céder à nul autre la joie de vous proclamer chevalier de la Légion d'honneur. »

Le préfet invita alors M. le Curé à se rendre tout de

suite à l'Evêché en portant ostensiblement sur sa soutane la croix qui venait d'y être attachée ; il le chargea en même temps d'exprimer à Monseigneur tous les regrets qu'éprouvait le Ministre de n'avoir pu, à l'avance, prévenir Sa Grandeur de la nomination d'un de ses prêtres au grade de chevalier de la Légion d'honneur.

Puis le Préfet ajouta : Veuillez, M. le Curé, revenir au plus tôt à la Préfecture, car son Excellence qui se rend au Mans par le premier train, désire, avant son départ, connaître le résultat de votre entrevue avec Monseigneur. »

L'abbé Theuré fut alors mis confidentiellement au courant par M. le Préfet de ce qui s'était passé récemment, entre Monseigneur et le Gouvernement. Celui-ci avait fait pressentir Sa Grandeur au sujet d'une décoration qu'il se proposait d'offrir à l'un des Aumôniers des mobiles d'Eure-et-Loir pendant la guerre, et, sur les observations de l'Evêque, avait dû renoncer à son projet.

Le Curé de Loigny comprit à l'instant la position délicate dans laquelle il se trouvait.

Aussi en se présentant devant Monseigneur la poitrine ornée de sa croix, eut-il soin de lui raconter en quelques mots la manière précipitée avec laquelle il avait été prié de se rendre à la préfecture, le déjeuner auquel il avait assisté, la surprise et l'honneur dont il avait été l'objet.

Il offrit ensuite les excuses de M. le Ministre de n'avoir pu prévenir à temps Sa Grandeur, et termina en disant :

« Quoi qu'il en soit, Monseigneur, cette croix qui vient de m'être remise, je suis tout prêt à ne la point porter si vous le trouvez mauvais et si vous y voyez le moindre inconvénient.. »

C'est avec un bon sourire et une amabilité parfaite que le vénérable Prélat répondit : « Il est vrai, Monsieur le Curé, que je me suis montré opposé, il y a quelque temps à la décoration de l'un des Aumôniers qui ont accompagné nos mobiles.

» Ils sont, en effet, cinq prêtres ayant affronté les mêmes périls, subi des fatigues identiques, fait preuve d'un dévouement semblable ; s'ils ont prodigué leurs services plus ou moins de temps, cela n'a pas dépendu de leur volonté, mais de la mienne ; ainsi leur mérite est égal et ils ont droit au même honneur. Dans ces conditions, il m'a paru pénible que l'on voulût choisir et faire une préférence en n'en récompensant qu'un seul.

» La même raison n'existe pas en ce qui vous concerne. Il n'y a qu'un Curé à Loigny ; nul autre de mes prêtres n'était avec vous à l'heure du danger et de la souffrance ; puisque vous avez été seul à la peine, vous serez seul à l'honneur. Aussi je donne bien volontiers mon assentiment à l'acte de M. le Ministre et je me réjouis de la haute marque d'estime qu'il vous a accordée. »

De retour à la Préfecture, M. l'abbé Theuré rapporta fidèlement les paroles de son Evêque et dit la paternelle approbation qu'il avait obtenue. M. de Cissey en fut enchanté, et, libre alors de faire une ovation publique au nouveau décoré, il se fit accompagner par lui et le préfet en voiture jusqu'à la gare afin que la foule avertie pût acclamer l'humble mais héroïque Curé de Loigny.

Ce n'était pour M. l'abbé Theuré que le commencement des félicitations, car elles affluèrent pendant de longs mois. Il en vint de France et d'Allemagne, en un mot de tous ceux que dans son ministère de charité, aux plus tristes heures d'abandon et d'angoisse, il avait secourus, consolés, édifiés par son inlassable dévouement.

Dès le 22 octobre, M. Dujardin-Beaumetz lui envoyait ces lignes : « Mon cher Curé. Le préfet d'Eure-et-Loir que j'ai vu hier à Chartres, a bien voulu me faire connaître les circonstances dans lesquelles le Ministre de la Guerre vous avait remis en personne la croix de la Légion d'honneur que vous aviez certes bien gagnée. Vous savez combien je l'avais désirée pour vous que j'ai vu de si près et si longtemps à l'œuvre. Presque tout le monde a été récompensé pour la participation à ce que quelques-uns seuls ont su faire : les intrigants d'abord ; voici maintenant le tour des honnêtes gens ».

De son côté, le général de Sonis lui écrivait le 30 octobre : « Mon bon Monsieur le Curé. Aujourd'hui je vous adresse en mon nom et au nom des miens, mes plus sincères félicitations pour votre croix de la Légion d'honneur, si bien gagnée sur le champ de bataille de la charité et du dévoûment.

» Permettez-moi de vous faire mes compliments, ajoutait le général baron de Charette ; si quelqu'un a mérité une récompense, c'est assurément bien vous ».

Enfin, à cette occasion, le *Journal de Chartres* donna le récit d'une visite à Loigny quelques jours après la bataille le 6 décembre 1870. Son rédacteur en chef, M. Caillot, racontait ce qu'y faisait alors l'abbé Theuré, ce qu'il avait vu de ses yeux, et concluait en disant : « Aussi, quand nous avons appris jeudi matin, 19 octobre 1871, que le Ministre de la Guerre venait de nommer M. le Curé de Loigny chevalier de la Légion d'honneur, nous avons trouvé que c'était justice. Cette croix-là sera portée par un homme bienfaisant et généreux, par un prêtre selon l'évangile, par un excellent patriote ».

Les habitants de Loigny s'empressèrent de mêler leurs voix à ce concert d'éloges. A peine la bonne nouvelle se fut-elle répandue, que tous témoignèrent la plus grande joie. Ils estimaient à juste titre que la décoration accordée à leur Curé était pour leur village une récompense et une gloire.

Aussi les jeunes gens voulurent fêter publiquement leur Pasteur à son retour de Chartres. Selon la coutume de notre Beauce, ils plantèrent, à la porte du presbytère, un beau peuplier orné de drapeaux tricolores et y attachèrent une grande croix d'honneur formée de fleurs et

de rubans. Touchant témoignage d'affection et de reconnaissance de toute une population !

Mais l'humble prêtre ne vit dans les approbations
flatteuses de sa conduite passée qu'un encouragement
à se dévouer davantage.

C'est que l'heure du repos n'était pas sonnée pour lui ;
son œuvre n'était pas achevée. En attendant qu'il pût
voir s'élever le monument promis à la mémoire des victimes
de la bataille, il désirait célébrer, avec le plus de solennité
possible, la date inoubliable, le 2 décembre, dont le retour
était proche ; il voulait honorer tous les morts, zouaves
pontificaux ou soldats de tous rangs ou de toutes armes,
dans une commune offrande de prières, de regrets et de
louanges.

En effet, les villes et villages, principaux théâtres des
combats de 1870, avaient eu tour à tour leur anniversaire.
Après Metz, Strasbourg et Orléans, Châteaudun avait eu
le sien. Il avait été remarquable par le nombre des assistants, la présence de personnages illustres, l'éloquence
des discours. Loigny ne méritait pas moins.

Et cependant quand, au milieu d'octobre, l'abbé Theuré
émit cette idée, il étonna plusieurs des amis les plus fervents
de Loigny. M. Vagner notamment aurait préféré attendre
la bénédiction du monument projeté afin de garder à la
cérémonie, lui semblait-il, toute sa nouveauté, toute son
importance, et de ne pas déflorer le panégyrique.

Toutefois, la proposition de M. le Curé fut vite comprise
et approuvée.

Le major Dujardin-Beaumetz, ayant su qu'il était
question d'un service à célébrer le 2 décembre, s'empressa
d'annoncer sa présence en ces termes :

« Je m'y rendrai, mon cher Curé, et en grand uniforme.
Nous y rendrons honneur à ceux qui ne sont plus, et en
revoyant ces lieux où la chirurgie militaire et la charité

évangélique se sont étroitement unies pour faire tant
de bien, nous ferons des vœux pour que le Dieu des armées
inspire à nos futurs guerriers l'amour de la patrie, de la
gloire, le dévouement à son devoir, et qu'il conserve les
forces dont nous aurons encore besoin pour donner aux
victimes de cette guerre future les secours et les consolations dont Loigny conserve le souvenir ».

M. Vagner à son tour adopta l'avis de M. le Curé et le
seconda de tout son zèle. Il se hâta même d'inviter, pour
faire l'oraison funèbre des héros tombés à Loigny, un des
aumôniers des zouaves pontificaux. Mais Charette portait
ses vues plus haut et tentait une démarche auprès de
Mgr Pie qui, disait le général « connaissait la plupart de
ceux que nous pleurons ».

L'Evêque de Poitiers, originaire du diocèse de Chartres, ne refusa pas le service qui lui était demandé,
et bientôt il écrivait à M. le Curé de Loigny : « Si Dieu
m'en fait la grâce, je serai heureux d'aller rendre témoignage à l'héroïsme saint de nos soldats dans votre pauvre
église, pour qui ce sera le point de départ d'une transfor-
mation ».

Le grand orateur s'empressa de recueillir les documents
nécessaires pour donner à son discours l'exactitude de
l'histoire. Non content d'emprunter ses notes aux généraux
de Sonis et de Charette, au commandant de Fouchier et
aux plus illustres combattants, il fit partir pour Loigny
un de ses oblats de Saint-Hilaire, le R. P. Rigaud, directeur
du Grand Séminaire. Cet envoyé était chargé de prendre
auprès du Curé de la paroisse et sur place des renseignements précis et détaillés, tant l'Evêque tenait à ce que
sa parole n'eût rien de vague ni d'erroné, à ce que son
éloge, sans oublier personne, parvint uniquement à la
bravoure et au mérite.

Pendant qu'avec un tel souci de la vérité Mgr Pie composait son discours, le Curé de Loigny, secondé par le

conseil municipal et le conseil de fabrique, mettait tout
en œuvre pour que la cérémonie commémorative fût
vraiment digne des morts qu'elle devait honorer.

Mgr. l'Evêque de Chartres était instamment prié de
vouloir bien présider l'office.

Des invitations étaient adressées individuellement ou
par la voix des journaux au Ministre de la Guerre, aux
généraux qui avaient pris part à la lutte, aux combattants,
aux médecins et au personnel des ambulances, à tous les
bienfaiteurs de Loigny.

M. Vagner, qui propageait alors avec zèle la souscription
en faveur du monument à élever sur la tombe des victimes
du 2 décembre, en profitait pour annoncer le service
anniversaire.

En prévision d'une grande affluence de visiteurs, on
avait soin de les prévenir que tout, local et nourriture,
serait prêt pour les recevoir.

« Les maisons de Loigny sont entièrement reconstruites,
lisait-on, et il y aura place pour toutes les personnes qui
se rendront à la cérémonie. Cependant celles qui devront
y arriver la veille feront bien d'écrire à M. le Curé, qui
leur retiendra des places.

» Le conseil de fabrique prend aussi toutes les dispositions nécessaires pour qu'il y ait des vivres en quantité
suffisante pour tout le monde. Les visiteurs n'auront donc
pas besoin d'en apporter. (1) »

Comme l'église était beaucoup trop petite, on se procurait quelques places de plus en élevant au fond une tribune
assez large, et on décidait qu'il faudrait être muni d'une
carte pour avoir droit d'y entrer. C'était assurer l'ordre
de la cérémonie.

Notons encore que de nombreux drapeaux tricolores,
apportés de Chartres, ornaient les maisons du village ou
flottaient sur des mâts dressés dans les rues. La population

(1) *Journal de Chartres*, 19 novembre 1871.

tenait à se montrer reconnaissante envers ses défenseurs.

Enfin le 2 décembre parut. La température de plusieurs degrés au-dessous de zéro rappelait un peu celle de l'année terrible. Et cependant sur la route de Voves à Loigny les voitures se suivaient à de petits intervalles ; plus nombreuses étaient celles qui arrivaient d'Orléans. D'ailleurs il en venait de tous les points de l'horizon.

Déjà on ne pouvait plus se procurer de carte pour entrer dans l'église ; elles étaient toutes distribuées depuis longtemps. La place, le cimetière, les rues du village étaient encombrées d'un grand nombre de personnes désappointées.

Etaient présents, M. le sous-préfet de Châteaudun ; MM. le marquis de Gouvion Saint-Cyr, Lefèvre-Pontalis, Noël Parfait, députés d'Eure-et-Loir ; MM. Collier-Bordier, Clichy, Dreux, conseillers généraux.

Le général baron de Charette et ses frères, le chirurgien Dujardin-Beaumetz, un groupe important de zouaves pontificaux ayant appartenu au bataillon qui s'était généreusement sacrifié à Loigny pour le salut de l'armée, quelques officiers de mobiles en uniforme, et d'anciens combattants en grand nombre.

Parmi les parents de ceux qui avaient succombé dans cette bataille désastreuse, on remarquait, mêlés à la foule du peuple, beaucoup de personnages illustres par leurs talents ou portant les plus beaux noms de la noblesse de France. Tous avaient au cœur la même blessure ; tous venaient en commun verser des prières et des larmes sur des tombes à peine refroidies.

Mais on constatait avec peine l'absence de quelques personnes sur la venue desquelles on avait cru pouvoir compter.

Ainsi l'autorité militaire n'avait pas permis à M. de Fouchier, qui commandait le 37e dans le cimetière de Loigny le 2 décembre 1870, de se rendre à l'anniversaire de la bataille. Le prétexte à ce refus était que la réunion à

Loigny d'une certaine partie de la noblesse de France réunie dans le régiment des zouaves pontificaux, et les sentiments bien connus des chefs de ce corps, pouvaient donner matière à des incidents de nature à compromettre cet officier (1).

Et cependant le général de Charette agit avec la plus grande réserve. Il assista en civil à la cérémonie et la blanche bannière du Sacré-Cœur, rougie du sang des zouaves, ne fut pas déployée ce jour-là.

Au milieu de cette affluence extraordinaire d'invités ou d'étrangers, une dizaine de gendarmes représentaient l'armée et faisaient respecter les consignes.

En attendant l'heure de l'office, des frères d'armes, heureux de se retrouver pleins de vie, se donnent une cordiale accolade. L'un arrête M. de Charette pour lui rappeler qu'il était avec lui, blessé, dans la même chambre du presbytère ; l'autre raconte comment et à quel endroit il est tombé atteint par une balle. On regarde avec respect un capitaine de mobiles qui porte encore le bras en écharpe.

A 11 heures 20, le clergé paraît, croix en tête, et va au presbytère chercher Mgr Regnault qui devait présider l'office. Le cortège se forme et défile processionnellement pour entrer dans l'église, où peuvent seuls pénétrer ceux qui ont eu le bonheur de se procurer des cartes et les prêtres ayant un rochet.

Cinq cents personnes environ trouvent place à l'intérieur ; il y en a bien au moins six fois autant qui restent à l'extérieur. On assure que soixante et onze prêtres partagent le même sort.

L'église était toute tendue de noir ; au-dessus de l'autel, décoré de drapeaux et d'ornements funèbres, était une large banderolle sur laquelle on lisait : « Aux victimes de la bataille du 2 décembre 1870. »

(1) Manuscrit de M. Fouchier, p. 248.

Au-dessous et de chaque côté, des écussons portaient inscrits les noms des régiments qui ont pris part au combat dans cette mémorable journée.

Un immense catafalque, entouré d'un brillant luminaire, occupait une notable partie du chœur.

L'office fut solennel et pieux. M me de Luigné, qui, le 6 décembre 1870, était venue de Chartres pour soigner les blessés, fit la quête. Ayant été à la peine, il était bien juste qu'elle fût à l'honneur. La messe fut dite par M. l'abbé Vagner, fils du zélé M. Vagner, de Nancy, que nos lecteurs connaissent bien, et frère d'un zouave pontifical enterré dans le cimetière de Loigny ; Mgr Pie monta ensuite en chaire et prit la parole au milieu d'une assemblée profondément recueillie.

Nous ne voulons pas amoindrir par une pâle analyse la magistrale oraison funèbre du grand orateur. On doit la lire tout entière pour en comprendre la délicatesse, en ressentir la bienfaisante émotion. Disons seulement : il sut tirer des événements écoulés des leçons salutaires et honorer d'un mot d'éloge tous ceux qui s'étaient distingués dans la bataille, tous ceux qui s'étaient penchés sur les blessés pour les secourir, tous ceux qui travaillaient à rendre glorieux le tombeau des victimes du 2 décembre.

Il eut des consolations souveraines pour les âmes endeuillées de ses auditeurs, en affirmant que Dieu réserve *une très grande indulgence à ceux qui trouvent la mort dans l'accomplissement sacré d'un devoir public.*

Enfin le village lui-même qui avait tant souffert tressaillit d'une noble fierté en écoutant ces mots : « O toi, petite paroisse de Loigny en notre terre de Beauce, tu ne seras point désormais la dernière et la moins connue entre les bourgades de la province ! Ton nom est à jamais enregistré dans les cœurs où vit encore le sentiment des grandes choses. Il faudrait lui défendre d'être Français à celui auquel on ferait reproche de t'adresser le gage de ses sympathies. »

Et l'Evêque ajoutait : « L'église de Loigny, non pas seulement agrandie et surhaussée, mais rebâtie et de nouveau consacrée, deviendra le témoin expressif, l'historien vivant et parlant de tout ce qui doit être transmis aux âges futurs. Elle montrera des armes et des débris d'armures, comme mémorial authentique de la valeur française au milieu de nos malheurs ; elle gardera le culte du Cœur sacré de Jésus, afin que ce Cœur si tendre couvre encore de son amour ceux qui sont morts sous son regard ; elle offrira, écrite en lettres de pourpre, la liste de toutes les victimes. Immortel honneur aux familles dont les noms figureront sur les dyptiques de Loigny ! »

Lorsque l'orateur eut cessé de parler, Mgr l'Evêque de Chartres donna l'absoute. Il répandit l'eau sainte et la fumée de l'encens autour du catafalque, tandis que sa prière suppliait le Dieu des miséricordes de pardonner aux défunts de Loigny les derniers restes de leurs fautes et de les introduire dans le séjour du rafraîchissement et de la paix.

Il était une heure et demie lorsque la cérémonie fut terminée.

Le repas de l'anniversaire, préparé par la mairie, mais payé par la préfecture, réunit alors une centaine de convives. Il eut lieu, rue de Lumeau, à gauche, dans une vaste salle formée par les quatre murs d'une maison et d'une grange inachevées. Monseigneur de Chartres y entra un instant, puis se leva en disant à M. le Curé de Loigny : « Accompagnez-moi ».

A ce moment, Mgr Regnault sortit du village pour se rendre à l'endroit où reposaient les corps de MM. Aymard de Bary et Paul de Mauduit, zouaves pontificaux. Sa Grandeur bénit les deux tombes, dit un mot de consolation aux deux jeunes veuves, aux parents, aux amis des nobles défunts, et se hâta de revenir vers ceux qui l'attendaient (1).

(1) *Voix de Notre-Dame*, 1872, p. 15.

25

On allait, en effet, après un rapide déjeuner, s'occuper de la grande affaire, du Monument à élever à Loigny en l'honneur des victimes du 2 décembre 1870.

Le Comité, formé sous la présidence du général de Charette, devait, avons-nous dit, tenir sa première séance à l'occasion du service anniversaire. La souscription, qui atteignait ce jour-là 36.000 francs, grossissait rapidement et promettait beaucoup. Il était temps d'abandonner les projets timides des premiers instants et de songer à faire mieux.

Mgr Pie l'avait déjà dit dans son discours : la vieille église ne serait pas réparée. Elle était trop petite et dans un tel état de délabrement qu'elle ne pouvait recevoir de restauration durable ; on en bâtirait une nouvelle plus haute et plus grande qui serait, selon le désir de M. Vagner, le Monument commémoratif d'une journée à jamais célèbre dans les fastes du pays. La chapelle absidale serait dédiée au Sacré-Cœur. On graverait en lettres rouges sur des plaques de marbre les noms de tous les militaires morts pour la patrie, on réunirait leurs ossements dans un caveau funèbre sous les dalles du sanctuaire, et un service perpétuel serait fondé.

Ce sont ces mêmes pensées, traduites sur un croquis hâtivement préparé, que le général et Mgr Pie développèrent chaleureusement, quand le Comité fut réuni au presbytère. Rien n'était trop beau pour honorer les héros de Loigny. On nomma alors une commission exécutive qui devait étudier le projet et le soumettre à une assemblée générale avant le commencement des travaux.

La séance ne dura qu'une heure. Chacun était pressé de partir, car la nuit vient vite en cette saison. Aussi arriva-t-il que, rentré chez lui, plus d'un membre de la Commission trouva bien hardis les projets si précipitamment adoptés. Mais les offrandes continuant de venir abondantes permirent à M. Lucien Douillard, de Paris,

architecte connu par des œuvres fort remarquables, de
dresser un plan qui reçut bientôt l'approbation générale.
On avait suivi la recommandation de l'Evêque de Poitiers ;
l'homme qu'on avait choisi était un bâtisseur d'église.

Mais la séance du Comité présidée par Charette au
presbytère de Loigny ne fut pas l'acte qui termina l'anniversaire du 2 décembre. La manifestation avait été grandiose et touchante en ce village ; cependant le personnage
le plus attendu, le plus désiré peut-être, le général de Sonis,
n'y était pas venu. Certes, le glorieux mutilé n'avait eu
garde d'oublier la date qui faisait époque dans sa vie ; il
préférait toutefois les heures de la nuit, pleines pour lui
de souvenirs particulièrement chers, et il se préparait à
les passer de la manière la plus édifiante.

« Un soir d'hiver, nous raconte le Révérend Père du Lac,
alors recteur de l'Ecole supérieure de Sainte-Geneviève,
à l'ancienne rue des Postes, j'étais assis au bureau qu'avait
occupé le Père Ducoudray, martyr de la Commune, j'entends quelqu'un monter l'escalier. Sa marche produisait
un bruit insolite, que je reconnus à la réflexion être celle
d'une jambe de bois heurtant les marches. C'était le général
de Sonis ; je ne l'avais jamais vu : « Mon Père, me dit-il,
je viens vous demander de passer cette nuit devant le Saint-
Sacrement de votre chapelle. » Voyant l'impression que
me causait sa demande : « Oh ! il ne faut pas me prendre,
me dit-il en riant, pour ce que je ne suis pas. J'acquitte
une dette, rien de plus. J'ai passé, il y un an, cette nuit
du 2 décembre, étendu sur la neige entre la vie et la mort,
beaucoup plus près de l'une que de l'autre, et c'est Dieu
qui m'a sauvé. Je lui dois bien une nuit, puisque je lui
dois la vie. J'aurais voulu répondre à l'appel de Charette
et me rendre aujourd'hui à Loigny, mais je suis membre
de la commission de revision des grades de la cavalerie ;
elle tient séance demain. Je sais que vous aimez bien les
zouaves pontificaux, que vous les avez casernés au Mans
et que leur drapeau du Sacré-Cœur a été gardé là plusieurs

semaines avant de devenir mon fanion. C'est pourquoi je suis venu chez vous de préférence. Outre que les martyrs ont vécu ici, » ajouta-t-il en regardant le portrait du Père Ducoudray sur la cheminée.

» En ce moment, les vêpres sonnaient. Le général demanda à y assister. En les entendant chanter par ces trois cent cinquante voix de jeunes gens, il pleurait à chaudes larmes. « Oh ! que cela est beau ! cela me rappelle les zouaves ! » me disait-il au sortir en me prenant la main.

» Il voulut bien ensuite nous raconter la terrible nuit passée sur le champ de bataille de Loigny.

» C'est là, dit-il, que je fis au Sacré-Cœur le vœu que je viens accomplir aujourd'hui. » Après cela, le général demanda qu'on le reconduisît à la chapelle où il passa la nuit. Le lendemain, il communia à la première messe ; et comme je lui demandais s'il était fatigué : « Fatigué ! me répondit-il, une nuit de garde ! » Neuf heures sonnées, il partit pour la commission militaire. C'était son poste (1) ».

En montrant avec quelle piété profonde et courageuse le général de Sonis commémorait le souvenir de la nuit glaciale qui suivit la bataille, nous avons continué notre récit de l'anniversaire de Loigny. Ajoutons que, toute sa vie, il resta fidèle à cette veillée sainte, comme le témoigne ce mot adressé à sa fille, en 1884, à l'approche du 2 décembre : « Pensez à votre père, pendant cette nuit, ma fille, si vous vous réveillez. Il pensera certainement à vous devant Dieu (2). »

Il nous reste pour finir à parler d'une cérémonie qui fut bien involontairement retardée, mais qui se rattache à l'anniversaire du 2 décembre.

Madame la duchesse de Luynes avait tenu à marquer par un signe religieux le coin de terre où le corps de son mari avait été inhumé pendant une huitaine de jours. Dès le 28 juillet 1871, elle répondait à M. le Curé de Loigny :

(1) R. P. DU LAC, *France*, p. 234.
(2) *Le Général de Sonis*, par Mgr BAUNARD, p. 530.

« Je serai heureuse d'acheter le terrain où ont reposé ces restes qui me sont si chers, afin d'y faire élever une croix commémorative, au pied de laquelle quelques prières s'élèveront pour lui, je l'espère, vers le ciel. J'ai, cependant, la ferme confiance qu'il n'en a plus besoin, ayant vécu en fervent catholique et étant mort en héros chrétien, après avoir quitté volontairement sa femme et ses petits enfants pour accomplir son devoir. » Et la noble dame recourait à l'obligeance de M. l'abbé Theuré pour toutes les démarches nécessaires à l'érection du calvaire projeté.

Les négociations furent vite terminées.

Malgré des instances réitérées, Théophile Plais, le brave homme de Nonneville dans le jardin duquel le corps du duc avait été enterré, ne voulut recevoir aucun prix de son terrain ; il l'offrit généreusement.

Le monument exécuté à Orléans, fut posé dans la dernière quinzaine de novembre. Selon le désir de la duchesse, la bénédiction en aurait été faite à la date anniversaire, le 2 décembre, si Nonneville n'était pas à quatre kilomètres de Loigny.

La cérémonie fut donc forcément retardée. Elle eut lieu le lundi 11 décembre. Ce jour-là, M. l'abbé Theuré, après un service solennel dans son église, se rendit, assisté de deux confrères, à l'entrée de Nonneville pour y bénir la croix élevée sur la tombe provisoire du duc de Luynes.

Une plaque de marbre, incrustée dans le piédestal, porte l'inscription suivante :

Ici ont reposé du 7 au — 14 décembre 1870, — les précieux restes de — Charles-Honoré-Emmanuel — d'Albert de Luynes — duc de Luynes et de Chevreuse, · ancien sous-lieutenant — aux zouaves pontificaux, capitaine-adjudant-major — au 1er bataillon des — mobiles de la Sarthe, — glorieusement tombé — au champ d'honneur — a la bataille de Loigny — le 2 décembre 1870, — a l'age de 25 ans,

Beaucoup d'autres textes, presque tous tirés du livre des Machabées, accompagnent cette inscription.

La bénédiction se fit en présence du général de Grammont, du duc de Lesparre, des amis de la famille, des serviteurs du défunt et des habitants de la paroisse.

Puis M. le Curé de Loigny résumant la vie et la mort si chrétiennes du noble soldat, paraphrasa ce texte : *In hoc signo vinces.* Il montra que la plus belle victoire est celle que nous remportons sur l'ennemi de nos âmes et sur nous-mêmes, et ajouta que la mort subie en défendant de saintes causes est un triomphe pour le ciel.

Le duc de Lesparre prit à son tour la parole pour rendre hommage à celui qui « avait si bien su comprendre que si la naissance et la fortune constituent aux yeux d'un grand nombre le bonheur en ce monde, elles imposent aussi des obligations envers Dieu, la société et le pays ».

Et l'orateur, après avoir exposé ce que notre héros avait fait comme zouave pontifical, ou comme bienfaiteur insigne, nous le montre, au début de cette malheureuse guerre franco-allemande, consacrant sa fortune au secours de nos blessés ; puis, encouragé par sa noble et jeune compagne, organisant la résistance contre l'étranger, et enfin abandonnant propriétés, richesses, famille pour rejoindre le glorieux bataillon de la Sarthe et se dévouer entièrement à la défense de son pays (1).

La cérémonie funèbre n'eût pas été complète, si l'aumône, selon les belles coutumes chrétiennes, n'avait pas été jointe à la prière. Aussi, M me la duchesse de Luynes n'oublia point de donner largement. Elle fit une riche offrande pour la reconstruction de l'église et remit à M. le Curé de Loigny une somme d'argent pour soulager les pauvres pendant l'hiver.

(1) *Journal de Chartres*, 14 déc. 1871.

CHAPITRE XIII

LES MONUMENTS

Le Comité du Monument de Loigny et ses projets. — Madame de Ferron et la Croix de Villours. — La Croix du commandant de Troussures. — M. Zimmermann et la tombe allemande de Fougeu. — L'envoyé mecklembourgeois. — Le cadeau du Grand-Duc. — Demandes du clergé bavarois. — Lettre au ministre des cultes de Bavière ; sa réponse. — La nouvelle église de Loigny ; sa description. — La basilique du Sacré-Cœur de Montmartre et la bannière des zouaves pontificaux à la Chambre des députés. — La tombe de Villerand et Madame de Rantzau. — Le monument des mobiles de la Haute-Vienne à Neuvilliers. — Intérieur de l'église et première messe. — Construction du presbytère. — Les comptes en déficit et le projet d'album. — Une pieuse restauration. — La Croix-Rouge de Chartres prend à sa charge la célébration du service du 2 décembre. — Le culte du Sacré-Cœur dans le diocèse de Chartres. — Pèlerinage chartrain au Sacré-Cœur de Loigny. — La colonne du Sacré-Cœur au Bois des Zouaves et l'abbé d'Hulst. — Où reposeront les ossements des victimes de la bataille ? Dans le caveau de l'église. — Difficultés inattendues. — Madame la comtesse Jacques de Bouillé va parler au Maréchal. — Les exhumations. — L'ossuaire et ses enseignements. — Réglement de comptes. — Secours de la Croix-Rouge de Chartres. — Subventions officielles. — Dons particuliers. — Oraison funèbre du 2 décembre 1882 par M. l'abbé Foucault, futur Evêque de Saint-Dié.

Le Comité du Monument de Loigny se réunit le 15 mars 1872, à Paris, chez M. le baron de Charette. Le trésorier,

M. de Boisjolly, fit d'abord connaître le chiffre de la souscription à cette époque. Il s'élevait à 55.339 fr. 10. et
dépassait toutes les espérances.

Pourtant, fit observer M. Vagner, jusqu'à ce moment
on n'avait guère fait appel qu'à la légion des zouaves
pontificaux ; il conviendrait de s'adresser également à
tous les corps qui ont donné à Loigny ou dans les environs
et à toutes les familles des victimes. De plus, on pourrait
demander l'appui de Gouvernement.

Dans ces conditions, le Comité ne crut pas présomp-
tueux de compter qu'on arriverait à 90.000 fr., prix du
gros œuvre de l'église et de la chapelle funéraire, d'après
les devis de l'architecte, M. Douillard. La construction
du clocher était remise à plus tard, et on entrevoyait que
des dévouements particuliers feraient les frais de l'orne-
mentation intérieure.

Déjà l'architecte donnait l'exemple de la générosité
en faisant l'abandon de ses honoraires. Mme Saulnier,
M. de Bouillé, M. Lavergne offraient chacun un vitrail ;
une autre dame promettait l'autel du Sacré-Cœur ;
M. de Coubertin peindrait gratuitement des scènes militaires ; d'autres encore annonçaient de pieuses libéralités.

Aussi, après avoir examiné avec la plus sérieuse attention les plans de l'habile artiste, le Comité n'hésita point
à les approuver.

M. le Curé et M. le Maire de Loigny exposèrent alors,
qu'à leur avis, il y aurait avantage et convenance à mettre
l'église dans un autre endroit, à la bâtir sur une partie
de l'emplacement du presbytère et de son jardin. Le monument serait moins enterré et se présenterait mieux aux
regards ; on éviterait le grave inconvénient des exhumations prématurées ; enfin l'exercice du culte ne serait
pas entravé pendant la période des travaux. Le seul désavantage serait d'occasionner quelques frais supplémentaires pour exhausser d'un étage le presbytère dans la

partie qui resterait debout, et retrouver en hauteur ce qui serait perdu en largeur.

Ces observations sont reconnues justes et, avec le consentement de M. Douillard, il est décidé que le monument s'élèvera sur l'emplacement de la partie droite du presbytère et de son jardin.

On vote aussi que le plan du Monument de Loigny, tel qu'il vient d'être admis, sera tiré, par les soins de M. Douillard, à un grand nombre d'exemplaires et répandu comme encouragement à la souscription.

Enfin, M. le Président déclare que les résolutions prises ne deviendront définitives qu'après avoir été communiquées à Nos Seigneurs de Chartres et de Poitiers et à M. le général de Sonis, et avoir reçu leur haute approbation.

On le voit, le Comité du Monument travaillait avec zèle à immortaliser, par un souvenir collectif, la mémoire de tous les soldats français morts à Loigny. Ce qui encourageait les promoteurs à élargir leurs conceptions premières, c'était la souscription grossissant chaque jour et les applaudissements unanimes que recevait leur œuvre.

Les poètes leur prodiguaient leurs plus chaleureux encouragements. Ecoutons l'un d'eux, dans des vers consacrés aux zouaves pontificaux, chanter le futur monument qui sera, dit-il, pour les victimes, un panthéon, même un thabor.

> Une église, dit on, veillera sur leur tombe.
> Comme on voit dans son nid la fidèle colombe
> Couver avec amour ses enfants endormis.
> A ce pieux honneur ils devaient être admis.
> Ils ont bien combattu pour l'Église trahie,
> Ils sont morts, en priant, pour la France envahie.
> Il leur faut pour tombeau la pierre d'un autel,
> Pour nécropole, un temple où tout parle du Ciel...
> Sur les portes, les tours, les piliers, les coupoles,
> Religion. Patrie, arborez vos symboles ;
> Rappelez deux combats, mêlez deux souvenirs :
> Ils furent pour l'Église et la France martyrs. J¹

1 *Journal de Chartres*, 15 fév. 1872.

Ainsi tous approuvaient le projet grandiose du Comité. Plusieurs cependant voulaient en outre ériger çà et là des monuments secondaires. Il se trouvait, en effet, de nobles veuves qui, tout en contribuant largement à l'érection de l'église votive, désiraient signaler au respect des visiteurs, par une pierre tombale ou une croix, le lieu précis où était tombé, où était inhumé celui qu'elles avaient aimé et pleuré.

Mmes de Bary et de Mauduit en avaient agi de la sorte à l'anniversaire de la bataille. Mme la duchesse de Luynes l'avait fait également quelques jours après, au hameau de Nonneville où le duc avait succombé. Mme de Ferron suivit bientôt ces exemples.

Son mari, sous-officier aux zouaves pontificaux, était venu mourir, nous l'avons raconté, sur l'épaule du général de Sonis, dans la nuit glaciale du 2 décembre 1870. Son corps, elle en était certaine, avait été enterré dans une carrière, près de Villours, avec cent trente-trois de ses compagnons, zouaves pontificaux, mobiles des Côtes-du-Nord, francs-tireurs de Tours et de Blidah. Elle résolut d'honorer par une marque chrétienne l'endroit où reposaient tant de braves.

Pour répondre à cette pieuse pensée, un sculpteur de Lannion taille une croix monumentale dans le granit de Bretagne. Un lierre serpente autour du tronc ; il symbolise la faiblesse s'appuyant sur la force. Une couronne d'épines, fouillée à jour dans le bloc, réunit les branches de la croix; elle redit à tous les douleurs de la terre et les récompenses de l'éternité.

L'œuvre achevée fut transportée à grands frais dans les plaines ensanglantées de Loigny et dressée sur un piédestal. Cette croix, haute de dix mètres, attire de loin les regards et invite tous les passants à gagner en faveur des morts endormis à son ombre, les cent jours d'indulgence accordés par Pie IX à tous ceux qui prient dévotement devant elle.

Dans l'après-midi du dimanche 30 juin 1872, deux processions, venues de deux points opposés, se rencontrèrent au pied de ce calvaire. M. l'abbé Morchoisne, doyen de Terminiers, sur la paroisse duquel il était érigé, venait le bénir. Ce prêtre était accompagné d'une foule recueillie et de M. le Maire revêtu de ses insignes. De son côté, M. le Curé de Loigny y avait amené de nombreux fidèles.

Au milieu des assistants étaient Mme de Ferron et ses parents ; les trois frères de M. de Ferron, dont un officier de marine et les deux autres, officiers de l'armée de terre.

M. le Doyen de Terminiers ayant béni solennellement la croix, rappela à tous les consolantes vérités de la religion. Dans un discours plein de cœur, il commenta les paroles de saint Paul aux fidèles de Thessalonique (1) : *Non contristemini sicut cœteri qui spem non habent.* Ne vous attristez pas comme ceux qui n'ont point d'espérance. Il fit voir, en effet, que la vie et la mort de ceux qui avaient lutté si vaillamment pour de saintes causes, donnaient aux leurs tout espoir de les retrouver dans la bienheureuse éternité.

Il bénit ensuite une pierre tumulaire, de granit aussi, avec une croix en relief, posée sur la fosse même où fut inhumé le corps de M. de Ferron. Et le chant du *De profundis* appela la miséricorde de Dieu sur toutes les tombes.

Ce jour-là également, en regagnant son église, M. le Curé de Loigny bénit, à l'extrémité du bois des Zouaves, une croix érigée près du fossé de la route. Une inscription indique que là fut blessé le commandant de Troussures.

Cette croix, placée d'abord à l'angle gauche du bois, le seul que le général de Sonis put voir de l'endroit où il était couché pendant la nuit du 2 décembre, fut transportée plus tard à l'angle droit. On agit ainsi par égard pour Mme de Troussures, la mère de l'officier des zouaves, afin de lui cacher l'affreuse vérité que, d'après le témoi-

---

1. *Saint Paul aux Thessaloniciens*, I, IV, 12.

gnage du commandant du 17e corps, son fils avait été assommé à coups de crosse de fusil par les Prussiens.

De leur côté, les Allemands continuaient d'écrire ou de venir à Loigny pour honorer leurs morts.

Un conseiller de la Cour suprême des villes libres et hanséatiques d'Allemagne, le docteur Zimmermann, de Lubeck, avait un fils unique enterré avec de nombreux compatriotes dans une fosse commune près du hameau de Fougeu. Le récit du premier voyage de Mme Müller, qu'il lut dans les journaux, lui donna l'idée d'écrire à cette dame pour lui demander de nouveaux renseignements. Les explications qu'il en reçut l'encouragèrent à recourir, lui aussi, vers la fin de l'année 1871, aux bons offices de M. le Curé de Loigny.

Pour rappeler la mémoire de son fils et de ses compagnons d'armes, il voulait acheter le terrain de la sépulture, élever un monument, planter quelques arbustes verts, et entourer le tout d'une grille de fer forgé. M. l'abbé Theuré accepta d'être l'intermédiaire de ce père affligé pour l'exécution de ses projets ; il réussit à lui donner satisfaction complète, et contribua largement à le consoler.

Aussi, le 4 juillet 1872, le docteur Zimmermann, en envoyant à M. le Curé la somme nécessaire pour payer toutes les dépenses, y ajoutait une généreuse offrande pour les pauvres de la paroisse et, pour le prêtre, l'hommage de sa respectueuse gratitude (1).

D'autres Allemands sollicitaient à cette époque le bienveillant concours de M. le Curé.

Ainsi que M. Karrig l'avait fait pressentir l'année précédente, son altesse royale le grand-duc de Mecklembourg-Schwerin avait envoyé à Loigny M. Schrœlter pour marquer d'un signe chrétien les tombes de ses sujets. L'honorable délégué s'adressa au presbytère et, M. l'abbé Theuré,

(1) Lettres de M. Zimmermann, surtout 6 décembre 1871, 20 mars, 7 mai, 13 mai et 4 juillet 1872.

toujours prêt à rendre service, s'engagea à faire poser, pour le prix de trente-cinq francs l'une, quinze croix de fer avec socles de pierre sur les tombes qui lui étaient désignées. Sous sa surveillance, le travail fut bien et rapidement exécuté. Il ne tardait pas à être payé. Le 8 mai 1872, la caisse du grand-duc envoyait la somme totale, soit 525 francs, à M. le Curé qui était prié d'en donner quittance.

Le duc de Mecklembourg connaissait Loigny. Il avait commandé l'aile droite de l'armée allemande le 2 décembre 1870, et savait par conséquent combien ce village avait souffert de la bataille. Aussi l'obligeance du prêtre français qui avait pitié des pleurs versés en Allemagne pour des êtres bien chers enterrés à l'ombre de son clocher, le remplit d'admiration.

Pour le récompenser, il eut d'abord l'idée de lui offrir une décoration ; mais, en réfléchissant, il craignit à bon droit que le patriotisme de l'abbé Theuré ne lui fit refuser cet insigne. Alors il chargea son délégué en France, M. de Schrœlter, de lui remettre une magnifique gravure encadrée, représentant la Sainte Vierge, d'après Raphaël. C'était un présent que le prêtre pouvait accepter sans regret (1).

Enfin, aux mois de mai et juin de cette même année, un certain nombre de lettres venues de Bavière et timbrées du sceau de leur paroisse, étaient adressées à M. le Curé de Loigny par les membres du Clergé catholique. Toutes le priaient, dans une formule unique et lithographiée de vouloir bien faire connaître le sort de tel soldat bavarois, appartenant au régiment de la garde, blessé le 2 décembre 1870 à la bataille de Loigny, ou à celle de Villepion le 1er décembre, ou à celle de Beaugency, le 8 décembre.

1. Lettre du Cabinet du Grand-Duc, 8 mai 1872. — Lettres de Mme Müller, 22 juillet et 6 novembre 1872.

« On prétend, disait la formule, qu'il a été vu pour la dernière fois dans vos environs. On le manque depuis ce temps. Ce serait à désirer d'avoir des nouvelles aussi exactes que possible ; s'il est mort, l'endroit et les circonstances de sa mort et le lieu de son enterrement, et je vous prierai bien de m'envoyer un extrait mortuaire. Mais serait-il encore en vie, je vous serais infiniment reconnaissant si vous pourriez me faire part où il se trouve actuellement et dans quelle position. »

Il était impossible, même en multipliant les démarches, de répondre toujours à ces suppliantes questions. L'abbé Theuré parvint cependant plus d'une fois à donner les renseignements demandés. Mais désireux qu'on ne pût en rien, au-delà du Rhin, douter de sa bonne volonté, il écrivit le 14 juillet au ministre des cultes de Bavière. Il priait Son Excellence de vouloir bien faire savoir au Clergé catholique de ce royaume que lui, Curé de Loigny, était disposé à l'aider de tout son pouvoir dans la recherche des victimes du 2 décembre 1870.

Sa lettre, insérée au bulletin du ministère, reçut la plus grande publicité possible, et, le 20 du mois d'août, le ministre de la Justice, chargé par intérim du ministère des Cultes, répondait à M. l'abbé Theuré :

« J'ai à cœur de vous dire, Monsieur le Curé, combien m'ont touché les lignes contenues dans votre missive, et les procédés vraiment humanitaires, dont vous avez fait preuve en cette occasion.

» Permettez-moi de vous en exprimer, tant en mon nom qu'en celui des intéressés, toute la reconnaissance que méritent vos démarches pour contribuer à la consolation des proches des soldats bavarois, morts sur le champ de l'honneur ».

De tels remerciements adressés par les vainqueurs à un Français au lendemain d'une telle guerre, montrent combien ils savaient apprécier l'obligeance et la compassion du prêtre pour les parents, même étrangers, qui avaient perdu un fils dans la bataille du 2 décembre.

Mais reprenons l'histoire de l'église et de la chapelle mortuaire, après la réunion générale du Comité, le 15 mars 1872, chez M. de Charette.

Au sortir de cette assemblée, où les plans avaient été nettement établis, M. le Curé de Loigny, délégué à cet effet, s'était hâté de solliciter les autorisations nécessaires. Ceux qui sont au courant des procédés de l'Administration peuvent seuls comprendre à quelle lenteur désespérante les démarches les plus actives viennent souvent se heurter. Aussi la foule, les amis eux-mêmes s'impatientaient. On aurait voulu voir commencer immédiatement.

Ce n'était pas la faute de M. Vagner, qui stimulait partout le zèle, car dès le 25 mai il écrivait à M. le Curé de Loigny :

« Où en sommes-nous de nos démarches pour autorisations ? Il me semble que tout le monde dort, dort trop. Je viens d'aller passer quarante-huit heures chez le général pour activer le feu.

» Il faut marcher vivement, constamment. Il vous appartient de chauffer nos collègues d'Orléans et de Chartres et de harceler le général. Ne leur laissez ni trêve, ni repos. Il y va de notre honneur et de nos intérêts. A l'œuvre donc ».

Le 5 juillet suivant M. Vagner répétait ses plaintes et pressait vivement M. l'abbé Theuré :

« On trouve dans le public que nous allons comme des escargots. Il est vrai que le public ne se rend pas toujours bien compte des difficultés administratives.

» Avez-vous songé à faire intervenir vos députés, M. de Gouvion Saint-Cyr, en particulier ?

» A l'œuvre donc : c'est à vous surtout de chauffer la machine. Le général est plein de bonne volonté ; nous tous membres du Comité avons du bon vouloir, mais nous sommes loin du centre d'action et ne pouvons veiller aux détails qui vous incombent et vous incomberont toujours.

» Quant à la question pécuniaire, ne vous inquiétez pas. L'argent viendra, si ce n'est maintenant, plus tard, quand on verra les fondations se creuser et les pierres se mouvoir ».

C'est au milieu du mois d'août seulement que l'entrepreneur des travaux, M. Heurteau, d'Orléans, prit possession du terrain et posa les jalons qui dessinaient le plan de la nouvelle église. Les fouilles commencèrent aussitôt et les fondations sortirent de terre avant les grands froids.

De sorte que la bénédiction de la première pierre put avoir lieu, au deuxième anniversaire de la bataille, le 2 décembre 1872. Elle se fit en présence d'une foule nombreuse de fidèles, de parents et de compagnons d'armes des victimes de Loigny. Toutefois la principale solennité était réservée pour le jour où l'on consacrerait l'église.

Au printemps de 1873, le travail reprit avec ardeur ; mais M. Douillard eut soin d'exiger de l'entrepreneur que le repos du dimanche fût complètement respecté. Les murs et les piliers s'élevèrent rapidement ; les voûtes et les toitures vinrent ensuite couronner l'édifice. Aussi M. l'abbé Hénault, chapelain de la Providence à Chartres, qui le visita en décembre 1873, écrit en termes enthousiastes que nous abrégeons (1) :

« La grande et belle église de Loigny domine déjà de toute sa hauteur ces immenses plaines de la Beauce, qui furent consacrées par tant et de si nobles victimes de la guerre.

» C'est le sang de tous ces jeunes martyrs du devoir et du patriotisme qui a fécondé ce lieu devenu célèbre et en a fait surgir tout à coup ce magnifique temple où l'on priera sur leurs cendres et où leurs âmes prieront pour la France.

» Cette église presque achevée mérite déjà que l'on en parle, pour la consolation de beaucoup de familles qui vont y renfermer leurs plus chers souvenirs.

(1) *Voix de Notre-Dame*, 1874, p. 17.

LA NOUVELLE ÉGLISE DE LOIGNY-LA-BATAILLE

» Construite dans le style roman, c'est-à-dire à plein cintre, elle est composée d'une large nef et de deux bas-côtés. Aux quatre angles s'élèvent quatre petites tours carrées qui ont l'avantage de masquer la toiture en appentis des bas-côtés. Une chapelle funéraire de forme carrée, sert de prolongement au sanctuaire et renfermera plus tard sous ses dalles, dans un caveau spacieux, les ossements des victimes du 2 décembre 1870.

» Cette église regarde le couchant ; elle n'a pu être orientée selon l'usage de l'antiquité chrétienne à cause des difficultés de l'emplacement.

» La tour qui devra s'élever à l'entrée du monument n'est pas encore commencée. Elle servira de porche à sa base et sera couronnée d'une flèche de quarante mètres de hauteur.

» L'ensemble de ce plan admirablement conçu fait honneur à l'architecte. Il a su donner un cachet d'élégance architecturale à toutes les parties de l'édifice, même d'une utilité secondaire, et toutes ces parties s'équilibrent par un savant parallélisme. Ajoutons que, pour l'exécution, il est secondé d'une façon intelligente par M. Heurteau, entrepreneur général, et par M. Lépine, qui a la direction de la maçonnerie ».

Après cette appréciation de l'ensemble, la plume du docte chapelain fait, de tout l'édifice, une description gracieuse et détaillée que pourront consulter les amateurs.

Pourtant, au 2 décembre 1873, la foule des pèlerins ne fut pas admise à en visiter l'intérieur, encombré encore de matériaux ; sur l'ordre du général de Charette, les entrées en étaient fermées au public.

Le service anniversaire eut lieu dans l'ancienne église, en présence des paroissiens et de nombreux personnages, parents, amis ou compagnons d'armes de ceux pour lesquels on venait prier et pleurer.

Tandis que le Monument de la bataille, signe d'espérance

et d'immortalité, s'élevait sur la tombe de nos soldats dans les plaines de la Beauce, une discussion, dominée par le souvenir de Loigny, s'ouvrait à l'Assemblée Nationale.

En racontant la conversation que le général de Sonis et le colonel de Charette eurent avec le Révérend Père Doussot au soir du 1er décembre 1870, nous avons dit, qu'afin d'attirer sur la France envahie et humiliée les miséricordes de Dieu, les âmes chrétiennes imploraient directement, à cette époque, le Sacré-Cœur de Jésus.

Or, pendant que Sonis adoptait avec joie la pieuse bannière brodée par les Visitandines de Paray-le-Monial et reçue par les zouaves pontificaux, des hommes de foi et d'œuvres, tels que MM. Eugène Beluze, Baudon et Rohault de Fleury, songeaient à élever un temple votif au Sacré-Cœur. Ce fut six jours après la bataille de Loigny et sur les instances de M. Beluze (1), que, pour la réalisation de cette pensée, M. Baudon écrivit à M. Legentil. Grâce à ce dernier, qui devait faire réussir l'entreprise, l'entente s'établit, et il fut résolu que l'on construirait à Montmartre une église offerte par la France pénitente au Sacré-Cœur de Jésus. Quand les promoteurs du projet s'adressèrent à lui, Mgr Guibert, Archevêque de Paris, s'empressa d'accorder son concours. C'est alors qu'il demanda au Gouvernement et obtint l'expropriation, sur la butte Montmartre, des terrains nécessaires à l'exécution de ce Vœu national.

L'affaire toutefois souffrit quelques difficultés.

Le centre de l'Assemblée, braves gens bien intentionnés mais timides, eut soin de ne pas inscrire dans le projet de loi le vocable de la nouvelle église. Il prétendait que le titre était du ressort de l'Archevêque et espérait ainsi, écarter un débat pénible. La gauche, au contraire, enhardie par les craintes de la majorité, empruntait des arguments

(1) *Vie de M. Beluze*, par DE COULONGE, p. 157 et suiv,

aux Jansénistes et persiflait le culte de Sacré-Cœur, comme opposé à la religion de nos pères.

Un combattant de Loigny, gendre et beau-frère des Bouillé, Cazenove de Pradines, député de Nantes, ne put tolérer indéfiniment ces réticences des peureux et ces agressions des impies. Il osa lui, dans la séance du 24 juillet 1873, proposer à l'Assemblée de se faire représenter officiellement lors de la pose de la première pierre de l'église du *Vœu national au Cœur de Jésus.*

A ce mot, l'extrême droite appuie l'orateur, le centre se déconcerte, la gauche éclate de rire. Mais Cazenove aussi ferme devant l'opposition qu'en face des Prussiens sur le champ de bataille : « Vous ne ririez pas, Messieurs, si, comme moi, vous aviez vu vos parents les plus proches, vos amis les plus chers et presque tous vos compagnons d'armes, tomber pour la France, sous les plis d'une bannière du Sacré-Cœur, déployée par eux dans un moment de péril suprême, et devenue entre leurs mains chrétiennes et vaillantes, un sanglant et glorieux drapeau ! »

L'évocation de Loigny éteignit les rires ; on regarda le bras mutilé dont Cazenove souffrait depuis le 2 décembre 1870, et la gauche s'écria : « Voilà au moins qui est franc et loyal ».

Le lendemain tous les journaux d'opposition louaient celui qui avait, disaient-ils, le droit de porter le Sacré-Cœur à la tribune après l'avoir suivi au combat. Ainsi, grâce à la foi courageuse d'un preux, la bannière des zouaves était respectée de tous, la cause de Montmartre était mieux comprise, le culte du Sacré-Cœur s'imposait à l'opinion publique (1).

Pour compléter l'historique de l'année 1873, disons d'abord que les Mecklembourgeois, dont les fils ou les maris avaient été tués au 2 décembre, suivirent l'exemple

---

(1) *Général de Sonis*, par Henri DERÉLY, ancien capitaine aux Volontaires de l'Ouest, p. 54 et 55.

donné par M. Zimmermann, de Lubeck. Ils résolurent
d'acheter en commun le terrain où reposaient leurs morts,
près de Villerand, car eux aussi voulaient y élever un monument, y planter des cyprès et l'entourer d'une grille.

On s'adressa de nouveau à M. le Curé de Loigny. Mme de
Rantzau et M. Karrig le prièrent de traiter en leur nom
avec le propriétaire et les ouvriers, et de recevoir l'argent
pour régler toutes les dépenses. L'abbé Theuré, toujours
prêt à obliger, sut lever les difficultés qui retardèrent un
instant cette affaire et exécuter les plans avec célérité.
De sorte que, dès le mois de juin, Mme de Rantzau, dans
une visite à Loigny, eut la consolation de voir les travaux
presque achevés et de témoigner à M. le Curé sa profonde
reconnaissance et celle de ses compatriotes (1).

C'est encore en cette même année, au jour anniversaire
consacré aux victimes de 1870, que M. l'abbé Fagois,
ancien aumônier des mobiles de la Haute-Vienne, bénit
solennellement (2), près de Neuvilliers, sur le territoire de
Lumeau, un monument destiné à rappeler l'un des plus
sanglants épisodes de la bataille de Loigny. La division
du général Morandy, qui comptait beaucoup de Limousins,
avait éprouvé des pertes sérieuses à cet endroit. Le département de la Haute-Vienne voulut, par des souvenirs
durables, honorer la mémoire de ses mobiles, et témoigner
sa reconnaissance aux habitants qui, à l'exemple de leur
vieux Curé, M. l'abbé Morice, avaient prodigué aux blessés
les soins les plus charitables, pendant et après la lutte.

Sur un caveau, où furent réunis plus tard les ossements
d'environ trois cents soldats, il fit élever, au bord de la
route qui conduit de Patay à Janville, une pyramide de
granit haute de huit mètres. Elle est encadrée de bornes
posées aux quatre coins et reliées par de lourdes chaînes

(1) Voir les lettres, surtout Mme de Rantzau, 28 mars, 15 mai
et 26 juillet 1873 ; M. Karrig, 2 juillet 1873.
(2) *Voix de Notre-Dame de Chartres,* 1874, p. 19.

de fer. Sur la face qui s'offre aux regards du passant, sont inscrits ces mots : « A la mémoire des mobiles du 71ᵉ régiment tués à l'ennemi, combat de Lumeau, 2 décembre 1870, le département de la Haute-Vienne. »

Plus bas on lit encore :

« Le département de la Haute-Vienne garde un souvenir reconnaissant aux habitants de Lumeau et de Neuvilliers qui ont recueilli ses blessés. »

Enfin, pour compléter son œuvre, le département de la Haute-Vienne offrit une grande médaille de vermeil, gravée à son nom, au vénérable Curé de Lumeau, et donna un beau ciboire à son église. C'était une pensée délicate et pieuse que de recommander ainsi au Dieu de l'Eucharistie les âmes des soldats trépassés (1).

L'année 1871 vit se poursuivre, à Loigny, l'achèvement de l'église. Aussi M. Vagner en annonçant sa visite au mois d'août, pouvait écrire au sujet du Monument : « On m'a dit que les travaux extérieurs sont finis et ceux de l'intérieur très avancés. Tant mieux ! Mais je serai bien heureux de le voir de mes yeux, afin de pouvoir pousser, en connaissance de cause, à l'inauguration. »

En effet, sitôt l'hiver terminé, on avait successivement posé les vitraux, dressé les autels, scellé les tables de marbre où sont inscrits en rouge les noms des victimes du 2 décembre, exécuté les peintures décoratives de la Chapelle du Sacré-Cœur et entrepris l'ameublement, qui devait être en rapport avec le style de l'église. La première messe y fut célébrée le 19 avril, dimanche du Bon Pasteur.

En même temps, pour dégager complètement l'église, on faisait disparaître l'ancien presbytère, et, à quelques mètres de distance, on construisait le nouveau, sur un meilleur plan. M. le Curé, alors sans abri, recevait l'hospitalité chez un de ses paroissiens. Enfin, on démolissait

1 *Echo Dunois*, 7 juillet 1872. — *Église de Lumeau*, par M. l'abbé SAINSOT, p. 18 et 19. — COLLIER-BORDIER, p. 115.

l'ancienne église. Une partie des matériaux était utilisée
pour les constructions en cours ; l'autre était vendue
au profit de la souscription, car la commune de Loigny,
malgré les pertes subies et ses charges croissantes, en avait
fait généreusement l'abandon au comité.

Ainsi les travaux projetés étaient presque terminés
vers la fin de cette année 1874. Le nouveau presbytère
était habitable ; l'ancienne église achevait de disparaître ;
l'aménagement intérieur de la nouvelle était suffisant pour
l'exercice du culte ; on aurait donc pu songer à une inauguration solennelle.

Mais le baron de Charette voulut qu'elle fût retardée
jusqu'au jour où le clocher qui, faute de ressources, on
s'en souvient, n'avait pas même été commencé, viendrait
donner à l'œuvre son couronnement définitif.

Et puis les travaux avaient marché plus vite que la souscription ; les dépenses surpassaient les recettes. Il ne
fallait pas laisser croire aux multiples bienfaiteurs qu'on
n'avait plus besoin de leur concours.

Le général convoqua tous les membres du comité
à une réunion à Orléans, chez le trésorier, M. de Boisjolly.
Elle eut lieu le 1er décembre, veille du service anniversaire
à Loigny. On examina la situation, on constata un sérieux
déficit, et on résolut de trouver de nouvelles ressources.

Voilà pourquoi, au mois de février 1875, Charette écrivait
à ses fidèles, en les priant *de ne pas l'abandonner dans cette
grosse affaire* :

« L'église de Loigny est finie, et je suis heureux de vous
annoncer qu'elle est très réussie, surtout la Chapelle du
Sacré-Cœur. Nous avons déjà payé 90.000 francs, reste
dû 40.000 francs. Faire un appel en ce moment me semble
inopportun. »

« J'ai donc songé à faire un Album, et, pour cela, j'ai
recours à la bonne volonté de tous nos camarades artistes,
à toutes les familles qui ont à pleurer un fils ou un parent,

à tous ceux enfin qui pourront m'aider dans ce travail qui ajoutera une page de plus à l'histoire du Régiment et contribuera à l'érection de ce monument qui résume toute notre campagne de France. »

Aussi dans la préface de ce volume, où dessins et récits nous redisent les gestes des zouaves pontificaux en Italie et en France, le général a-t-il soin de bien préciser sa pensée :

« En livrant ces pages au public, écrit-il, nous avons pensé que si elles étaient favorablement accueillies, elles viendraient apporter la dernière pierre au monument que nous avons fait élever à nos morts et à ceux de l'armée française sur le champ de bataille de Loigny. Ce monument est une église. Quel autre édifice eût mieux rendu notre pensée chrétienne et nationale en même temps ? La chapelle du Sacré-Cœur, placée derrière le maître-autel, restera en quelque sorte la propriété de tous les soldats français tombés le 2 décembre ; leurs noms y sont déjà gravés sur des plaques de marbres placées de chaque côté de l'autel, et une fondation sera établie, afin que des messes soient dites à perpétuité pour le repos de leurs âmes ».

Nous raconterons dans un instant quel succès obtinrent la circulaire et le livre du baron de Charette ; mais signalons en passant une pieuse restauration qui s'accomplit à Loigny au cours de cette année 1875.

Il y avait avant la guerre, à l'entrée du bourg, du côté d'Orgères, une antique croix entre deux beaux arbres qui semblaient la protéger. Elle avait été renversée et détruite dans la fatale journée du 2 décembre 1870.

Or, en voyant les maisons et les granges brûlées se reconstruire, les murs tombés se relever, une magnifique église neuve succéder à l'ancienne si petite et si pauvre, un vénérable vieillard plus qu'octogénaire, M. Eusèbe Bouclet, songea que tout n'était pas réparé. Il résolut donc de remplacer à ses frais la croix dont il regrettait la disparition.

M. le Curé accueillit avec joie ce nouveau souvenir de la bataille. La bénédiction solennelle se fit le dimanche 4 juillet, et M. l'abbé Hénault, chapelain de la Providence à Chartres, prononça, en cette circonstance, une allocution fort instructive, devant une assistance très nombreuse (1).

Revenons à la circulaire de M. de Charette et notons un très heureux résultat.

Jusqu'à cette époque, le service anniversaire du 2 décembre n'était nullement assuré. M. Vagner, il est vrai, s'était bien, dès le début, proposé de le fonder sur le produit de la souscription. Mais les constructions avaient rapidement absorbé et dépassé toutes les ressources. De sorte que la cérémonie religieuse et les nombreux frais accessoires qu'elle entraîne, incombaient à la fabrique ou à M. le Curé. Il était impossible de continuer ainsi.

C'est alors que la Croix-Rouge de Chartres, voyant l'embarras financier où se trouvait le général de Charette, lui vint en aide en prenant pour toujours à sa charge la célébration du 2 décembre à Loigny. A partir de cette époque, son budget ouvrait à cet effet un crédit de 150 fr. Le Président, M. Collier-Bordier, l'annonçait à M. l'abbé Theuré, le 7 novembre 1875. « Il est onze heures du soir, écrivait-il, je sors du Comité de la Croix-Rouge qui, à l'unanimité, a accepté le patronage de l'anniversaire de la cérémonie funèbre du 2 décembre. Chacun a compris enfin qu'il appartenait au Comité qui a recueilli, en grande partie, ces généreuses victimes d'une lutte héroïque, de continuer son œuvre en couvrant de sa protection tout ce qui a rapport aux combattants de Loigny, morts ou guéris. Donc, la conséquence de cette résolution est de faire les convocations au nom du Président ».

Depuis ce jour, en effet, c'est la Croix-Rouge de Chartres

(1) *Voix de Notre-Dame de Chartres*, 1875, p. 176.

qui fait l'annonce et les convocations pour le service. Elle s'est montrée d'ailleurs très généreuse pour Loigny en maintes circonstances, et elle a continué, même après la fondation de M.me de Ferron en 1895, de contribuer par une offrande de 50 francs aux dépenses occasionnées par la solennité et la réception de nombreux étrangers.

Aussi, grâce à l'intervention de la Croix-Rouge, la cérémonie du 2 décembre eut, en 1875, un éclat inaccoutumé. Mgr l'Evêque de Chartres, prié de l'honorer de sa présence, voulut y prononcer une oraison funèbre et fit ressortir les leçons que donne à tous les chrétiens, aux soldats en particulier, le champ de bataille de Loigny. M. le Préfet d'Eure-et-Loir, le général de Charette, le Sous-Préfet de Châteaudun, le colonel du train résidant en cette ville et deux députés d'Eure-et-Loir s'y étaient rendus sur l'invitation de M. Collier-Bordier. Un aumônier militaire qui avait fait la campagne de 1870, M. l'abbé Hervé, chantait la messe devant une magnifique assistance.

L'année 1876 vit inaugurer la série des pèlerinages solennels à l'église du Sacré-Cœur de Loigny.

A peine l'idée de cette visite au pieux sanctuaire fut-elle émise à Chartres par quelques hommes de foi, qu'on l'accueillit partout avec enthousiasme.

Le culte du Sacré-Cœur était déjà fort en honneur dans le diocèse de Chartres au commencement du dix-huitième siècle (1). Cette dévotion, recommandée par nos pieux Evêques, s'accrut encore avec le temps et les rigoristes d'alors crurent insulter nos ancêtres en les appelant des *cordicoles*.

« Le diocèse de Chartres, écrivaient le 25 décembre 1781 les *Nouvelles Ecclésiastiques*, journal janséniste, est un de ceux où les préventions jésuitiques sont le plus répandues et le plus enracinées. Il y en a une preuve infaillible dans

---

(1) *Vie de M. Cassegrain*, fondateur de la Communauté de Bon-Secours, de Chartres, p. 71 et 72.

le culte du Sacré-Cœur. Tel est le fruit du long épiscopat
de trente-trois ans de M. Pierre-Augustin de Fleury» (1).

Notre pays était donc bien préparé et le Sacré-Cœur
conduisait les événements, en 1870, de manière à attacher
pour jamais son culte à l'une de nos plus humbles paroisses.

Volià pourquoi, avec Paray-le-Monial et Montmartre,
un des grands foyers de la dévotion au Sacré-Cœur en
France doit être Loigny, lieu comblé de tant de grâces ;
Loigny, où, pour répondre à la demande de Notre-
Seigneur, le drapeau du Sacré-Cœur, brodé par les Visitandines de Paray-le-Monial, flotta si glorieux pour la
première fois au milieu d'une légion de braves ; Loigny,
où les zouaves de Pie IX prouvèrent au monde que l'amour
du Cœur de Jésus conduit à tous les héroïsmes ; Loigny,
où le sang le plus pur, abondamment versé, parle un langage
si éloquent pour enseigner à tous dans quelle mesure il
faut aimer le devoir, la patrie et Dieu !

Aussi, le 5 juin, lundi de la Pentecôte, le pèlerinage
des Chartrains au Sacré-Cœur de Loigny eut un succès
qui dépassa toute attente. Le matin, les communions
furent nombreuses ; le soir, les paroisses environnantes,
conduites en procession, vinrent assister aux vêpres. Mais
la foule pieuse essaya vainement de pénétrer tout entière
dans l'église pour y entendre le sermon de M. l'abbé Robé,
premier vicaire de la cathédrale. La principale pensée de
l'orateur était celle-ci : Quelle raison avons-nous eue de
chois'r Loigny pour venir prier le Sacré-Cœur ? L'orateur
répondit à sa question avec cette clarté captivante, cette
onction charmeuse dont il avait le secret. L'auditoire
était enthousiasmé.

N'oublions pas de signaler la présence du baron de Charette qui avait voulu donner l'exemple de la dévotion

(1) La *France Pontificale*, Chartres, par Fisquet, p. 212. — Con-
sulter aussi pour l'époque de la guerre franco-allemande, *Voix de
Notre-Dame*, 1870, p. 235, et 1871, p. 112 ; *Lettres pastorales de
Mgr Regnault*, t. II, p. 18 et 42.

au Sacré-Cœur. La lettre où il promettait de venir, annonçait également l'envoi d'une grande croix en cristal de roche renfermant une parcelle de la Vraie Croix. C'était un don de Sa Sainteté Pie IX à M. de Charette pour l'église de Loigny. Le général était heureux que ce pèlerinage offrît une occasion d'exposer immédiatement cette relique insigne à l'adoration des fidèles (1).

C'est aussi en l'année 1876 que fut bâti, pour rappeler le plus émouvant souvenir de la bataille, le beau monument qui décore l'entrée du Bois Bourgeon, nommé définitivement depuis lors Bois des Zouaves.

Après la mort de M.me la marquise de Bellevue, il avait été acheté par M.mes les comtesses de Bouillé et de Verthamon. Les nouvelles propriétaires, veuves toutes trois de héros tombés en portant la bannière du Sacré-Cœur, s'empressèrent d'élever sur cette terre qui avait bu le sang le plus généreux, non une tombe pour glorifier les morts, mais un monument pieux pour rappeler au monde le principe de leur dévouement.

Sur une haute colonne aux larges assises et richement sculptée, elles ont placé la statue du Sacré-Cœur de Jésus. Par dessus les frondaisons du bois, la divine image domine la plaine environnante, où elle continue de protéger les tombes de ceux qui sont morts à l'ombre de sa bannière, en invoquant son nom.

Au sixième anniversaire de la bataille, le 2 décembre 1876, M. l'abbé d'Hulst, vicaire-général de Paris et cousin de M.me la comtesse de Verthamon, vint bénir le monument du Bois des Zouaves.

L'assistance était des plus nombreuses. On y remarquait le général de Charette, M.mes de Bouillé, de Verthamon, de Mauduit, de Cazenove de Pradines, et plusieurs zouaves pontificaux, notamment M. de Raincourt, un des blessés de Loigny.

(1) *Voix de Notre-Dame de Chartres*, 1876, p. 161.

A l'issue du service funèbre, le futur orateur de Notre-Dame de Paris, l'abbé d'Hulst, parla des braves dont tous murmuraient les noms. Comment les forts sont-ils tombés ? s'écria-t-il. Et, dans une vibrante allocution, il montra que ces héros avaient servi la France, comme le chrétien sert son Dieu, par la foi, par l'espérance, par l'amour.

Dans un moment critique de la bataille, à l'heure où le dévouement de plusieurs hésitait, la foi leur avait fait croire au devoir de se sacrifier ; l'espérance leur avait dit que le sang versé pour une noble cause sert toujours à la régénération d'un peuple ; l'amour leur avait commandé de se livrer pour la patrie bien-aimée.

Ces grandes pensées furent comprises. Aussi, quand on se fut rendu au Bois des Zouaves et que la colonne du Sacré-Cœur eut été bénite, la foule pieuse manifestait sa joie en répétant les dernières paroles du célèbre orateur : « C'est ici que toutes les générations viendront apprendre le prix de la foi, la douceur de l'espérance, la puissance de l'amour ».

Au commencement de cette même année 1876, par une lettre du sous-préfet de Châteaudun, le conseil municipal de Loigny était prié de faire connaître immédiatement quel serait dans le cimetière l'emplacement de terrain dont l'Etat pourrait devenir acquéreur, afin de fournir une sépulture définitive aux soldats français et allemands provisoirement inhumés dans la plaine de Loigny. C'était, à peu près dans les mêmes termes, la lettre adressée à cette époque à toutes les communes de France ensanglantées par la guerre.

L'Etat se proposait d'acquérir à Loigny une double concession à perpétuité : l'une de dix mètres pour les Français, l'autre de quatre mètres pour les Allemands. Il demandait aussi à quelles conditions la commune se chargerait de l'exhumation et du transfèrement des corps. Enfin, il annonçait le paiement des indemnités dues en raison de l'occupation, par les sépultures provisoires, de terrains appartenant à des particuliers.

Mais Loigny devait faire exception à ces réglements généraux. Une crypte sous l'église, on ne l'a pas oublié, attendait les délais voulus pour recevoir les ossements des victimes de la bataille.

Aussi, lorsque M. le Curé lui eut fait connaître les intentions du Gouvernement, le baron de Charette répondit : Les restes de tous les soldats français seront recueillis dans les caveaux de la chapelle. Le général préféra cependant laisser à la municipalité le soin de s'occuper des exhumations et du transfèrement des corps.

Cette convention fut aussitôt acceptée par la sous-préfecture de Châteaudun. Les vœux de tous semblaient dès lors devoir se réaliser sans encombre, quand à l'automne on s'aperçut d'une difficulté à laquelle personne n'avait pensé jusque-là. Du côté de Terminiers et de Lumeau, la limite de ces deux communes touche presque au village même de Loigny. Le Bois des Zouaves notamment est de Terminiers. Or, la loi voulait que chaque commune transportât dans son cimetière les corps inhumés sur son territoire. Les restes des Volontaires de l'Ouest, enterrés près du Bois, et parmi eux ceux du comte Jacques de Bouillé, qui n'avait pas été reconnu, devaient par là même aller reposer à Terminiers.

Sitôt qu'il connut ces dispositions légales, M. l'abbé Theuré en avertit M. de Charette, qui lui répondait le 9 octobre : « Je comprends combien cette mesure inattendue serait injuste pour les familles qui ont contribué à l'érection de l'église de Loigny dans la pensée que leurs morts y seraient placés, quelle que soit la commune sur laquelle reposent actuellement leurs ossements ». Il ajoutait dans une autre lettre du 14 octobre : « J'ai la chose fort à cœur, et j'irai jusqu'au bout, pour réunir dans le monument élevé à leur mémoire ceux qui ont été réunis dans la mort ».

L'abbé Theuré s'empressa de présenter à la préfecture

une demande, fortement motivée, pour obtenir l'autorisation de faire exhumer et transporter, dans la crypte
du splendide monument de Loigny, les corps des soldats
français enterrés sur les territoires de Terminiers et de
Lumeau dans un rayon de trois kilomètres. Le général,
appuyait cette requête. Aussi, malgré les lenteurs administratives, on espérait toujours une solution favorable,
quand, un peu avant Noël, on reçut une réponse négative.

Charette, désolé, s'adressait aussitôt au ministre de
l'intérieur pour faire modifier cette sentence. De son côté,
Mme la comtesse Jacques de Bouillé tentait une suprême
démarche :

« Je ne puis supporter l'idée, écrivait-elle le 26 décembre
1876 à M. l'abbé Theuré, que le corps de mon mari soit
séparé de ceux de ses frères d'armes tombés à Loigny,
et je vais faire tout au monde pour empêcher ou arrêter
ces douloureuses recherches sur la commune de Terminiers.

» Demain matin, il sera fait une opposition judiciaire
à Terminiers, où mon père se rend lui-même, et, pour
moi, je vais, demain aussi, parler au Maréchal ».

Le Maréchal de Mac-Mahon, président de la République,
comprit la prière de cette noble veuve, et son ministre,
Jules Simon, consentit à rapporter le malencontreux décret.
Mais, comme la situation politique était épineuse, il fut
très instamment recommandé de parler le moins possible
de cette autorisation, surtout de ne rien écrire, afin de ne
pas donner prise aux attaques de la mauvaise presse.

Lorsque toutes les formalités furent remplies, le Maire
de Loigny put traiter avec un de ses administrés, Léon
Barbadoux, qui s'engagea, pour quatorze cents francs,
à exhumer, dans un délai de trois semaines, les corps des
soldats enterrés dans les fosses indiquées, sur le territoire
de Loigny. Les ossements, recouverts de poudre de chaux,
seraient transportés, avec les croix et pierres placées sur
les tombes, dans le jardin du presbytère, auprès du caveau

de la chapelle funéraire. Les ouvriers devraient restituer et rapporter au presbytère tout objet de valeur qui serait trouvé par eux. Les travaux commenceraient au plus tard le 30 janvier 1877.

M. le Curé de Loigny, au nom de M. de Charette, traita avec le même entrepreneur, moyennant douze cents francs, pour l'exhumation des corps enterrés, dans un rayon de trois kilomètres, sur les territoires de Lumeau et de Terminiers, et réclamés par le Comité du Monument.

Pourtant toutes les tombes des soldats français ne furent pas relevées. Si Mmes de Barry et de Maüduit, regardèrent comme un honneur pour les ossements de leur mari d'être transportés dans la crypte de la chapelle, Mme de Ferron préféra les laisser à l'endroit où ils avaient été inhumés quelques jours après la bataille.

« Vous savez, Monsieur le Curé, écrivait-elle le 22 novembre 1876, à l'abbé Theuré, que mon désir formel a toujours été que l'on ne touchât pas à ma chère fosse de Villours ». Le 26 décembre elle ajoutait : « On connaît dans le pays mes intentions. On sait que j'ai acquis cette propriété et que je n'ai rien négligé pour assurer le respect de mes chers morts et perpétuer le souvenir de leur héroïsme ».

Les travaux s'exécutèrent enfin avec décence et célérité dans la première quinzaine de février 1877. Beaucoup de parents et de veuves, notamment Mme la comtesse Jacques de Bouillé, espéraient, au moment de ces dernières fouilles, pouvoir reconnaître encore à un lambeau d'habit, à une mèche de cheveux, à un bijou, à un signe quelconque, les précieux restes de celui qu'ils pleuraient. Mais, en dépit des recherches les plus minutieuses, il fut impossible d'identifier les corps, de mettre un nom sur ces ossements si chers. Ils furent soigneusement rangés dans la crypte, au nombre de douze cents cinq, par le sacristain Pitot, sans avoir livré leur douloureux secret.

La tombe carrée où ils reposent est un ossuaire à la façon de celui de Bazeilles. Le caveau est muré mais éclairé des deux côtés par des vitres qui laissent filtrer un demi-jour et permettent de les contempler.

Dès le 17 février, le baron de Charette écrivait à M. le Curé de Loigny : « Voici donc ces pénibles travaux terminés. Je vous envoie en même temps mes félicitations et mes remerciements ». Puis, répondant à une demande de M. l'abbé Theuré, il donnait cette décision : « Je crois qu'il serait bien que l'argent trouvé dans les tombes fut employé à faire dire des messes pour le repos des âmes des victimes. Puisqu'il est impossible de savoir à qui appartiennent ces sommes, je pense qu'on ne pourrait trouver un meilleur emploi ».

Si les circonstances l'avaient permis, on n'eût pas manqué, car le projet en était formé, de célébrer par une cérémonie imposante, le transfert de ces restes fameux. Ils avaient bien droit à cet hommage solennel. Mais les instructions ministérielles, on s'en souvient, imposaient le silence. M. le Curé de Loigny dut, seul, bénir les glorieux ossements pour la possession desquels il avait lutté et dont il devenait le gardien.

Le Livre des Machabées nous enseigne que c'est une sainte et salutaire pensée de prier pour les morts afin qu'ils soient délivrés de leurs péchés. Victor Hugo s'en est inspiré lorsqu'il exige cette dette de reconnaissance pour les victimes de la guerre :

> Ceux qui pieusement sont morts pour la patrie
> Ont droit qu'à leur cercueil la foule vienne et prie.

Aussi, quand nous pénétrons dans la crypte de Loigny et approchons de l'ossuaire, notre premier devoir est de songer à adoucir les souffrances que les âmes des défunts peuvent encore endurer et d'implorer la miséricorde de Dieu en leur faveur.

Mais une visite à ces restes vénérés n'est pas moins utile aux vivants, à cause des réflexions qu'elle inspire. Ils sont là douze cents confondus dans la chrétienne égalité de la mort, depuis les de Bouillé, de Barry et de Mauduit, jusqu'aux plus humbles fils de paysans.

« Qui pourrait dire, écrivait le comte Léon Lavedan, l'impression causée par cet amas d'ossements blanchis, qu'anime le souvenir, et qui semblent parler dans le silence religieux de cette solitude ? Ces mains qui brandissaient l'épée ; ces crânes, vides des yeux qui les illuminaient ; ces bouches fracassées dont le dernier cri a été pour la France ; tous ces débris immobiles et muets, qui tombent lentement en poussière, en attendant le clairon solennel qui les réveillera : quel tableau, quelle scène, quelle vision ! Et comme on comprend le trouble d'Ézéchiel en face des ossements desséchés des guerriers d'Israël : *Putasne ossa ista vivent ?* Croyez-vous que ces ossements revivront ?

» Oui, ils vivront, parce que le dévouement, le sacrifice, le martyre ne sauraient aboutir au néant ; parce qu'il y a une justice éternelle dont nous portons en nous la croyance invincible, et qui, surtout en face de pareilles immolations, nous garantit l'immortalité ! » (1)

En attendant, les foules émues par les pensées pieuses, attirées par la majesté de la mort, continueront de porter à cette tombe l'hommage de leur admiration et de leurs prières. Car, pour emprunter une réflexion de Châteaubriand : A ces martyrs du patriotisme impitoyablement immolés sur la terre, les adversités sont comptées en accroissements de gloire ; ils dorment au sépulcre avec leurs souffrances immortelles, comme des rois avec leurs couronnes.

Mais un jour viendra, c'est notre foi qui nous l'affirme, où ces vaincus auront leur revanche. Comme dans les combats, les trompettes de la résurrection sonneront

1. *L'Ossuaire de Loigny*, p. 25.

27

le rappel des braves ; le drapeau sanglant de la croix
ralliera les siens devant leurs ennemis épouvantés. Vous
reconnaîtrez ce drapeau, soldats chrétiens qui dormez ici,
car c'est le vôtre ; de cet ossuaire frémissant vous vous
lèverez pour le suivre. Vous direz à Verthamon : « Mais
c'est ton étendard ». Vous direz à Sonis : « Mais c'est ton
Dieu qui nous répète aujourd'hui : En avant ! *Venite !*
Venite ! » Et, sans qu'hommes ni démons puissent vous
arrêter, dans un enthousiasme dont celui des plus chaudes
batailles n'est qu'une pâle image, vous irez à votre chef,
Jésus, et, vainqueurs, vous entrerez avec lui dans la cité
éternelle conquise par votre mort (1).

C'est à la suite des exhumations que se fit le réglement
des dépenses concernant les travaux de l'église. On se
rappelle qu'en 1875, pour essayer de recueillir les fonds
qui manquaient, le baron de Charette avait publié l'historique illustré du régiment des zouaves pontificaux en
Italie et en France.

Cet album avait été bien accueilli ; mais sa riche collecte
n'avait pas suffi à désintéresser tous les créanciers.

M. le Curé de Loigny s'efforçait également de trouver
des ressources. Le 29 mars 1877, il obtenait de la Croix-
Rouge de Chartres un généreux subside.

« Le Comité, dit le procès-verbal de la séance, consi-
dérant que, si en dehors de nous, la nouvelle église de
Loigny, monument funèbre et commémoratif de la bataille
du 2 décembre 1870, n'eût pas été édifiée, nous eussions
dû, dans le principe, contribuer à son érection, ainsi que
les comités des ambulances l'ont fait ailleurs,

» Décide qu'une somme de cinq cents francs sera remise
à M. le Curé de Loigny et laisse à l'honorable Curé le soin
d'affecter particulièrement, s'il est possible, ces 500 francs
à telle partie des travaux de l'église qui lui conviendra,

(1) Discours de M. le chanoine Lemoine, supérieur du Petit
Séminaire de Saint-Croix, d'Orléans, prononcé à Loigny, le 2 décembre 1903.

et notamment à ceux de l'autel, de manière à ce que
cette application spéciale puisse rappeler au besoin le
souvenir de notre Comité qui, après la bataille de Loigny,
a eu près de 2.700 blessés et malades à recueillir ».

Ces paroles et ce don soutenaient le courage de ceux
qui luttaient depuis de longues années pour mener à bien
leur sainte entreprise, mais ne suffisaient pas à payer les
dettes.

Aussi, malgré la répugnance qu'éprouvait le général,
il fallut demander à l'Etat et au Département d'Eure-et-
Loir de vouloir bien solder la différence, une vingtaine
de mille francs. La Préfecture et l'Evêché se firent une joie
d'appuyer cette requête ; et le 17 mai 1877, M. de Charette
pouvait écrire à l'abbé Theuré :

« J'espère que le concours de Mgr de Chartres obtiendra
la dernière somme nécessaire pour le complet paiement
de l'église. Attendons en conséquence cette solution avant
de nous réjouir tout à fait de l'achèvement de notre œuvre.
Elle a été longue et pénible ; mais, Dieu aidant, nous
sommes arrivés à un grand résultat. C'est à lui seul qu'en
revient le mérite, car vraiment nous avons trouvé chez
tous un concours et une bonne volonté très grands et
presque inattendus.

« J'aurais voulu que l'église fût élevée par les seules
souscriptions ; mais le concours de l'Etat était nécessaire,
et il n'est pas à regretter, puisqu'il le fait contribuer aussi
à ce souvenir religieux ».

Hâtons-nous d'ajouter que la confiance du général
ne fut point trompée. Grâce aux démarches de M. le Curé
de Loigny et à la bienveillance de nombreux personnages,
les formalités administratives pour l'obtention des secours
demandés furent simplifiées et facilitées de toutes parts.
Cependant, comme les crédits accordés n'étaient délivrés
que par acomptes, les derniers mémoires ne furent soldés
qu'au mois de mai 1878.

A ce moment, comme nous l'apprennent une lettre de M. le Curé et une délibération de la Croix-Rouge de Chartres, en date du 29 mars 1877, le Monument de la bataille avait déjà coûté environ 200.000 francs et 180.000 étaient dûs à des offrandes particulières. Le tout était enfin payé.

Cependant il manquait encore bien des choses. Ainsi le clocher n'était pas même commencé. Il fallait de plus garnir l'intérieur de l'église, remplacer les tableaux du chemin de croix, trouver des stalles pour le clergé, des grilles pour entourer le chœur, etc. La tâche de l'abbé Theuré était donc loin d'être terminée.

Mais l'horizon politique s'assombrissait de plus en plus ; la persécution se déchaînait contre les catholiques. Il fallait secourir les victimes et relever les ruines. Les aumônes des fidèles, on le comprend, allaient de préférence à ces œuvres de pressante nécessité.

Pourtant, c'est à ces heures difficiles, qu'en donnant l'exemple de la générosité, M. le Curé obtint de quelques bienfaiteurs le chemin de croix dont il avait besoin. Le 4 juillet 1880, M. de Mauduit lui écrivait de Quimper : « Je n'ai pas oublié l'impression pénible que m'a causée le chemin de croix de votre chère église. Pour aider à le remplacer, je vous envoie ma petite offrande, qui se ressent des tristes jours que nous traversons. On doit se tenir prêts à de grands sacrifices pour conserver l'éducation chrétienne en France ».

En cette même année, une belle statue de Notre-Dame de Lourdes prenait possession, dans l'église de Loigny, de la chapelle dédiée à la Sainte Vierge. Un ancien aumônier des zouaves pontificaux, le R. P. Peigné, de Nantes, écrivait le 19 avril à M. le Curé de Loigny : « J'ai le plaisir de vous annoncer qu'aujourd'hui même on expédie en gare, petite vitesse, pour Orgères, à votre adresse, la statue de Notre-Dame de Lourdes que je vous ai promise,

Le port est payé et je suppose qu'on vous donnera avis
de son arrivée dans une huitaine. Vous voudrez bien ne
pas oublier le donateur dans vos bonnes prières ».

Cependant l'aniversaire du 2 décembre était toujours
célébré avec la plus grande solennité, et des orateurs de
choix s'y faisaient entendre. En 1880, lorsque le service
funèbre fut achevé, la foule sortit de l'église et se rendit
sur l'ancien cimetière. On chanta un *De profundis*, puis
M. Collier-Bordier, président de la Croix-Rouge de Chartres,
fit un discours plein de détails intéressants. Il constata
que cette Société, en 1870, avait recueilli dans ses ambulances 2.766 blessés de Loigny, dont les noms sont conservés sur ses listes.

Le futur Évêque de Saint-Dié, M. l'abbé Foucault,
alors professeur de philosophie à l'Institution Notre-Dame
de Chartres, prononçait, avec cette distinction qui le
caractérise, l'oraison funèbre en 1882. D'après une expression bien juste, il chantait l'hymne de la douleur, en
appliquant aux héros de la bataille ces paroles de nos
Saints Livres : « Unis dans la grâce et la beauté de leur
vie, ils n'ont point été séparés dans la mort. » (1).

Mais Loigny continuait aussi d'exercer son irrésistible
attraction sur de nombreux pèlerins qui venaient, groupés
ou isolés, prier dans son église, s'agenouiller devant son
ossuaire, visiter ses monuments et son champ de bataille.
Citons, en 1877, les pèlerinages du Petit Séminaire de
Saint-Cheron et de la Maîtrise de Chartres ; en 1878,
celui des Œuvres Ouvrières ; en 1880, celui du R. P. Peigné,
avec ses projets de mission à Loigny, que le général de Sonis
souhaitait de toute son âme voir réaliser (2), pour le bien
spirituel de cette chère paroisse.

1 2 *Livre des Rois*, chapitre 1, v.23.
2 *Le Général de Sonis*, par l'abbé Arthur Bossot, p. 11.

CHAPITRE XIV·

LA VOYANTE

MORT DU GÉNÉRAL DE SONIS

Mathilde Marchat, la prétendue voyante, et Mlle Duchon. —
La communauté du Sacré-Cœur de Jésus-Pénitent. —
Flatteries et promesses. — Prudence de M. le Curé de
Loigny. — Mort du général de Sonis. — Où doit-il reposer ?
à Loigny. — Ses services, sa piété. — Magnifiques funérailles. — Oraison funèbre par Mgr Freppel. — Son tombeau : « Miles Christi ».— Désaffectation de l'ancien cimetière. — La survivance de Louis XVII. — Le comte
Vérité de Saint-Michel et M. Glénard. — Démarche auprès
de la famille de Sonis. — Examen et condamnation par
l'Evêque de Chartres des écrits de Mathilde Marchat. —
Achat d'une maison à Loigny. — Appel à Rome ; la
voyante et le grand Inquisiteur. — Procession au Bois
des Zouaves. — Rome confirme la sentence de l'Evêque
de Chartres. — Les annales de Loigny. — Les pèlerinages
au couvent. — Touchante soumission d'un prêtre. —
Prétendues apparitions de Mgr Regnault.— Haines déchaî-
nées contre M. le Curé de Loigny. — Il faut dire bataille
de Loigny et non bataille de Patay ; « mémoire » de M. le chanoine Sainsot. — Vie du général de Sonis par Mgr Baunard ;
ce qu'en pensent les lettrés et les prêtres. — Pèlerins à l'église
de Loigny et au tombeau de Sonis ; les séminaristes d'Issy,
l'Institution Notre-Dame, l'aumônier des Carmélites de
Niort. — Mgr Baunard érige et bénit la Croix de Sonis. —
La chapelle de la Basse-Motte. — Nouvelle condamnation

Pourquoi faut-il que des ruses machiavéliques, inspirées par l'enfer, aient voulu exploiter ce nom prodigieux de Loigny, capter à leur profit le courant de piété et de patriotisme qui portait vers l'église du Sacré-Cœur toutes les âmes généreuses !

Qui ne se souvient de la prétendue voyante de Loigny et de sa pernicieuse influence ? Nous sommes bien obligé de parler de sa scandaleuse tentative, puisque des millions de brochures variées ont répandu ses appels dans tout l'univers. Nous le ferons le plus brièvement possible et nous observerons fidèlement la règle : dévoiler, condamner l'erreur, mais rester toujours indulgents et charitables pour les personnes.

En 1883, au numéro 12 de la rue Plâtrerie, à Étampes, vivait, avec Mlle Duchon, ancienne receveuse des Postes, une pauvre fille infirme, nommée Mathilde Marchat, qui restait très fréquemment couchée et ne sortait la plupart du temps que traînée dans une petite voiture. C'est dans cette maison et par ces deux femmes que se jouait dès lors une comédie sacrilège. À partir du 2 février de cette année, Mathilde affirma être favorisée de l'apparition de Notre-Dame de Lourdes et du Sacré-Cœur de Jésus. Ils s'entretenaient avec elle et lui demandaient d'expier pour le salut de la France et de l'Église. Les visites célestes, presque quotidiennes, et les révélations étaient consignées sur un livre-journal.

Il se trouva un petit nombre de personnes naïves pour croire à ces supercheries. La visionnaire leur semblait une nouvelle Marguerite-Marie, une autre Bernadette.

Bientôt Mathilde prétendit avoir reçu du Ciel l'ordre de fonder une communauté de pénitence à Loigny.

Au mois de mai, Mlle Duchon venait trouver M. l'abbé Theuré et lui désignait dans le bourg une maison qui s'appellerait Nazareth. C'est là, disait-elle, que devait commencer la pieuse entreprise. Plus tard on ferait de vastes constructions.

Dans sa visite du 18 mai, la Sainte Vierge aurait dit à la voyante : « Quand la communauté du Sacré-Cœur de Jésus-Pénitent, sous le patronage de Notre-Dame de Lourdes, sera établie dans la paroisse privilégiée de Loigny, il sera fait de grands miracles par l'attouchement des glorieux martyrs du Sacré-Cœur. Dites à Joséphine Duchon, ma fille dévouée, qu'elle fasse connaître ces paroles au saint curé de Loigny ».

Quelques jours plus tard, le 24 mai, la Sainte Vierge aurait donné à la voyante cet ordre pour Mlle Duchon : « Dites-lui qu'elle fasse savoir au saint curé de Loigny que je désire instamment qu'il s'occupe de la communauté du Sacré-Cœur de Jésus-Pénitent ; qu'il fasse nettoyer et réparer la petite maison dont j'ai parlé, afin que vous puissiez y entrer quatre et commencer bientôt les exercices de cette communauté ».

Enfin, le 4 juin, Mathilde Marchat entendait sortir de la bouche de la Sainte Vierge ces paroles qui concernent les victimes dont les restes sont dans l'ossuaire de Loigny : « Qu'ils sont beaux les 1.200 martyrs du Sacré-Cœur de Jésus, mais surtout qu'ils sont puissants sur ce Sacré-Cœur ! C'est par leur intercession que la France obtiendra le salut ».

Mais ces prétendus messages venus du Ciel, ces éloges prodigués à sa personne, les honoraires de messes qu'on lui envoyait, rien ne parvenait à dissiper la méfiance de M. le Curé de Loigny. L'abbé Theuré était loin d'être crédule. Son esprit positif et réfléchi le mettait en garde contre les rêveries. Il savait d'ailleurs par les enseignements de nos Saints Livres que nous devons éprouver les esprits, voir s'ils viennent de Dieu ou du démon, afin de ne pas ressembler à des enfants qui se laissent emporter à tout vent de doctrine.

Aussi les mois et les années passèrent sans qu'il se départit de sa prudente réserve. Il se contenta d'avertir l'Evêché et attendit.

En 1885, les soi-disant révélations se firent plus instantes. La nouvelle communauté, alors composée de la voyante, de Mlle Duchon et d'une personne du diocèse de Chartres, se trouvait encore à Etampes. Mais le Sacré-Cœur la voulait à Loigny, qui deviendrait un jour célèbre.

Dans ses apparitions supposées, Notre-Dame de Lourdes faisait de magnifiques promesses pour le prêtre et les personnes qui aideraient la voyante à s'établir à Loigny. Il fallait que ce fût pour le carême ou du moins le mois de mai 1886. Mathilde et ses compagnes y vivraient comme de pieuses laïques jusqu'au jour où l'autorité ecclésiastique, ayant examiné avec soin les faits surnaturels qui se passent à Etampes depuis bientôt trois ans, permettrait la fondation d'un Ordre religieux. En attendant elles y établiraient un pensionnat pour les Tertiaires et les personnes pieuses et un ouvroir libre pour les jeunes filles.

Rien n'était négligé pour faire sortir le clergé chartrain de son attitude expectante et être agréable à l'Evêché. Tantôt la voyante déclarait avoir reçu de la Sainte Vierge un secret concernant une des plus précieuses reliques de la cathédrale de Chartres, ou avoir des communications très importantes pour l'autorité ecclésiastique et les fidèles ; mais elle ne parlerait qu'à Loigny. Tantôt, dans ses prières au Sacré-Cœur, elle demandait que Mgr de Chartres parvint à faire recevoir le coadjuteur qu'il désirait se donner pour le remplacer sur le siège épiscopal.

On était aussi plein d'attention pour M. l'abbé Theuré.

Mlle Duchon lui envoyait un tapis mousse pour l'autel du Sacré-Cœur et lui demandait des messes. Enfin, au cours de l'année 1887, alors que la communauté, partie d'Etampes le 16 mai, habitait à Chartres, rue de la Bourdinière, une zélatrice de l'œuvre offrait à M. le Curé de Loigny, pour l'installer où il voudrait, une très belle statue de Notre-Dame de Lourdes, que la voyante avait précédemment songé à placer dans une des brèches de la fameuse tour Guinette, au-dessus de la gare d'Etampes.

Mais un événement d'un autre ordre allait s'accomplir à Loigny en cette même année 1887.

Le pieux général de Sonis, après une lutte de dix-sept années entre une âme grandie par la souffrance et les restes d'un corps devenu impuissant à la servir, mourait à Paris, le 15 du mois d'août, fête de l'Assomption.

Malgré l'amputation de sa jambe au presbytère de Loigny, M. de Sonis, une fois guéri, avait pu, au prix de mille souffrances, remonter à cheval et se dévouer encore au pays, en qualité de général de division. Il avait été successivement commandant d'une division militaire à Rennes, à Saint-Servan, à Châteauroux, et, en 1881, inspecteur général de cavalerie à Limoges. Partout il avait eu à cœur la réorganisation de l'armée ; il y contribuait par ses études, sa fermeté, son amour de la discipline et ses exemples.

Plusieurs chutes de cheval et les infirmités croissantes lui ayant rendu toute activité impossible, il fut, en 1883, nommé membre de la commission mixte des travaux publics, et, plus tard, pour lui garder sa solde entière, membre adjoint au comité de cavalerie.

L'armée le vénérait, les officiers étaient fiers de lui, et le général Schmidt disait un jour en sortant de l'entretenir : « J'ai vu le général de Sonis ; c'est l'honneur » (1).

Chez M. de Sonis, le chrétien était aussi grand que le

(1) Mgr Baunard, p. 535.

soldat. Sa vie se modelait sur celle d'un religieux. La
prière, la méditation, l'assistance à la messe, la sainte
communion, la récitation du chapelet, la visite au Saint
Sacrement étaient ses pratiques quotidiennes. Suivant
la règle du Tiers-Ordre du Carmel, dont il avait reçu
l'habit, en 1862, des mains de Mgr Gay, il récitait chaque
jour l'office de la Sainte Vierge. Il aimait et fréquentait
les œuvres chrétiennes, était humble, mortifié, et
jeûnait fréquemment. Il recherchait même ces instruments de pénitence que les ascètes ont toujours employés
pour expier leurs fautes ou celles de leurs frères et ressembler davantage, jusque dans leur chair meurtrie, au divin
Crucifié.

Aussi, à mesure qu'il avançait vers l'éternité, il méritait
de plus en plus le surnom que les Arabes lui avaient donné
lorsqu'il commandait en Algérie : Moula-ed-Dine, maître
en religion ou en piété (1).

En songeant à cette belle vie, on ne s'étonne pas que
M. de Sonis soit mort au jour privilégié de l'Assomption.
La Sainte Vierge accordait à son dévot serviteur, comme
elle fit pour saint Stanislas Kostka (2), de pouvoir contempler l'éclat de son triomphe dans le ciel. C'était sa gracieuse
réponse à la parole que le général avait dite, dans la nuit
de Loigny, à ceux qui lui demandaient de les encourager
en face de la mort : « Marie est placée sur le seuil de l'éternité pour inspirer confiance à ceux qui doivent le franchir ».

Les obsèques du général furent dignes et pieuses comme
sa vie. Elles se firent le 18, à sa paroisse, au milieu d'une
grande affluence d'officiers, de prêtres, de délégués des
ordres religieux et des œuvres catholiques.

A la sortie, sur le parvis de l'église, le général Lhotte,
représentant du ministère de la guerre, prononça, devant
le cercueil de M. de Sonis, ces mémorables paroles : « Il fut

1 Mgr BAUNARD, p. 225.
2 Bréviaire romain, 13 novembre, 6° leçon des matines.

le modèle de toutes les vertus militaires, autant que des vertus privées. Comme on l'a dit de Bayard, le modèle des preux, on peut dire de Sonis qu'il fut sans peur et sans reproche.

» Adieu, général de Sonis ! Ta vie restera parmi nous comme un grand modèle dont nous nous efforcerons de nous rapprocher, mais sans espoir d'y atteindre jamais, tant étaient grandes tes vertus !

» Dans ma foi chrétienne, je te dis : Au revoir ! »

Dès le lendemain de cette cérémonie, un des fils du général, M. Henry de Sonis, écrivait à M. l'abbé Theuré, en parlant de son père : « Ses obsèques ont eu lieu hier et son corps est demeuré dans les caveaux de l'église Saint-Honoré. Où reposera-t-il ? Où doit-il reposer ? Nous avons pensé, Monsieur le Curé, qu'une place pouvait lui être faite dans l'église de Loigny, au milieu des soldats tombés glorieusement sur le champ de bataille ».

L'auteur de la lettre se chargeait des démarches à faire auprès du Ministre de l'Intérieur et du Ministre des Cultes, et priait M. l'abbé Theuré de demander des instructions à l'Evêché de Chartres.

On s'imagine facilement avec quelle pieuse émotion le Curé de Loigny accueillit le désir de cette famille en deuil. Lui qui avait vu le général si grand, si résigné dans la souffrance, le vénérait de toute son âme. Il recevrait son corps comme les restes mortels d'un héros et les reliques d'un saint.

Il partit aussitôt pour Chartres, où il fut convenu que l'on prierait Mgr Freppel, Evêque d'Angers, de prononcer l'oraison funèbre.

L'éloquent Prélat s'empressa d'accepter la mission qui lui était offerte et fixa la cérémonie à Loigny au 22 septembre, jour où l'Eglise célèbre la fête de saint Maurice, patron des soldats chrétiens.

L'orateur ne tarda pas à être épris de son sujet. Aussi

écrivait-il à M. l'abbé Theuré le 15 septembre : « Mon cher
Curé, je vous remercie de m'avoir fait étudier la vie du
général de Sonis, qui était bien venu me faire visite à
Angers, mais dont je ne connaissais pas les hautes vertus
au degré où elles m'apparaissent aujourd'hui, après des
correspondances intimes qui me sont arrivées de diverses
parts ».

A son tour, le général de Charette se fit un honneur
d'offrir, au nom des zouaves pontificaux, comme au nom
des bienfaiteurs de l'église, une place, à côté de celle
qu'il s'était réservée, dans le caveau funéraire, où étaient
déjà déposés les ossements des soldats français morts le
2 décembre 1870.

Il mettait de plus 500 fr. à la disposition de M. le Curé
pour les travaux à exécuter à la crypte et la décoration
intérieure de l'église.

Enfin, la Croix-Rouge de Chartres, si généreuse quand
il s'agit de Loigny, votait une somme de 500 francs que
M. l'abbé Theuré dépenserait à sa convenance pour les
frais divers de cette cérémonie.

Le jeudi 22 septembre vit une affluence considérable
d'étrangers se diriger vers Loigny. L'église, cependant
assez vaste, ne pouvait contenir toute la foule. Plusieurs
centaines de personnes restaient au dehors. Mais à l'intérieur, grâce aux mesures prises par M. le Curé, l'office se
fit avec beaucoup d'ordre et de dignité.

A droite de la nef, les fils et la famille du général
de Sonis, dont plusieurs officiers, et toutes les personnes
notables de la contrée ; à gauche, les généraux de Charette,
Barry, Allan, des officiers du 20e chasseurs, et un grand
nombre de zouaves pontificaux, à la tête desquels le colonel
d'Albiousse, les commandants de Couëssin et de Moncuit.

Plus de deux cents prêtres accourus de tous les points
de la France remplissaient le sanctuaire et la plus haute
partie de la nef.

Partout des tentures de deuil, les armes du général, le nom des batailles auxquelles il a pris part, les drapeaux de la France.

Sur le cercueil, les insignes du général, ses croix, ses médailles, sa vaillante épée et l'étendard du Sacré-Cœur, la glorieuse bannière des zouaves pontificaux, teinte de leur sang.

Monseigneur Regnault, que son grand âge retenait à Chartres, était représenté par l'officiant, M. le chanoine Roussillon, secrétaire général de l'Evêché. La messe de Requiem, chantée à l'unisson par les prêtres alternant avec les enfants de chœur de la Maîtrise de Chartres, était d'un effet grandiose.

Après le dernier évangile, Mgr l'Evêque d'Angers monta en chaire et prononça l'oraison funèbre impatiemment attendue. Ces merveilleuses pages de haute éloquence firent une profonde impression sur l'auditoire. Dans l'impossibilité de tout reproduire, citons seulement la péroraison qui résume si bien les leçons de l'émouvant discours :

« Pour moi, mes frères, c'est le cœur plein d'émotion que je vais quitter ces lieux témoins de si grandes choses.

» Loigny, Loigny ! terre des braves, qui as bu le sang le meilleur et le plus généreux de la France, reçois ces dépouilles glorieuses qui n'auraient pu trouver nulle part ailleurs de place plus digne d'elles, en attendant le jour de la résurrection. C'est bien ici, sous l'égide du Sacré-Cœur, que devait être la demeure dernière du vaillant soldat, au milieu de ses compagnons d'armes qui lui formeront une garde d'honneur jusqu'au sein de la mort.

» Désormais, quand on voudra chercher les leçons les plus sublimes du patriotisme, on viendra se recueillir à Loigny auprès de cette tombe, mémorial insigne de la bravoure française et de piété chrétienne. Ce sera le pèlerinage du dévouement et de la vertu militaire.

» Je ne sais si, à la prière de la foi, Dieu daignera faire

germer le miracle dans ces lieux à jamais bénis ; je ne sais si l'Eglise, toujours désireuse de glorifier l'élite de ses fils, ne voudra pas, quelque jour, faire resplendir d'un plus vif éclat une vie où les vertus chrétiennes se sont élevées jusqu'à l'héroïsme ; mais ce que l'admiration publique me permet, dès maintenant, d'affirmer sans crainte, c'est que la mémoire du général de Sonis traversera les générations, entourée du respect et de la vénération de tous : car il a été grand devant Dieu et devant les hommes (1). »

A cette oraison funèbre qui rappelle les immortels chefs-d'œuvre de Bossuet, succéda l'absoute avec ses touchantes invocations à la miséricorde divine ; puis la foule s'écoula sous l'empire des plus saintes émotions. Le cercueil fut alors descendu dans la crypte et porté à la tombe préparée pour le recevoir. Sur la pierre, qui le recouvre, on lit cette inscription que M. de Sonis avait tant souhaitée : *Miles Christi, soldat du Christ* (2).

Selon le vœu de Mgr l'Evêque d'Angers, c'est là sur ce banc placé devant le tombeau vénéré, que beaucoup sont venus depuis s'agenouiller et demander à Dieu, par l'intercession du pieux général, la force pour les luttes de la vie, la lumière aux heures de doute et d'égarement, la santé dans la maladie.

Deux mois à peine s'étaient écoulés depuis cette cérémonie funèbre, quand, le 18 novembre, une lettre de Mgr Baunard, l'éminent recteur de l'Institut catholique de Lille, disait à M. l'abbé Theuré. « Monsieur le Curé j'ai reçu de Mme de Sonis et de sa famille la précieuse mission d'écrire la vie du général. La plus belle page de cette vie sera certainement celle qu'il a écrite lui-

---

(1) *Voix de Notre-Dame,* 1887, p. 230.
(2) L'inscription complète est ainsi conçue : Die xxii sept. 1887 — in spem vitæ — hic depositus est et requiescit — Miles Christi — Gaston de Sonis, général de division, — né le 25 août 1825, — décédé — le 15 août 1887 — Priez Dieu pour lui.

même de son sang, à Loigny, sur le champ de bataille et dans votre presbytère. Je viens, Monsieur le Curé, faire appel à tous vos souvenirs pour reconstituer cette scène héroïque dont votre toit fut le théâtre et que mieux que personne vous pouvez me redire . »

Et le célèbre écrivain priait l'abbé Theuré, dont il se disait le Confrère très obligé, de vouloir bien lui communiquer les lettres de M. de Sonis, ainsi que ses souvenirs personnels, ses notes, tout ce qu'il possédait sur ce grand soldat et ce grand chrétien.

Nous signalerons ce remarquable ouvrage au moment de son apparition.

L'année qui suivit la mort du général de Sonis, le conseil municipal de Loigny fit disparaître l'ancien cimetière, qui, le 2 décembre 1870, avait servi de dernier refuge aux vaillants défenseurs du village.

Dès 1863, il avait été question d'appliquer le décret du 23 prairial an XII, et de choisir en dehors du bourg un nouveau terrain pour les sépultures. Toutefois, c'est seulement après la guerre, en 1878, que le projet fut exécuté. Plus tard, on résolut de procéder par moitié à l'enlèvement des terres du cimetière abandonné. La partie sud, qui se trouvait en face de la nouvelle église, fut abaissé au niveau de la place en 1885 ; la partie nord ne le fut qu'en 1888.

De ce lieu bénit, théâtre d'une lutte si mémorable, il ne reste plus, au grand regret des visiteurs, que quelques croix de fer, marquées par les balles allemandes et pieusement recueillies par M. le Curé, comme des témoins irrécusables et vénérés.

Revenons, maintenant, à notre prétendue voyante et poursuivons le récit de ses faits et gestes.

Vers la fin de 1887, les prédictions de Mathilde Marchat ne se confinaient plus dans le domaine religieux, mais revêtaient aussi un caractère politique. Elle enseignait la survivance du jeune Louis XVII, l'infortuné prisonnier de la Tour du Temple, pendant la Révolution, et la légitimité des Naundorff.

Bientôt, disait-elle, arriverait le roi Charles XI, le petit-fils de Louis XVI, le roi-martyr. Ce prince, très religieux, avait, le 13 décembre 1883, à Paray-le-Monial, fait au Sacré-Cœur l'offrande de sa personne et de son royaume; il l'avait renouvelée, le 14 mars 1884, dans le sanctuaire de Montmartre. Il était agréé de Dieu, monterait sur le trône et ferait cesser tous les maux de l'Eglise et de la France.

Alors, on bénirait, à Loigny, le drapeau blanc, portant un Sacré-Cœur au milieu des fleurs de lys, et une bannière bleue, sur laquelle serait peinte l'image de Notre-Dame de Lourdes. Les troupes royales marcheraient au combat à l'ombre de ces deux étendards, qui les conduiraient à la victoire.

Mais ces événements ne se réaliseraient que lorsque les Epouses du Sacré-Cœur de Jésus-Pénitent seraient installées à Loigny. Il fallait donc hâter cette heure de restauration et de paix tant désirée.

Voilà pourquoi les partisans de ces idées poursuivaient de leurs réclames, afin de les rallier à leur cause, ceux qui aimaient Loigny, ceux dont la douleur et la foi gardaient pieusement le souvenir du 2 décembre.

Un adepte des plus qualifiés et des plus fervents, le comte Vérité de Saint-Michel, commandeur de Saint-Grégoire le Grand, camérier secret de cape et d'épée de Sa Sainteté Léon XIII, écrivait, le 21 *janvier*, à M. l'abbé Theuré et lui demandait de l'aider à acheter, à Loigny, une maison pour un prix de 2.300 francs environ, acte en main.

Quatre jours plus tard il lui disait : La Sainte Vierge désire que le *Précieux écrit* du Sacré-Cœur à Mathilde Marchat soit *surtout* remis aux familles des *Victimes* du Sacré-Cœur de *Loigny*. Comme je ne connais que M. Vagner, rédacteur de l'*Espérance* de Nancy, veuillez faire ce qui dépendra de vous pour communiquer ce document aux personnes ainsi désignées.

Mais outre l'envoi de circulaires, on faisait encore des démarches à domicile auprès des familles les plus influentes, afin de capter leur confiance. Nous en avons pour preuve cette lettre adressée, le 29 mars, par Mademoiselle Germaine de Sonis à M. le Curé de Loigny :

« Nous avons eu il y a quelque temps la visite d'un Monsieur inconnu, qui s'est fait annoncer comte Vérité de Saint-Michel, et qui, disait-il, nous était envoyé par des personnes de Chartres, dont ma mère vous a déjà parlé, je crois.

» Il était chargé par elles de nous apprendre que Monseigneur l'Evêque de Chartres s'occupait de leur œuvre et avait autorisé la fondation de leur couvent à Loigny. Est-ce vrai ? Ce Monsieur venait de passer quinze jours à Chartres et était très enthousiasmé de ce qu'il avait vu et entendu. Il nous a aussi beaucoup parlé de son roi Charles XI et a paru très surpris de voir que nous ne partagions pas son avis. »

La prudence de la famille de Sonis était justifiée par les événements.

En effet, le 13 février 1888, trois laïcs étrangers, dont le comte Vérité de Saint-Michel, partisan des Naundorff, et Glénard, ancien notaire, crédule à l'excès, s'étaient présentés à Mgr l'Evêque de Chartres et l'avaient prié, avec beaucoup d'instance, de vouloir bien reconnaître et bénir la communauté des Epouses du Sacré-Cœur de Jésus-Pénitent. Cet ordre formé par la Très Sainte Vierge elle-même, était destiné à s'établir définitivement à Loigny (1). A l'appui de leur requête, ils invoquaient les prétendues révélations faites à Mathilde Marchat, qui, sur un commandement venu d'en-haut, s'appelerait, désormais, Marie-Geneviève du Sacré-Cœur.

(1) *Voix de Notre-Dame de Chartres*, 1889, p. 49.

Bien que la proposition lui parut étrange, Mgr Regnault consentit à faire examiner la nature des révélations dont le témoignage était invoqué.

C'est d'abord à l'Evêque, en effet, qu'appartient le jugement des opérations surnaturelles, miracles, révélations, prophéties et autres faits analogues. Le concile de Trente est formel sur ce point. Il en résulte qu'en ces choses les fidèles sont tenus de recourir à lui et de se soumettre à ses ordonnances.

Mgr Regnault prit toutes les mesures prescrites par le droit ecclésiastique pour que la sentence fût prudente et éclairée. Il nomma une commission de théologiens et de canonistes choisis dans l'élite de son clergé. Elle compara les écrits donnés comme révélés avec les grandes règles tracées par les docteurs les plus autorisés dans la question du discernement des esprits. Le résultat de cette étude fut nettement défavorable à la soi-disant Voyante.

Ainsi Gerson, le cardinal Bona, Benoît XIV veulent qu'on rejette, comme indigne de la sagesse de Dieu, tout ce qui est inutile et ridicule. Or, les écrits soumis à l'examen fourmillent de traits de cette nature. On y lit, par exemple, que l'âme de sainte Claire a emporté une corde dans le ciel, et l'y a gardée deux cents ans. Cette corde ceint aujourd'hui les reins de Mathilde, qui a bien voulu en donner quelques fils, comme reliques, à de bonnes personnes privilégiées !

Ailleurs on fait jouer à la Très Sainte Vierge un rôle bizarre, irrespectueux, inconvenant. Ainsi elle allume le feu, coupe le pain, arrose le jardin, etc (1).

Toutes ces rêveries furent réprouvées, à l'unanimité, par les membres de la commission. C'était déclarer qu'il y avait urgence à protéger, contre les imaginations des hallucinés ou les supercheries des fourbes, la foi des simples et l'honneur de la piété catholique.

(1) *Voix de Notre-Dame de Chartres*, 1890, supplément, p. 137.

En conséquence, Mgr de Chartres condamna les prétendues révélations. Son ordonnance, datée du 8 mars, fut
d'abord discrètement notifiée à l'intéressée, dans l'espérance qu'elle se soumettrait ; puis, lorsque l'obstination
de la pauvre égarée fut devenue évidente, on l'imprima
et elle fut communiquée au diocèse.

Il était enjoint à Mathilde Marchat, sous peine d'être
privée des sacrements, de ne plus divulguer de révélations
et de retirer des mains des fidèles ses écrits si préjudiciables
à la piété. Défense était faite de favoriser ses projets d'éta-
blissement et de quêter à cette intention. Enfin l'argent
précédemment reçu devait être restitué.

La visionnaire et ses partisans ne tinrent nullement
compte de la sentence épiscopale. Les révélations, impri-
mées cette fois, circulèrent plus abondantes. Des canonistes
d'occasion essayèrent même de répondre à l'ordonnance
et d'en infirmer l'autorité.

Le 6 avril, Glénard achetait une maison à Loigny. Le
12 et le 13 du même mois, le comte de Saint-Michel remplissait, au Vatican, sa charge de camérier au cours d'un
pèlerinage français à Rome. Il en profitait, dans une
audience privée, pour entretenir le Pape des révélations
de Mathilde Marchat, et lui présenter un prétendu « Message au Souverain-Pontife dicté par Notre-Seigneur Jésus-
Christ à Marie-Geneviève du Sacré-Cœur, le 19 février
1888. » Le comte aurait voulu donner lecture complète de
cet écrit ; mais le Saint-Père, fatigué, lui dit de remettre
cette cause à l'examen de la Sacrée-Congrégation.

Ainsi le Pape indiquait lui-même la marche à suivre :
faire appel au Saint-Office de la sentence de l'Evêque de
Chartres, comme le voulait le droit commun.

Mathilde fut donc invitée à venir à Rome pour y être
soumise comme *voyante* à l'examen du grand Inquisiteur.
Elle y arriva le 5 mai, en compagnie de Joséphine Duchon,
sa prétendue supérieure, et fut confiée à une communauté
de Religieuses.

Mais comme les personnages chargés d'étudier la cause n'étaient point dupes de ses feintes, Mathilde voulut éviter leur décision. Elle prétexta un ordre de la Sainte Vierge, et, malgré la défense qui lui était faite de quitter Rome, elle regagna Chartres le 2 juin. C'était désobéir à ses juges.

Cette conduite lui fit perdre les sympathies des personnes qui lui donnaient asile. Fuyant alors notre ville, elle resta quelques jours près d'Etampes et vécut cinq semaines à Lille. Le 15 août elle était à Loigny où la secte fêtait sa présence par des démonstrations extérieures. Le 8 septembre, elle se rendait en procession au Bois des Zouaves et portait ses offrandes à la colonne du Sacré-Cœur.

Les propriétaires de l'enclos, M mes les comtesses de Bouillé et de Verthamon, indignées en apprenant ce fait, lui en interdirent désormais l'entrée.

M me de Bouillé s'exprimait ainsi, le 12 septembre, en écrivant à M. l'abbé Theuré : « Je viens d'apprendre que la prétendue voyante Mathilde Marchat s'est installée dans votre paroisse et qu'elle continue à être en révolte ouverte avec l'autorité ecclésiastique. C'est pour moi une grande douleur de penser que ce scandale se passe à Loigny, ce pays qui, au contraire, aurait tant besoin d'appeler les bénédictions de Dieu.

» Mais ce qui serait plus fort encore, c'est que ces fausses religieuses poussent l'hypocrisie jusqu'à vouloir faire croire qu'elles sont approuvées par nous.

» Veuillez, Monsieur le Curé, faire jeter hors du bois et des marches du monument les ex-voto, couronnes ou fleurs que ces prétendues religieuses auraient pu y déposer. »

Le 24 octobre, elle ajoutait : « Je vous prie, Monsieur le Curé, de dire une messe pour demander à Dieu de délivrer la paroisse de Loigny de ces prétendues religieuses. »

Cependant Mathilde étant partie de Rome malgré la défense de ses juges, le Saint-Office n'avait pu terminer son examen, ni, par conséquent, porter une sentence.

Comme l'affaire intéressait trop l'honneur de la religion et la tranquillité des fidèles pour rester en suspens, òn demanda à Chartres un supplément d'enquête. Puis, lorsque toutes les pièces du procès canonique furent réunies, la congrégation romaine se prononça en connaissance de cause ; le 15 décembre, le cardinal Monaco notifiait le jugement rendu. Il confirmait les décisions de l'Evêque de Chartres et ordonnait à Sa Grandeur de dissoudre, à Loigny, la communauté ouverte à des femmes assez téméraires pour adhérer à des révélations condamnées par l'autorité religieuse (1).

Le 24 dècembre, l'arrêt fut signifié officiellement à la voyante et aux sept personnes qui demeuraient avec elle. Il leur était accordé un délai de trente jours pour évacuer la maison en signe de soumission complète. Mais ni Mathilde, ni sa supérieure, ni leurs partisans n'étaient disposés à obéir. Pour éluder la condamnation du Saint-Office, ils usèrent d'un moyen employé par les jansénistes et beaucoup d'autres, ils en appelèrent au Pape.

A ce moment une revue, intitulée les *Annales de Loigny* et paraissant le 1er *vendredi* de chaque mois, venait de lancer son premier numéro. Aidée par de petites brochures variées, tirées à un grand nombre d'exemplaires, elle répandait, en France et à l'étranger, des appels réitérés en faveur de l'œuvre, illusionnait les âmes de bonne foi peu éclairées, et multipliait les adhérents. Aussi on voyait affluer à Loigny, à certains jours indiqués d'avance, des visiteurs avides de contempler les extases simulées de la voyante, d'entendre le récit des apparitions du Sacré-Cœur et de Notre-Dame de Lourdes Expiatrice, d'écouter ses révélations, ses menaces et ses prophétiques promesses, d'assister au chant de longs cantiques dictés par la Très Sainte Vierge ou à des cérémonies religieuses commandées par elle, de recevoir et d'emporter enfin des médailles du Sacré-

(1) *Voix de Notre-Dame de Chartres*, 1889, p. 49 et suiv.

Cœur de Jésus-Pénitent, des gravures représentant l'apparition du Sacré-Cœur à Mathilde Marchat, des images signées par *Marie*, la reine du Ciel.

Le 21 janvier 1889, jour anniversaire de la mort de Louis XVI, parmi les pèlerins réunis au pseudo-couvent, quarante-deux, dont trois ecclésiastiques, signèrent une supplique au Pape et à Mgr Regnault, pour demander levée de l'interdit qui pesait sur eux.

Le même jour, les plus ardents de ces étrangers se présentèrent tumultueusement au presbytère pour réclamer la statue de Notre-Dame de Lourdes, qu'une adepte de la voyante avait précédemment donnée, sans réserve et *pour la placer où il voudrait*, à M. le Curé de Loigny.

Sur une plainte de M. l'abbé Theuré, la police intervint pour ramener ces exaltés au respect des personnes et du domicile. L'Evêque de Chartres, de son côté, régla que l'église de Loigny serait désormais fermée, six jours par semaine, à ceux qui faisaient partie de la communauté interdite, qu'ils soient prêtres ou laïques, habitants de la paroisse ou étrangers. Les jours ouvrables, on y accèderait par la cour du presbytère, si le curé ou sa bonne le permettait ; le dimanche, elle resterait ouverte au public.

Ces avertissements et ces mesures, pourtant bien nécessaires, loin de calmer l'effervescence des adeptes de la secte, semblaient au contraire l'exciter. Car, dans la nombreuse réunion qui eut lieu au couvent le 23 avril, mardi de Pâques, ils signèrent, avec des croix seulement, une nouvelle adresse au Souverain Pontife, pour le prier en grâce d'annuler les décisions précédentes et d'autoriser leur étrange communauté.

Mais le 18 mai, comme précédemment le 17 février, la réponse du Pape fut un rappel à l'obéissance aux supérieurs légitimes (1). L'Evêque de Chartres la fit publier au prône de toutes les paroisses de son diocèse, afin de

---

(1) *Voix de Notre-Dame de Chartres*, 1889, p. 97 et 164.

prémunir les fidèles et de ramener les égarés. Le trait suivant nous prouve qu'il obtint parfois ce consolant résultat.

« Or, raconte la *Voix de Notre-Dame* (1), quand on lut
dans l'église de Loigny la lettre de Mgr Regnault, datée
du 28 mai et portant communication des prescriptions du
Saint-Siège, il se produisit un incident qui a fort ému et
édifié : Un pauvre prêtre aveuglé, qui avait prêté son
ministère aux prétendues religieuses, a fait, dans l'église
où il se trouvait mêlé aux paroissiens pour l'assistance à
la messe, une entière et touchante soumission.

« Il a quitté Loigny le soir même après avoir demandé
pardon du scandale donné, et emportant, pour cet acte
de courage et de foi, l'estime de la population. »

Hélas ! ni les paternels avertissements du Souverain
Pontife, ni les retours exemplaires de quelques-uns n'éclai-
raient la foule des affiliés au pseudo-couvent. Car les
meneurs du parti, pour retenir les âmes simples et apaiser
leurs réclamations, avaient soin de se dire les enfants
soumis de la Sainte Eglise, et d'affirmer qu'au fond le
Pape était avec eux. Mais une fois cette satisfaction donnée
aux consciences timorées, ils se vengeaient, par des plaintes
amères et des tracasseries de toutes sortes, de ceux qu'ils
appelaient leurs persécuteurs.

Ainsi quelques mois plus tard, quand Monseigneur de
Chartres mourut, le 3 août, ils eurent l'audace impie de
rappeler les menaces qu'ils lui avaient adressées, et de
présenter son décès comme un châtiment du Ciel. Ils
imaginèrent même des apparitions où le vénéré défunt
sorti du Purgatoire, venait le 2 février et le 8 avril 1890
implorer les prières de Mathilde, lui raconter ses atroces
souffrances, lui exprimer ses regrets d'avoir, trompé par
son entourage, méconnu la mission surnaturelle dont
l'honoraient, depuis sept ans, le Sacré-Cœur de Jésus et
Notre-Dame de Lourdes.

(1) *Voix de Notre-Dame de Chartres*, 1889, p, 165.

Après avoir lu ce qu'on osait contre la mémoire d'un pieux Evêque, on ne s'étonnera pas d'apprendre que la situation de l'abbé Theuré à Loigny devenait très difficile.

Tant que les chefs de l'intrigue politico-religieuse avaient espéré le gagner à leur cause, ils l'avaient appelé le saint curé. Quand ils le virent se conformer strictement aux décisions de l'autorité ecclésiastique, il ne fut plus que le pauvre curé. Il fut traité de mauvais curé lorsqu'il avertit ses paroissiens de se défier des loups cachés sous des peaux de brebis. Enfin sa fermeté à garder, comme c'était son droit, la statue de Notre-Dame de Lourdes et à faire observer le règlement de l'Evêché sur la fermeture de l'église et l'entrée par le presbytère, porta bientôt l'irritation à son comble.

Dès lors les partisans de la secte lui prodiguèrent les injures, critiquèrent violemment son ministère, incriminèrent même sa conduite, dans leurs publications, au point qu'il dut recourir aux tribunaux pour réprimer les attaques de ses adversaires.

L'abbé Theuré vécut alors des heures de tristesse et d'abattement telles qu'il n'en n'avait jamais connues. Aussi avait-il besoin que des voix amies vinssent lui faire entendre des paroles d'encouragement. « Tenez bon, ne vous laissez pas désarçonner, lui écrivait, le 2 mars 1889, l'abbé Hautin, curé de Marboué. C'est une épreuve douloureuse que Dieu vous envoie. Acceptez-la généreusement. Elle vous sera plus méritoire que les journées sanglantes de 1870. »

A la même époque, un autre procès, historique celui-là, se plaidait devant le monde lettré en faveur de Loigny.

Dès 1871, M. l'abbé Theuré se plaignait à M. Vagner, l'organisateur de la souscription pour le Monument de la bataille, parce qu'il employait le nom de Patay et non celui de Loigny pour désigner le combat du 2 décembre. L'Echo Dunois du 5 novembre de cette même année, constate aussi cette réclamation.

Depuis, l'erreur n'avait fait que se propager. On parlait constamment des zouaves de Patay, de la bannière de Patay, des héros de Patay. « C'est là, disait-on, que s'est accompli un des plus beaux faits d'armes de la dernière guerre ; le nom de Patay mérite d'être placé à côté de ceux de Reischoffen et de Châteaudun. »

M. l'abbé Sainsot, Curé-doyen de Terminiers, indigné, comme l'abbé Theuré, d'entendre ainsi fausser l'histoire, résolut de détruire cette légende. Dans ce but, il présenta, le 10 janvier 1889, à la Société archéologique d'Eure-et-Loir, un mémoire très documenté et signé par les maires des douze communes où s'était déroulé le combat du 2 décembre 1870. Nous en donnons une rapide analyse.

Patay est à 12 kilomètres environ de Loigny ; il en est séparé par le vaste territoire de Terminiers, et le 2 décembre il n'y a pas eu la moindre lutte sur la commune ou dans le voisinage de Patay. Il n'a donc aucun droit à donner son nom à la bataille. Loigny, au contraire, situé au centre de l'action, a vu, du matin au soir, les assaillants des deux armées se ruer à l'envi contre ses maisons rustiques ; il a souffert de la mitraille et de l'incendie ; ses plaines et ses rues ont été inondées de sang, couvertes de cadavres ; on ne peut donc sans injustice lui enlever un privilège qu'il a payé par tant de douleurs et de ruines.

Chanzy, il est vrai, dans ses rapports officiels, parle toujours de Patay et oublie Loigny. Quoi d'étonnant ? Arrivé trop tard sur le champ de bataille, il n'a aperçu Loigny que de loin. Mais lorsque ce général préparait son livre sur les opérations de l'armée de la Loire, l'abbé Theuré qui avait vu les choses de plus près, lui fit passer le billet suivant : « Le général Chanzy est averti que si, dans son ouvrage, comme il l'a fait autre part, il substitue le nom de Patay à celui de Loigny, je ferai connaître les raisons de cette injuste préférence ». Le nom de Loigny figura partout où il en avait le droit, et l'abbé Theuré garda le silence parce que le volume en question disait la vérité.

La confusion établie d'abord par Chanzy eut des effets regrettables, Ainsi des secours destinés soit aux blessés, soit aux habitants victimes de la guerre, furent dirigés sur Patay où l'on regorgea d'une foule de choses sans emploi, tandis qu'à Loigny on était sans ressources, sans abri, grelottant de froid et de faim. Les parents des soldats tombés sur le champ de bataille furent aussi souvent trompés par cette fausse indication. Grand était leur étonnement quand, arrivés à Patay, où ils se croyaient au terme de leur course, on les envoyait à 12 kilomètres de là, dans un pays dont ils ne connaissaient pas même le nom.

Le général de Charette n'avait pas les mêmes raisons que le général Chanzy de taire le nom de Loigny. Il connaissait, il aimait ce village, nos lecteurs le savent. Tant de liens l'y rattachaient, qu'il a voulu y dormir son dernier sommeil. Et cependant ses portraits le représentent à Patay, lui-même ne parlait que de Patay. Il agissait ainsi pour se procurer la satisfaction de raconter qu'il avait combattu au même lieu que Jeanne d'Arc. Le général de Sonis n'approuvait pas cette gloriole, le mot est de lui, de son compagnon d'armes, et c'était lui déplaire que de prononcer à ce sujet le nom de Patay.

Aussi, ce que la Vierge lorraine disait de son étendard, redisons-le de Loigny : « Il a été à la peine, il est bien juste qu'il soit à l'honneur ». Patay gardera donc l'auréole que lui font la Pucelle d'Orléans et sa victoire ; mais nous, rendons à Loigny ce qui lui appartient légitimement, l'honneur de donner son nom à la bataille du 2 décembre.

Le plaidoyer du savant doyen, approuvé par la Société archéologique d'Eure-et-Loir, fut reproduit dans un grand nombre de journaux. Des voix autorisées s'en inspirèrent, et l'on vit peu à peu l'erreur devenir moins fréquente et la vérité mieux connue.

Ce qui y contribua certainement le plus, fut l'apparition, au mois de mai 1890, d'un beau volume intitulé, le Général de Sonis par Mgr Baunard, l'auteur déjà de tánt d'ouvrages estimés et, notamment de l'histoire du cardinal Pie, un chartrain célèbre. L'éminent recteur de l'Institut catholique de Lille, avait accepté, nous l'avons dit, de nous retracer la carrière de ce héros chrétien, et il s'était épris de vénération pour son modèle.

« Je ne pense pas, disait-il à l'abbé Theuré, le 1er avril, avoir jamais rien écrit de plus grand et de plus admirablement édifiant que cette vie. C'était un saint de premier ordre ». Le 27 mai, il ajoutait : « Puissiez-vous retrouver dans ces pages une peinture fidèle de ce que vous avez tant admiré dans ce saint général durant les jours et les nuits où il fut, à Loigny, votre hôte si reconnaissant ».

En offrant son ouvrage à M. le chanoine Goussard, directeur de la *Voix de Notre-Dame de Chartres*, Mgr Baunard lui écrivait : « Vous connaissez le héros, vous verrez le *saint* dans ce livre. C'est un vrai saint, en effet, et ce saint est vôtre. Loigny a été pour lui l'autel du sacrifice ; en attendant qu'un jour peut-être on lui élève des autels et que vous inscriviez son nom dans les diptyques sacrés de votre illustre Eglise. »

Puis, l'auteur, faisant allusion à sa *Vie du cardinal Pie* et à celle de Sonis, poursuivait ainsi : « Ce sont là de ces noms qui s'élèveront, l'un à côté de l'autre, dans l'histoire de ce siècle, et qui le domineront, comme vos deux grands clochers au-dessus de nos plaines de la Beauce. Vous verrez avec bonheur quels liens unissaient d'ailleurs le grand Evêque et le grand soldat. Et vous les aimerez, j'espère, comme ils s'aimaient entre eux : inséparablement » (1).

L'ouvrage du Recteur de l'Institut catholique de Lille, tiré à trente mille exemplaires en moins d'une année, fut accueilli avec faveur par les esprits cultivés et valut à

(1) *Voix de Notre-Dame de Chartres*, 1890, supplément, p. 23.

son auteur les plus chaleureux éloges. Témoin M. de Vogüé qui, en 1892, dans la *Revue des Deux-Mondes*, au cours d'une étude sur l'ignoble *Débâcle* de Zola, recommandait aux jeunes gens de vingt ans l'*Histoire du général de Sonis*.

« Bourget, écrivait-il, me disait en m'engageant à lire cette biographie : c'est le plus fier livre de notre temps. Je ne suis pas éloigné de penser comme lui. Sonis est un compagnon de saint Louis ; sur la dalle où il devait dormir dans son armure, il s'est réveillé pour prendre le commandement d'une des armées de Gambetta. Je voudrais pouvoir citer en entier le récit de la bataille de Loigny ».

On ne sort certainement pas hervéiste de cette école de dévouement, de foi et de patriotisme.

Après avoir entendu l'appréciation d'un fin lettré sur l'œuvre de Mgr Baunard, écoutons celle d'un prêtre distingué, éducateur d'une élite sacerdotale.

Un groupe assez nombreux d'élèves du Grand Séminaire d'Issy était venu en pèlerinage à Loigny (1) et avait, la nuit, psalmodié les Matines dans l'église, près de la tombe et de l'ossuaire vénérés. Leur directeur, M. Dubosq, en remerciant M. l'abbé Theuré de son paternel accueil, lui écrivait le 30 juillet 1891 : « Je ne vous surprendrai pas en vous disant que je suis chaque jour plus enthousiaste pour cet admirable de Sonis. J'arriverai à savoir par cœur cette *Vie* si pleine, si voisine de l'idéal chrétien. Je ne connais guère de lecture dont l'influence soit plus intense et plus saine ; on se passionne au contact de ce grand caractère, pour ce christianisme si vrai, pour cette religion de sacrifice, tant méconnue aujourd'hui. Soyez assez bon, Monsieur le Curé, pour demander à Notre-Seigneur qu'il me donne d'imiter et de faire imiter par nos séminaristes, un si beau modèle ».

Ajoutons que beaucoup de chrétiens, traduisant en acte leurs pieux sentiments pour M. de Sonis, tournèrent

_____

(1) *Voix de Notre-Dame*, 1891, supplément, p. 346.

les yeux vers son tombeau. Ils vinrent, comme les Sulpi-
ciens, baiser avec respect la pierre qui le recouvre et
implorer les grâces dont ils avaient besoin.

L'Institution Notre-Dame de Chartres avait, dans ce
but, fait son pèlerinage le 18 juin précédent. Elle offrait
comme hommage un beau cantique au Sacré-Cœur de
Loigny, par M. l'abbé Verret, et une blanche bannière,
semblable à celle que Verthamon portait à la bataille du
2 décembre. Son éloquent directeur, M. le chanoine Tissier,
commentait, en termes élevés ces trois pensées qui
résument tout ce livre : « Loigny, c'est la gloire ; Loigny,
c'est l'expiation ; Loigny, c'est l'espérance ». La foule
emplissait l'église et la chaude parole de l'orateur captivait
son attention ; car, selon l'expression de Louis Veuillot,
il savait, dans l'esprit de ses auditeurs,

« Comme avec des clous d'or fixer la vérité ».

Avant de terminer, et pour remercier les habitants du
village de leur accueil sympathique, il leur adressa ce mot
inoubliable où le conseil se mêle à la louange : « Vous,
mes Frères, qui vivez sur cette terre généreuse, vous qui
avez été les témoins de tant de sacrifices, et qui, tous les
jours, en recueillez les leçons, vous avez des devoirs envers
vos morts sublimes. Au milieu de ces tombes et de ces
croix qui dominent vos plaines, vous devez porter des
âmes plus généreuses qu'ailleurs, des cœurs plus dévoués.
La sainteté du sol que vous foulez est une noblesse qui vous
oblige à des vertus supérieures. Vous trahiriez vos martyrs,
si vous n'étiez pas entre tous plus Français et plus chrétiens.
Continuez donc d'aller dans les chemins de vertu que vous
ont tracés les héros de 1870 (1). »

Puisse cette parole : *plus Français et plus chrétiens*,
devenir la devise de Loigny ! Puissent ses habitants se

(1) *L'Institution Notre-Dame de Chartres à Loigny*, le 18 juin 1891,
p. 29.

montrer dignes des glorieux souvenirs et des précieuses reliques dont ils sont les héritiers et les gardiens !

Pour ne pas allonger ce récit, nous ne pouvons, à notre grand regret, ni nommer tous ceux qui recoururent alors à l'intercession de général de Sonis, ni même faire connaître ceux qui attribuèrent à ses prières le succès de leurs entreprises. Qu'on nous pardonne cependant de citer encore la lettre suivante.

L'Evêque d'Anthedon, Mgr Gay, qui jadis avait reçu M. de Sonis dans le Tiers-Ordre du Carmel, écrivait le 25 juin 1890, à M. l'abbé Theuré : « Permettez-moi de recommander à votre charité M. l'abbé Roger, aumônier des Carmélites de Niort, au diocèse de Poitiers. Ce bon et digne prêtre, que j'affectionne beaucoup, se rend à Loigny pour y prier sur la tombe du saint général de Sonis. Il est affligé d'un mal pénible et, d'accord avec nos saintes filles, il va demander sa guérison. Veuillez donc favoriser son pieux projet en lui procurant toutes les facilités désirables. Je vous en serai très reconnaissant ».

En forme d'épilogue à son beau livre sur M. de Sonis, Mgr Baunard voulut acheter le terrain où le général, blessé et couvert de neige, avait passé la nuit, souffert et prié, après la bataille du 2 décembre. Il eut recours à M. le Curé de Loigny pour conduire, en son nom, toute cette affaire, qui fut terminée dans le mois de novembre 1890. Son intention était d'élever à cet endroit un petit monument, croix ou statue, selon les désirs de Mgr l'Evêque de Chartres. C'est la première qui fut choisie parce que sa signification est plus éloquente et indique mieux le héros chrétien.

Cette croix de pierre, exécutée à Orléans, a une hauteur totale de 4 m. 50. L'étendard du Sacré-Cœur qui l'entoure, cache à moitié dans ses plis une palme symbolique. C'est à la fois le mémorial du martyre enduré sur cette motte de terre, et du culte que la France catholique a voué au glorieux vaincu du 2 décembre. Les quatre faces du piédestal portent des inscriptions où sont rappelés, avec le seul titre que M. de Sonis eut demandé sur sa tombe : *Miles Christi*, les angoisses et les ravissements de la nuit extatique et douloureuse.

La bénédiction solennelle se fit en la fête de l'Assomption, le samedi 15 août 1891, quatrième anniversaire de la mort du général. Deux processions nombreuses, parties au chant des vêpres des églises de Terminiers et de Loigny, se rencontrèrent sur le terrain privilégié, près du Bois des Zouaves. L'assistance comprenait ce que Sonis avait le plus aimé : sa famille, son épouse, ses enfants, quelques amis de choix, les hommes de la Croix-Rouge qui lui furent si secourables à Loigny, des prêtres représentant les diocèses de Chartres et d'Orléans, et le bon peuple des deux paroisses, portant les bannières de Jésus et de Marie.

Mgr Baunard, qui présidait, exposa, dans un discours émouvant, ce que commémoraient la date de la cérémonie, le lieu et le monument qui en étaient l'objet ; il décrivit l'ardente dévotion du général au Sacré-Cœur de Jésus et les merveilles qui s'étaient opérées en cet endroit ; enfin, pour exprimer toute sa pensée sur M. de Sonis, il voulut conclure en disant :

« Nous ne faisons aujourd'hui, je l'espère, que la première veille de sa gloire ; d'autres et plus grands hommages attendent le héros qui ne cesse de monter dans la vénération comme dans l'admiration de ses contemporains. Un jour, j'en ai la confiance, la France catholique reprendra le chemin que nous venons de parcourir. A la place de cette croix, elle viendra consacrer un sanctuaire, un autel sous un nom glorieux. Elle s'agenouillera ici, et elle baisera, non plus seulement avec respect, mais avec religion, cette terre devenue sacrée comme une relique, car elle a bu le sang de celui qui s'appellera, dans le ciel comme sur la terre, le *bon soldat du Christ* ».

Mgr Baunard bénit alors le monument avec les prières et les rites liturgiques, et chacun vint poser dévotement ses lèvres sur le piédestal de la croix. Puis, au chant des complies et des litanies, tous se rendirent à l'église de Loigny, où le salut du Saint Sacrement clôtura cette mémorable journée (1).

Trois semaines auparavant, le 27 juillet, le château de la Basse-Motte, en Ille-et-Vilaine, offert par les zouaves pontificaux à leur chef bien-aimé le général de Charette, avait également vu se dérouler une cérémonie imposante, que nous sommes heureux de mentionner. Le cardinal Place, archevêque de Rennes, y bénissait une chapelle élevée par tout le régiment à la mémoire de ses morts et dédiée au Sacré-Cœur de Jésus (2).

Ce sanctuaire fut, depuis, l'écrin précieux où se conserva pieusement, jusqu'à la mort du Général, la blanche et sainte bannière qui reçut à Loigny son baptême de feu et de sang. Les noms des zouaves tombés sur les champs de bataille, inscrits sur les murs, faisaient comme une garde d'honneur au glorieux étendard. Mais nous espérons qu'un jour il viendra retrouver à Loigny, car c'est son devoir, ceux qui l'ont illustré et qui le réclament, les généraux de Sonis et de Charette, Jacques de Bouillé, qui mourut en le portant, tous ceux qui l'ont salué et suivi à travers la mitraille en criant : Vive Pie IX ! et Vive la France !

Cependant, l'évêché de Chartres, vacant par la mort de Mgr Regnault, avait été pourvu d'un nouveau titulaire, Mgr Lagrange, sacré dans notre cathédrale, le 19 mars 1890. Ce Prélat n'était pas encore en possession de son siège que déjà il recevait de Rome des questions, posées par le Saint-Office, relativement aux illuminées du prétendu

(1) *Voix de Notre-Dame de Chartres*, 1891, supplément, p. 397, 429 et 453.

(2) *Voix de Notre-Dame*, 1891, supplément, p. 288 et 352.

couvent de Loigny. Ses réponses amenèrent un nouveau décret pontifical que M. le chanoine Pouclée, official diocésain, assisté de deux prêtres vénérables, alla notifier aux intéressées. Mais ni la voyante ni ses complices n'écoutèrent jusqu'au bout la lecture du rescrit en question. Prises d'une soudaine indignation, elles criaient que le Pape était entouré de francs-maçons, tenu comme prisonnier dans le Vatican ; le Souverain Pontife ne connaissait rien de leur affaire et tout jusque là avait été décidé à son insu.

Cette ruse nouvelle ne sembla pas d'abord suffisante à tous les adeptes pour motiver la résistance ouverte contre Rome, car, dans le but d'étayer ce premier échappatoire, on ajoutait plus tard que Notre-Seigneur continue, par des révélations particulières, de gouverner l'Eglise côte à côte avec le Pape. Aussi, dans une « Réponse à ses persécuteurs », Mathilde Marchat déclarait « maintenir tout » et jurait « d'obéir à Dieu plutôt qu'aux hommes ».

Plus de doute, c'était l'orgueil, l'audace, la rébellion. Or, une des marques ordinaires de la réalité des communications surnaturelles, c'est l'humilité et l'obéissance.

A cette occasion, Mgr Lagrange adressa une lettre à ses diocésains et fit l'historique de la question. Il devait, disait-il, pour remplir un devoir de sa charge, tâcher de guérir, chez les sectaires de Loigny, une maladie mentale exploitée par des menées politiques. Si l'obstination persistait, il essaierait du moins de l'empêcher de faire des dupes, d'arrêter son étrange prosélytisme, de forcer ce petit feu à s'éteindre faute d'aliments.

Le quatrième rescrit de Saint Office datait du 14 juin. Il maintenait les ordonnances précédentes en ce qui concernait Mathilde Marchat et ses adhérentes ; le comte de Saint-Michel, privé de ses titres honorifiques, cessait d'être camérier de cape et d'épée, et commandeur de l'ordre de Saint-Grégoire-le-Grand ; les *Annales de Loigny*

et deux autres brochures étaient mises à l'index des livres
prohibés. Enfin, en vertu d'une autorisation spéciale de
Rome, Mgr Lagrange déclarait que toutes les décisions
prises contre la soi-disant voyante et ses adeptes avaient
été approuvées par le Saint-Père.

Après avoir ainsi réfuté l'erreur, éclairé les esprits,
usé même de sévérité, l'Evêque de Chartres recourait à
la prière. Il savait que la grâce est mille fois plus puissante
que nos démonstrations et nos châtiments. Il suppliait
le Seigneur de toucher ces âmes obstinément rebelles,
et ajoutait : « Si ceux que nous adjurons ici nous donnaient
enfin le consolant spectacle d'un retour simple et sincère,
combien nous en bénirions Dieu ! »

Le Ciel exauça, en partie du moins, le souhait de son
insigne serviteur. Le 2 septembre de cette année, trois
des pauvres sœurs quittaient le couvent pour toujours ;
une quatrième les suivait à la fin d'octobre. Ces départs
successifs réduisaient à cinq, y compris le voyante et sa
supérieure, le nombre des prétendues religieuses (1).

Sur ces entrefaites, attiré sans doute par le bruit qui
entourait le nom de Loigny, un écrivain de talent et de
foi, M. le comte Léon Lavedan, priait par lettre, le
le 20 octobre, M. l'abbé Theuré de lui indiquer les moyens
de communication pour aller, en sa compagnie, visiter
le champ de bataille. Avec son obligeance habituelle, le
bon Curé se mit à la disposition du nouveau venu, sans
se douter que cet homme lui aiderait à bâtir, ce qu'il
désirait depuis tant d'années, le clocher de son église.

En effet, un article superbe d'émotion religieuse et
patriotique intitulé « L'Ossuaire de Loigny », parut au
Figaro, le 8 décembre, sous le pseudonyme de Philippe
de Grandlieu. Lavedan y racontait son pèlerinage, essayait

---

(1) *Voix de Notre-Dame de Chartres*, 1890, supplément, p. 174 et
282. — Pour plus de détails, consulter un intéressant article du
Courrier d'Eure-et-Loir, 26 octobre 1890.

de donner une idée des lieux sacrés qu'il venait de fouler avec respect, de dire les impressions poignantes, mais fortifiantes aussi, qu'ils inspirent à toute âme chrétienne et française.

Sur le point de terminer son long récit, après avoir décrit l'ossuaire, le tombeau de Sonis et l'église, il s'arrête et dit : « Malheureusement, cette église n'est pas finie ; il lui manque un clocher portant jusqu'aux nues le témoignage de la reconnaissance nationale et faisant retentir au loin les accents de la prière. La cloche est là, attendant le couronnement de l'œuvre ; la cloche qui a sonné le glas et qui sonnera un jour la résurrection...

» Il faudrait 25.000 francs pour la loger au sommet des airs, dans une flèche dominant la Beauce et digne du reste de l'édifice. Ne trouvera-t-on pas des mains généreuses pour achever avec splendeur ce Saint-Denis des héroïques martyrs de la défense ? »

L'écrivain fait alors l'éloge de l'excellent Curé de Loigny, dont le dévouement, le zèle, la charité ont fait l'admiration des Allemands et sont devenus légendaires. Il le montre pauvrement vêtu, en sabots, avec le ruban vieilli et décoloré de la Légion d'honneur à la boutonnière de sa soutane rapée ; mais plein de confiance dans la générosité publique pour l'aider à terminer son œuvre. — « Mgr Pagis, dit l'abbé Theuré, quête pour Jeanne d'Arc ; eh bien, je finirai par quêter pour les héros de Loigny ; ils sont dignes d'elle, puisque, comme elle, ils ont donné leur sang pour la France ! »

« Non, vénérable Curé, vous n'aurez pas besoin d'aller quêter de porte en porte. De nobles âmes répondront à la vôtre ; les dons patriotiques iront vous trouver d'eux-mêmes, pour compléter le monument national où la France croyante et militaire ira toujours se retremper et se souvenir ! »

L'article eut du retentissement et les offrandes venues

de divers côtés décidèrent le *Figaro* à ouvrir, le 18 décembre, une souscription pour la construction du clocher. Mais le succès n'ayant pas répondu immédiatement à ses espérances, le journal se découragea. Bien à tort, nous le verrons, car des lettres de l'époque, dignes d'être publiées, nous prouvent que le pieux général de Sonis était de plus en plus vénéré, que les pèlerinages à son tombeau se multipliaient, que l'église de Loigny était aimée de toutes les âmes françaises. Donnons celle qu'écrivait, de La Fère, le 7 janvier 1891, à M. l'abbé Theuré, le lieutenant-colonel d'artillerie Le Vavasseur.

« Je viens d'achever la lecture de la Vie du général de Sonis, avec quel intérêt et quelle admiration, je n'ai pas besoin de vous le dire.

» Voulez-vous me permettre, comme conclusion, de vous adresser ma très modeste offrande pour le clocher de l'église de Loigny et de vous demander de penser quelquefois à moi et aux miens dans vos prières auprès des restes des héros, qui, grâce à vous, ont trouvé une sépulture digne d'eux. »

D'autres lettres, chargées de dons et d'éloges, suivirent celle du colonel Le Vavasseur. Pourtant, M. l'abbé Theuré dut attendre deux années avant d'avoir assez d'aumônes pour oser s'arrêter à la pensée de commencer les travaux.

A ce moment, Dieu permit qu'une nouvelle lecture, faite par hasard, de l'article sensationnel de Léon Lavedan amenât assez rapidement le résultat désiré. En effet, une lettre, expédiée de Montpellier le 19 octobre 1892, apportait au presbytère de Loigny ces paroles consolantes :

« Monsieur le Curé, pénétré d'admiration pour votre conduite pendant la guerre de 1870, surtout pour le zèle avec lequel vous n'avez cessé d'honorer et de consacrer le souvenir des soldats tombés sous vos yeux sur le champ de bataille de Loigny, j'ai pris part à la souscription ouverte, dans le *Figaro*, sous l'inspiration de M. de Grandlieu.

« » Je viens de relire la brochure dans laquelle il a reproduit l'article du *Figaro* du 8 décembre 1890, et toujours
aussi ému au récit des événements auxquels vous avez pris
une part si glorieuse, je désire vous donner un témoignage
de mes respectueuses sympathies en vous adressant une
nouvelle offrande de 500 francs. »

Le signataire de cette lettre, le baron Gruyer, ancien
Trésorier-Payeur Général, apprit alors, par la réponse de
l'abbé Theuré, l'insuffisance des ressources de la souscription et essaya de quêter pour l'église de Loigny. Mais
comme ses démarches restaient infructueuses, il augmenta
lui-même ses largesses et poussa ainsi le prêtre à faire
exécuter, en janvier 1893, les plans et devis du futur
clocher.

Ces études préparatoires ne rassurèrent point M. le
Curé, car, même avec les générosités de ce dernier bienfaiteur, il ne pouvait compter encore que sur 16.000 francs
et l'entrepreneur en demandait près de 30.000. Les très
légitimes inquiétudes du pauvre abbé, en présence d'un
pareil déficit, déterminèrent le baron à ouvrir plus largement sa bourse. Il acheva de tranquilliser le prêtre par
cette lettre du 13 avril 1893, que, d'une main tremblante,
il écrivit sur son lit de mort :

« Monsieur le Curé, M. Boyer, mon agent de change,
à Paris, vous remettra de ma part 3.500 francs, qui, ajoutés
à ce que je vous ai remis précédemment, portent à 20.000
francs la somme mise à votre disposition pour (le *clocher*
de) votre ossuaire.

» Je souhaite que vous puissiez voir la fin de votre
sainte entreprise et suis heureux de l'assurance que Dieu
m'a permis de vous donner.

» C'est avec peine que je trace ces dernières lignes, je
suis très malade et à bout de forces. Je me recommande à
vos prières. »

Le Seigneur récompensa, soyons-en certains, l'âme

qui se préparait ainsi à paraître devant lui, et Loigny bénira toujours le nom de son insigne bienfaiteur.

Pendant que M. l'abbé Theuré, sûr, enfin, d'avoir les ressources nécessaires, préparait la construction de son clocher, Mathilde Marchat et ses adeptes s'obstinaient à marcher dans la voie néfaste où ils étaient entrés, et fermaient l'oreille à toutes les menaces, à toutes les condamnations venues de Chartres ou de Rome. Ecoutons les étranges histoires que, sans sourire, ils racontaient dans leurs diverses publications (1).

Là libre-pensée et la franc-maçonnerie, dirigées par l'enfer, ont, disaient-ils, des adhérents secrets dans l'entourage du Pape. Ces disciples de Satan, assez nombreux dans le Sacré-Collège, aspirent à remplacer le Saint-Père par un des leurs, le cardinal Monaco (2). Voilà pourquoi, malgré le voyage à Rome de la voyante en 1888, et malgré les efforts persévérants des défenseurs de Loigny, Léon XIII, esprit droit et élevé, pourtant, mais caractère trop faible, n'a rien su, pendant trois ans, de ce qui concernait les apparitions. Les quelques mots et faits parvenus jusqu'à lui, ont été dénaturés et présentés sous un faux jour.

Pour tourner cet obstacle, le pseudo-couvent résolut d'avoir, à Rome, des représentants qui, à force d'instances et de souplesse, sauraient bien arriver jusqu'au Pape et l'éclairer sur ce qui se passait dans l'Eglise.

La secte, à ses débuts, était très pauvre, mais elle avait depuis recruté quelques adhérents fortunés et généreux qui fournissaient à toutes les demandes, surtout quand elles étaient formulées par la Sainte Vierge elle-même. Aussi on dépensait largement à Loigny, soit en achats de maisons et de terrains, soit en construction de bâtiments et de chapelle. L'argent ne manquerait pas non

(1) *Voix de Notre-Dame*, 1891, supplément, p. 228, 275, 293.
(2) *Voix de Notre-Dame*, 1894, supplément, p. 357 et suiv.

plus pour faire triompher la grande œuvre à Rome (1).

Au printemps de 1891, Glénard et un malheureux prêtre, parés l'un et l'autre du titre pompeux d'ambassadeurs du Sacré-Cœur de Jésus-Pénitent, se mirent en chemin, accompagnés de trois autres délégués. Arrivés dans la Ville éternelle, quelques jours avant la Saint-Léon, 11 avril, ils espéraient, à l'occasion de la fête du Pape, être admis en sa présence et solliciter la levée de l'interdit qui pesait sur eux. Mais le cardinal Monaco, l'antipape, veillait à ne laisser pénétrer auprès du Souverain Pontife aucune des personnes « infectées de Loigny ». Aussi, ce jour-là, les portes du Vatican furent fermées pour tout le monde, sous prétexte que Léon XIII était indisposé. En réalité, dit Glénard, parce que, ce 11 avril, on avait vainement essayé d'empoisonner le Saint-Père.

Ne pouvant réussir par les moyens ordinaires, les ambassadeurs de Loigny recoururent à la ruse. Grâce à la connivence d'un domestique du Vatican, grassement payé, un des envoyés du pseudo-couvent put voir le Pape et lui parler librement. Léon XIII connut les complots de ses ennemis et fut instruit de la vérité qu'on lui cachait depuis si longtemps. A la suite de cet entretien, le Souverain Pontife, pleinement convaincu de la divinité de l'œuvre de Loigny, était résolu à l'approuver publiquement. C'était dévoiler en même temps les fourberies dont il était victime. Il n'attendait que le moment opportun. Mais les traîtres de son entourage, las de le voir enclin à des pensées si menaçantes pour eux, ont prétendu que le Saint-Père était frappé de démence et l'ont enfermé dans les caves du Vatican. Il y est resté un an, de Pâques 1892 à Pâques 1893.

Pendant que Léon XIII était ainsi séquestré, disaient encore la voyante et ses partisans, un grand Calabrais,

(1) *Le Vatican devant Léon XIII,* par Glénard, et diverses brochures.

qui, par sa tournure, ses traits, le son de sa voix, ressemblait beaucoup au vrai Pape, le représentait devant la chrétienté et figurait dans les occasions solennelles. D'autres fois même c'était Satan en personne qui remplissait ces augustes fonctions, lui qu'on promenait sur la *sedia gestatoria* aux jours de grandes fêtes, lui qui donnait la bénédiction *urbi et orbi* et recevait les ambassadeurs.

Cet état de choses aurait duré longtemps, si les amis de Loigny, en janvier 1893, n'avaient appris l'indigne traitement infligé au Souverain Pontife. Décidés à y mettre fin, ils achetèrent pour une forte somme les geôliers du Saint-Père, et, par un hardi coup de main opéré la nuit, parvinrent à le remettre dans ses appartements sous la garde de ses fidèles Suisses.

Il est facile de comprendre que d'astucieux personnages, habiles à jouer tous les rôles, avaient escompté la crédulité des ambassadeurs de Loigny et encaissé leur argent.

Glénard et son compagnon ainsi mystifiés, pensèrent que le Pape, reconnaissant de leurs services, accueillerait publiquement les partisans de Loigny et proclamerait la justice de leur cause. Hélas ! non. Le Saint-Père leur fit parvenir des remerciements en secret ; mais trop indulgent et par crainte d'ébruiter cette scandaleuse affaire, il n'osa pas sévir contre les cardinaux coupables et se contenta de leur apparente soumission. Aussi, deux mois plus tard, les hypocrites avaient de nouveau levé la tête, et, par leurs intrigues, accaparé le gouvernement de l'Eglise. Si bien que le Pape n'était plus emprisonné dans un souterrain, il est vrai, mais enfermé dans ses appartement et réduit à la plus désolante inaction.

Selon les fables rapportées par Glénard, le vrai Léon XIII souffrait beaucoup de cette séquestration et appelait à grands cris des libérateurs. Dans sa prétendue vision du 8 octobre 1893, Mathilde Marchat nous le dépeint ainsi :

« Je voyais, par les vitres d'une fenêtre très élevée (du Vatican), un vieillard qui pleurait et j'entendis ces mots entrecoupés de sanglots : « Mes enfants, venez à mon secours... c'est votre devoir. Je suis dans la plus complète impuissance. Ah ! qui me délivrera de ces bandits schismatiques qui se font mes bourreaux. »

« Je voyais, poursuit Mathilde, un petit groupe de gens qui frappaient à toutes les portes, mais sans pouvoir entrer, car toutes les issues étaient bien gardées. »

Voilà pourquoi, au nom du Sacré-Cœur, la voyante donne à tous les fidèles de la terre l'ordre de forcer l'entrée du palais apostolique, afin d'arracher le Saint-Père à l'esclavage où on le tenait. Voilà pourquoi, à la même époque, elle adresse, sous la dictée de Notre-Seigneur, des messages à l'empereur d'Autriche, au roi d'Italie, à tous les personnages puissants qui peuvent venir en aide au Vicaire de Jésus-Christ. « Jeune empereur de Russie, écrit-elle, entrez au Vatican... fouillez-le... délivrez le prisonnier... et mettez à la porte toute cette cohorte de brigands qui l'habitent et qui ont fait de cette maison de prière une caverne de voleurs » (1).

Tels étaient les contes fantastiques que d'adroits filous, pour soutirer de l'argent, servaient aux prétendus ambassadeurs à Rome et que la voyante, en les dramatisant, répétait à Loigny. Les brochures de la secte les redisaient à tous les échos. En dépit des invraisemblances, il se trouvait çà et là des esprits assez mal faits pour y croire et des aigrefins pour en profiter.

Nous reposerons l'esprit de nos lecteurs, en racontant comment un soldat, le jour de la Pentecôte 1891, eut la joie d'arracher sa sœur à la pseudo-communauté de Mathilde Marchat, où elle était entrée depuis trois mois.

Sur l'ordre formel de sa mère et le désir manifesté par l'Evêque de son diocèse, notre militaire avait profité d'un

_____

(1) Glénard, Le Vatican devant Léon XIII, p. 13, 18 et 22.

congé pour faire le long voyage de Loigny et y arrivait le samedi 16 mai, veille de la Pentecôte. Il allait d'abord au presbytère présenter à M. le Curé deux lettres de recommandation dont il était porteur, l'une de l'aumônier de sa garnison, l'autre de Mgr l'Evêque de Chartres ; puis il suppliait le prêtre de vouloir bien l'aider de ses conseils pour le succès de sa difficile mission. Vers quatre heures, il était au couvent.

La pieuse novice, heureuse de revoir son frère, l'accueillit avec empressement. Mais quand il lui eut fait connaître le but de sa visite — la retirer de cette maison où elle s'était fourvoyée — elle refusa vivement et à plusieurs reprises d'obéir aux injonctions de sa mère et aux avertissements de son Evêque. Prières et remontrances fraternelles n'avaient aucune prise sur elle. Effrayée par les anathèmes que Mathilde Marchat lançait souvent contre celles qui l'abandonnaient, elle ne voulait pas être renégate.

La nuit ne lui porta pas conseil, car, le lendemain, elle était toujours résolue à rester fidèle à ce qu'elle appelait sa vocation. Tout ce qu'elle entendait répéter à sa communauté sur les révélations de la voyante et la séquestration du Pape, avait faussé sa conscience ; elle se croyait dans la vérité, et, pour s'encourager, se redisait continuellement ces paroles : Il vaut mieux obéir à Dieu qu'aux hommes.

Or, à cette époque, le personnel du couvent assistait encore aux offices de la paroisse. Après la grand'messe, notre soldat retient quelques minutes sa sœur à l'église pour renouveler ses instances. M. le Curé y joint ses paternelles exhortations. Mais rien n'ébranle le résolution de la novice ; elle restera près de la voyante. Elle accepte toutefois de réciter avec son frère une dizaine de chapelet aux pieds de Notre-Dame de Lourdes pour qu'elle la protège contre les illusions du démon. O merveilleuse puissance de la grâce ! Aussitôt l'esprit de la jeune fille est changé ; elle consent à retourner auprès des siens.

Ensuite, écrit-elle, le 20 février 1904, dans le récit de cette insigne faveur, « nous descendîmes à la crypte et au tombeau du général de Sonis. Je demandai alors au saint général de vouloir bien venir à mon aide et de faire en ma faveur un miracle, s'il le fallait, pour m'indiquer ma voie. Je me relevai fortifiée, affermie dans le dessein que j'avais formé aux pieds de Marie Immaculée, de quitter le couvent pour retourner dans ma famille ».

Pourtant elle se faisait scrupule de partir sans aller, auparavant, *saluer poliment et charitablement* la voyante et la supérieure. Mais, sur l'avis de M. le Curé, qui lui fit comprendre le danger de cette démarche, elle abandonna ce projet imprudent de revoir encore celles qui avaient été la cause de son malheur. Seul, le soldat se rendit au couvent pour y chercher les objets qui appartenaient à sa sœur et les rapporter au presbytère.

« Je crois donc intimement, conclue-t-elle, que je suis redevable de la grâce de ma délivrance, *principalement* à Notre-Dame de Lourdes, et, *secondairement*, au général de Sonis, pour lequel j'ai conservé une profonde vénération et une affectueuse reconnaissance ».

CHAPITRE XV

CONSÉCRATION DE L'ÉGLISE

VINGT-CINQUIÈME ANNIVERSAIRE

M. Druet et la Société nationale d'encouragement au bien. — Pour faire pousser un clocher. — La couronne civique. — Panorama de la bataille de Loigny. — Le chanoine honoraire. — Construction du clocher. — Les deux nouvelles cloches et leur baptême ; discours de Mgr Lagrange. — Consécration de l'église par Mgr de Saint-Dié et discours de Mgr d'Hulst — l'Évêque de Loigny. — Le prix Montyon. — Les grandes manœuvres de 1894. — Les partisans de la voyante contre M. le Curé de Loigny. — Les cardinaux romains. — Compte rendu de la délivrance du Pape. — Les escrocs condamnés par les tribunaux italiens. — La prétendue comtesse de Saint-Arnaud. — Audace et progrès de la secte à Loigny. — Décret du Saint-Office, 27 juin 1894. — Le vrai Léon XIII est avec nous. — Mort de Mlle Duchon, la première supérieure. — Personnel et clientèle du couvent. — La chronique secrète du Vatican. — La voyante à Rome. — Les consistoires des 27 novembre et 2 décembre 1895. — Prétendu triomphe des Loignystes. — Protestations autorisées. — Décret du Saint-Office, 15 avril 1896. — Les Allemands fêtent les jubilés de leurs victoires en 1870. — Le vingt-cinquième anniversaire de la bataille de Loigny. — Fondations pieuses de Mme de

Ferron. — Charette passe en prière la nuit, du 1er au 2 décembre. — L'office du jour et Nos Seigneurs de Saint-Dié et de Roséa. — La visite au Bois des Zouaves et l'abbé Aubineau.

La *Vie du général de Sonis* et l'article du *Figaro* avaient attiré l'attention des hommes du monde, et des meilleurs, sur M. le Curé de Loigny. L'un d'eux, M. Druet, avocat à la Cour d'Appel de Poitiers, dirigeait dans cette ville une section de la *Société nationale d'encouragement au bien*, dont Jules Simon était à Paris le président général. Désireux de voir honorer le vrai mérite, il résolut de présenter ce prêtre si dévoué comme candidat à l'un des grands prix de 1893 et de le faire couronner dans une séance solennelle.

Notre Poitevin, qui connaissait Mgr Baunard, le pria de vouloir bien être son intermédiaire auprès de M. l'abbé Theuré pour obtenir de lui, avec son adhésion, les renseignements nécessaires en la circonstance. Il fallait, en effet, dans un exposé sommaire, raconter les services patriotiques de l'abbé, pour établir ses titres à la récompense sollicitée.

Le Recteur de l'Institut catholique de Lille plaida la cause dont il était chargé. « Voici des gens qui vous veulent du bien, écrivait-il à M. le Curé de Loigny, il ne faut pas leur fermer la porte. Laissez-vous faire simplement. Il est bon et honorable pour nous qu'un prêtre soit donné en exemple public pour son patriotisme ; notre ministère s'en trouve mieux. Je sais bien que notre récompense est plus haute, mais il s'agit ici plutôt d'édification que d'argent ; car la somme offerte au lauréat est peu de chose, quelques centaines de francs. Vous aurez donc l'honneur du désintéressement par surcroît ». Puis, dans la crainte que l'humble pasteur ne consentît pas à être mis en si grande évidence, le Prélat eut soin d'insinuer que « ce regain de bonne renommée en Poitou contribuerait à faire pousser le clocher de son église ».

C'était le 19 janvier que cette proposition lui était soumise. A cette époque, le baron Gruyer n'avait encore donné qu'une dizaine de mille francs et les sommes recueillies étaient loin de suffire à ses projets de bâtisseur. Aussi, M. l'abbé Theuré ne put résister à l'offre qui lui était faite si aimablement et, suivant le plan tracé par Mgr Baunard, donna les renseignements demandés.

Après les avoir lus, M. Druet répondit le 16 mars au futur lauréat : « Si vous saviez comme ces pages, que vous avez écrites à votre corps défendant, sont empoignantes dans leur simplicité, et combien je voudrais qu'on pût s'en inspirer pour faire au pays un appel qui assurerait amplement les frais de reconstruction de cette église ».

L'idée ne resta pas improductive, car le *Courrier de la Vienne* ouvrit à la fin de mai, en faveur de Loigny, une souscription qui produisit quelques milliers de francs. Leur emploi était d'ailleurs assigné à l'avance, car on avait décidé de faire un clocher plus monumental que celui du devis primitif.

Un poète le chantait :

« Nous voulons qu'une flèche arrive jusqu'aux cieux. »

On rêvait aussi de plusieurs cloches sonores qui porteraient au loin, avec de saintes et patriotiques pensées, leurs douloureux appels ou leurs joyeux carillons (1).

Toutefois, en acceptant le prix que lui proposait la Société nationale d'encouragement au bien, l'abbé Theuré avait espéré pouvoir attendre dans son presbytère, à l'abri de toute ovation publique, la proclamation et la remise des récompenses annoncées. Grand fut son étonnement quand on lui dit que sa présence était indispensable et qu'il fallait aller à Paris, au cirque d'hiver, le dimanche 28 mai. Là, ajoutait-on, placé en face d'un aréopage présidé par Jules Simon et sous les yeux de milliers de

(1) *Voix de Notre-Dame de Chartres*, 1893, supplément, p. 314.

spectateurs, il entendrait la lecture d'une notice où M. Druet avait condensé en deux pages les mérites du Curé de Loigny, et il recevrait ensuite, avec les félicitations du président, aux applaudissements de l'assistance, la couronne d'or qui lui était destinée.

L'humble desservant de campagne, nullement disposé à subir une telle manifestation, s'empressa de résister; Il allégua que la fin du mois de mai étant l'époque des Premières Communions, il ne pourrait quitter sa paroisse un dimanche et refusa net.

Cette réponse fut loin de contenter M. Druet, qui répliqua le 31 mars : « Il faudra, Monsieur le Curé, faire violence à votre modestie. Vous savez comme les Parisiens s'emballent facilement : eh bien ! le récit de vos mérites pendant vingt-trois ans perdrait toute son influence si vous n'étiez pas là pour qu'on vous voie, vous le témoin et le héros, avec votre croix de la Légion d'honneur ; si c'est un sacrifice à faire dans l'intérêt de l'achèvement de votre église, faites-le, car il est indispensable ».

Le prêtre resta sourd, même au dernier argument du bienveillant légiste. Il fallut tourner la difficulté et recourir à l'Evêché de Chartres. Un ordre paternel vint alors obliger le bon Curé à se rendre à Paris, au cirque d'hiver, le dimanche 28 mai, pour recevoir la couronne civique au feuillage d'or (1).

Un charitable inconnu se hâta d'ajouter à cette récompense une somme d'argent. Le *Gaulois* du 4 juin suivant portait, en effet, les remerciements du vénérable ecclésiastique à un lecteur anonyme dont il avait reçu cinq cents francs, avec cette mention : *Dieu sait qui*, pour l'achèvement de son église. Ainsi se réalisait la parole de Mgr Baunard : La bonne renommée du Curé de Loigny contribuait à faire pousser son clocher.

Le rapide séjour de M. l'abbé Theuré dans la capitale

(1) *Voix de Notre-Dame de Chartres*, 1893, supplément, p. 280.

lui fournit l'occasion de visiter à Montmartre, près de la basilique du Sacré-Cœur, un panorama de la bataille de Loigny. Le pinceau de Castellani, qui avait choisi quelques épisodes saisissants, y faisait acclamer les zouaves pontificaux, le 37e de marche et les principaux acteurs du drame sanglant de cette journée.

Comme pendant aux scènes militaires dont nous venons de parler, disons que Mme Touzery, d'Orléans, réunissait à cette époque les photographies des monuments funéraires et des héros de Loigny, dans un superbe album très recherché des amateurs. Ainsi on popularisait par l'image les grands souvenirs du 2 décembre 1870.

M. l'abbé Theuré, rentré dans son presbytère, était à peine remis de ses émotions, qu'une lettre de Mgr Lagrange lui apportait une agréable surprise. Car, après l'avoir félicité de sa croix d'honneur reçue en 1871 et des démonstrations flatteuses dont il venait d'être l'objet, l'Evêque se hâtait de consacrer ses récompenses civiles par une distinction ecclésiastique.

« Je remercie, ajoutait Sa Grandeur, la *Société nationale d'encouragement au bien* d'avoir déposé sur votre front cette couronne d'or qui vaut surtout par ce qu'elle rappellera et signifiera. Elle rappellera votre conduite pendant la guerre, qui a été au-dessus de tout éloge et tout simplement héroïque ; elle signifiera qu'en fait de patriotisme, et de dévouement, le clergé ne le cède à personne. Vous avez, cher Monsieur le Curé, honoré le diocèse de Chartres et l'Eglise de France...

» J'attendais, pour vous donner à mon tour un témoignage de ma profonde estime et de ma vive sympathie, vos fêtes prochaines des 17 et 18 septembre, où vous mettrez, je l'espère bien, à votre œuvre son sceau définitif, par l'achèvement de votre clocher, mais à quoi bon différer encore ? Je vous nomme dès maintenant chanoine honoraire de Chartres » (1).

(1) *Voix de Notre-Dame de Chartres*, 1893, Supplément, p. 272 et 283.

30

Les fêtes auxquelles Mgr Lagrange fait allusion sont celles qui devaient avoir lieu pendant les vacances pour l'inauguration du clocher, le baptême des cloches et la consécration de l'église.

Dès le mois de janvier, nous l'avons vu, M. l'abbé Theuré songeait à demander le devis de son clocher. L'architecte qui avait fait construire l'église, M. Douillard, était mort depuis longtemps déjà ; mais un de ses frères, à la fois prêtre et architecte diplômé, voulut bien se charger gratuitement d'achever l'œuvre, donner les dessins du clocher et préparer sur la façade, au-dessus de la porte d'entrée, une place d'honneur pour la statue de Notre-Dame de Lourdes, jadis offerte par une adepte de la voyante. Le projet primitif, trouvé bientôt trop modeste, fut exhaussé quand les offrandes reçues par M. le Curé lui permirent de faire plus grand. Les travaux commencèrent au mois de mars. Ils étaient confiés à un Orléanais, M. Carré, qui s'acquitta de sa tâche avec conscience et célérité, de sorte que l'on put sans crainte voir approcher l'époque fixée pour les solennités religieuses.

Hélas ! le baron Gruyer n'était plus là pour y prendre part. Mais en mourant deux mois auparavant, il avait laissé, comme exécuteur de ses dernières volontés, son neveu et fils adoptif, M. le baron Hervé Gruyer, et il avait eu la consolation de savoir que sa riche souscription complèterait à bref délai le monument du 2 décembre 1870.

Lorsque tout fut prêt, on vit arriver à Loigny, pour accompagner l'ancienne cloche provenant de la vieille église et former avec elle un harmonieux accord de *fa, la do*, deux nouvelles cloches sorties des ateliers de M. Bollée, d'Orléans.

La première cloche était offerte par Mme Bertrand de Maillefer, autrefois propriétaire de Goury, château célèbre dans les annales de Loigny et dans la bataille du 2 décembre. La marraine était naturellement la donatrice ; le parrain était M. le baron de Cambray, l'ami généreux de toutes les bonnes œuvres, le bienfaiteur des pauvres de toute la contrée. Cette cloche, qui se nommait Marie-Charlotte, portait, gravée sur son airain l'inscription suivante, due à M. le chanoine Sainsot, curé-doyen de Terminiers : « Fidèles de cette paroisse, quand à la place du canon homicide du 2 décembre 1870 vous entendrez ma voix suppliante, rappelez-vous que votre église garde les ossements des soldats français tombés dans vos plaines et dites au fond de vos cœurs : Que le Seigneur accorde le repos éternel à ceux qui sont morts pour la patrie et la défense de nos foyers ».

La seconde cloche était payée par M. le Curé de Loigny. Elle s'appelait Marguerite-Marie-Flavienne, en l'honneur du donateur, M. l'abbé *Flavien* Theuré, et de la bienheureuse Marguerite-Marie, la pieuse confidente du Sacré-Cœur de Jésus, la fidèle dépositaire de ses promesses. C'est une touchante inspiration d'avoir donné le nom de cette sainte à la cloche qui retentit sur l'église du Sacré-Cœur de Loigny et bénit le sommeil des héros chrétiens tombés sous la bannière du Sacré-Cœur.

Le parrain de cette cloche était M. Druet, l'avocat si désireux de récompenser M. l'abbé Theuré, si zélé pour l'achèvement de son église ; la marraine était Mlle Fouquet, fille de l'honorable M. Fouquet, maire de Loigny et conseiller d'arrondissement. L'inscription gravée sur ce bronze est un véritable testament spirituel. « J'ai été donnée à l'église de Loigny, y lisons-nous, par Messire Flavien Theuré, chanoine honoraire, chevalier de la Légion d'honneur, Curé de cette paroisse depuis plus de 32 ans. Quand sa voix sera entrée dans l'éternel silence, la mienne, du sommet de cette tour qu'il a fait construire, vous parlera encore de lui en vous disant en son nom : Souvenez-vous d'être fidèles au Dieu qu'il vous a prêché ».

Le dimanche 17 septembre, jour où eut lieu, à l'heure

des vêpres, le baptême des cloches, fut particulièrement
la fête populaire. On était accouru de plusieurs lieues à la
ronde. L'église et la vaste place qui la précède étaient
pleines d'une foule sympathique. On admirait le clocher,
haut de plus de quarante mètres, qui avait surgi de terre,
comme par enchantement, au moment où tous commençaient à désespérer ; on voulait aussi voir les deux nouvelles cloches dans leurs parures de dentelles et entendre
leurs puissantes voix.

Il était deux heures et demie quand Mgr Lagrange,
Evêque de Chartres, et Mgr Foucault, Evêque de Saint-Dié,
arrivant en voiture, furent reçus à l'entrée du bourg et
conduits processionnellement à l'église. Aussitôt l'office
commence et Mgr l'Evêque de Chartres monte en chaire
pour expliquer les fonctions de la cloche bénite. Elle est,
dit Sa Grandeur, la voix de Dieu aux hommes, car elle
nous invite souvent à le prier et à le servir. Elle est aussi
la voix des hommes à Dieu, puisqu'elle lui parle à chaque
instant de nos joies et de nos deuils, personnels ou patriotiques.

A ces mots, le Pontife se rappelle avec émotion qu'il
est à Loigny et sa pensée se reporte au jour où d'autres
bronzes que les cloches tonnaient dans les plaines environnantes. Alors, s'écrie-t-il, tombèrent tant de braves :
Sonis, Bouillé, Troussures, « toi aussi, cher jeune homme,
qui fus jadis de mes élèves, noble Joseph de Vogüé !
Ton nom figure dans ces diptyques immortels ».

Ces évocations rapides amenèrent l'orateur à remercier
chaleureusement tous ceux qui, par leurs offrandes,
modestes ou princières, et leur zèle toujours en éveil,
avaient contribué à terminer ce monument religieux, si
digne des grands souvenirs dont il restera l'éloquent témoin.

Après avoir, par cette touchante et patriotique allocution, pieusement ému l'auditoire, le vénéré Prélat procéda à la bénédicton des cloches, et les rites liturgiques

au symbolisme expressif se déroulèrent au milieu de l'attention générale.

A peine la cérémonie religieuse est-elle achevée que la foule se masse sur la place dans un bourdonnement joyeux. Bientôt apparaissent les parrains et les marraines, et les prodigalités attendues commencent. Dragées et piécettes sont lancées à pleines mains au-dessus de la multitude dont les acclamations remercient les donateurs et excitent leur générosité.

Pendant ce temps, les cloches, conduites par des mains habiles, ont gagné la demeure aérienne que la haute tour leur a préparée. Déjà leurs voix jettent leurs premières notes aux plaines de la Beauce et chantent l'*Angelus*, le salut de l'ange à la Très Sainte Vierge. Aussitôt la foule se recueille et admire. A ce moment un prêtre, les yeux mouillés de larmes, regarde, avec un bonheur indicible, ce superbe clocher d'où descend une si douce harmonie. C'est le Curé de Loigny. Il oublie en ces heureux instants les longs jours d'angoisses et d'attente dont il a souffert, et remercie Dieu,

Qui ne sait ordonner
D'héroïques efforts que pour les couronner.

Le lendemain, jour de la dédicace de l'église par Mgr l'Evêque de Saint-Dié, la fête avait un caractère moins bruyant, mais plus pieux. La foule des villages voisins n'était pas accourue ; mais les paroissiens et une société d'élite avaient répondu à l'appel de M. le Curé de Loigny.

Mgr l'Evêque de Saint-Dié, que tous aiment et vénèrent dans ce diocèse dont il est originaire, avait été sacré le 20 mars de cette année dans la cathédrale de Chartres. Jadis, étant alors professeur à l'Institution Notre-Dame il avait, dans une oraison funèbre remarquée, célébré les victimes du 2 décembre et glorifié leurs tombes. Aujourd'hui, revêtu de l'épiscopat, il s'apprêtait à sanctifier le monument grandiose élevé en leur honneur. Il allait consacrer l'église et le maître-autel, tandis que Mgr l'Evêque de Chartres consacrerait l'autel de la chapelle funéraire.

La longue et belle cérémonie, commencée à huit heures du matin, s'accomplit d'abord à l'extérieur de l'édifice, selon le rit indiqué. Les fidèles massés sur la place suivent, avec intérêt, les différents exorcismes que le Pontife, accompagné du clergé, répète autour du monument. Le peuple pénètre enfin dans l'église lorsque, vers neuf heures, Mgr Foucault et Mgr Lagrange entrent processionnellement avec les reliques des saints qui serviront à la consécration des autels. En un instant, les trois nefs et la vaste tribune sont pleines au point que beaucoup de personnes sont obligées de rester debout.

Le général de Charette se promettait depuis longtemps de venir à cette solennité qui était le couronnement de son œuvre, mais une attaque de goutte survenue à la veille de son départ et la nécessité de se retouver ce même lundi 18 septembre à sa résidence de la Basse-Motte, où ses zouaves de Rome viendraient fêter l'anniversaire du combat de Castelfidardo, l'avaient contraint de renoncer à passer deux nuits de suite en chemin de fer.

Si on regrette de ne pas le voir à Loigny, on remarque du moins dans l'assistance les combattants et les familles des héros de 1870, Mme la générale de Sonis, le colonel de Fouchier et Mme de Fouchier, Mme de Ferron et le capitaine de Bouillé ; ceux qui ont aidé à la construction du clocher, M. le baron Hervé Gruyer, M. l'abbé Douillard l'architecte, et M. Léon Lavedan le bienveillant publiciste ; les parrains et les marraines des cloches baptisées la veille ; les membres de la Croix-Rouge de Chartres qui, une fois de plus, viennent de donner cinq cents francs pour l'église de Loigny ; le maire et les conseillers municipaux de cette commune, des conseillers généraux et nombre de notabilités de la contrée, tels que le baron

Pron, M. Clichy et le chef d'escadron de Montmarin, propriétaire du château de Villepion.

Lorsque la consécration de l'église et des autels est
terminée, les deux Evêques célèbrent presque simultané-
ment la messe, Mgr de Chartres dans la chapelle votive
et Mgr de Saint-Dié au maître-autel de la paroisse. Le
plus religieux silence ne cesse de régner dans la foule
énorme des fidèles. Les pompiers, qui ont assuré le service
d'ordre, donnent l'exemple de la bonne tenue. Leurs
clairons et tambours résonnent à l'élévation de la Sainte
Hostie et rehaussent l'éclat de cette fête.

L'orateur annoncé apparaît en chaire à l'issue de la
messe. C'était Mgr d'Hulst, dont la famille habitait Lou-
ville, au diocèse de Chartres, et dont le beau-frère, le baron
de Cambray, avait été la veille parrain de la grosse cloche.
Ce Prélat joignait à une grande distinction naturelle une
rare activité, le don de la parole et des connaissances
variées. Il était à la fois recteur de l'Institut Catholique
de Paris, prédicateur de Notre-Dame et député du Finis-
tère. Le discours, on pouvait l'espérer, ne manquerait pas
d'être tel que Loigny le méritait en ce jour.

Son texte, emprunté au prophète Aggée (1), rappelle
que le second temple de Jérusalem devait dépasser la
gloire du temple bâti par Salomon, parce que le Messie
le visiterait en apportant la paix et le salut au monde.
Il en est de même, dit l'orateur, pour cette nouvelle église
de Loigny. Si elle surpasse l'ancienne église aujourd'hui
disparue, ce n'est pas uniquement parce qu'elle est plus
grande, plus élevée, plus belle, c'est surtout parce qu'elle
garde les ossements des martyrs du devoir, le souvenir
de leur héroïsme, et les espérances dont leur immolation
reste le gage.

Une double consécration la destine désormais à un
double culte. La main et la prière du Pontife l'ont vouée

1. Aggée II, 10.

désormais au culte de Dieu ; la sépulture des braves l'a dédiée au culte de la patrie. Egaler ou opposer entre elles ces deux religions 'du ciel et de la terre serait une folie sacrilège ; subordonner l'une à l'autre, chercher dans la première les inspirations de la seconde, comme l'ont fait à Loigny des héros chrétiens, c'est rouvrir pour la France malheureuse les sources de l'espérance et appeler sur elle les bénédictions de la paix.

Après avoir développé ces deux pensées, qui lui donnent naturellement l'occasion soit d'instruire les fidèles de la paroisse et l'assistance entière sur la sainteté de nos églises, soit de faire l'éloge du 37e de marche, des zouaves pontificaux et du Curé de Loigny, l'orateur termine par cette prière :

« O Christ, qui aimez la France, détournez vos yeux des spectacles d'impiété qu'elle étale ; abaissez vos regards sur ce coin béni de votre sol où le sang des braves a coulé pour votre cause, où votre sang coule chaque jour au-dessus de leur dépouille. Envoyez d'ici à la France entière un esprit de régénération et de vie. Faites grandir sous notre ciel une race vaillante et pure, croyante et généreuse. Puis confiez-lui les destinées de votre peuple. Alors ce peuple reverra les jours glorieux ; il connaîtra la paix qui suit la victoire et les vertus qui embellissent la paix. Alors Loigny deviendra le but d'un pèlerinage nouveau, où les chants de l'action de grâce remplaceront les pleurs du repentir. Et grande plus que jamais sera la gloire de cette demeure. C'est Dieu qui nous l'atteste. Lui-même a promis d'y verser ses trésors ; « In loco isto dabo pacem, En ce lieu je donnerai la paix » Ainsi soit-il ».

Le fin lettré qu'était Léon Lavedan appréciait ainsi ce discours dans le Figaro du lendemain : « Mgr d'Hulst, avec un patriotisme ardent, une éloquence entraînante qu'il n'avait pas eu jusqu'ici l'occasion de développer à ce degré, a transporté l'auditoire qui, sans le respect du lieu, eût plusieurs fois éclaté en applaudissements enthousiastes. L'opinion a été unanime sur cette parole superbe, qui faisait courir le frisson dans l'assemblée, pour l'élever ensuite aux sommets les plus resplendissants de la pensée chrétienne ».

Encore sous le charme de cette instruction pathétique, l'assistance reçut la bénédiction solennelle de Nos Seigneurs les Evêques et se retira en emportant les meilleurs souvenirs.

Quelques instants plus tard, cent quinze convives, invités ou souscripteurs, Evêques, prêtres, laïques amis de Loigny, sont assis sous une vaste tente dressée sur la place. Vers la fin du repas, Mgr l'Evêque de Chartres prend le premier la parole. Sa Grandeur remercie d'abord les Prélats qui lui ont aidé à donner tant d'éclat à cette fête, puis félicite ceux qui ont contribué à l'achèvement de l'église, surtout le baron Gruyer ; elle termine en disant que le Saint-Père, sur la demande de M. Druet, a daigné envoyer sa bénédiction à M. l'abbé Theuré, à l'église nouvelle et à l'assistance. Aussitôt des vivats en l'honneur de Léon XIII s'élancent de toutes les poitrines.

Mgr Foucault se lève alors et remercie Mgr Lagrange de l'avoir appelé l'Evêque de Jeanne d'Arc, car Domrémy est dans son diocèse. Mgr Lagrange lui répond en se faisant gloire d'être l'Evêque de Loigny. On écoute ensuite avec joie et le lieutenant-colonel de Fouchier, l'intrépide commandant des défenseurs du cimetière de Loigny en 1870, et Mgr d'Hulst, dont le discours à l'église vient si puissamment de remuer les âmes. M. Druet, le parrain d'hier, ferme la série des toasts en complimentant M. le Curé de Loigny, *le modeste héros qui garde les douze cents autres.*

Une courte cérémonie à l'église et la bénédiction du Saint Sacrement sur de nombreux fidèles ont clôturé ces fêtes religieuses et patriotiques. Aussitôt le comte Léon Lavedan courait à Paris les raconter dans un splendide article signé, selon sa coutume, Philippe de Grandlieu, et, dès le lendemain 19 septembre, le *Figaro* les faisait connaître à tout l'univers (1).

Cependant, M. Druet ne considérait pas sa tâche comme achevée. Lui qui s'était déjà tant dépensé pour attirer l'attention, les offrandes et les honneurs sur M. l'abbé Theuré, songeait à faire mieux encore. En vain le modeste desservant de campagne, las des ovations publiques, réclamait le silence. Le bienveillant avocat n'écoutait point ses plaintes. Aussi lui écrivait-il le 1er juillet : « Il faut vous résigner, cher Monsieur le Curé, à rester dans l'histoire, et des exemples comme les vôtres sont particulièrement nécessaires à exalter, dans un temps comme le nôtre ».

C'est pourquoi il avait résolu de le faire couronner par l'Académie Française et de lui obtenir un prix Montyon qui lui payerait les derniers mémoires de ses travaux. L'idée communiquée dès le mois d'avril à Mgr l'Evêque de Chartres avait reçu aussitôt son approbation. Mais à ce moment, notre Poitevin, très occupé à quêter pour le clocher de Loigny, comme l'attestent les nombreuses lettres que nous avons sous les yeux, fut obligé de remettre à plus tard l'exécution de son dessein.

Il le reprit à la fin de septembre et composa en faveur de M. l'abbé Theuré le mémoire qui devait, selon les règlements, être présenté à l'Académie. Il lui fallut alors, en envoyant son écrit par la poste, sous pli recommandé, solliciter les signatures de personnes honorables dont l'autorité appuierait son témoignage et ferait valoir son candidat. Il était nécessaire que le tout fût rendu à Paris avant la fin de l'année, terme de rigueur.

(1) Consulter pour le récit de ces fêtes et les discours : *La Voix de Notre-Dame de Chartres*, 1893, supplément, p. 467 et suiv. — *Le Journal de Chartres*, 1893, jeudi 21 septembre. — *Prêtre et Soldat*, par M. DRUET, p. 11 et 29.

Mais que de difficultés il rencontre pour aller vite !
Les uns, très affairés, oublient de lui renvoyer son mémoire ;
les autres sont en voyage. Combien il regrette alors de
n'avoir pas songé à profiter des fêtes de Loigny, où tant
de personnages étaient rassemblés ! « J'aurais économisé
bien du temps et de l'argent, écrit-il le 26 octobre, si j'avais
été prêt au 18 septembre et que j'eusse apporté le projet
à Loigny. Actuellement, outre le temps perdu, comme
je ne veux pas que cela s'égare, chaque signature me
revient à 0 fr. 85. Je veux cependant qu'il y en ait beaucoup et de marquantes ».

Grâce à son activité et au zèle de quelques amis, M. Druet
put expédier son dossier à Paris le 29 décembre 1893. Il
était revêtu d'un grand nombre de signatures et appuyé
de lettres très élogieuses que notre avocat publia, par
la suite, dans une gracieuse brochure intitulée : *Prêtre
et soldat.*

L'action était donc bien engagée ; mais il ne fallait pas
s'exposer à passer inaperçu dans la foule ou à n'obtenir
qu'un succès vulgaire. On voit alors notre infatigable
panégyriste s'adresser aux dispensateurs des récompenses
et les prier de faire bon accueil à sa demande. Il a déjà
écrit à Me Rousse, son confrère, pour qu'il soit son avocat
auprès des académiciens. Sollicité à son tour, Jules Simon
lui répond le 3 avril 1894 : « Je recommanderai certainement votre abbé, et de la façon la plus chaleureuse. Le
meilleur protecteur de votre protégé c'est son église, une
santa croce des martyrs, comme Florence a la *santa croce*
du génie ».

M. Paul Deschanel ajoute à la même date : « Je vous
suis obligé de m'associer à un acte de justice. Je suis en
effet en relations avec tous les membres de l'Académie,
excepté deux. Je verrai mon ami, M. Camille Doucet, et
aussi M. Pingard, qui me tiendra exactement au courant
et vous aussi par conséquent ».

Léon Lavedan, de son côté, menait à Paris une campagne très active. Le 24 avril il rendait compte de ses démarches en ces termes à M. Druet : « Ne vous inquiétez pas au sujet du bon Curé de Loigny. J'ai vu les académiciens dont le concours peut nous être le plus utile, notamment M. Camille Doucet, entre les mains duquel est en ce moment le dossier, et nous avons désormais cause gagnée. Camille Doucet est complètement avec nous et c'est mon collaborateur et ami Thureau-Dangin qui est chargé du rapport. Vous pouvez donc dormir tranquille. J'en avais déjà parlé à Emile Ollivier en déjeunant chez lui, il y a quinze jours. J'y déjeune de nouveau dimanche prochain, et vous pouvez compter que je n'oublierai pas l'affaire ».

Au reçu de cette lettre, notre Poitevin, aussi modeste que zélé, écrit à Loigny : « J'ai remercié par dépêche M. Lavedan d'un résultat qui est bien son œuvre. A Paris, pour réussir, il faut avoir des Parisiens dans sa manche. Les autres démarches que j'ai fait faire n'auront pas été inutiles ; mais M. Chapelot, pour recueillir les signatures, M. Lavedan, pour décider les convictions, auront été les principaux organisateurs de la victoire. »

La conspiration de si hautes influences obtint le succès désiré. Le 24 mai, l'Académie Française accordait à M. l'abbé Theuré sa première récompense, qu'elle devait solennellement proclamer plus tard, selon l'usage. Elle le fit dans sa séance publique du 22 novembre suivant. M. Ludovic Halévy, chargé du discours, eut soin, avant de décrire les mérites de l'élu, de raconter une scène qui venait de se passer en pleine Beauce. Des manœuvres militaires avaient eu lieu dans cette contrée, après la moisson, disait le rapporteur, et le général de Gallifet, qui les commandait, avait adressé à ses troupes, le 20 septembre, un très chaud et très éloquent ordre du jour.

« Les grandes manœuvres de 1894, écrivait le général,

n'ont pas été seulement une école de guerre, elles nous ont permis d'accomplir sous les armes un patriotique pèlerinage aux champs de bataille de Villepion et de Loigny, que vos pères et vos frères ont si généreusement arrosés de leur sang ».

» En effet, poursuivait M. Halévy, quelques jours auparavant, une de nos brigades d'infanterie avait, en traversant le village de Loigny, rendu les honneurs militaires devant une église bâtie, en mémoire de la bataille du 2 décembre 1870, par l'abbé Theuré, curé de ce petit hameau ».

Et l'académicien, en exposant les faits que nos lecteurs connaissent, citait cet hommage rendu à M. l'abbé Theuré par le général de Sonis : « Le dévouement de ce vrai prêtre a été au-dessus de tout éloge ; jour et nuit, dans nos ambulances, il donna tout, il se donna lui-même ; il sauvait les âmes et les corps ».

L'orateur terminait sa notice par ces mots : « L'Académie décerne à M. l'abbé Theuré un prix de 2.500 francs. La souscription de M. de Montyon au mausolée de Loigny aidera l'abbé Theuré à payer les derniers mémoires des constructeurs de l'église. L'Académie offre en même temps une médaille d'or à M. Louis Fouquet, qui, maire de Loigny depuis 1877, a été le dévoué collaborateur de M. l'abbé Theuré dans cette œuvre de piété nationale. » (1).

Tandis que M. le Curé de Loigny achevait son église et recevait les récompenses dues à ses longs travaux, les partisans de Mathilde Marchat, la fausse voyante, continuaient d'attaquer et même d'injurier ce prêtre avec une incroyable perfidie. De sorte qu'on peut le comparer à ces triomphateurs romains qui, précédés des trophées de leurs victoires et le front ceint de lauriers, s'avançaient sur un char splendide, au milieu d'acclamations enthousiastes, mais avaient auprès d'eux un esclave chargé de

(1) *Prêtre et Soldat*, p. 71.

leur répéter assez souvent ces paroles : « Regarde en
arrière et souviens-toi que tu es homme ».

C'est ce dernier rôle que remplissaient divers imprimés
dont la *Lettre ouverte à M. le Curé de Loigny* est un spéci-
men, ou des missives manuscrites qui, par des invites
doucereuses mêlées de sarcasmes, le pressaient de secouer
enfin le joug de son Evêque et de reconnaître la divine
mission de la voyante.

« Je vous déclare, très cher Monsieur le Curé, lui écri-
vait-on du Mans, le 5 avril 1894, que toute la France qui
a les yeux sur vous en ce moment-ci, applaudirait à cet
acte d'héroïsme de votre part. D'un seul coup tomberait,
comme un château de cartes, tout ce qui a été dit sur vous
et contre vous. L'ironie qui se manifeste à votre endroit
des quatre coins de la France depuis longtemps, se chan-
gerait de suite en sentiments charitables à votre égard,
et c'est avec la plus grande indignation que tout le monde
racontera l'odieuse manière dont vos Supérieurs hiérar-
chiques vous ont trompé. Ceux-là qui, aujourd'hui, sont
disposés à rire de vous par suite des articles et des critiques auxquels vous n'avez pu répondre, seront les premiers à vous faire un piédestal de leurs louanges et de
leur admiration. »

Puis, dans l'espoir de donner à de telles promesses une
plus grande influence sur M. l'abbé Theuré, on passait
aux menaces :

« Je crains bien, cher Monsieur le Curé, que les châtiments ne viennent vous trouver à bref délai, si vous ne
vouliez pas ouvrir les yeux à la vérité, par l'appel pressant
que le Sacré-Cœur vous adresse par la présente lettre.
Le nombre des personnes qui ont été châtiées par suite
de leur persécution contre la voyante de Loigny est déjà
bien grand, et on peut nommer maintenant ceux qui ont
trouvé la mort, comme les cardinaux romains ».

Ce langage, parsemé d'injures et d'avertissements

sinistres, n'était pas réservé à M. l'abbé Theuré. La secte l'employait pour tous ceux qui lui étaient justement opposés, même pour les personnages les plus considérables. Ainsi, d'après elle, le dernier archevêque de Lyon, Mgr Foulon, de vénérée mémoire, avait été frappé de mort et *cité au tribunal de Dieu* pour n'avoir pas soutenu la grande cause de Loigny.

Les cardinaux romains, dont il est question dans la lettre donnée plus haut, étaient, à cette époque, détestés au plus haut point et couverts d'infamie par les partisans de Mathilde Marchat. La rage sacrilège de ces pauvres égarés représentait les princes de l'Eglise comme épouvantés de leurs attaques et se disant entre eux : « Ou nous tuerons Loigny ou Loigny nous tuera ».

On se rappelle, en effet, qu'aux approches de Pâques de l'année 1893, les deux prétendus ambassadeurs que la secte avait à Rome, s'étaient fait extorquer 60.000 francs sous prétexte de délivrer le vrai Léon XIII, enfermé selon eux dans les souterrains du Vatican par une camarilla de cardinaux francs-maçons.

Or, cette histoire fantastique n'aurait probablement été connue que des dupeurs et des dupés, si les sectaires n'avaient eu soin de raconter au monde entier, dans une brochure intitulée : *Compte rendu de la délivrance du Pape,* quel service signalé les Loigny, comme on disait, avaient alors rendu à la religion.

Cette publication intempestive effraya un des escrocs nommé Perrazelli, qui, pour éviter le châtiment dont il se sentait menacé, dévoila tout dans une lettre à la police italienne. En conséquence la bande fut arrêtée au mois d'octobre 1893 et mise en prison préventive. Le procès commença devant le tribunal de Rome le 31 mai 1894 ; les mensonges et les rouries des inculpés parurent au grand jour.

L'organisatrice de cette lucrative filouterie était la fameuse comtesse de Saint-Arnaud, aventurière aux mœurs équivoques, qui prétendait avoir engagé ses joyaux de famille et ses tableaux pour délivrer Léon XIII, enfermé dans un cachot des catacombes.

C'est elle qui, moyennant une forte somme, dit-elle, a persuadé à l'archiduc Jean-Salvator de Lorraine, chef des geôliers du Pape, de laisser rendre la liberté au Saint-Père et de se dérober ensuite à la colère des cardinaux en fuyant loin de Rome. C'est elle encore, affirme-t-elle, qui plus tard, lorsque le Souverain Pontife, asservi, eut été relégué dans ses appartements, a porté à Monza pour le roi Humbert, et à Vienne, pour l'empereur François-Joseph, des messages divins qui les pressaient de faire cesser les horreurs de la cour papale. C'est elle toujours qui a comploté avec Perrazelli de faire envahir le Vatican par une troupe d'ouvriers.

D'une voix émue l'habile comtesse raconte que les cardinaux lui ont offert 16.000 francs pour qu'elle ne parle jamais des mauvais traitements infligés au Saint-Père. Elle ajoute qu'un des ambassadeurs de Loigny lui a souvent fait voir des images de la Sainte Vierge portant la signature authentique de la Mère de Dieu ; une fois même il lui montra une précieuse relique : un tapis vert brodé par la Madone elle-même.

Quant aux autres complices, le soi-disant duc de Bustelli-Foscolo avait déjà été condamné à Paris à un an de prison pour escroquerie. Martinucci, en imitant l'écriture de Léon XIII, avait fabriqué les fausses pièces sur lesquelles s'appuyait la puérile crédulité des sectaires de Loigny pour affirmer la captivité du Saint-Père et se dire ses enfants bien-aimés. Enfin, le prétendu chevalier Salvucci, un vieillard jadis cuisinier des Bonaparte et des Torlonia, reconnaissait s'être prêté à cette scandaleuse mystification en jouant le rôle de témoin. Il était venu affirmer d'abord aux représentants de Loigny qu'il avait vu le Pape dans les chaînes et, plus tard, qu'il avait, la nuit, assisté à sa délivrance. Pour confirmer le dernier témoignage de ce spectateur, la Saint-Arnaud, ce jour-là, s'était présentée, les cheveux épars et le visage fardé de blanc, comme si elle avait beaucoup peiné dans cette libération. A ce moment, dupeurs et dupés s'étaient mis à genoux pour remercier Dieu du succès et avaient chanté le *Te Deum*.

On devine quelles impressions ces aveux drolatiques des coupables produisaient sur le public. A chaque instant, l'auditoire éclatait de rire ; les juges eux-mêmes, impuissants à toujours se contraindre, se laissaient aller parfois à l'hilarité générale.

Les trois premiers accusés se virent infliger quinze mois de réclusion, plus une amende, le quatrième n'eut que sept mois ; mais une amnistie, accordée à l'occasion des noces d'argent du roi, abrégea de beaucoup la peine et enleva l'amende. Le dénonciateur Perrazelli fut mis hors de cause.

Glénard et son compagnon auraient voulu faire citer comme témoins au procès les cardinaux et le Pape lui-même. Ils demandaient surtout que Léon XIII vînt en personne affirmer, devant le tribunal, la réalité de son incarcération. Heureusement, et les juges le firent remarquer, que la loi dite des garanties protège au moins la majesté pontificale contre de telles atteintes ! Les deux ambassadeurs de Loigny durent se contenter de plaider en faveur des tristes personnages assis au banc des accusés, et de leur serrer la main devant le public. Mais ils gardèrent intactes leur confiance aux condamnés, qu'ils appelaient des victimes, et leur foi aux fables extravagantes dont on les avait leurrés (1).

Pendant que la justice du roi d'Italie punissait les

(1) Supplément à *La Croix*, 19 juin 1894. — *Loigny devant les Tribunaux de Rome*, par GLÉNARD.

fripons dont nous venons de raconter les mésaventures, le Saint-Siège veillait aux intérêts supérieurs de la religion. Déjà l'année précédente, le 9 juillet 1893, le Saint-Office avait condamné le titre de *Pénitent* décerné à Notre-Seigneur Jésus-Christ, et condamné l'œuvre de Loigny qui s'obstinait à répandre des révélations du Sacré-Cœur de Jésus-Pénitent. Mais ce décret atteignait tous les amateurs de nouveautés, et il était nécessaire de flétrir d'une note plus infamante la visionnaire Marchat et les *loignystes,* ses adhérents.

C'est que Mathilde et ses compagnes, sans tenir compte des censures édictées contre elles jusqu'à ce jour, continuaient de se dire chargées d'une mission surnaturelle, et agissaient à Loigny avec une imperturbable assurance. Si l'autorité civile leur fermait une chapelle, elles en aménageaient une autre beaucoup plus vaste, y convoquaient les pèlerins et poussaient l'audace jusqu'à demander à Mgr l'Evêque de Chartres de venir *inaugurer* ce sanctuaire. Dans ce même temps, elles ouvraient un orphelinat pour des jeunes filles pauvres et essayaient même de tenir école. Enfin, comme les aumônes affluaient au pseudo-couvent, elles poursuivaient leurs acquisitons de terrains et entreprenaient des constructions diverses dominées par un haut belvédère, d'où leur roi Charles XI devait bientôt se montrer à ses fidèles répandus sur toute la plaine environnante. Ainsi commençait à se bâtir, disaient-elles, la grande ville qui s'appellerait Loigny-du-Sacré-Cœur (1).

Cette obstination des coupables, ces progrès de leur secte obligeaient l'autorité suprême à une répression sévère. Elle devait redoubler de salutaire rigueur pour mettre fin à ce *loignysme*, mélange de fausses visions et d'intrignes politiques, si funeste à la paix des consciences et à la gloire de Dieu.

(1) *Voix de Notre-Dame,* 1894, supplément, p. 355 et suiv., 362 et 629.

En conséquence, un nouveau décret du Saint-Office, rendu le 27 juin 1894, vint aggraver les peines antérieures. Il frappait d'excommunication réservée au Souverain Pontife, Mathilde Marchat, ses compagnes, et tous ceux, prêtres ou laïques, qui, par des dons ou autrement, favorisaient cette prétendue communauté. Il rappelait en outre la condamnation portée déjà contre quelques brochures de la secte, et l'étendait à tous les numéros des *Annales de Loigny*, à tous les écrits publiés jusqu'à ce jour par les partisans de cette triste cause.

De nouveau, l'official diocésain, M. Pouclée, accompagné de M. Piau, supérieur du Grand Séminaire, se rendit à Loigny pour donner connaissance de ce décret. Il en fit la lecture un dimanche, à la grand'messe, du haut de la chaire, devant les fidèles assemblés, et l'afficha ensuite à la porte de l'église. Enfin, pour remplir toutes les formalités prescrites, il alla au pseudo-couvent le communiquer officiellement aux intéressées. Mais, comme on refusait obstinément de lui ouvrir, c'est à travers les barreaux d'une grille que les papiers furent introduits dans la maison rebelle. A ce moment, la voyante, au comble de la fureur, vociférait des blasphèmes : « C'est la bande à Monaco ! Le vrai Léon XIII est avec nous ! » puis lançait des menaces contre les envoyés de l'Evêque : « Malheur à vous ! malheur à vous ! » (1)

Ces paroles nous montrent que, malgré toutes les condamnations civiles et religieuses, Mathilde Marchat maintenait opiniâtrement toutes ses déclarations précédentes. Oui, selon elle, le vrai Pape continuait d'être réellement séquestré ; oui c'étaient des affidés de l'enfer qui voulaient tuer Loigny à coup de décrets.

Les disciples de la voyante, de vive voix ou par des lettres particulières, propageaient constamment ces mensonges. Leurs Annales ou leurs brochures, comme *Le décret*

(1) *Voix de Notre-Dame de Chartres*, 1894, supplément, p. 366.

du 4 juillet 1894, s'en allaient redisant partout que le vrai
Léon XIII les approuvait, leur envoyait des billets écrits
de sa main, des bénédictions apostoliques, des cadeaux,
des promesses de triomphe. On montrait aux naïfs de
prétendus autographes de Saint-Père ; on annonçait que
le Souverain Pontife nommerait bientôt curé de Loigny,
et ne relevant que de lui, un malheureux prêtre interdit
qui accompagnait Glénard à Rome (1).

Une telle audace dans leurs affirmations fascinait les
âmes déjà séduites, les maintenait dans la soumission
et dans l'erreur. Aussi, quand au milieu du mois d'avril
1895 la prétendue supérieure du couvent vint à mourir,
l'œuvre ne fut nullement ébranlée par sa disparition.
La défunte, qui était décédée sans se réconcilier, hélas !
avec l'Eglise, fut conduite au cimetière de Loigny par le
garde champêtre pour y être enterrée civilement, mais
une nouvelle supérieure prit sans difficulté sa place à la
tête de la congrégation schismatique.

Elle se composait alors d'une quinzaine de pauvres
femmes se disant Epouses du Sacré-Cœur de Jésus-Pénitent. Une vingtaine de jeunes filles, venues de loin, recevaient auprès d'elles une éducation assez singulière. Des
personnes riches, trompées par les publications de la secte,
fournissaient des fonds pour entretenir tout ce monde,
propager les malsaines rêveries de la voyante et agrandir
les immeubles de la communauté.

Quelques Messieurs, chauds partisans des révélations
condamnées, étaient venus, avec leurs familles, s'installer
à Loigny, où ils achetaient des propriétés, multipliaient
les constructions et annonçaient leur intention de s'emparer
de tout le village. Logés en dehors du couvent, ils s'y
rendaient chaque jour pour assister aux offices religieux,

(1) *Voix de Notre-Dame*, 1894, supplément, p. 405. — *Le Vatican
devant Léon XIII*, par Glénard, p. 43.

car un malheureux prêtre avait quitté son diocèse pour
être le chapelain de ces excommuniés (1).

Ce qui entretenait l'esprit de prosélytisme et l'aveugle
confiance dans l'avenir chez les disciples de la voyante,
c'est qu'à Rome la comtesse de Saint-Arnaud, sortie de
prison en novembre 1894, avait repris son ascendant sur
les crédules ambassadeurs du Sacré-Cœur et réussissait
à exalter leurs espérances.

D'autres chevaliers d'industrie avaient, pendant sa
réclusion, essayé de capter les Loigny pour vivre à leurs
dépens, mais aucun n'était parvenu à la remplacer. Seule,
elle avait l'art de flatter leurs manies et d'endormir leurs
soupçons ; sa souple intelligence lui fournissait à son gré
le moyen de les tromper.

Ainsi, elle leur fit croire d'abord que des gardes nobles
et autres personnages du Vatican portaient ses lettres
au Pape séquestré et lui transmettaient les réponses de
l'auguste Pontife. Elle pouvait même, disait-elle, le voir
dans ses appartements quand elle le voulait. Ce privilège lui venait de son origine princière. Plus tard, en
septembre 1895, elle raconta que, grâce à l'intervention
de l'archange saint Michel, elle avait obtenu la permission
d'aller, la nuit, sous la conduite de deux gardes, copier la
Chronique secrète du Vatican, contenant les entretiens
de Léon XIII avec ses visiteurs ou ses familiers. Ainsi elle
procurait aux deux Français toute facilité pour corres-
pondre sûrement avec le vrai Pape et savoir ce qu'il
pensait de ses enfants bien-aimés de Loigny.

A partir de ce moment, en effet, les peu défiants ambassadeurs recevaient presque chaque jour des extraits,
parfois scandaleux, toujours fantaisistes, de la prétendue
Chronique. Ils les transmettaient fidèlement à Loigny et
les Annales de la secte les reproduisaient pour échauffer
le zèle de tous ses adeptes.

(1) *Voix de Notre-Dame de Chartres,* 1895, p. 278.

Aussi, pour faciliter tous ces services, un loignyste de marque, le riche M. Jordan, de Lyon, payait bientôt, cinquante mille francs pièce, deux machines phonographiques Edison qui enregistraient automatiquement les conversations tenues dans le cabinet du Saint-Père ; il assurait de plus à la comtesse 500 francs par mois pour elle et les deux gardes qui étaient censés l'accompagner dans ses excursions nocturnes.

Une telle libéralité engagea Mme de Saint-Arnaud à saisir la première occasion qui se présenterait pour se signaler. Or, par une curieuse coïncidence, un Consistoire devait se tenir à Rome le 2 décembre suivant. Mathilde Marchat, informée de cette décision, s'empressa de faire espérer à tous qu'en ce jour privilégié, vingt-cinquième anniversaire de la célèbre bataille, le Pape approuverait solennellement, à la face du monde entier, les manifestations surnaturelles et la communauté de Loigny.

A cet effet, deux messages destinés au Saint-Père furent écrits comme ayant été dictés par le Sacré-Cœur de Jésus-Pénitent, à Mathilde, sa fidèle servante, dans les apparitions des 17 et 27 octobre. On chargea la comtesse de Saint-Arnaud de les faire parvenir directement à leur adresse. Chaque fois il était enjoint au Souverain Pontife de proclamer la divinité de l'œuvre de Loigny. Un groupe de pèlerins, accompagnant la voyante, devait, par ordre du Ciel, se trouver à Rome au jour fixé pour la levée de l'interdit.

Si nous en croyons les délégués de la secte, qui parlent non en témoins oculaires ou auriculaires, mais d'après des renseignements tenus par eux comme très sûrs, voici comment les choses se passèrent. Dans le Consistoire secret qui eut lieu le 27 novembre, le vrai Léon XIII, libre pour un moment, imposa sa volonté aux cardinaux rebelles et déclara officiellement sa foi aux visions de Marie-Geneviève du Sacré-Cœur de Jésus. Le 2 décembre suivant, dans le

Consistoire public, le Pape ne put parler à cause d'une extinction de voix ; mais il fit lire une déclaration écrite de sa main par laquelle il bénissait la communauté et les œuvres de charité des Epouses du Sacré-Cœur de Jésus à Loigny, et reconnaissait comme divines les visions de Marie-Geneviève du Sacré-Cœur.

Le jour même, un texte latin de cette déclaration, écrit tout entier, affirmait-on, par Léon XIII, et signé de lui, était remis, comme preuve indiscutable, aux pèlerins de Loigny venus à Rome. Le télégraphe transmettait aussitôt cette précieuse information aux pseudo-religieuses restées en France.

L'effervescence de Mathilde Marchat fut alors à son comble. Elle prétendait avoir de fréquentes visions, multipliait les ordres au nom du Sacré-Cœur, réclamait telles et telles nominations, rappelait que la mort de Mgr Lagrange, Evêque de Chartres, survenue le 23 juin de cette année, était une punition de sa lutte incessante contre l'Œuvre de Jésus-Pénitent.

M me de Saint-Arnaud fut naturellement le guide des pèlerins de Loigny pendant les trois semaines de leur séjour à Rome. Ceux-ci doutèrent bien parfois de la sincérité de leur confidente, surtout quand ils la virent impuissante à leur procurer une audience privée du Saint-Père.

Mais la rusée comtesse sut détourner leur courroux sur Rampolla, *Secrétaire d'Etat des princes de l'enfer*. C'est ce cardinal franc-maçon, disait-elle, qui leur fermait toutes les avenues. Aussi rentrèrent-ils en France contents, somme toute, de leur voyage, parce qu'ils rapportaient l'approbation papale, bien authentique, de la sainte communauté de Loigny (1).

Les Annales de la secte et des lettres particulières s'empressèrent de publier les déclarations consistoriales

(1) *Le Vatican devant Léon XIII*, par GLÉNARD, passim, principalement p. 16, 26, 29, 36 et 41.

dont nous avons parlé et de répandre au loin la grande
nouvelle. Mais les transports de joie des Loignystes furent
de courte durée, car des démentis autorisés ne tardèrent
pas à se produire. Le cardinal Richard, Archevêque de
Paris, Mgr Jourdan de la Passardière, Evêque de Roséa,
les Vicaires Capitulaires de Chartres, les journaux catholiques protestèrent successivement par de formelles déné-
gations (1).

Enfin, le 15 avril 1896, la Sainte Inquisition Romaine,
dans un langage énergique, flétrissait l'extrême effronterie
de cette coterie déjà plusieurs fois condamnée, qui s'obstinait à publier comme visions privées, révélations et prophéties, des délires d'esprit malade, et venait d'ajouter
à tant d'énormités un délit si audacieux qu'il serait
incroyable, s'il n'était contenu dans le numéro 85 des
Annales de Loigny. Là, en effet, étaient insérés des actes
absolument faux et inventés, attribués aux Consistoires
pontificaux des 29 novembre et 2 décembre 1895.

En conséquence, et dans la crainte que les fidèles crédules et imprudents ne fussent trompés par tous ces mensonges, la Suprême Congrégation jugeait nécessaire de
déclarer à nouveau que tous les décrets émanés soit de
l'Evêque de Chartres, soit du Saint-Siège, étaient ratifiés
et confirmés (2).

Tandis que d'odieuses intrigues se tramaient à Rome
à l'occasion des Consistoires pontificaux, les Allemands
célébraient avec faste, de semaines en semaines, les premiers
jubilés de leurs victoires de 1870, les vingt-cinq ans de
leur unité nationale. Le 2 décembre notamment, l'empereur
Guillaume avait fui sa capitale et la réouverture du Parle-
ment, pour aller à Breslau fêter, avec le régiment des

(1) Lettre de Mgr Jourdan de la Passardière, 10 décembre 1895. —
Voix de Notre-Dame, 1895, supplément, p. 619. — 1896, supplément,
p. 67.

(2) *Voix de Notre-Dame*, 1896, supplément. p. 243.

cuirassiers de la garde, l'anniversaire de la bataille de Loigny (1). -

Et pourtant, de l'aveu de certains Allemands en veine de franchise, ces anniversaires étaient plus tristes que joyeux, car des remords tourmentaient la conscience des vainqueurs, des cauchemars troublaient leurs nuits, à la pensée de cette campagne de France.

« C'est la guerre, écrit l'un d'eux à la *Rheinische Zeitung*, qui m'a valu tous les malheurs que je viens de vous énumérer. Certainement je ne suis pas le seul à me trouver en pareil cas. Peut-être est-ce une punition de Dieu pour tout le mal que nous avons fait, sans raison, jadis en France ? Ce sont des choses auxquelles je ne réfléchissais pas à ce moment-là. Je voyais faire les autres et je les imitais » (2).

Alors, en effet, que de victimes injustement massacrées, de cruautés, de destructions exercées sans motif, de caprices honteusement assouvis, de vols exécutés sans vergogne ! Tous ces souvenirs leur revenaient en mémoire et les couvraient d'intime confusion.

Témoin la conduite des Bavarois à Marboué, quand ils venaient sur Loigny ; témoins également les tristes exploits des maraudeurs assommant ou dévalisant nos soldats restés sur le champ de bataille pendant la nuit du 2 décembre ; témoins encore les brutalités des Prussiens à l'égard du maire de Voves, coupable d'avoir protégé les blessés de Loigny ; témoins toujours ces titres de rente et ces couverts d'argent emportés en Allemagne, nous dit un journal de Châteaudun (3) et, chose admirable ! restitués un an après la guerre. Mais que de valeurs et d'objets précieux ne furent jamais rendus !

Les zouaves pontificaux aussi résolurent de commémorer les dates sanglantes de l'année 1895. Ils ne songeaient pas, comme les Allemands, à s'enorgueillir de leur bravoure

---

(1) Journal *L'Éclair*. 5 décembre 1895.
(2) *Journal de Chartres*, 20 septembre 1895.
(3) *Écho Dunois*, 1872, 18 janvier et 21 avril.

et n'avaient pas, comme eux, à se repentir de leurs méfaits ; mais ils voulaient ranimer leur dévouement aux plus grandes des causes, continuer l'expiation des fautes nationales et prier pour leurs morts.

C'est pour coopérer à ces œuvres saintes que Mme Fernand de Ferron, veuve du zouave pontifical tué à Loigny, fit alors plusieurs fondations pieuses. En écoutant le discours que M. le chanoine Drouin, curé de Beaumont-les-Autels, prononça le 2 décembre 1893, elle avait senti la nécessité et pris la résolution d'assurer des prières incessantes dans l'église où reposent de si nombreuses victimes (1). Elle profita du vingt-cinquième anniversaire pour réaliser ce qu'avaient tant souhaité, dès 1871, les promoteurs du Monument de la bataille.

Le 30 juin et le 17 novembre 1895 (2), la noble veuve proposait à la fabrique de l'église de fonder à perpétuité, pour la somme de 10.200 francs, un service avec messe solennelle, le 2 décembre de chaque année, à l'intention de tous les officiers et soldats français tombés ce jour-là à Loigny, en 1870, et vingt-quatre messes à dire les premiers vendredis et samedis de chaque mois, pour M. de Ferron, son mari, et ses compagnons d'armes. Les formalités requises par la loi furent alors remplies et l'on se crut en sûreté pour toujours.

Cependant, à la prière de Charette, Mgr Lagrange, qui s'était avec une si légitime fierté proclamé l'Evêque de Loigny, avait rêvé d'entourer d'un éclat particulier le vingt-cinquième anniversaire du 2 décembre ; mais la mort ne lui permit pas de réaliser sa noble pensée. La pieuse commémoration fut néanmoins imposante, car, malgré la rigueur de la saison, plus de cinquante zouaves répondirent à l'appel de leur chef, et beaucoup d'autres anciens combattants les accompagnèrent.

(1) *Voix de Notre-Dame*, 1893, supplément, p. 608.
(2) Registre de la Mairie de Loigny.

Le 21 novembre, Charette écrivait à M. l'abbé Theuré : « Je compte comme d'habitude passer une partie de la nuit en prière devant le Saint Sacrement. *Héritage Sonis !* » Six jours plus tard, le général annonçait à M. le Curé que trois prêtres seraient avec lui et demanderaient à dire la messe à l'aurore.

Pour raconter cette nuit d'adoration dans l'église de Loigny, nous n'en sommes pas réduit aux conjectures, car nous savons par le récit d'un témoin ce que Charette avait coutume de faire en pareille occurrence.

« Un jour, plus de vingt ans après la guerre, écrit le général Récamier, Charette habitait au golfe Juan, près d'Antibes ; il me fit prier de venir le voir le soir ; je le trouvai revêtu de son vieil uniforme de zouave, il était encore superbe dans cette tenue militaire, et j'étais fort émotionné de le voir ainsi ; après avoir joui quelques moments de ma surprise :

» Ne vous étonnez pas, me dit-il, mes zouaves et moi nous sommes toujours prêts, et le jour où on aura besoin de nous, nous ne nous ferons pas attendre ; mais aujourd'hui, il s'agit d'autre chose ; c'est l'anniversaire de Loigny, j'avais l'habitude de passer tous les ans la nuit du 1er au 2 décembre en prière avec Louis, mais comme il n'est plus là, j'ai pensé que vous voudriez bien le remplacer.

» A neuf heures et demie, il me conduisit dans son oratoire avec son aumônier ; il avait un carnet sur lequel se trouvaient inscrits tous les morts de son régiment ; il lut quelques noms et l'aumônier récita les prières des morts. Charette lut ensuite une seconde série de noms et les prières suivirent ; il continua ainsi sans interruption jusqu'au matin, restant constamment à genoux et termina cette pieuse nuit en servant la messe et faisant la sainte communion ».

Cette manière de commémorer le 2 décembre était grande n'importe en quelle contrée se trouvât le général.

Mais combien plus belle cependant fut cette scène en 1895, parce qu'elle s'accomplit dans l'église même de Loigny ; en présence de cette bannière sanglante du Sacré-Cœur de Jésus qui avait conduit les zouaves à l'assaut et que dans ses voyages Charette portait toujours sur son cœur ; à deux pas de la tombe du général de Sonis et de l'ossuaire où dorment tant de victimes ; en compagnie enfin de quelques anciens combattants, et surtout du Père Doussot, cet aumônier des zouaves qui, en 1870, à Saint-Péravy-la-Colombe, avait dit la messe à deux heures du matin pour les préparer à la bataille ! Tout ici se réunissait pour rendre impressionnante cette garde d'honneur expiatrice montée, près des tombeaux, devant le Saint Sacrement.

La veillée d'armes était réservée à quelques intimes, car le général avait recommandé le secret. Mais le jour, à l'appel des cloches, une foule compacte envahit l'église. Presque tous les régiments qui avaient pris part à l'action sont représentés. Près du général de Charette, on voit le fils du général de Sonis, Mme la duchesse de Chevreuse pleurant encore son fils le duc de Luynes, les familles de Ferron, de Verthamon, de Bouillé, MM. Le Gonidec, de Couëssin, de Moncuit, de l'Epinay, de Maricourt, de Saint-Venant, une centaine d'anciens combattants et des aumôniers militaires, tels que l'abbé Bastard, des mobiles de la Mayenne, et l'abbé Fagois, des mobiles de la Haute-Vienne.

On remarque encore M. Fouquet, maire de Loigny, avec son conseil municipal, et la Croix-Rouge de Chartres, toujours si secourable aux combattants du 2 décembre.

Les pompiers, rangés auprès du catafalque, inaugurent ce jour-là, avec fierté, un beau drapeau que leur a payé M. le Curé. A côté de l'enseigne tricolore, la blanche bannière du Sacré-Cœur, empourprée du sang des Verthamon, et des Bouillé, est tenue par M. de Traversay, qui l'a portée déjà en 1870 devant l'ennemi, et par M. de Trous-

sures, parent du commandant assommé, la nuit du
2 décembre, à coups de crosse de fusils prussiens.

Deux vénérés Prélats, entourés d'un nombreux clergé,
rehaussent la cérémonie de leur présence. Mgr Foucault,
Evêque de Saint-Dié, célèbre pontificalement la sainte
messe. L'assistance recueillie unit sa prière à celle de
l'auguste Victime et réclame pour ses défunts une éternité
bienheureuse.

Mgr de la Passardière, Evêque de Roséa, alors bien
connu dans notre diocèse pour sa grande obligeance, sa
parole facile et captivante, gravit ensuite les degrés de
la chaire. Il développe cette pensée que la foi religieuse
unie au patriotisme, élève le combattant à la dignité de
héros, et montre comment Sonis, si courageux dans la
lutte, si résigné dans la souffrance, a pu être imité par le
plus humble de nos soldats.

De ce surnaturel divin tel qu'il a été vécu dans les plaines
de Loigny, Sa Grandeur passe au surnaturel diabolique
qu'une coterie impudente étale à deux pas de la tombe
des héros chrétiens, et le flagelle de termes cinglants mais
trop mérités.

Enfin, la vue du drapeau national gardé par les pompiers,
et de l'étendard du Sacré-Cœur tenu par les zouaves pontificaux, inspire à l'orateur des accents émus, où il fait
entrevoir, à travers les ombres de l'avenir, tout ce que
pourrait espérer une France résolument chrétienne.

Pendant le banquet qui réunit bientôt, sous une vaste
tente, de très nombreux convives, Charette énuméra, en
quelques mots vibrants, les glorieux souvenirs de la bataille
de Loigny et les noms de ceux qui tombèrent pour ne plus
se relever. Il termina en disant que si la patrie était un
jour en danger, tous s'armeraient encore pour la défendre.
De vigoureux applaudissements et des cris enthousiastes
lui répondirent que ses hommes étaient toujours prêts à
le suivre.

La journée n'eût pas été complète si, avant de regagner leurs foyers, les anciens combattants n'avaient parcouru quelques instants la plaine, indiquant les positions qu'ils avaient occupées, racontant les incidents de la lutte. Charette et les siens refirent alors une partie du chemin que leur bataillon avait jadis arrosé de sang et jalonné de cadavres. Cette visite avait pour tous un attrait irrésistible.

L'un d'eux, devenu prêtre après la guerre, l'abbé Aubineau, du diocèse de Poitiers, l'écrivait le 23 novembre, à M. le Curé de Loigny : « J'étais un des combattants, dans les zouaves pontificaux, le 2 décembre 1870. Vous comprenez combien je suis désireux d'assister au vingt-cinquième anniversaire de la bataille. Avec quel sentiment mélangé de reconnaissance à Dieu et de regret pour nos victimes, je verrai ce petit bois Bourgeon ! »

Oui, il est bon de revivre ainsi les beaux jours de notre passé, de revenir aux champs témoins de nos exploits, surtout quand on en profite pour remercier la Providence de sa protection et songer au soulagement des âmes de nos défunts.

CHAPITRE XVI

LOIGNY-LA-BATAILLE

LE MONUMENT AU 37ᵉ

MORT DU GÉNÉRAL DE CHARETTE

Nouvelle campagne contre l'expression « bataille de Patay ». —
Décoration de la crypte. — Pétition pour obtenir que
le village s'appelle désormais Loigny-la-Bataille. —
Autorisation accordée. — Un compliment du colonel
de Fouchier. — A la demande de Charette, M. l'abbé
Theuré est nommé camérier d'honneur de Sa Sainteté. —
Apparente prospérité de la communauté schismatique
de Loigny. — Glénard et la comtesse de Saint-Arnaud. —
Mort de M. Jordan ; les ressources font défaut. — La
voyante se rend à Rome pour essayer de rétablir l'union
entre les ambassadeurs et la comtesse. — Mort de Mathilde
Marchat. — La persécution contre les congrégations et
le couvent de Loigny. — Les voyantes sont condamnées
et expulsées. — Leurs biens sont vendus. — Mgr Theuré,
souffrant, donne sa démission et est nommé curé honoraire de Loigny. — M. l'abbé Belaue, son successeur. —
Le service du 2 décembre et la loi dite de « Séparation ». —
Le musée de la bataille ; sa bénédiction ; le boléro du capitaine de Gastebois. — Précieuses indulgences accordées
à Loigny. — Projet de monument au 37ᵉ. — Les deux
grands tableaux de M. Lionel Royer. — Bénédiction et

inauguration du monument au 37e ; discours de Mgr Touchet, Evêque d'Orléans. — Où devrait être la sépulture du
colonel de Fouchier. — Mort de Charette. — Sa vie depuis
1871. — Ses derniers moments ; télégrammes, panégyriques et services. — Les funérailles à Loigny ; oraison
funèbre par Mgr de Cabrières, Evêque de Montpellier. —
Les discours ; Association des zouaves. — La tombe et
l'épitaphe de Charette. — Quel sera son historien ? —
Mgr Baunard et la canonisation de Sonis. — Les pèlerins
au tombeau de ce saint général.

Le vingt-cinquième anniversaire, cette grande fête du
souvenir, avait été splendide ; on était heureux de le
constater. Et cependant une critique autorisée ne tarda
pas à se produire. Charette, en effet, avait ranimé une
querelle déjà vieille en nommant bataille de Patay le combat du 2 décembre 1870.

Un ami de Loigny s'en plaignait dans le Correspondant
du jour de Noël. A cette commémoration solennelle,
écrit-il, « les zouaves pontificaux étaient accourus de toutes
parts, sur une vibrante convocation de leur général. Mais
pourquoi Charette leur a-t-il dit dans cet éloquent appel :
« C'est à la bataille de Patay que nous avons eu l'honneur
avec toute l'armée de défendre le sol de la Patrie envahie, »
en taisant obstinément Loigny, théâtre unique de l'action
et sanctuaire de tous les souvenirs ?

« L'empereur allemand y a mis plus de justice en rappelant, il y a quelques jours, dans une allocution militaire,
les exploits de 1870, et en citant Loigny parmi les noms
fameux dont son armée garde la mémoire. Il est donc
permis d'espérer qu'on ne nous parlera plus de la bataille
de Patay, et que Loigny, qui, seul, a été à la peine en 1870,
restera aussi seul à l'honneur. »

Si cette protestation eût été isolée, la question fût restée
probablement au point où l'avaient mise la brochure de
M. le chanoine Sainsot et la Vie du général de Sonis, par
Mgr Baunard. Mais des hommes tels que MM. Druet, Léon
Lavedan, Cornély, revinrent constamment à la charge,

des avertissements répétés furent envoyés, par les journaux ou par des lettres particulières, aux historiens et aux
orateurs pris en flagrant délit de lèse-vérité (1). Leurs
revendications persévérantes n'empêchèrent pas seulement
la prescription de s'établir, elles éveillèrent encore des
sympathies et, comme nous le verrons bientôt, conduisirent
finalement au triomphe.

A cette époque d'ailleurs, l'attention du public fut de
nouveau attirée sur Loigny par les travaux qui s'exécutaient à la crypte funéraire. M. Delacroix, directeur du
Secrétariat du Ministre de l'Intérieur et Inspecteur des
tombes militaires, étant venu visiter l'église, M. le Curé
eut soin de lui faire ses doléances. Le manque de ressources
ne lui avait pas permis jusque-là d'aménager et de décorer
la crypte comme il l'aurait voulu ; mais combien il souhaitait qu'on pût un jour l'achever et l'orner le mieux possible,
pour la rendre digne des héros endormis sous ses voûtes !

Grâce à l'obligeance de son interlocuteur, les remarques et les demandes du vénérable prêtre furent favorablement accueillies en haut lieu. Aussi, pendant l'année
1899, l'accès des tombeaux et la circulation des visiteurs
furent rendus plus faciles par un double escalier, l'ossuaire
fut mieux disposé, des peintures symboliques et des inscriptions chrétiennes firent de cette chambre sépulcrale un
riche reliquaire, loin, cependant, d'être trop beau pour de
si glorieuses victimes. Le plan complet de la décoration
comprenait un pavé en mosaïque dont le dessin existe au
musée du presbytère, mais n'a pas encore été exécuté.

Malheureusement l'humidité a déjà beaucoup endommagé les plâtres et les peintures. On aime à espérer que
ce travail sera bientôt repris avec des matériaux plus durables et achevé dans les meilleures conditions. C'est le vœu
des milliers de pèlerins qui prient, chaque année, devant
ces tombes et l'honneur de la France le réclame. Notre

(1) *Voix de Notre-Dame,* 1898, p. 271.

32

patrie se doit d'accorder cet hommage à ceux qui sont morts pour la défendre.

La bienveillance témoignée par l'Etat dans l'embellissement de la crypte et les encouragements venus de divers côtés, déterminèrent, enfin, le conseil municipal de Loigny à porter devant les Pouvoirs publics la plainte qu'il élevait contre Patay, à propos de l'attribution du combat du 2 décembre. Il s'agissait d'obtenir, comme récompense de tout ce que le village avait souffert en 1870, le droit d'ajouter à son nom ces deux mots significatifs : la bataille. Ce serait pour tous les habitants une grande satisfaction si leur commune, ainsi anoblie, s'appelait désormais Loigny-la-Bataille.

On rapporte cependant que certains personnages ne furent pas médiocrement étonnés en apprenant cette prétention de Loigny, vu, disaient-ils, qu'on ne s'était jamais battu dant cette bourgade. Mais la lecture d'un judicieux mémoire, concerté entre M. le Curé et M. Bourgeois, maire de Loigny, et adopté par le Conseil municipal, inclina bientôt tous les esprits en faveur de la pétition.

La délibération raconte d'abord la journée du 2 décembre 1870, les soins prodigués aux blessés après la bataille, l'érection d'un superbe monument commémoratif où reposent les ossements de 1.200 victimes, la cérémonie anniversaire à laquelle prend part toute la population ; puis elle continue en ces termes :

« Il y a donc peu de localités en France où la guerre ait causé autant de ruines, où elle ait marqué son passage d'une manière aussi terrible, où il y ait d'aussi importants souvenirs à honorer.

» Loigny cependant n'a, jusqu'à ce jour, réclamé aucune faveur, aucune distinction qui puisse dédommager cet humble village de tout ce qu'il a supporté pour la cause commune. En voyant naguère le Gouvernement accorder la croix de la Légion d'honneur à des villes héroïques (à Châteaudun, par exemple), les habitants de Loigny ont applaudi à ces hommages rendus par la patrie reconnaissante ; mais ils ont pensé que Loigny aussi avait bien mérité de cette même patrie, et qu'ayant été comme ces villes à la peine, il était juste que, comme elles, il fût à l'honneur.

» Si donc ses représentants demandent aujourd'hui qu'il lui soit permis de porter un nom qui rappelle des souvenirs à la fois pénibles et glorieux pour lui, ce n'est pas seulement une faveur, mais c'est aussi un acte de justice qu'ils sollicitent. »

Le Conseil municipal ajoute : « Notre démarche a encore pour but de contribuer à détruire l'erreur historique qui fait attribuer souvent et très injustement à Patay la bataille du 2 décembre. Or, cette petite ville, située à douze kilomètres de Loigny, n'a pas vu, ce jour-là, tirer un seul coup de fusil sur son territoire.

» Enfin la dénomination nouvelle, si elle nous est accordée, aidera à faire cesser une confusion préjudiciable qui, vu la prononciation et l'orthographe, s'établit facilement entre trois localités : Longny, Luigny et Loigny. Cette similitude s'amoindrirait beaucoup le jour où l'on dirait Loigny-la-Bataille ».

Après avoir ainsi justifié sa pétition, le conseil la soumet avec confiance à l'autorité supérieure et proteste de la bien vive gratitude des habitants de Loigny pour ceux à qui ils devront l'honneur accordé à leur commune (1).

De hautes influences appuyèrent cette requête si bien motivée. Aussi un décret du 7 décembre 1901, rendant désormais pour Patay toute usurpation impossible, donnait au petit village de Beauce si maltraité par les Allemands, le droit de s'appeler Loigny-la-Bataille.

« Puissance évocatrice des mots, écrit le *Petit Journal*

1 Registre de la Mairie de Loigny. 10 février 1901.

d'alors, Loigny tout court n'éveille que des souvenirs
confus ; Loigny-la-Bataille, comme une vibrante sonnerie
de clairon, ranime soudain dans les cœurs vraiment français
le feu des combats désespérés livrés contre l'envahisseur
par les soldats improvisés de l'armée de la Loire. »

Le colonel de Fouchier, le légendaire commandant du
37e de marche dans le cimetière de Loigny le 2 décembre
1870, fut heureux de complimenter un jour M. l'Abbé
Theuré de ce succès, en lui adressant la strophe suivante :

« Vénérable Pasteur de Loigny-la-Bataille
» Qui, jadis, des Prussiens accueillis la mitraille
 » Sans hésitation, sans peur,
 » Reçois du vieux soldat l'octogénaire hommage,
» Qu'ont si bien mérité tes vertus, ton courage,
 » Et qu'il t'offre du fond du cœur ».

On aurait pu craindre que M. de Charette ne reçut
plus froidement cette dénomination qui détruisait la
légende de Patay ; ce fut le contraire qui arriva. Sitôt
qu'il apprit la nouvelle, le 21 décembre 1901, « le colonel
qui avait eu l'honneur de commander la charge de Loigny
le 2 décembre 1870 » envoya « ses grands compliments au
Curé de *Loigny-la-Bataille* ». Il s'empressa d'ajouter qu'il
allait essayer de mieux faire en demandant, pour lui, à
Rome, le titre de camérier secret du Pape, car il avait
mérité cette distinction plus que personne.

En vain l'humble desservant de campagne se récrie
aussitôt, supplie le général de renoncer à toute sollicitation
en Cour de Rome et proteste qu'il n'a rien fait pour justifier
une telle faveur. « Si j'ai été pour quelque chose, écrit-il le
23 décembre, dans les démarches effectuées pour obtenir
le décret qui donne aujourd'hui à Loigny le droit de porter
le nom qui lui appartient à tant de titres, je me trouve
suffisamment récompensé par la réalisation d'un désir
dont j'étais possédé depuis déjà bien longtemps. »

Charette tenait trop à honorer le prêtre dont il avait, à

maintes reprises, admiré l'inlassable dévouement pour céder à ses prières dans la circonstance. Aussi, après avoir obtenu l'agrément de Mgr l'Evêque de Chartres, fit-il parvenir sa supplique au Souverain Pontife. En décembre 1903, le cardinal Merry del Val, secrétaire d'Etat de Pie X, répondait au général de Charette : « Très estimé Monsieur le Baron, Il a plu au Saint-Père d'accueillir favorablement le désir que vous lui avez fait exprimer en faveur du Curé de Loigny. Je m'empresse de vous adresser le billet de Monseigneur le Majordome par lequel M. Theuré vient d'être nommé camérier d'honneur de Sa Sainteté. »

Le général « heureux et fier » transmit aussitôt la décision pontificale au presbytère de Loigny, salua, le premier, le modeste Curé du titre de Monseigneur, et, vu qu'on était à Noël, lui souhaita : « *Buone festo, buon capo d'anno,* comme on dit à Rome », puis se recommanda à ses bonnes prières.

La nouvelle fut à peine divulguée que les grands journaux se hâtèrent de féliciter celui que le Pape venait d'introduire dans sa famille la plus proche. De l'avis unanime, c'était justice de voir les distinctions civiles, croix d'honneur, couronne civique, prix Montyon, s'unir aux dignités ecclésiastiques, canonicat honoraire, prélature romaine, pour récompenser le patriote et le prêtre dont la vie courageuse et charitable avait, aux jours de deuil comme aux heures de joie, si bien servi l'Eglise et la France.

Mais il est temps de revenir en arrière et de raconter ce qu'était devenue la communauté de la voyante pendant ces dernières années.

La foudroyante condamnation qui, en 1896, avait frappé les partisans de Mathilde Marchal, ne les avait point découragés. Forts de leur machiavélique distinction entre le vrai et le faux Pape, ils infirment la sentence portée contre eux et maintiennent toutes leurs affirmations hypocrites. Le vrai Léon XIII, disent-ils, est pour nous ; malheureusement il est séquestré et incapable de gouverner, tandis que les cardinaux, rebelles à ses ordres, veulent tuer Loigny.

Cependant la communauté a augmenté beaucoup ; elle compte maintenant dix-huit sœurs et trente-huit enfants. Pour les mettre plus à l'aise et leur donner de nouvelles compagnes, on achève en toute hâte la construction d'un grand bâtiment. On achète en même temps l'antique abbaye de Noirlac, afin de la soustraire à la démolition ou à la profanation. Bientôt réparée et meublée, elle abritera un essaim de la maison-mère de Loigny et deviendra un centre de la dévotion au Sacré-Cœur de Jésus-Pénitent. Aussi les partisans de la secte sont très fiers de ces accroissements ininterrompus, et l'un d'eux, par raillerie, invitant M. l'abbé Theuré à favoriser désormais le couvent, lui écrivait alors : « Quand on assiste aux offices religieux de cette sainte maison, on est émerveillé de cette grande œuvre de charité qui prospère malgré toutes les malédictions des Evêques et de vous autres prêtres. »

A cette même époque, Madame de Saint-Arnaud continue à Rome ses menées si fructueuses pour elle, et fournit régulièrement aux loignystes ses extraits de la Chronique secrète du Vatican. De plus, elle est censée remettre sûrement à leur destination les lettres particulières et les messages divins qu'on lui confie pour le vrai Pape et rapporter ensuite les réponses supposées du Saint-Père.

Pourtant l'un des ambassadeurs, Glénard, l'ancien notaire, qui, parfois déjà, s'était défié de cette étrange comtesse, devenait de plus en plus soupçonneux à son égard. Mais l'habile entremetteuse savait se tirer d'affaire. Tantôt elle se vengeait en donnant de perfides conseils, par exemple, de rappeler Glénard de Rome ou de faire émigrer la voyante et son couvent en Amérique ; tantôt elle flattait à propos la voyante, M. Jordan, Glénard et son collègue d'ambassade, ou décriait à plaisir les cardinaux.

Ainsi elle insérait dans la prétendue Chronique ces paroles dites par la Sainte Vierge au Pape : « Quand elle (Mathilde Marchat) reviendra à Rome, trente-trois vierges vêtues de blanc, avec des bouquets de fleurs, roses ou lys, iront la recevoir et l'accompagneront à l'ambassade du Sacré-Cœur. » Ailleurs elle faisait dire par Léon XIII à Rampolla : « La secte, c'est vous... Loigny, Monsieur le Cardinal, est une *Divination* de Dieu ; Loigny est une *émanation* de Dieu, et ce n'est pas une secte... Loigny est inspiré par les *Révélations.* »

Après de telles paroles, comment les partisans de la voyante pouvaient-ils hésiter à croire que c'était bien le vrai Pape qui parlait dans la Chronique? Aussi M. Jordan continuait-il à envoyer les *milliers de francs* de casuel que Léon XIII était censé lui demander pour Madame de Saint-Arnaud et autres. Cela n'empêchait pas la comtesse de se plaindre, vu la médiocrité de son allocation, d'être obligée de recourir au mont-de-piété pour suffire à ses besoins.

De son côté, la voyante se lamentait de n'avoir plus les fonds nécessaires pour entretenir et achever ses vastes entreprises. Aussi, dans ses messages au vrai Pape, le suppliait-elle d'envoyer cent et même deux cent mille francs à ses chères filles de Loigny.

Mais le riche M. Jordan, qui, depuis plusieurs années, fournissait à toutes ces demandes indirectes, s'aperçut à la fin que sa fortune, comme neige au soleil, fondait à vue d'œil et commença à être moins prodigue. Le 14 octobre 1896, il écrivait à Rome : « Ces envois d'argent de quinze cents francs par mois à l'ambassade, sont devenus pour moi une charge très lourde, mes ressources étant diminuées. »

Ceux et celles qui vivaient des libéralités de cet homme devinrent très inquiets en voyant se resserrer sa bourse qui leur semblait inépuisable. Ils le furent bien plus encore quand, le 7 février 1897, la mort subite du trop crédule Lyonnais leur enleva toute espérance de nouvelles largesses.

A ce moment la communauté de Loigny poussa des cris de détresse : elle devait environ cent cinquante mille francs. Mais les chefs de la secte se remirent assez vite de cette émotion et surent trouver des bienfaiteurs, qui, moins riches sans doute, se contentèrent, après avoir cédé l'abbaye de Noirlac, de combler le déficit et de fournir le nécessaire. Le péril était donc présentement conjuré.

Ce qui était plus grave, c'est que la situation à Rome devenait alarmante. Non seulement on ne parvenait pas à obtenir du vrai Léon XIII la confirmation publique de ce qu'il était censé avoir fait pour le couvent, mais la Saint-Arnaud devenait de plus en plus exigeante et mendiait même des suppléments à son allocation mensuelle.

Enfin la discorde régnait entre les représentants de Loigny. Glénard ne se lassait plus de répéter que la comtesse était un être sans conscience, sans mœurs, un demi-démon féminin aux ordres des diables du Vatican. Il accusait aussi son compagnon de lui cacher toutes ses démarches, d'être de connivence avec les ennemis de Loigny, de dilapider la caisse de l'Œuvre, et même de chercher à lui extorquer de l'argent en lui présentant une fausse lettre du Pape; si bien que ce jour-là une lutte avait eu lieu entre les deux frères d'ambassade. Par contre, son associé le menaçait, lui, Glénard, de le faire enfermer dans une maison de fous.

Ces lamentables discussions ruinaient toutes les espérances que la secte fondait sur ses représentants auprès du Souverain Pontife. La voyante essaya d'abord par ses lettres, en invoquant de prétendus ordres du Ciel, de ramener la paix entre ses partisans ; comme ses efforts étaient vains, elle résolut d'aller les trouver inopinément, et, par sa présence, de rétablir l'union nécessaire.

Partie bien souffrante, en compagnie de la supérieure

et de l'aumônier du couvent, elle arriva à Rome, en pleine nuit, le 14 octobre 1898. Mais ni son divin message au Pape, ni ses avis dictés par le Sacré-Cœur et la Sainte Vierge ne parvinrent soit à obtenir, par l'entremise de la comtesse, une audience, ou un don, ou un autographe du Saint-Père, soit à réconcilier Glénard avec le prêtre qui l'accompagnait, ou avec Madame de Saint-Arnaud.

Cet insuccès complet et les fatigues du voyage aggravèrent probablement la maladie de Mathilde Marchat. Car rentrée à Loigny, elle vit ses souffrances augmenter, ne connut plus de repos, et, sans songer ni à rétracter ses erreurs, ni à implorer la clémence de l'Eglise, quitta cette terre pour paraître au tribunal de Dieu, le 18 avril 1899 (1).

Aucune nouvelle voyante ne se leva, comme on l'avait annoncé, pour remplacer dans la communauté celle qui n'était plus. Aussi la décadence de l'Œuvre, déjà commencée, s'accentua de jour en jour. Glénard, voyant les ressources tarir et la comtesse cesser de communiquer la Chronique, comprit bientôt l'inutilité de prolonger, à Rome, une ambassade qui durait depuis huit ans et deux mois, sans avoir pu obtenir la reconnaissance officielle, ni parvenir à voir Léon XIII. Il revint donc à Loigny, où il mourut dix ans plus tard, toujours persuadé que les cardinaux avaient séquestré le Pape, toujours attaché à des rêveries maladives que sa robuste bonne foi acceptait comme des révélations divines.

Par contre, le malheureux prêtre qui avait donné le scandale de l'accompagner si longtemps, eut le courage de reconnaître ses fautes. Il fit son abjuration à Rome le 10 octobre 1899 (2), reçut le pardon du Saint-Siège, fut mis plus tard à la tête d'une paroisse dans son diocèse et répara ses erreurs passées par un dévouement exemplaire au salut des âmes.

1 *Le Vatican devant Léon XIII*, p. 230.
2 *Voix de Notre-Dame*, 1899, supplément, p. 524.

Pourtant ces querelles intestines et cette crise pécuniaire dont souffrait la communauté de Loigny, n'étaient rien en comparaison du danger extérieur qui la menaçait. En effet, une tempête d'une violence exceptionnelle allait fondre sur l'Eglise de France. Les sectes maçonniques, acharnées depuis trente ans à ruiner une à une les forces religieuses de notre pays, dénonçaient alors avec rage ce qu'elles appelaient la puissance monacale ; elles attaquaient d'abord les congrégations non autorisées, celles surtout qui étaient vouées à l'enseignement ou à la prédication, mais avec l'intention de les détruire toutes.

On débuta par un coup de force. Le 11 novembre 1899, des policiers fouillèrent les bureaux du journal *La Croix*, à Paris, sous prétexte de savoir si les Assomptionnistes, fondateurs et directeurs de cette œuvre de presse, étaient une association de plus de vingt membres. Ce n'était là qu'un essai. Mais les tracasseries s'accentuèrent de plus en plus, et, le 1er juillet 1901, la haine libre-penseuse obtenait, enfin, la loi dite de Waldeck-Rousseau, qui obligeait toutes les congrégations à se faire autoriser ou à se dissoudre dans un délai de trois mois.

C'est alors que l'on vit les moines, les religieux et les religieuses, telles que nos Carmélites et nos Visitandines de Chartres, partir pour l'étranger, nos écoles chrétiennes se fermer ou se séculariser. Et l'Eglise de France, comme Rachel au jour du massacre des Saints Innocents, pleura, sans vouloir être consolée, parce que ses enfants n'étaient plus.

La communauté de Loigny, qui n'était pas autorisée, fut comprise dans cette proscription générale. On lui nomma un liquidateur-séquestre, et elle reçut l'ordre de se disperser. Mais les voyantes, c'est le nom que le peuple continuait de donner aux anciennes compagnes de Mathilde Marchat, refusèrent d'obéir, et alléguèrent que la loi en question n'était pas faite pour elles. Le tribunal de Château-

dun les ayant condamnées chacune à un franc d'amende,
elles en appelèrent à Paris, où leur procès se plaida en
novembre 1902.

Leur avocat, Mᵉ Eugène Prévost, bien connu au Palais
pour l'ardeur de ses sentiments anticléricaux, s'empressa
de faire remarquer leur position anormale. « C'est une
société à part, disait-il ; les femmes qui la composent ne
dépendent que d'elles-mêmes ; Rome leur refuse le titre
de religieuses ; l'Evêque de Chartres les rejette, les dénonce
comme intrigantes, incapables surtout de diriger un orphelinat ; car, d'après lui, elles fausseraient l'esprit et la
conscience des enfants. Enfin, le gouvernement de la République lui-même ne pourrait les reconnaître légalement,
puisqu'une des pièces essentielles à joindre à la demande
adressée au ministère, c'est l'autorisation épiscopale. »

Le procureur et le président du tribunal les accusent
cependant de former une congrégation pour les raisons
suivantes : Elles s'intitulent : « la communauté du Sacré-
Cœur de Jésus-Pénitent » ; elles vivent en commun ; elles
ont un but religieux : « prier pour la conversion des pécheurs
et la réparation des outrages au Sacré-Cœur » ; elles se
livrent à des exercices de piété, elles ont toutes le même
costume : robe noire, ceinture bleue, collerette blanche,
bonnet ruché ; elles obéissent à une supérieure ; elles ont
une chapelle où se célèbrent les offices. En conséquence,
conclue le président, M. Bidault de l'Isle, on a eu raison
de les condamner à Châteaudun, puisqu'elles constituent
par leur réunion une communauté non autorisée.

Les voyantes protestent vivement contre cette qualifica-
tion de communauté et se défendent assez habilement.
« Elles forment, disent-elles, une famille, une maison de
retraite, où elles sont heureuses de n'être ni seules, ni
chez les autres ; elles ne prononcent pas de vœux, mais
prient Dieu matin et soir, comme tout chrétien doit le
faire ; elles sont admises sans formalité, revêtent sans

solennité le costume commun et partent quand bon leur semble. »

En vain leur avocat, dans l'espoir qu'on fera une exception en faveur de ses clientes, accentue de nouveau la note anticléricale. Il les montre désavouées par l'autorité ecclésisatique au point d'être « quatorze fois excommuniées », d'où il suit que la maison de Loigny est bien laïque. Mais la Cour, loin de se laisser fléchir, confirme le jugement du tribunal de Châteaudun et porte l'amende de chacune des accusées à 16 fr., avec application de la loi Bérenger.

A la suite de cette décision, l'administrateur séquestre essaya de faire évacuer le couvent. Toutes les personnes qui purent trouver asile ailleurs, furent forcées de partir. Quelques religieuses rentrèrent dans leur famille. La plupart des orphelines furent rendues à leurs parents ou reprises par l'Assistance Publique. Les autres restèrent malgré les menaces, et attendirent que le liquidateur leur assurât une retraite.

A ce moment d'ailleurs, elles déférèrent l'arrêté qui les condamnait à la Cour de Cassation et obtinrent d'être jugées une seconde fois par la Cour d'Appel d'Orléans. Celle-ci leur ayant été défavorable, en février 1904, elles allèrent de nouveau en Cassation. Cette ténacité, digne d'une meilleure cause, permit à quelques voyantes d'habiter le couvent de longues années encore. Une clochette continuait à sonner leurs exercices religieux, un malheureux prêtre leur servait toujours d'aumônier. C'est pendant l'été de 1910 qu'elles furent définitivement expulsées. Les terres et les maisons du village qui leur appartenaient étaient déjà vendues depuis un an ; le mobilier de la communauté le fut après leur départ. Seul le couvent, avec ses bâtiments disparates et son vaste enclos, attend encore une destination.

On voudrait pouvoir s'apitoyer sur cette ruine comme on le fait sur tant d'autres qui attristent le sol de notre patrie. Il en est qui gardent de si nobles et de si pieux souvenirs ! A Loigny, hélas ! devant ces demeures de l'intrigue et du schisme, aujourd'hui désertes, on resterait le cœur serré si notre foi de chrétien ne nous pressait de réciter une prière, pour appeler la miséricorde de Dieu sur les âmes en peine et les égarées.

Car si quelques-unes des anciennes adeptes de Mathilde Marchat ont, depuis la fermeture du couvent, abandonné l'erreur et obtenu de Rome, par l'entremise de Mgr l'Evêque de Chartres, d'être comptées de nouveau au nombre des fidèles enfants de l'Eglise, il en est d'autres malheureusement qui, sourdes aux appels de la grâce, ne songent pas à implorer leur pardon. Aussi ne cessons de supplier le Sacré-Cœur pour que toutes reviennent, humbles et soumises, retrouver la vérité et la paix, dont elles seraient à jamais privées. Ce jour-là il y aura l'édification tant souhaitée sur la terre et grande joie au Ciel.

Au moment où cette dispersion finale des voyantes s'opérait, Mgr Theuré ne résidait plus à Loigny. L'âge et les infirmités l'avaient contraint, depuis plusieurs années, de cesser le ministère pastoral et de se retirer dans sa famille.

Les fatigues endurées par lui en 1870 avaient altéré sa robuste constitution, sans toutefois ralentir son zèle. Bientôt après, la marche lui était devenue difficile, et des douleurs l'avaient souvent forcé à garder la chambre, surtout quand la température était froide et humide.

Une lettre qu'on lui adressait le 18 novembre 1883 nous renseigne à ce sujet : « Ordinairement, lui dit-elle, dans ces époques-ci, vous êtes un peu souffrant ». Comme le médecin lui prescrivait les eaux chaudes de Dax, remède très énergiques contre ces affections, M. l'abbé Theuré s'y rendit pour la première fois en 1884.

A cette occasion, le général de Sonis lui écrivait le 18 octobre : « Je regrette d'apprendre que votre santé n'est pas aussi bonne que vous pourriez le désirer et que vous souffrez de rhumatismes, qui sont probablement la suite du long séjour dans votre cave, lorsque vous avez bien voulu me céder votre chambre pendant la guerre.

» Ma femme et moi, nous faisons bien des vœux pour que vous vous trouviez bien de la saison que vous venez de faire à Dax. Ce serait un véritable chagrin pour nous, de savoir que vous payez si cher l'acte de charité accompli par vous en ma faveur ».

M. le Curé de Loigny continua pendant plusieurs années de se rendre à la station thermale qu'on lui recommandait. Il y trouva à la longue un grand soulagement à ses douleurs, mais ne parvint pas à les chasser sans retour. Le surmenage, si fréquent dans sa vie mouvementée, ramenait vite de nouvelles crises. De sorte qu'au 2 décembre 1890, dans une pièce de vers en l'honneur de Mgr Lagrange, M. l'abbé Desjouis, curé d'Orgères, pouvait dire à M. l'abbé Theuré, en faisant allusion à son *corps brisé par les travaux* :

» De ton martyre à toi nous connaissons la cause.
» Le Christ, pour récompense à tes pieux exploits,
» Te donne, ainsi qu'aux saints, une part à sa croix ». (1)

Enfin, les années étaient venues s'ajouter aux souffrances, et le vénérable septuagénaire, se sentant faiblir, avait résolu de se retirer au Thieulin, son pays natal.

C'est avec peine que ses paroissiens, ses amis et les pèlerins du 2 décembre apprirent cette décision. M. Druet le lui écrivait le 1er février 1906 : « Je suis tout contristé par la nouvelle que vous me donnez, que vous allez quitter Loigny ! Je comprends parfaitement malgré tout que vous n'êtes plus à l'âge de la lutte et que vous avez conquis le droit de soigner dans votre famille les rhumatismes contractés pendant la guerre. Vous pouvez vous reposer, ayant mené à bonne fin toutes vos œuvres ».

(1) *Voix de Notre-Dame*, 1890, supplément, p. 361.

Charette également, dans une lettre pleine de cœur adressée au vieux Curé, dont il avait fait honorer les services exceptionnels par un titre prélatice, lui dit toute la douleur que lui causait son départ.

Mgr Bouquet, Evêque de Chartres, eût désiré voir au moins rester dans son presbytère le prêtre vénéré qui lui semblait inséparable de Loigny ; mais sur ses instances, il lui accorda la permission demandée. Sa Grandeur voulut toutefois qu'un lien le rattachât encore à sa paroisse, et, créant exprès pour lui une dignité ecclésiastique, le nomma Curé honoraire de Loigny. Elle lui permit de plus de choisir pour son successeur M. l'abbé Belaue, desservant de Lumeau, dont il avait pu apprécier le dévouement.

Mgr Theuré partit pour le Thieulin en octobre 1906 ; mais au presbytère de Loigny, une chambre lui est réservée. Il y revient avec joie aux grandes circonstances, et, entouré d'égards, occupe à l'église la place d'honneur qui lui appartient à tant de titres.

Le nouveau Curé de Loigny, peu de temps après son arrivée, eut la douleur de voir la loi de séparation dépouiller son église des revenus qui assuraient à perpétuité la célébration du service anniversaire du 2 décembre. Toutefois, plus heureuse que bien d'autres, Mme de Ferron, toujours vivante, Dieu merci, put arracher au fisc le capital qu'elle avait versé pour ses fondations. La noble veuve s'empressa de les reconstituer sous une autre forme, afin que, sur les tombes de nos morts, la prière ne cesse pas d'intercéder pour le repos de leurs âmes.

Loin de se laisser abattre par les angoisses du moment, M. l'abbé Balaue eut à cœur de poursuivre l'œuvre de son vénéré prédécesseur en formant un musée de la bataille. Mars-la-Tour, Bazeilles et d'autres villages illustrés par les combats de la dernière guerre, avaient leurs collections historiques pour garder, sous une forme tangible, le culte du passé, rappeler les luttes désespérées contre l'invasion allemande, tenir en éveil le patriotisme français. Loigny devait, comme eux, recourir à tous les moyens d'enseignement pour faire connaître ses héros, la grandeur de leur foi, la beauté de leur sacrifice, le charme entraînant de leurs exemples.

Au mois de septembre 1907, M. l'abbé Belaue obtint gracieusement de ses paroissiens de réunir, chez lui, ce qui leur restait encore des objets militaires ramassés par eux, dans le village ou dans la plaine, après le combat du 2 décembre 1870. Il leur expliquait que ces témoins irrécusables évoqueraient pour les anciens les visions de l'année terrible, et attesteraient aux générations futures les tragiques événements dont Loigny avait été le théâtre.

L'entreprise cependant en étonna plus d'un. On lui disait qu'il était trop tard pour songer à réaliser ce projet, que des amateurs de curiosités, venus les mains pleines d'or, avaient tout acheté, qu'il ne constituerait jamais une collection digne de retenir le regard des étrangers. Mais, soutenu et encouragé par quelques amis, il ne se rebuta point des premières difficultés et le succès répondit assez rapidement à ses efforts.

Dès le 7 décembre suivant, *La Croix* d'Eure-et-Loir pouvait écrire dans son compte-rendu de l'anniversaire : «Ce qui surtout attira l'attention des visiteurs, ce fut le musée établi dans une salle du presbytère. Il n'est ouvert que depuis quelques mois, et cependant que d'objets intéressants il renferme déjà ! Armes de toute nature, fusils et sabres de différents modèles, coiffures militaires de Français et d'Allemands, obus et débris de projectiles, nombreuses balles ingénieusement agencées, que de choses qui rappellent la terrible journée ! Le petit musée vient de s'enrichir d'un souvenir particulièrement précieux. C'est la botte qu'on fut obligé de couper pour examiner la blessure du général de Sonis.

« M. l'abbé Belaue exprime toute sa reconnaissance

à ceux qui ont eu la générosité de se dessaisir de ces
objets en faveur de son œuvre, et il adresse un pressant
appel à tous ceux qui sont encore en possession de quelques
souvenirs du combat ou des combattants de Loigny ».

A ce moment toutefois, l'installation était fort incom-
plète et le nombre des pièces réunies assez restreint. Mais,
l'année suivante, 1908, la moisson de souvenirs fut jugée
assez riche et l'organisation assez avancée, pour que
Mgr l'Evêque de Chartres permît à son vicaire général
M. Fournier, de bénir solennellement le musée, après le
service du 2 décembre.

Outre les objets énumérés plus haut, on y trouve aujour-
d'hui de nombreux autographes français et allemands,
des cartes, des photographies, des tableaux, des ouvrages
concernant la bataille, une cantine et des brassards d'ambulance, l'épée et le képi du colonel de Fouchier, les clairons
qui sonnèrent la charge du bataillon de Charette sur Loigny,
des uniformes de zouaves pontificaux, et, parmi eux, le
veston ou boléro du capitaine de Gastebois, percé d'une
balle meurtrière et maculé de sang.

Ce dernier vêtement, qu'on vénère comme une relique,
a une histoire. Un officier allemand l'avait enlevé au
cadavre de l'infortuné capitaine français pendant la nuit
du 2 décembre. Fier de cette dépouille et des trophées
divers ravis de la sorte sur les champs de bataille, il rentrait
chez lui après la guerre et marchait par étapes avec son
régiment.

Or, à Jouy, près de Chartres, l'orgueilleux Allemand fut
assez dépourvu de sens moral pour étaler sous les yeux de
M me Maury, son hôtesse, le veston au triple galon d'or
du malheureux Gastebois, et de lui conter ses projets :
il ferait de cet habit le centre d'une panoplie qui ornerait
sa chambre, lui rappellerait ses prouesses et les défaites
des Français. M me Maury souffrit d'autant plus de cette
insolente vantardise, que son propre frère, soldat de

vingt ans, avait été tué à Loigny même, dans le combat du 2 décembre. Aussi, le lendemain, au moment du départ des Prussiens, elle eut soin d'enlever adroitement de la valise du Teuton le boléro de sa victime. Puis elle essaya de le rendre, sans pouvoir y parvenir, à la famille du noble officier.

Trente-neuf ans plus tard, une bienveillante communication nous mit à même d'examiner à Châteaudun, chez Mme Miot, fille de Mme Maury, le précieux vêtement du seul capitaine de zouaves pontificaux qui fut mort sur le champ de bataille. En écrivant alors à Bardouly, Dordogne, nous avons pu retrouver Mlles de Gastebois, sœurs du héros de Loigny, et leur faire connaître l'existence de cette relique, qu'elles ont généreusement offerte à M. l'abbé Belaue, pour sa collection franco-allemande.

En même temps qu'il était délégué pour bénir le musée, M. le vicaire général Fournier était chargé d'annoncer à l'assistance les récentes faveurs spirituelles concédées à Loigny. La croix de Villours était seule jusque-là à bénéficier d'une indulgence. Désormais, Rome attachait à toute messe célébrée à la chapelle funéraire l'indulgence de l'autel privilégié. De son côté, Mgr l'Evêque de Chartres enrichissait de cinquante jours d'indulgence l'invocation aimée des zouaves et inscrite sur leur bannière : « Cœur de Jésus, sauvez la France. Enfin, Sa Grandeur accordait la même indulgence à toute prière faite au pied de la croix de Sonis, dans la plaine, ou devant la colonne du Sacré-Cœur, dans le bois des Zouaves. Aussi beaucoup de visiteurs allèrent ce jour-là prier à ces divers monuments, afin de gagner, pour les victimes de la bataille, les précieuses faveurs qui venaient d'y être attachées.

Cette journée du 2 décembre 1908 avait été marquée par un accroissement d'honneur pour Loigny et par un pathétique discours du frère d'un zouave pontifical, M. le chanoine Morancé, aumônier du Prytanée militaire de la Flèche. Les pèlerins présents à l'anniversaire réclamaient néanmoins quelque chose. On savait, en effet, que M. le Curé avait fait des démarches pour qu'un monument rappelât, sur l'emplacement de l'ancien cimetière, l'endroit où l'admirable 37e de marche avait combattu et succombé, et rien n'était venu donner l'espérance que ce patriotique désir serait exaucé !

Sans doute, l'église, avec sa chapelle funéraire, ses listes nécrologiques, sa crypte sépulcrale, était le grand, l'incomparable mausolée élevé à la mémoire de tous les combattants, officiers ou soldats, nobles ou roturiers, qui avaient à Loigny donné leur vie pour la France. Mais plusieurs monuments particuliers rappelaient à juste titre les exploits et la gloire des zouaves pontificaux, dignes rejetons d'illustres familles ; il était bon, pour écarter certaines critiques, de ne pas paraître oublier ces soldats de plus humble origine qui, dans le cimetière du village, avaient si vaillamment lutté jusqu'au dernier, pour obéir à la consigne et sauver l'honneur.

La proposition fut renouvelée au 2 décembre 1909 et cette fois le succès vint récompenser les promoteurs de la généreuse entreprise.

Le *Journal de Chartres*, dans son compte rendu de l'anniversaire, se fait l'interprète de ce vœu : « Il avait été question, écrit-il, pour perpétuer le souvenir de la défense héroïque du 37e, de faire sortir du sol sacré un nouveau monument. L'idée est belle et il n'est pas trop tard pour la réaliser. Que ne la reprend-on ? Les adhésions viendraient en masse au Comité qui en prendrait l'initiative, et nos populations et nos sociétés patriotiques, fidèles au grand devoir et au souvenir de ceux qui l'accomplirent jusqu'au bout, tiendraient à honneur de collaborer à l'édification de ce monument. Ce serait une page de plus au grand livre d'or où les enfants viendront apprendre à lire le récit d'un des gestes les plus glorieux de notre histoire »,

À partir de ce jour, les difficultés s'aplanirent. Le 26 du même mois, le conseil municipal de Loigny, en accordant au *Souvenir Français* un terrain sur l'emplacement de l'ancien cimetière, pour y élever un monument commémoratif de la bataille du 2 décembre 1870, s'engageait à ne jamais détourner de sa destination le lieu sur lequel le monument serait édifié.

Forts de cette concession et des nombreux encouragements qui leur arrivaient de tous côtés, M. le commandant de Sonis, fils du saint général, et M. le baron de Cambray, délégué du *Souvenir Français*, firent, au printemps de 1910, d'actives démarches pour s'assurer de hautes influences. Enfin, un comité, formé sous l'inspiration du Ministre de la Guerre, put, dans une émouvante circulaire, ouvrir la *souscription au monument du 37e de marche, à Loigny-la-Bataille.*

Le 37e de ligne actuel et le *Souvenir Français*, les zouaves pontificaux et Charette à leur tête, les anciens combattants et les admirateurs des héros de 1870 donnèrent sans tarder pour cette œuvre de reconnaissance nationale. De sorte que l'on put fixer l'inauguration au 2 décembre suivant.

Pendant que le Comité du monument s'organisait, l'église de Loigny s'enrichissait de deux toiles magnifiques dues au magistral pinceau d'un ancien zouave pontifical, combattant du 2 décembre, M. Lionel Royer. L'une fait revivre sous les yeux l'admirable scène qui précéda la bataille : Sonis, Charette et ses volontaires recevant la sainte Communion de la main du Père Doussot, à la messe dite à deux heures du matin dans l'église de Saint-Péravy-la-Colombe. L'autre représente l'apparition de Notre-Dame de Lourdes au général de Sonis blessé et étendu sur le sol couvert de neige, pendant l'affreuse nuit qui suivit le combat.

Ces deux grands tableaux, promis à M. l'abbé Belaue, au 2 décembre 1907, et travaillés avec amour, sont saisissants d'expression pieuse ou terrible, selon qu'ils nous montrent les surnaturelles consolations de la foi, ou les horreurs du carnage et de l'incendie.

Après leur exposition, en juin 1910, au Salon de peinture à Paris, où ils furent si remarqués, ils avaient été placés au-dessus des autels dans les chapelles latérales de l'église. Ainsi ils encadrent la chapelle funéraire et forment avec elle un triptyque grandiose qui fait voir en trois pages le commencement, le milieu, la fin de la tragique journée.

Le général de Charette, bien que courbé par l'âge, avait pris occasion d'un pèlerinage de trois cents Parisiens à Loigny, le 31 juillet, pour venir enthousiasmer de sa chaude parole ces jeunes hommes de la capitale, et admirer sur place les vivantes compositions de son Lionel, son peintre favori. Mais, pour plus de solennité, on avait remis la bénédiction de ces tableaux historiques à l'anniversaire de la bataille, au 2 décembre.

A cette date, le monument du 37e était prêt, lui aussi, pour l'inauguration officielle.

On l'aperçoit en venant d'Orgères par la Maladrerie, à l'entrée de la place, sur le terrain de l'ancien cimetière, et non loin de l'église. Il se compose d'un emmarchement entouré d'une grille ouvragée, et d'un socle que surmonte une pyramide de granit de Bretagne, signée Yves Hernot, à Lannion. Au sommet se détachent une croix, taillée dans la pierre, et une palme de bronze, éloquents symboles de l'immolation et de l'espérance chrétiennes. Des inscriptions concises rappellent le fait d'armes, les noms des chefs tués sur cette terre bénite, la gloire du 37e et des soldats isolés qui ont concouru à la défense de Loigny.

En 1910, un splendide soleil, une atmosphère calme firent du 2 décembre une journée d'apothéose. A neuf heures et demie, lorsque les cloches annoncèrent que le service anniversaire allait commencer, le cortège officiel partit de la mairie, et, accompagné d'une foule inaccoutumée, se rendit à l'église. Outre le Conseil municipal de Loigny et la Croix-Rouge de Chartres, les anciens combattants et leurs familles, les sociétés militaires et patriotiques, il y avait là le représentant du Ministre de la Guerre, général de Langle de Cary, commandant du 4e corps d'armée ; les généraux de Monard, de Castelnau et d'Amade ; le colonel Varlet, commandant actuel du 37e de ligne et les délégations des régiments qui, en 1870, avaient fourni des compagnies pour former le 37e de marche ; le commandant de Sonis, le baron de Cambray, le peintre Lionel Royer, et nombre d'officiers de divers régiments. Un groupe de zouaves pontificaux ayant à leur tête le commandant Le Gonidec, député d'Ille-et-Vilaine, représentait le général de Charette et ses volontaires qui, en 1870. avaient couru à l'assaut de Loigny, afin de sauver le 37e.

L'église est tendue de noir et décorée d'écussons ; un catafalque se dresse entouré des drapeaux de sept sociétés et d'une garde d'honneur ; les trois nefs et la tribune ne peuvent contenir toutes les personnes qui désireraient y entrer.

Sous un dais dans le chœur, Mgr Touchet, Evêque d'Orléans, remplace Mgr de Chartres, souffrant. Il est accompagné de M. le vicaire général Tissier, de Mgr Theuré, Curé honoraire de Loigny, et d'un nombreux clergé. L'office divin fait entendre ses supplications impressionnantes au milieu du plus religieux recueillement.

Le saint sacrifice achevé, Mgr d'Orléans monte en chaire. L'orateur chante la Beauce, riche et belle dans la variété des saisons, pleine surtout des plus nobles souvenirs. Après avoir évoqué les glorieux spectacles du passé, sa parole enflammée raconte les prouesses de nos héros modernes, la victoire de Coulmiers, la défense de Châteaudun, la charge des zouaves pontificaux sur Loigny, la résistance des soldats du 37e dans le cimetière autour de l'église.

Ecoutez l'éloge que l'éminent Prélat fait de ces derniers lorsqu'il s'écrie : « Hommes vraiment magnifiques, enfants du peuple, beaux au combat comme des fils de preux, quand je considère ce presque fabuleux exploit et cette immolation digne d'un chant d'épopée, vrai, sans phrase ni détour, je me plains à Dieu des impuissances de ma parole. Je voudrais qu'elle eût pu sculpter sur pareille tombe, en un indestructible airain de mots, les lauriers dus aux triomphateurs et les roses dues aux martyrs ».

Le discours se termine au milieu d'une émotion grandissante et M. le vicaire général Tissier donne l'absoute.

Mgr l'Evêque d'Orléans reparaît ensuite revêtu des ornements pontificaux. Il bénit alors les splendides peintures des chapelles latérales, la *Communion des zouaves* et la *Vision de Sonis*, que l'ancien volontaire de l'Ouest, M. Lionel Royer, est heureux d'offrir à l'église de Loigny, et dont nous avons déjà parlé.

Puis la procession se dirige vers le monument au 37e. Il est encadré de mâts, orné de couronnes, entouré d'une foule immense où brillent au premier rang, sous les clairs rayons du soleil, presque tous les uniformes de l'armée française. Aussitôt le voile de crêpe noir qui recouvrait la pyramide est enlevé. Mgr d'Orléans la bénit, l'encense, et psalmodie le *De profundis*, pour que Dieu récompense dans son ciel tous ceux dont elle perpétuera le souvenir ici-bas.

Tandis que Mgr Touchet et le clergé rentrent à l'église, l'inauguration civile succède à la cérémonie religieuse. Le général de Langle, en grand uniforme, se place devant le monument et les discours commencent.

Le président du Comité, le général Monard, qui assistait à la bataille du 2 décembre, prend le premier la parole. Il raconte l'organisation rapide du 37e de marche, sa belle conduite à Coulmiers, à Villepion, à Loigny ; et remercie tous ceux qui ont contribué à rendre un tardif hommage aux martyrs du patriotisme et de l'honneur. Il remercie nommément « Mgr l'Evêque d'Orléans d'avoir glorifié dans un magnifique langage les soldats morts ici pour la patrie ». Il remercie également « M. le Curé de Loigny, MM. de Sonis et de Cambray qui ont été les inspirateurs et les dévoués organisateurs de cette cérémonie patriotique ». Enfin, au nom du Comité, il confie le monument à M. le Maire de Loigny, chargé d'en assurer religieusement la conservation. Celui-ci promet que ses compatriotes veilleront pieusement sur ce souvenir, afin que sa vue rappelle aux jeunes un grand exemple de sacrifice et allume dans leur cœur une étincelle d'amour pour la patrie.

- Le colonel de Courson et M. Chapelot, tous deux au 37e en 1870, l'un sous-lieutenant blessé au combat de Villepion, l'autre sergent-major évadé du cimetière de Loigny, redisent tour à tour et avec cœur les exploits de leurs compagnons d'armes.

. Pour clore la série, le docteur Challan de Belval, ancien aide-major à l'ambulance de Loigny, retrace les scènes de désolation et les souffrances des blessés, dont il fut témoin. A l'exemple du poète latin, il réclame un vengeur :

« *Exoriare aliquis nostris ex ossibus ultor.* »

Aussi veut-il qu'on le prépare en donnant à la jeunesse une éducation virile et chrétienne. « Vous qui serez des soldats de demain, s'écrie-t-il, venez méditer sur l'ossuaire qu'abrite la somptueuse basilique de Loigny, comme pour l'auréoler de la gloire immortelle ; inclinez-vous devant la tombe du chef, de ce soldat du Christ en qui vibrait l'âme de la patrie. Puis, écoutez bien !... Et vous entendrez sortir de là, dans un incessant murmure, cette ardente prière : « Cœur de Jésus, sauvez la France ! » Messieurs, cette prière de ceux qui sont maintenant dans la lumière éternelle, Dieu l'entend. Et sa miséricorde est encore plus grande que sa justice » (1).

(1) *Journal de Chartres,* 4 décembre 1910.

Quand l'orateur eut cessé de parler et l'assistance d'applaudir, les clairons sonnèrent, les drapeaux s'inclinèrent et la foule se dispersa pour déjeuner. Tous allèrent ensuite visiter l'église et les magnifiques peintures de Lionel Royer, la tombe de Sonis et l'ossuaire de la crypte, le musée franco-allemand du presbytère, la colonne du bois des Zouaves et les croix de la plaine, qui commémorent de si grands et si pieux souvenirs (1).

Les pèlerins s'en retournaient enthousiasmés. Et cependant la réconfortante journée qui s'achevait laissait quelque regret, car on pouvait faire davantage pour le 37e.

Le chef aimé qui, pour la défense de Loigny en 1870, fit passer son indomptable énergie dans l'âme de ses soldats, M. de Fouchier, était mort au mois de décembre 1906, et son corps était inhumé au cimetière de Persac, département de la Vienne. Dans ce village lointain, où nul ne redit ses exploits, sa mémoire sera vite oubliée. Ne méritait-il pas d'avoir sa dernière demeure à Loigny, de reposer dans la crypte de l'église, en face de l'ossuaire où ses hommes dorment par centaines, près du général de Sonis, qui s'est immolé pour le secourir ? Cet honneur rendu à la dépouille mortelle du lieutenant-colonel de Fouchier, eût complété l'hommage de gratitude que la France doit au 37e.

Un jour, nous l'espérons, ce vœu sera réalisé, et les habitants de Loigny seront fiers de compter l'ancien commandant du 2 décembre au nombre de ceux dont ils garderont fidèlement, d'âge en âge, les tombes et les noms vénérés.

En attendant, le général de Charette est venu occuper la place qu'il s'était réservée quand il présidait à la construction de l'église.

Pourtant, lorsqu'en 1887, il céda la moitié de son caveau

---

1 Consulter la brochure intitulée : *Le Monument du 37e de marche*, et les journaux.

au pieux général de Sonis, Charette crut un instant qu'il
devrait choisir une autre sépulture. « Sans fausse modestie,
écrivait-il alors à Mgr Baunard, *non sum dignus*, d'aller
reposer auprès de ce saint », mais sagement il eut soin
d'ajouter : « à moins qu'il ne m'emporte au ciel, comme
il m'a entraîné sur le champ de bataille ».

Le baron de Charette, dont nos lecteurs connaissent
l'admirable conduite à la bataille du 2 décembre, le séjour
au presbytère de Loigny et l'évasion à travers les lignes
prussiennes, avait, en janvier 1871, été nommé général
de brigade et mis à la tête d'une division de 15.000 hommes.
Pendant l'armistice, il avait refusé la proposition des
cinq départements de Bretagne qui le priaient de se laisser
porter candidat aux élections législatives. Nommé, malgré
lui, député de Marseille, il avait immédiatement donné
sa démission.

Au mois d'août suivant, M. Thiers, pour le récompenser,
l'élevait au grade d'officier de la Légion d'honneur. Puis,
désireux de garder un tel chef et ses hommes au service
de la France, lui offrait, avec le titre de général de division,
de transformer son corps de Volontaires de l'Ouest en un
régiment de l'armée régulière. C'était reconnaître dignement la valeur de cette troupe d'élite. Et pourtant Charette
refusa ces précieux avantages, car il fallait que les zouaves
pontificaux, tout dévoués à la France quand elle avait
besoin d'eux, fussent libres cependant, si des circonstances
favorables le permettaient, de retourner à Rome défendre
les droits du Saint-Siège.

Et pendant quarante ans de sacrifice sans gloire, de
dévouement inlassable, Charette attendit l'appel de
l'Église ou de la France. Comme un chef vigilant, il entre-
tient le zèle de ses soldats ; leur fait célébrer les anniversaires de Castelfidardo, de Mentana ou de Loigny ; les
visite en Belgique, en Hollande, au Canada ; les maintient,
par son exemple et son journal *L'Avant-Garde*, au premier

rang des défenseurs de la religion et des traditions nationales.

Le château de la Basse-Motte, en Ille-et-Vilaine, que les zouaves ont offert à leur chef bien-aimé et, qu'en souvenir des ordres religieux militaires d'autrefois, ils appellent la Commanderie, est la maison de famille du régiment, le lieu où il est heureux de les réunir, le quartier-général d'où partent toutes les consignes.

Royaliste au fond de l'âme, Charette entoure de soumission affectueuse le comte de Chambord et les princes d'Orléans ses successeurs ; catholique convaincu, il se rend à Rome presque chaque année porter ses hommages d'homme lige au Souverain Pontife régnant. Aussi, quand en 1908, Pie X veut récompenser les grands dévouements à la cause du Saint-Siège, Charette est nommé, le deuxième, chevalier de la Milice d'or.

Depuis le combat du 2 décembre, la dévotion au Sacré-Cœur a conquis toute l'âme de Charette. A ce Cœur adorable, il consacre son régiment et la chapelle funéraire de Loigny. Dans tous ses voyages, il porte sur sa poitrine la blanche bannière du Sacré-Cœur de Jésus empourprée du sang de ses zouaves. Il travaille avec ardeur à l'érection de la basilique de Montmartre, tant il a hâte de voir se réaliser la promesse du divin Maître à la bienheureuse Marguerite-Marie, le relèvement de la France.

La piété de Charette se manifeste en maintes occasions. Il récite le chapelet plusieurs fois par jour, sert la messe chaque dimanche, fait la sainte communion chaque semaine, et, en souvenir de Loigny, chaque premier vendredi du mois ; il prend part avec joie aux adorations nocturnes à Montmartre ou ailleurs. Sa foi est agissante et exemplaire. Dans un siècle d'indifférence et d'irréligion, il affirme publiquement ses croyances, rend à Dieu de solennels hommages, et il le fait sans pose, sans vanité, avec simplicité, avec aisance.

Charette, veuf avant la guerre de la duchesse de Fitz-
James, nous l'avons dit, avait épousé, en 1877, Mlle Polk,
une intrépide, elle aussi, qui, bien jeune encore, pendant la
guerre de Sécession aux Etats-Unis, avait sauvé l'armée
de son père, en allant lui signaler, au milieu des balles, les
positions de l'ennemi. C'est entre elle et le seul enfant qui
lui restait, le marquis de Charette, que le général vit la
mort s'approcher.

Le 6 octobre 1911, premier vendredi du mois, il avait
voulu entendre la sainte messe et communier dans la
chapelle de la Commanderie. Le dimanche suivant, il
recevait l'Extrême-Onction. Son regard, perçant déjà
les ombres de l'autre vie, apercevait ses zouaves défunts
venant à sa rencontre : « Mes soldats m'appellent, s'écriait-
il vivement ; je veux, pour cette réunion suprême, ma
grande tenue militaire ». Le lundi 9 octobre, à une heure
de l'après-midi, tandis que les siens invoquaient le Sacré-
Cœur et sanglotaient auprès de lui, son âme quittait doucement cette terre. Charette avait soixante-dix-neuf ans.

Les zouaves présents, aux ordres du commandant
Le Gonidec de Traissan, député d'Ille-et-Vilaine, le veil-
lèrent jour et nuit. Toute la population des environs,
châtelains, villageois, prêtres, vint saluer et bénir la
dépouille mortelle de ce soldat du Pape et de la France.
Selon ses dernières volontés, on l'avait revêtu de son
uniforme de zouave pontifical ; sa tête reposait sur la
bannière ensanglantée de Loigny ; un crucifix et un chapelet
de Pie IX étaient entre ses doigts, un Sacré-Cœur vendéen
sur sa poitrine ; ses armes et ses décorations scintillaient
près de lui sous la lumière des cierges ; mais il n'y avait
ni fleurs, ni couronnes.

Les télégrammes de condoléances à Mme la baronne
de Charette et au marquis son fils, affluèrent par centaines.
Citons ceux du duc d'Orléans, de la comtesse de Paris,
de l'empereur d'Autriche, de la reine Amélie de Portugal,

de la reine-mère d'Italie et surtout celui du Souverain Pontife, ainsi libellé par le cardinal Merry del Val : « Saint-Père Pie X, douloureusement affecté par la nouvelle du décès du général de Charette, votre illustre père, le vaillant soldat du Saint-Siège et de la France, exprime sa profonde sympathie et prie Dieu de recevoir dans son sein l'âme de ce serviteur fidèle de l'Eglise et de la Patrie ».

Les journaux célébrèrent à l'envi le chrétien et le patriote que la mort venait d'enlever à cette terre. « Avec le général de Charette, y lisait-on, disparaît une des gloires nationales, une pure et chevaleresque figure de héros ». Les adversaires eux-mêmes s'honorèrent en s'inclinant avec respect devant ce soldat, « fils de chouans, disaient-ils, qui était venu offrir son épée royaliste et ses zouaves pontificaux, qui comptaient beaucoup de fils d'émigrés, à une France envahie, républicaine, commandée par des révolutionnaires, parce que c'était la Patrie ! »

A ces condoléances et à ces éloges, les croyants ajoutèrent leurs prières. Couffé, berceau de la famille de Charette, Echenay, propriété de la famille de Pimodan, Montpellier, Marseille, Saint-Rémy de Provence, Annecy, Lille, Rennes, Lyon, Nantes, Mentelberg, en Autriche, Montréal et Québec, au Canada, Gand et Roulers, en Belgique, toute ville où il y avait d'anciens zouaves offrit, à des dates diverses, des messes ou des services pour le repos de l'âme de Charette.

A l'occasion de ces cérémonies, on entendit souvent de superbes oraisons funèbres du général. Signalons celles que prononcèrent à Couffé Mgr Rouard, à Montréal Mgr Bruchesi, à Nantes Mgr Touchet, à Lille M. le chanoine Lecigne, à Loigny enfin, le 2 décembre suivant, M. l'abbé Lhomme.

Rome se devait de prier pour son illustre défenseur. Un service solennel réunit dans l'église de Sainte-Marie Transpontine les commandants, les officiers, des soldats des diverses armes pontificales, de nombreux représentants de l'aristocratie romaine, des membres de la colonie française et des sociétés catholiques.

Ainsi que Charette l'avait demandé, — et le Gouvernement accueillit favorablement cette requête, — son corps devait être inhumé dans la crypte de Loigny. Mais il ne pouvait quitter Châteauneuf, sa paroisse, sans qu'une cérémonie religieuse permît à toute la contrée de se grouper une dernière fois autour de lui et d'intercéder publiquement en sa faveur auprès de Dieu.

Le samedi 15 octobre, Mgr Dubourg, Archevêque de Rennes, qui répondait aux désirs du Pape en présidant ces funérailles, fit lui-même la levée du corps dans la chapelle de la Basse-Motte pour le conduire à l'église. Au cours de ces obsèques, l'éminent Prélat prononça le panégyrique du général en développant cette devise : *Pro Deo et Patria*, et, descendu de chaire, baisa avec vénération la blanche bannière du Sacré-Cœur qui couvrait le catafalque. L'absoute fut également donnée par Mgr l'Archevêque, et le cortège, accompagnant le cercueil, revint à la Basse-Motte.

Là, après plusieurs discours d'adieux et une pièce de vers de Théodore Botrel, le barde breton, le corps fut de nouveau transporté à la chapelle et gardé jour et unit par les zouaves jusqu'au moment du départ. Le vendredi soir, 20 octobre, au crépuscule, il arrivait à Loigny.

Accueilli aux abords du village par le salut des cloches, il fut reçu à la porte de l'église et conduit dans le chœur, avec les prières liturgiques, par M. l'abbé Belaue, Curé de Loigny, assisté de Mgr Theuré et de M. le chanoine Provost. La famille, quelques intimes et les habitants du bourg accompagnaient l'illustre défunt. MM. de Pimodan, de Villèle, Galouye, de Boissieu, d'Albiousse et Mgr Colson montèrent une garde d'honneur toute la nuit auprès du cercueil. Le lendemain, les messes de *requiem* commencèrent avant le jour, et furent servies par d'anciens zouaves.

Dans la matinée, la foule des arrivants grossissait d'heure en heure. Tous les moyens de locomotion étaient utilisés pour se rendre à Loigny. Un train spécial, dû à la généreuse initiative de M. le duc des Cars, amenait de Chartres à Orgères les nombreux invités venus de Paris et de tous les points de la France.

Vers onze heures, les cloches font entendre leurs sonneries funèbres, et les places de l'église sont occupées sous la direction d'un service d'ordre parfaitement organisé par les fils des zouaves et les pompiers de Loigny. Mme la baronne de Charette, veuve du général, le marquis de Charette, son fils, les frères, M. d'Hanoncelle, qui fut son gendre, les neveux, les cousins du défunt et les invités de la famille sont introduits les premiers. Les anciens zouaves d'Italie et de France sont ensuite appelés. Ils sont plus de deux cents et les aînés ont au moins 70 ans. A leur tête, marche leur nouveau chef, le commandant Le Gonidec. Puis entrent successivement M. Bourgeois, maire, et le conseil municipal de Loigny, les anciens combattants du 2 décembre, la Croix-Rouge de Chartres, le Souvenir Français, les Sociétés de Vétérans, la Presse, les associations patriotiques et les porteurs de cartes privilégiées. A ce moment, les trois nefs, la tribune et la chapelle funéraire semblent déjà combles. On ouvre cependant les grandes portes et il vient du dehors des hommes se masser dans les allées et se tenir debout. Mais une foule nombreuse est obligée de rester sur la place où elle s'associe, respectueuse et recueillie, aux prières de l'office.

Les pompes funèbre d'Orléans ont revêtu le portail et l'intérieur de l'église de tentures noires brodées d'argent. Un dais suspendu à la voûte laisse tomber ses longues draperies. Elles sont rattachées aux piliers par des cartouches aux armes de Charette, sur lesquelles on lit : Castelfidardo 1860, Mentana 1867, Rome 1870, Loigny 1870.

. Le cercueil est placé sous ce dôme au milieu du chœur
et recouvert de la bannière du Sacré-Cœur ensanglantée
au 2 décembre. On a posé, dessus, le sabre de combat et
le képi du général ; au pied, sur deux coussins, de nombreuses décorations et deux épées : l'une offerte par les
Dames de Bretagne, l'autre par les Dames de France.

A droite du catafalque se tient le duc de Luynes, représentant Mgr le duc d'Orléans ; à gauche, le comte de la
Tour en Voivre, représentant Mgr le comte de Caserte,
chef de la branche des Bourbons de Naples.

. Aux côtés de l'autel se dressent la bannière de l'Association des chevaliers et zouaves pontificaux, tenue par
M. Pierre de Pimodan, et les drapeaux des pompiers de
Loigny, du Cercle catholique du Luxembourg, des Enfants
de Verthamon de Saint-Péravy-la-Colombe, des Vétérans
de Voves et de Janville.

Mgr Bouquet, Evêque de Chartres, préside la cérémonie.
Il est accompagné de Nos Seigneurs de Cabrières, Evêque
de Montpellier, Penon, Evêque de Moulins, de Cormont,
Evêque de la Martinique ; de Prélats romains : Mgr de Pote-
rat, Mgr Mayol de Lupé, Mgr Colson ; de son vicaire
général, M. Fournier, de plusieurs chanoines et d'un grand
nombre d'ecclésiastiques.

Le prêtre vénérable qui, en 1870, recueillit Sonis et
Charette, blessés, dans son presbytère de Loigny,
Mgr Theuré, célèbre la messe ; la Maîtrise de Chartres
traduit en accents pieux et émouvants les chants liturgiques ; les clairons et tambours des « Enfants de Verthamon » sonnent et battent aux champs pour saluer la
divine Victime ; et, le sacrifice achevé, Mgr de Cabrières
monte en chaire.

Le futur cardinal applique à Charette ce texte de l'Apocalypse : Datus est ei gladius magnus, on lui donna une
grande épée, et montre combien le glaive du général avait
été puissant. Il décrit les luttes soutenues pour la défense

du Saint-Siège et de la France ; il dit son désir incessant
de batailler pour les grandes causes dont il était l'incomparable champion, l'ardeur fougueuse de sa foi, son loyalisme envers les chefs successifs de la Maison de France ;
il rappelle enfin qu'il avait obtenu du comte de Paris la
promesse de consacrer officiellement la France au Sacré-
Cœur de Jésus.

C'est attiré par ce divin Cœur que Charette préféra à
tout autre lieu la crypte de Loigny pour y dormir son
dernier sommeil. « Il avait, dit l'éloquent Prélat, la Basse-
Motte que ses fidèles lui avaient offerte ; il avait Quiberon,
la terre de l'ancêtre ; mais Loigny, c'était Troussures,
c'était Cazenove de Pradines, c'étaient les deux Bouillé,
c'étaient tous les braves dont le sang noblement
versé avait imprégné ces champs ». Oui, c'étaient ces
compagnons d'armes qui l'avaient suivi sous la bannière
du Sacré-Cœur.

Et l'orateur, après avoir exprimé l'espoir que son glorieux
régiment perpétuera son souvenir et ses vertus, termine
en envoyant au général le salut reconnaissant de l'Eglise
et de la Patrie.

Mgr de Chartres donne alors l'absoute et l'assistance
se rend en silence près d'une tribune drapée de noir dressée
sur la place, pour y entendre les discours qui sont un
prolongement de la cérémonie funèbre.

Le docteur Challan de Belval raconte que c'est à l'ambulance de Loigny, en prodiguant ses soins aux blessés de
de la bataille, que se sont affermis son respect et son
affection pour les généraux de Sonis et de Charette, et
pour leurs ardents compagnons de lutte.

Le vicomte d'Albiousse, fils de l'ancien colonel des zouaves
pontificaux, demande au général, par l'intermédiaire du
Sacré-Cœur, de donner aux jeunes la force d'imiter leurs
pères et de rester dignes de lui.

Bernard de Vesins dit que parmi les zouaves défunts

34

groupés près de Charette dans le ciel, il compte deux de ses parents, Albert de Gastebois, mort à la bataille de Loigny, et Charles de Vesins échappé au massacre, comme par miracle. Celui-ci, après une résistance désespérée, fait prisonnier dans une maison de Loigny, s'était évadé quelques jours plus tard et avait rejoint son bataillon.

M. Jénouvrier, sénateur d'Ille-et-Vilaine, dégage de la vie de Charette cette haute leçon, que plus on aime Dieu et l'Eglise, plus on aime intelligemment et réellement la France ; plus on est bon catholique, plus on est bon Français.

Enfin, le commandant Le Gonidec, député d'Ille-et-Vilaine, qui malheureusement devait survivre bien peu de temps au général, déclare que devenu le premier en grade après le cher disparu, il obéit à sa volonté en prenant la direction et la continuation de son œuvre. Avec le concours de tous, il veillera sur les intérêts matériels et moraux du régiment, sur son drapeau teint du plus noble sang, sur les traditions de dévouement à l'Eglise et à la France, qui ont fait sa gloire.

Les anciens zouaves se réunissent ensuite dans la cour du presbytère, et là, le commandant Le Gonidec leur annonce d'abord que le régiment, aidé par la Croix-Rouge de Chartres, se charge de payer tous les frais des funérailles de Charette. Puis il leur fait lire les statuts de l'Association qu'il veut former légalement entre les zouaves, leurs fils, leurs parents et leurs amis. Cette association gardera la hiérarchie du régiment, resserrera les liens qui unissent les anciens combattants et permettra de secourir toutes les infortunes.

Anciens zouaves et amis vont alors porter leurs regrets et leurs condoléances à la baronne de Charette, et, plus loin, devant l'église, à la famille du général que précèdent le duc de Luynes et le comte de la Tour en Voivre.

Il est à ce moment une heure et demie. Tous s'empressent

d'aller prendre un rapide déjeuner. Le clergé et la famille de Charette le trouvent au presbytère, les zouaves dans les salles de l'ancien couvent, les nombreux assistants dans les auberges du bourg et des villages voisins.

Cependant, le cercueil du général, descendu à la crypte et placé dans le tombeau qui lui était réservé, avait été recouvert provisoirement d'un drap mortuaire. Depuis, les marbriers ont achevé leur ouvrage, et, sur la pierre qui ferme le sépulcre, ont gravé pour toute épitaphe au-dessous d'une croix : Charette, 1832-1911, *Credo*. Les armoiries du défunt terminent l'inscription. C'est simple et grand comme la vie du héros.

Combien nous serions heureux d'apprendre que Mgr Baunard est prié d'écrire l'histoire de ce mort à jamais célèbre ! Le sujet demande une plume exercée et est digne d'un tel maître. Celui qui nous a donné la biographie si captivante de Sonis, retracerait avec amour la brillante carrière du colonel des zouaves pontificaux. Il ferait revivre ce chef au si prestigieux ascendant ; nos cœurs s'échaufferaient au contact de son mâle courage et de sa foi ardente.

Et maintenant, Charette repose entre le général de Sonis, qui l'entraîna à l'assaut de Loigny le 2 décembre, et les douze cents braves qui succombèrent dans la bataille. Sa présence apporte un surcroît d'honneur à ce lieu déjà vénéré, qu'une gloire plus brillante encore viendra peut-être illuminer un jour.

C'est la pensée souvent exprimée par Mgr Baunard. Le 26 mai 1894, il écrivait à M. l'abbé Theuré : « Dites une prière pour moi sur la tombe du général de Sonis. C'est la relique d'un saint dont vous avez la garde. Faites germer son culte qui grandira un jour, s'il plaît à Dieu ».

Le 11 décembre 1896, il disait encore à M. le Curé de Loigny : « Ah ! si votre nouvel Evêque voulait promouvoir la grande affaire d'entamer le procès de béatification du général de Sonis ! Quel honneur il se ferait et quel saint

patron il préparerait à l'armée française! Nous sommes
vieux. Si vous et moi nous voyions s'introduire cette cause,
nous n'aurions plus qu'à chanter notre *Nunc dimittis*,
n'est-ce pas ? »

Il semble qu'en prolongeant au-delà des limites ordinaires la vie de Mgr Baunard et de Mgr Theuré, Dieu
veuille leur permettre, comme au saint vieillard Siméon,
de voir, avant de mourir, la réalisation de leur vœu. Puisse
cette joie leur être accordée, et la crypte de Loigny rayonner
de tout l'éclat de la sainteté !

En attendant c'est là, près de cette tombe, que les
chrétiens de tout âge, de toutes conditions, viennent
chercher de sublimes leçons de vertu, de piété et de dévoûment, les soldats d'héroïques exemples de vaillance et de
patriotisme, les malades et les affligés un secours efficace
contre l'adversité ou la souffrance.

Il le savait cet officier qui, en garnison dans une ville lointaine, arrivait tout récemment un matin à Loigny, priait
longuement au tombeau de Sonis, se confessait et com-
muniait avant de repartir.

Elle le savait également cette dame de Saint-Nazaire
qui, en 1910, écrivait à M. le Curé de Loigny : « Pendant
la grave maladie que je fis il y a quatre ans, ayant été prise
d'une violente douleur à la cuisse, je songeai alors à
l'héroïque patience du général de Sonis pour m'exhorter
à souffrir sans trop me plaindre, et il me semblait que mes
souffrances en étaient allégées. Quand ma guérison a été
définitive, il m'est arrivé plus d'une fois de dire à mon mari
que je serais heureuse d'aller à Loigny prier sur le tombeau
de Sonis. Sans en avoir fait la promesse, nous avons
accompli ce pèlerinage dont je garde un si pieux souvenir.

» Depuis cette époque, ma dévotion envers le général
de Sonis n'a fait qu'augmenter, et mon mari s'étant
trouvé souffrant à son tour il y a deux ans, je promis alors,
s'il guérissait, d'aller à Loigny. C'est pourquoi, Monsieur le

le Curé, vous nous avez vus, pour la deuxième fois, cette année. L'état de mon mari ne me donne plus d'inquiétude et j'ai rendu grâce à Dieu qui, par l'intercession de Sonis, lui a fait recouvrer la santé.

» J'ai institué le saint général comme mon protecteur ; dans toutes les difficultés je m'adresse à Sonis et j'éprouve toujours un bienfaisant effet de sa protection.

» J'aime à vous redire, Monsieur le Curé, avec quelle ferveur je me rends à Loigny ; je ne puis exprimer quelle émotion est la mienne devant cette simple pierre tombale qui recouvre les restes d'un serviteur de Dieu qui a été vraiment le soldat du Christ » (1).

Nous en connaissons d'autres qui n'ont pas imploré en vain la puissante assistance de Sonis. Aussi nous espérons qu'un jour son sépulcre sera glorifié par les louanges et les actions de grâces de tout un peuple.

(1) *Voix de Notre Dame*, 1890, supplément. p. 518.

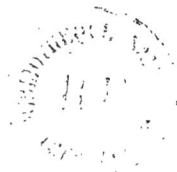

CARTE DE LOIGNY

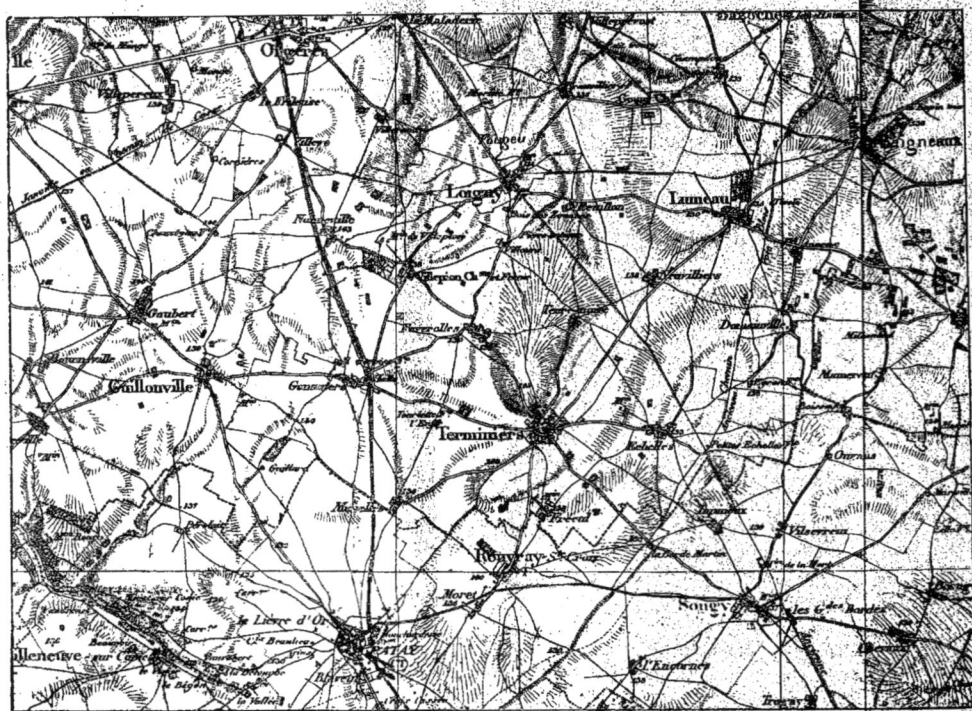

Carte de l'État-Major au 80.000e.

CŒUR JÉSUS
SAUVEZ
LA
FRANCE

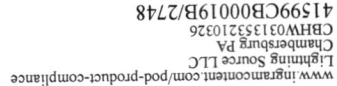